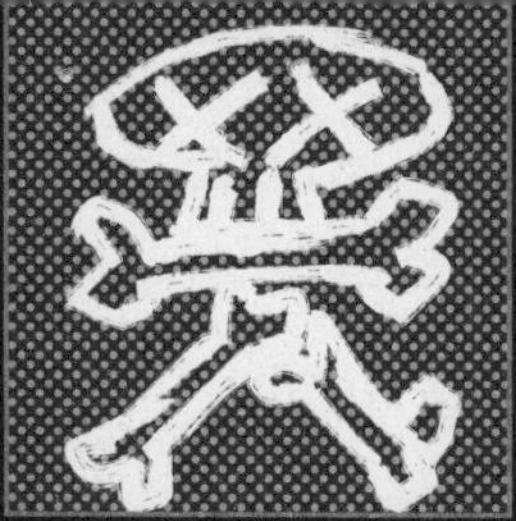

BETTEN COURT

Dies ist Band 2.
Es gibt einen ganzen Berg amerikanischer Comic-Verfilmungen und -Serien, die ich gerne sehen möchte, aber wenn ich sie während der Arbeit laufen lasse, kriege ich gar nichts mit. Sehr nervig.

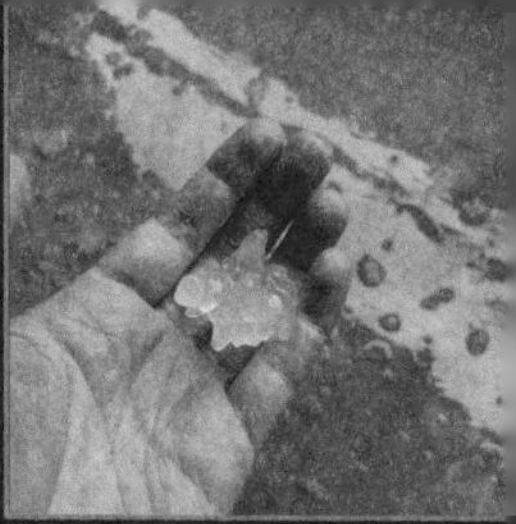

HIDEYUKI FURUHASH

In amerikanischen Comic-Verfilmungen liebe ich die Szenen, in denen die Hauptpersonen gerade loslegen mit den Heldenaktivitäten. Meistens werden sie dann ein bisschen übermütig, und irgendwie finde ich sie dann gerade sympathisch.

MY HERO ACADEMIA

VIGILANTE

MY HERO ACADEMIA ILLEGALS

Vol. 2

VERURTEILUNG

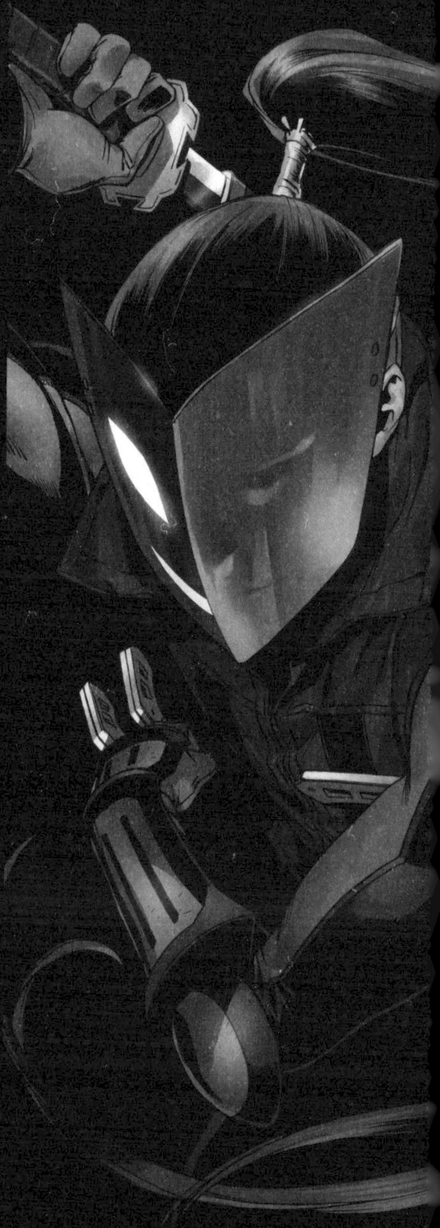

CARLSEN MANGA

Völckersstraße 14-20 · 22765 Hambur
Aus dem Japanischen von Antje Bockel
VIGILANTE -BOKU NO HERO ACADEMIA ILLEGALS-

First published in Japan in 2016 by SHUEISHA Inc., Tokyo.
erman translation rights in Germany, Austria, Luxembourg
d German-speaking Switzerland arranged by SHUEISHA Inc.
through VME PLB SAS, France.

Redaktion: Anne Berling bner
Herstellung: Gunta Lauck/Wiebke Düsedau

ISBN: 978-3-551-71725-2

VIGILANTE

MY HERO ACADEMIA ILLEGALS

Autor: Hideyuki FURUHASHI
Zeichnungen: Betten COURT
Original Story: Kohei HORIKOSHI

Vol. 2

VERURTEILUNG

[VILLAIN (SCHURKE)]

BÖSEWICHT, DER DER HAUPTPERSON EINER ERZÄHLUNG (DEM HELDEN) GEGENÜBERSTEHT. DER BEGRIFF WIRD AUCH FÜR REALE VERBRECHER GEBRAUCHT. HALUNKE, ÜBELTÄTER.

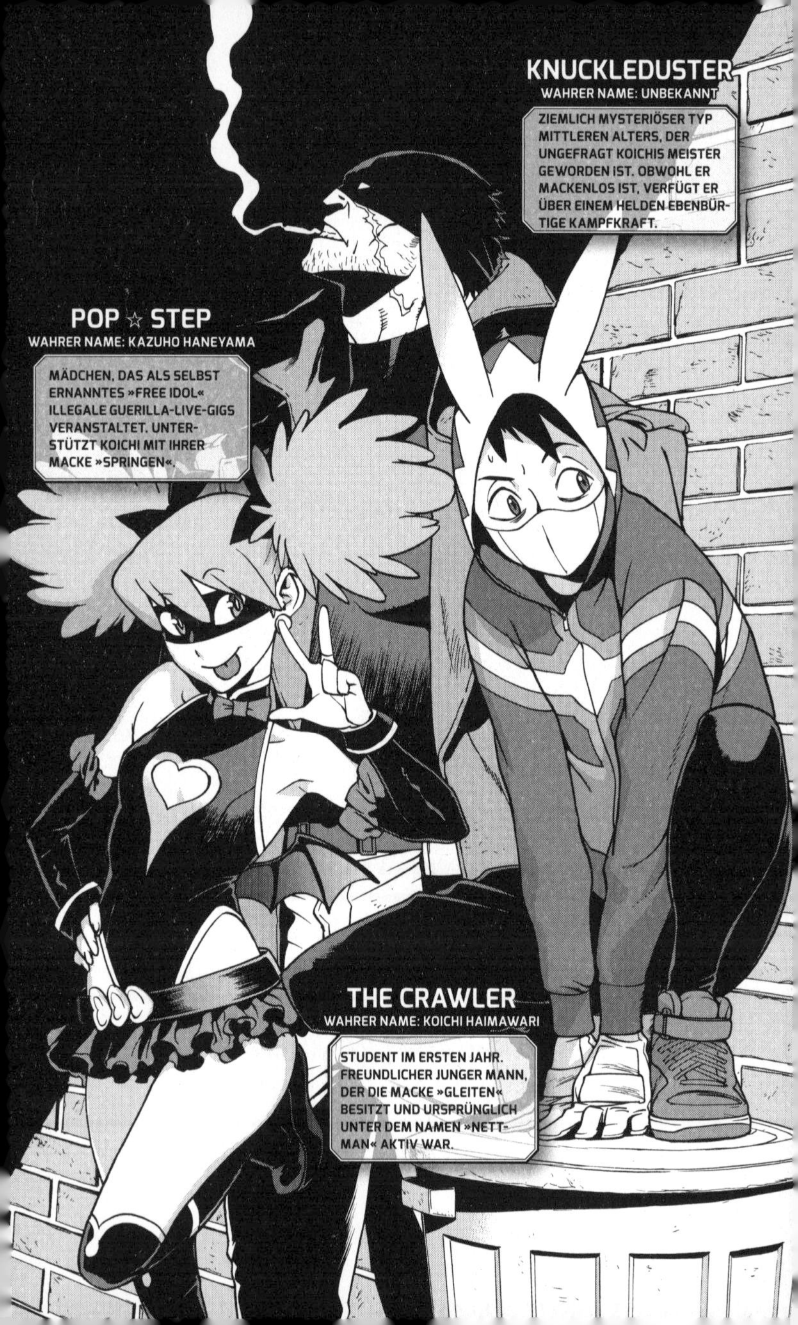
KNUCKLEDUSTER
WAHRER NAME: UNBEKANNT
ZIEMLICH MYSTERIÖSER TYP MITTLEREN ALTERS, DER UNGEFRAGT KOICHIS MEISTER GEWORDEN IST. OBWOHL ER MACKENLOS IST, VERFÜGT ER ÜBER EINEM HELDEN EBENBÜRTIGE KAMPFKRAFT.
POP ☆ STEP
WAHRER NAME: KAZUHO HANEYAMA
MÄDCHEN, DAS ALS SELBST ERNANNTES »FREE IDOL« ILLEGALE GUERILLA-LIVE-GIGS VERANSTALTET. UNTERSTÜTZT KOICHI MIT IHRER MACKE »SPRINGEN«.
THE CRAWLER
WAHRER NAME: KOICHI HAIMAWARI
STUDENT IM ERSTEN JAHR. FREUNDLICHER JUNGER MANN, DER DIE MACKE »GLEITEN« BESITZT UND URSPRÜNGLICH UNTER DEM NAMEN »NETTMAN« AKTIV WAR.

CHARAKTERE

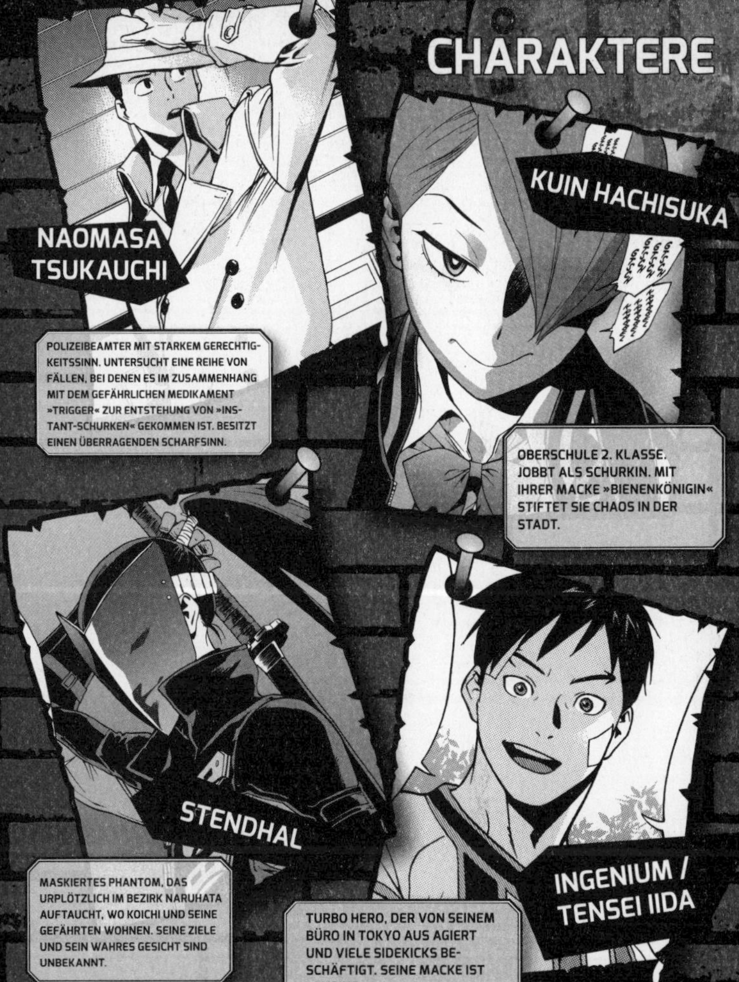

NAOMASA TSUKAUCHI

POLIZEIBEAMTER MIT STARKEM GERECHTIGKEITSSINN. UNTERSUCHT EINE REIHE VON FÄLLEN, BEI DENEN ES IM ZUSAMMENHANG MIT DEM GEFÄHRLICHEN MEDIKAMENT »TRIGGER« ZUR ENTSTEHUNG VON »INSTANT-SCHURKEN« GEKOMMEN IST. BESITZT EINEN ÜBERRAGENDEN SCHARFSINN.

KUIN HACHISUKA

OBERSCHULE 2. KLASSE. JOBBT ALS SCHURKIN. MIT IHRER MACKE »BIENENKÖNIGIN« STIFTET SIE CHAOS IN DER STADT.

STENDHAL

MASKIERTES PHANTOM, DAS URPLÖTZLICH IM BEZIRK NARUHATA AUFTAUCHT, WO KOICHI UND SEINE GEFÄHRTEN WOHNEN. SEINE ZIELE UND SEIN WAHRES GESICHT SIND UNBEKANNT.

INGENIUM / TENSEI IIDA

TURBO HERO, DER VON SEINEM BÜRO IN TOKYO AUS AGIERT UND VIELE SIDEKICKS BESCHÄFTIGT. SEINE MACKE IST »ENGINE«.

STORY

DISKUSSION IN SACHEN GERECHTIGKEIT! PLUS ULTRA SPIN-OFF DER BELIEBTEN SERIE »MY HERO ACADEMIA«!!

»HELDEN«. AUSERWÄHLTE PERSONEN, DIE MIT REGIERUNGSGENEHMIGUNG IHRE ANGEBORENEN MACKEN IM DIENST DER GESELLSCHAFT EINSETZEN. DOCH IN DIESER WELT EXISTIEREN AUCH »ILLEGALE HELDEN«, DIE NICHT AUSGEWÄHLT WERDEN, SONDERN AUF EIGENE FAUST AGIEREN. WAS BEDEUTET IHNEN GERECHTIGKEIT? UND KANN MAN SIE ÜBERHAUPT HELDEN NENNEN?! VON DIESEN PERSONEN, DIE »VIGILANTE« GENANNT WERDEN, HANDELT DIE GESCHICHTE. ES IST EINE ERZÄHLUNG VON DER KEHRSEITE DES HELDENTUMS…

VIGILANTE
MY HERO ACADEMIA ILLEGALS

Vol. 2

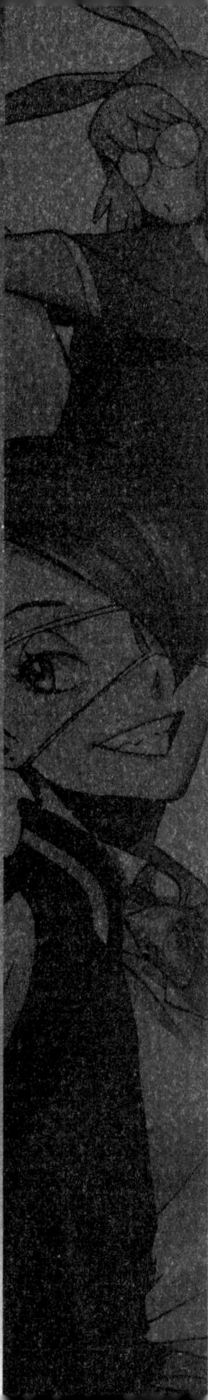

INHALT

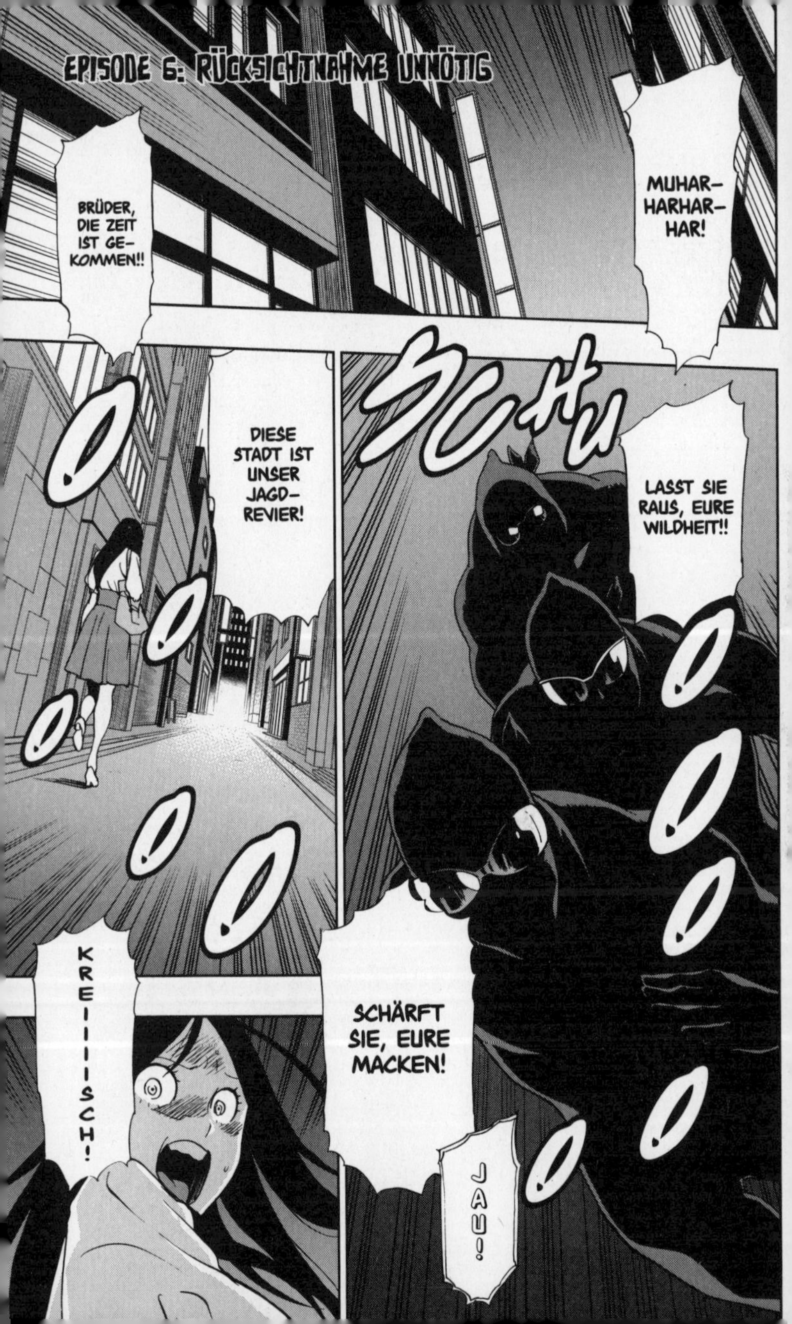
Episode 6: Rücksichtnahme unnötig
Muhar-harharhar!
Brüder, die Zeit ist gekommen!!
Lasst sie raus, eure Wildheit!!
Schärft sie, eure Macken!
Jau!
Diese Stadt ist unser Jagdrevier!
Kreiiiisch!

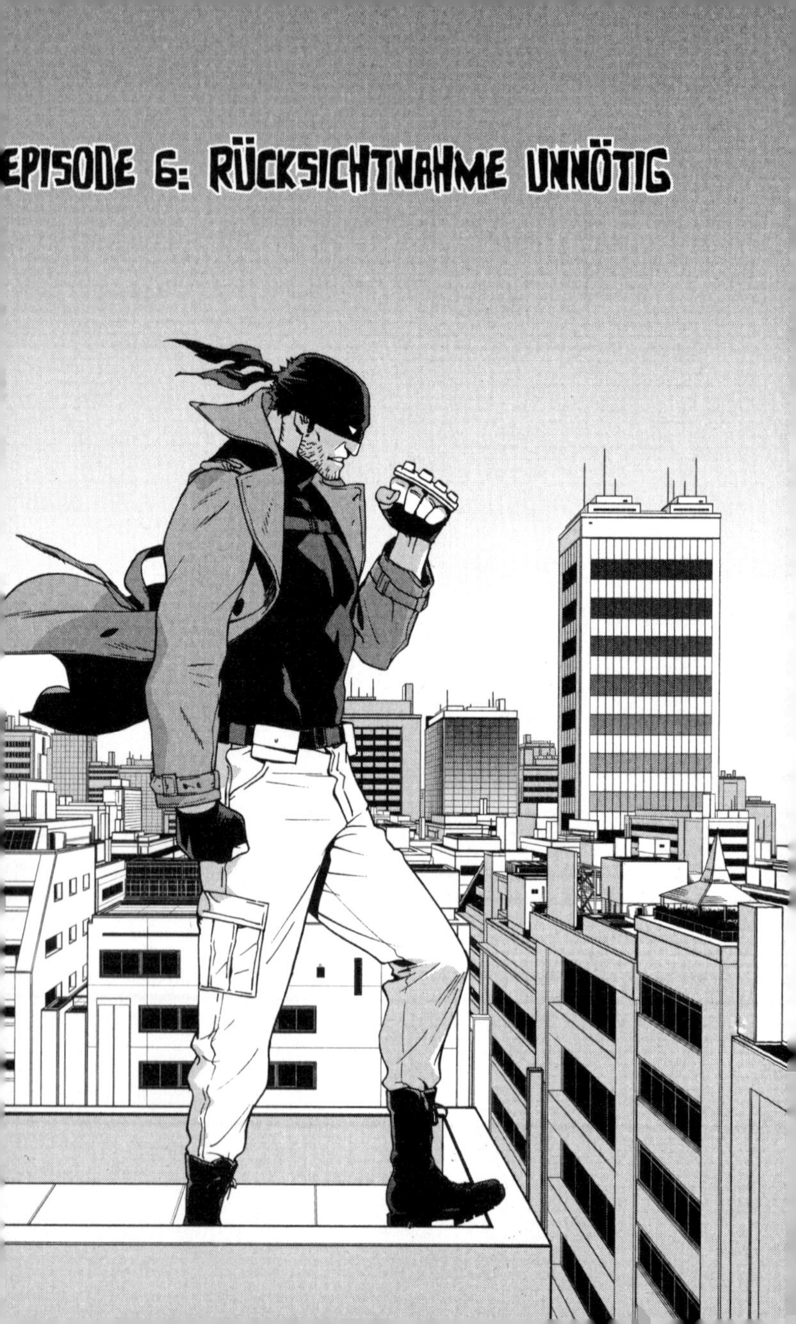
EPISODE 6: RÜCKSICHTNAHME UNNÖTIG

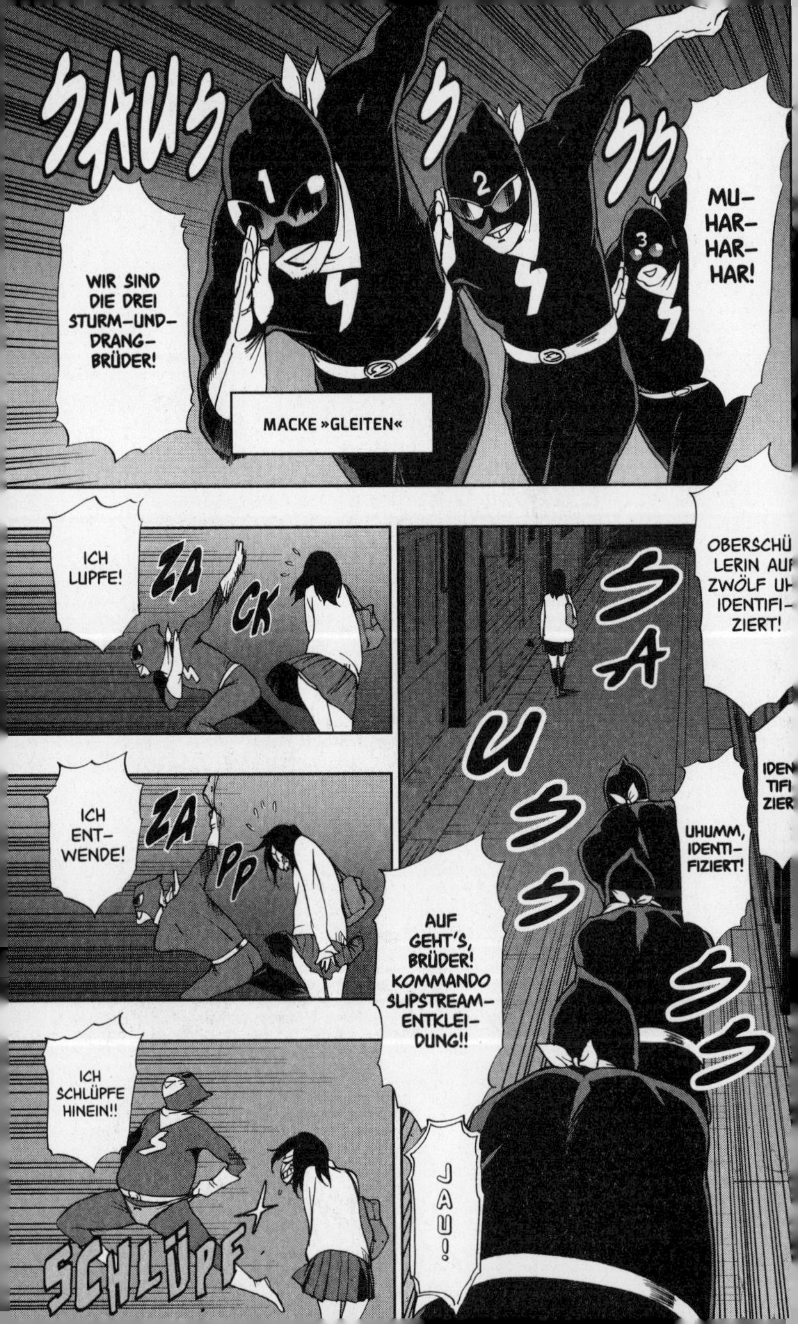
SAUS
MU-HAR-HAR-HAR!
WIR SIND DIE DREI STURM-UND-DRANG-BRÜDER!
MACKE »GLEITEN«
OBERSCHÜ LERIN AUF ZWÖLF UH IDENTIFI-ZIERT!
IDEN TIFI ZIER
UHUMM, IDENTI-FIZIERT!
SAUSSSSS
AUF GEHT'S, BRÜDER! KOMMANDO SLIPSTREAM-ENTKLEI-DUNG!!
JAU!
ICH LUPFE!
ZACK
ICH ENT-WENDE!
ZAPP
ICH SCHLÜPFE HINEIN!!
SCHLÜPF

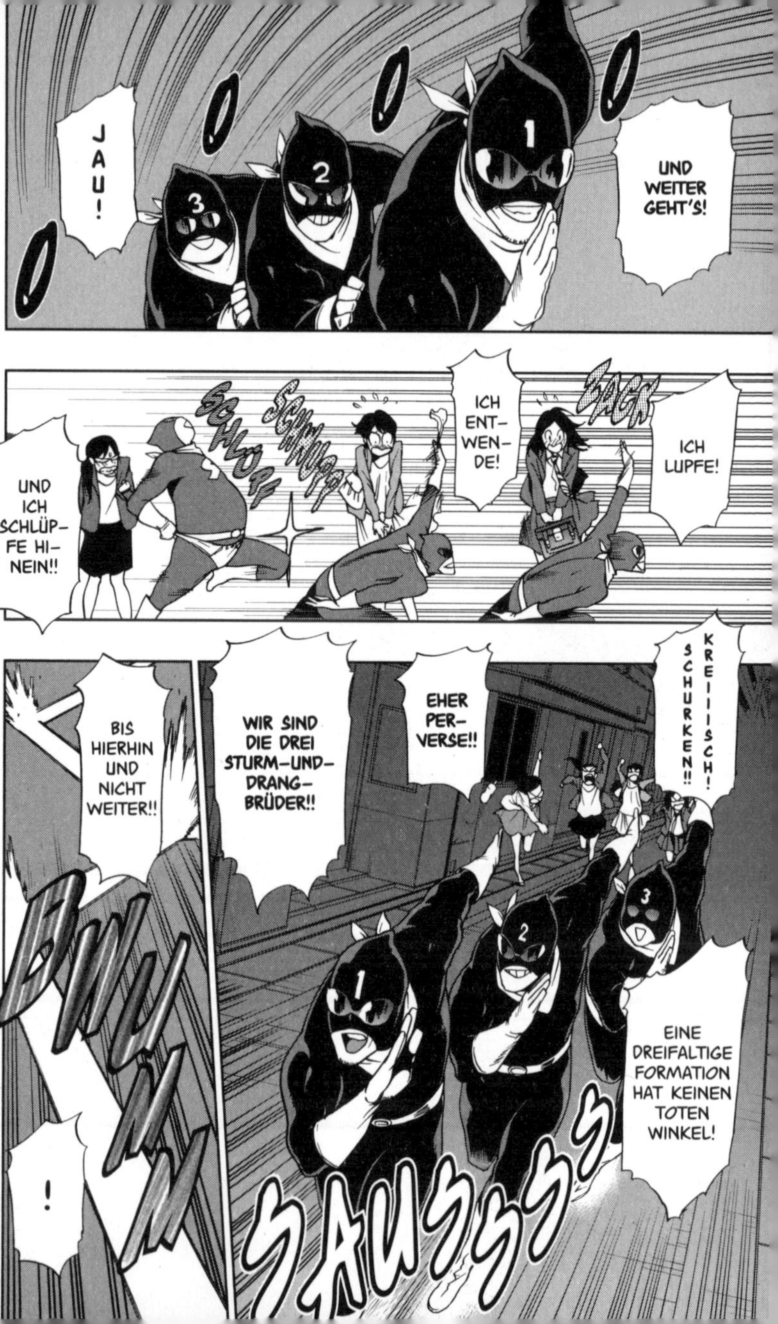
UND WEITER GEHT'S!
JAU!
ICH LUPFE!
ZACK
ICH ENT-WEN-DE!
SCHNIPP
SCHLÜPF
UND ICH SCHLÜPFE HINEIN!!
KREIIISCH! SCHURKEN!!
EHER PER-VERSE!!
WIR SIND DIE DREI STURM-UND-DRANG-BRÜDER!!
EINE DREIFALTIGE FORMATION HAT KEINEN TOTEN WINKEL!
SAUSSSS
BIS HIERHIN UND NICHT WEITER!!
BWUMM
!

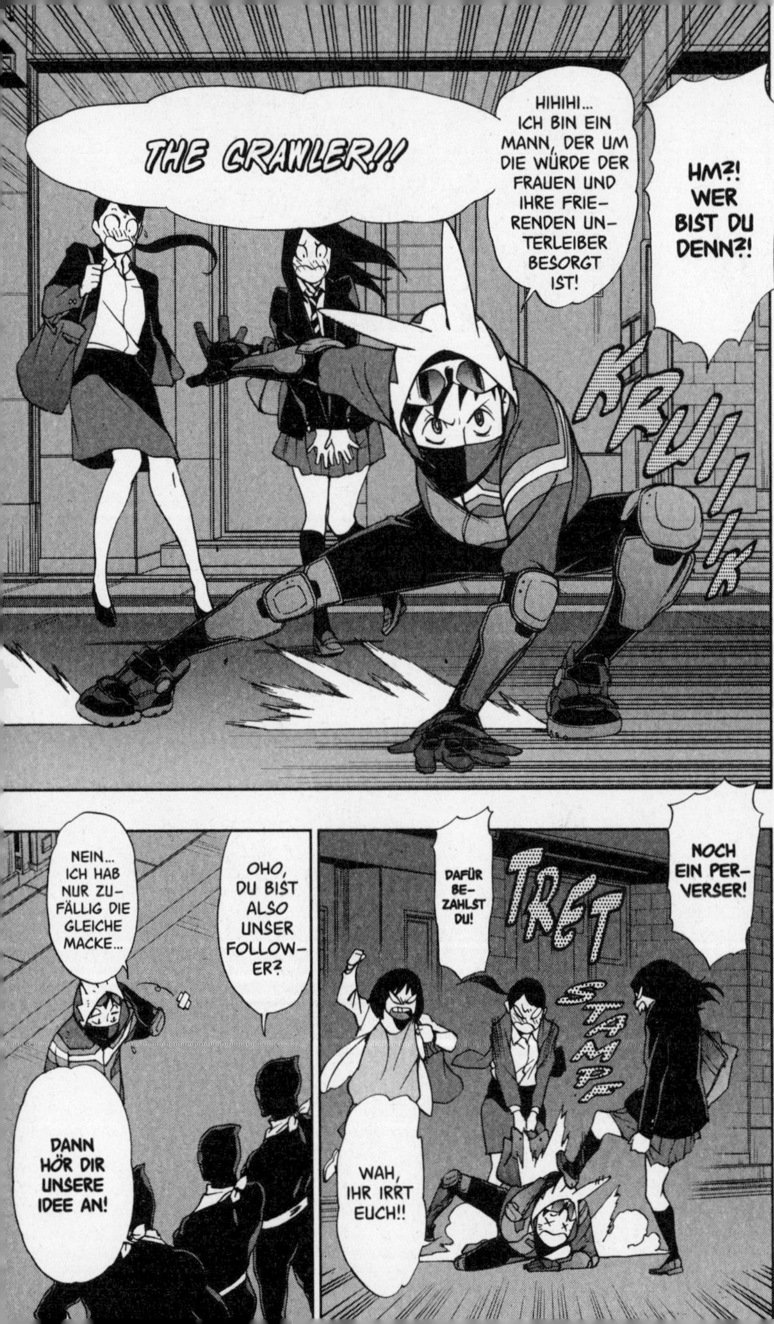
HM?! WER BIST DU DENN?!
HIHIHI... ICH BIN EIN MANN, DER UM DIE WÜRDE DER FRAUEN UND IHRE FRIERENDEN UNTERLEIBER BESORGT IST!
THE CRAWLER!!
KRUIIIK
NOCH EIN PERVERSER!
DAFÜR BEZAHLST DU!
TRET
STAMPF
WAH, IHR IRRT EUCH!!
OHO, DU BIST ALSO UNSER FOLLOWER?
NEIN... ICH HAB NUR ZUFÄLLIG DIE GLEICHE MACKE...
DANN HÖR DIR UNSERE IDEE AN!

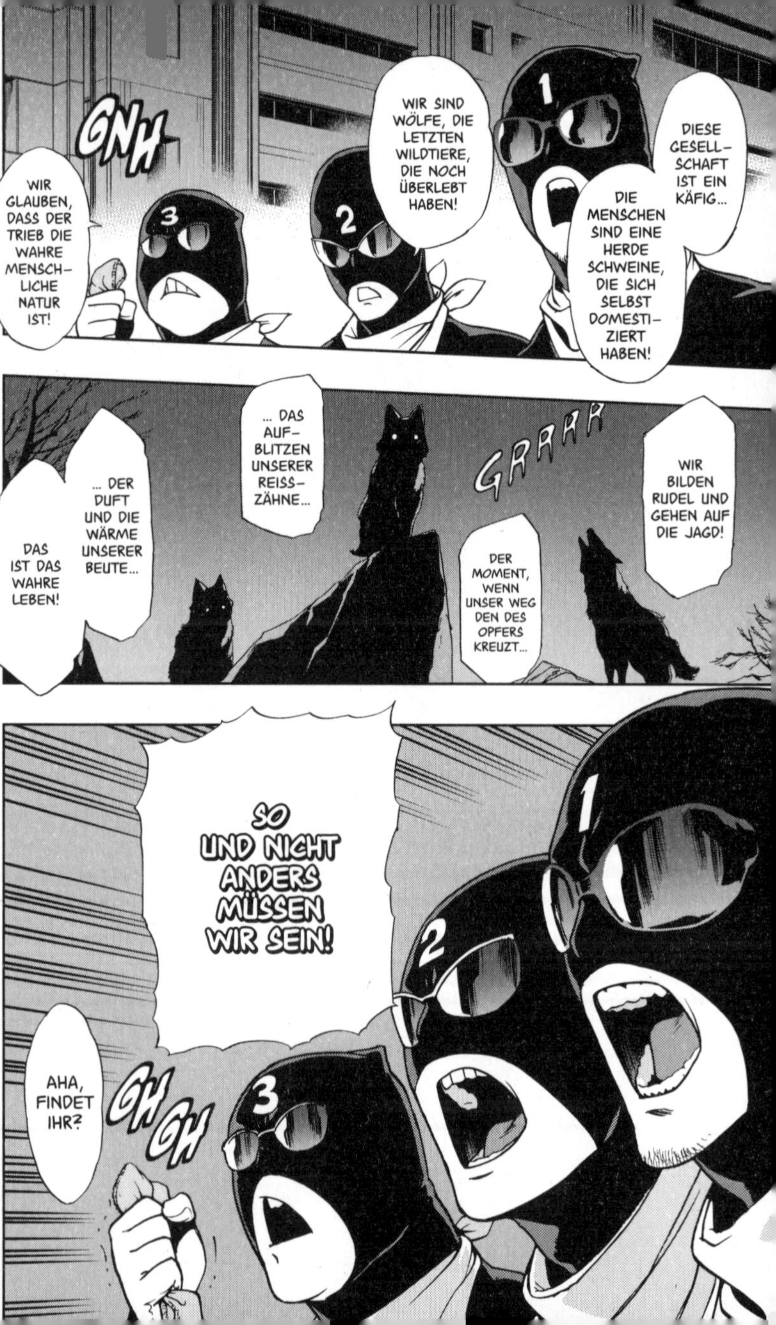
DIESE GESELLSCHAFT IST EIN KÄFIG...
DIE MENSCHEN SIND EINE HERDE SCHWEINE, DIE SICH SELBST DOMESTIZIERT HABEN!
WIR SIND WÖLFE, DIE LETZTEN WILDTIERE, DIE NOCH ÜBERLEBT HABEN!
GNH
WIR GLAUBEN, DASS DER TRIEB DIE WAHRE MENSCHLICHE NATUR IST!
WIR BILDEN RUDEL UND GEHEN AUF DIE JAGD!
GRRRR
DER MOMENT, WENN UNSER WEG DEN DES OPFERS KREUZT...
... DAS AUFBLITZEN UNSERER REISSZÄHNE...
... DER DUFT UND DIE WÄRME UNSERER BEUTE...
DAS IST DAS WAHRE LEBEN!
SO UND NICHT ANDERS MÜSSEN WIR SEIN!
GH GH
AHA, FINDET IHR?

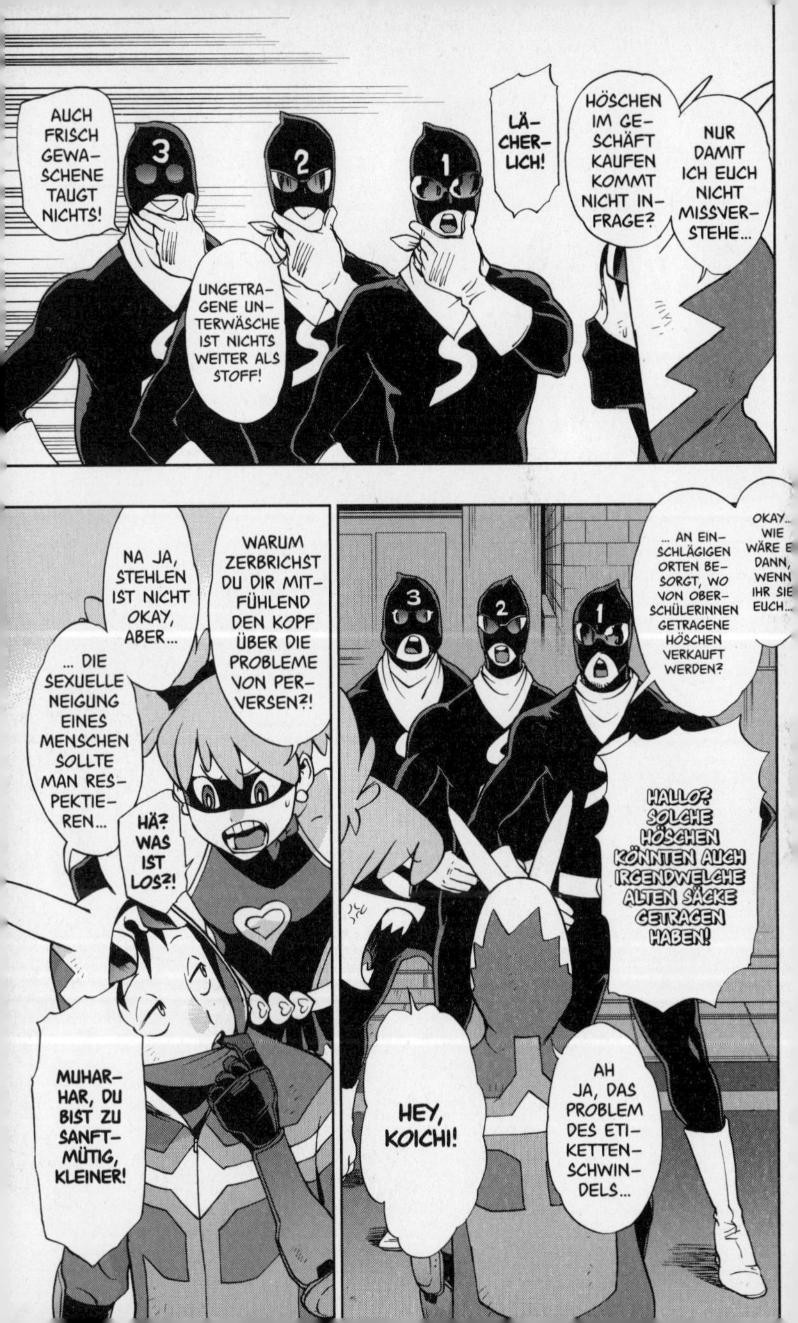
NUR DAMIT ICH EUCH NICHT MISSVERSTEHE...
HÖSCHEN IM GESCHÄFT KAUFEN KOMMT NICHT INFRAGE?
LÄCHERLICH!
UNGETRAGENE UNTERWÄSCHE IST NICHTS WEITER ALS STOFF!
AUCH FRISCH GEWASCHENE TAUGT NICHTS!
OKAY... WIE WÄRE E DANN, WENN IHR SIE EUCH...
... AN EINSCHLÄGIGEN ORTEN BESORGT, WO VON OBERSCHÜLERINNEN GETRAGENE HÖSCHEN VERKAUFT WERDEN?
HALLO? SOLCHE HÖSCHEN KÖNNTEN AUCH IRGENDWELCHE ALTEN SÄCKE GETRAGEN HABEN!
AH JA, DAS PROBLEM DES ETIKETTENSCHWINDELS...
HEY, KOICHI!
WARUM ZERBRICHST DU DIR MITFÜHLEND DEN KOPF ÜBER DIE PROBLEME VON PERVERSEN?!
NA JA, STEHLEN IST NICHT OKAY, ABER...
... DIE SEXUELLE NEIGUNG EINES MENSCHEN SOLLTE MAN RESPEKTIEREN...
HÄ? WAS IST LOS?!
MUHARHAR, DU BIST ZU SANFTMÜTIG, KLEINER!

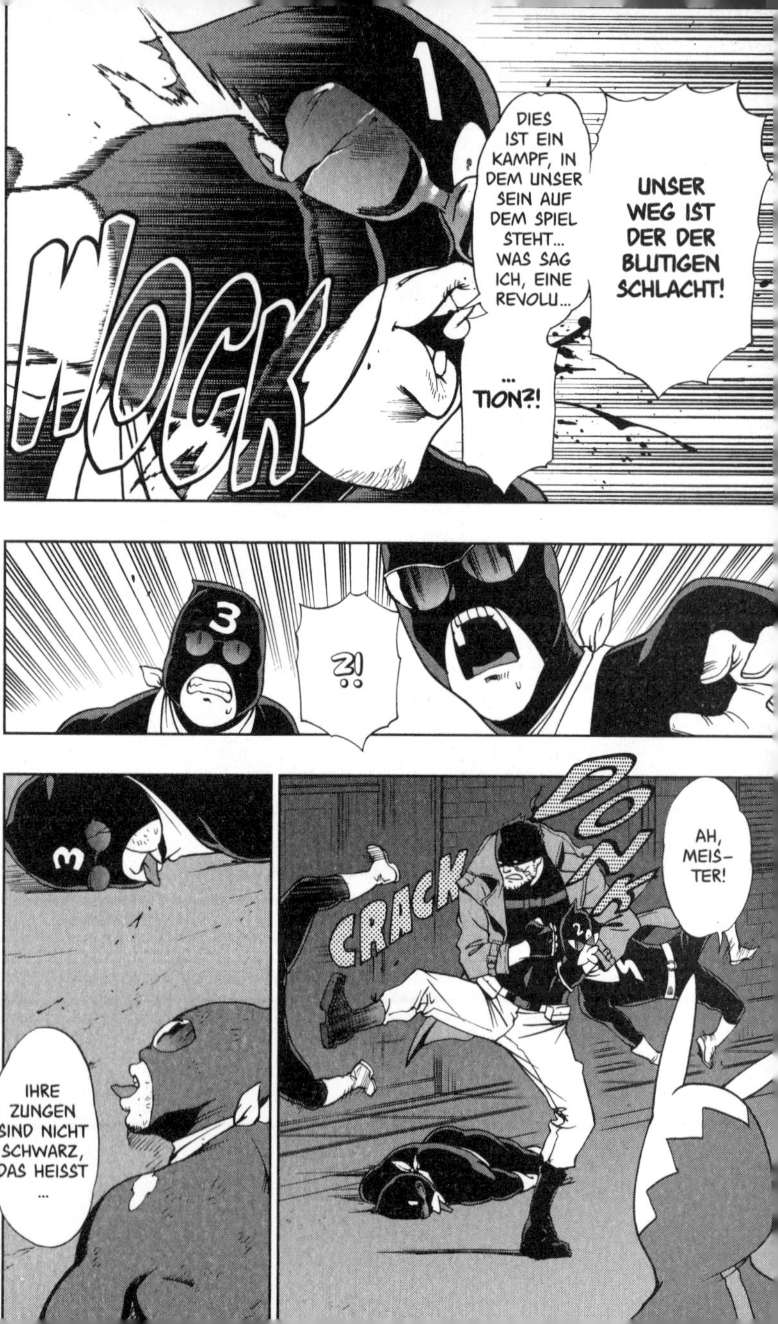
UNSER WEG IST DER DER BLUTIGEN SCHLACHT!
DIES IST EIN KAMPF, IN DEM UNSER SEIN AUF DEM SPIEL STEHT... WAS SAG ICH, EINE REVOLU...
... TION?!
WOCK
?!
AH, MEIS-TER!
DONK
CRACK
IHRE ZUNGEN SIND NICHT SCHWARZ, DAS HEISST ...

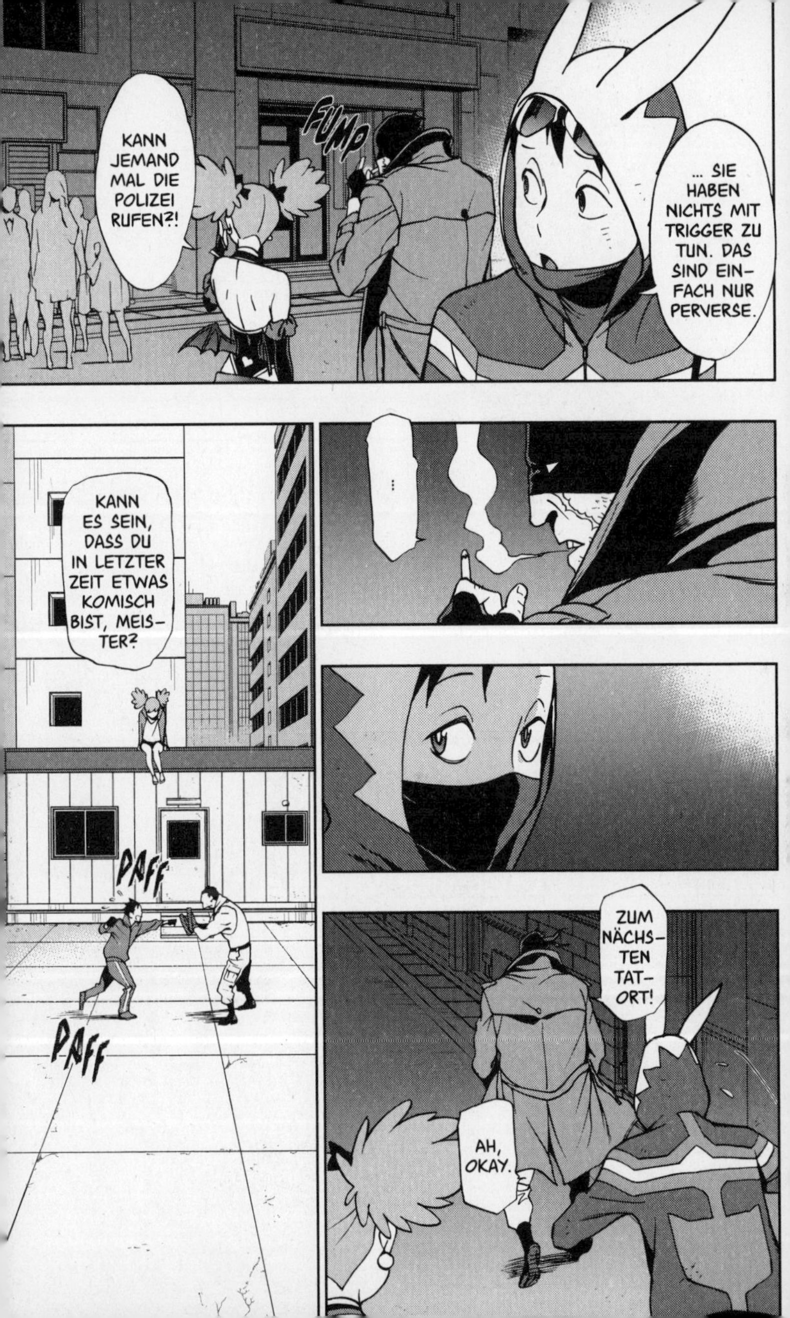
... SIE HABEN NICHTS MIT TRIGGER ZU TUN. DAS SIND EIN-FACH NUR PERVERSE.
FUMP
KANN JEMAND MAL DIE POLIZEI RUFEN?!
...
KANN ES SEIN, DASS DU IN LETZTER ZEIT ETWAS KOMISCH BIST, MEIS-TER?
PAFF
PAFF
ZUM NÄCHS-TEN TAT-ORT!
AH, OKAY.

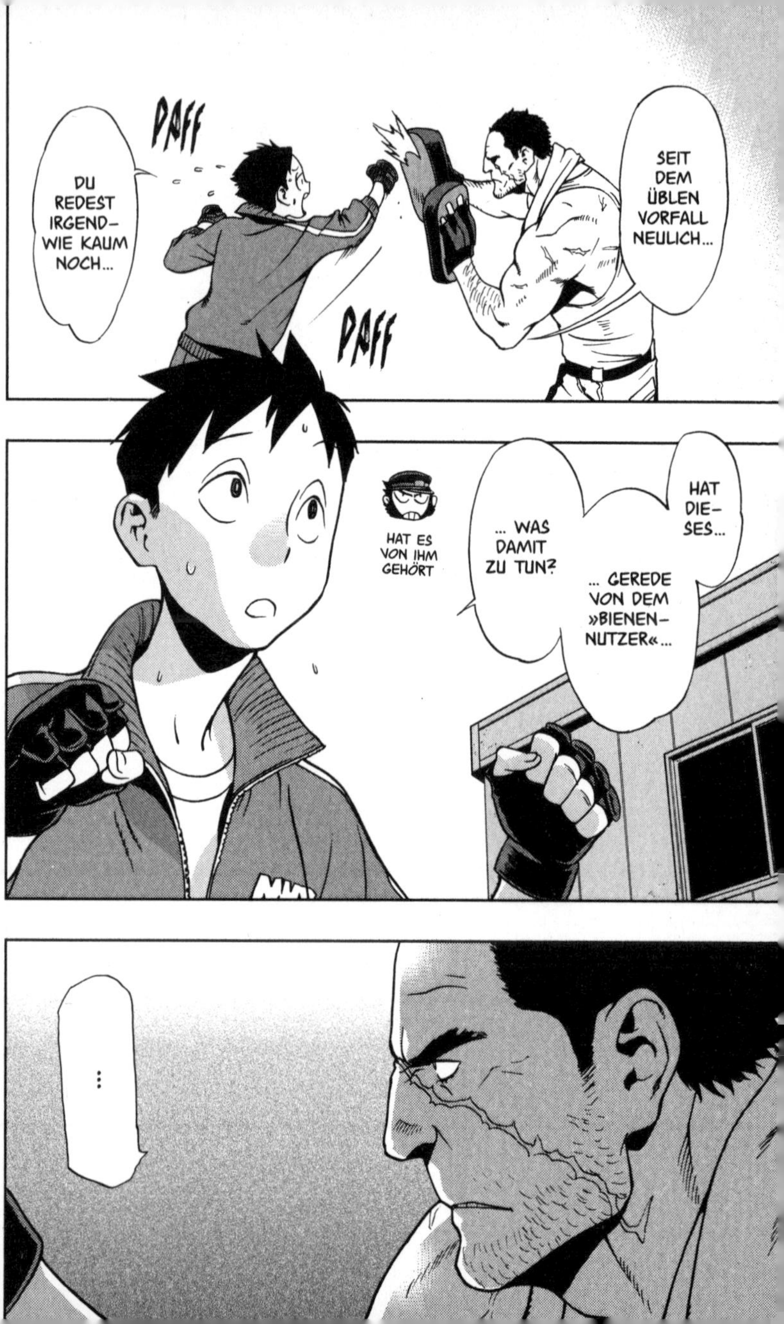
DAFF
SEIT DEM ÜBLEN VORFALL NEULICH...
DU REDEST IRGEND-WIE KAUM NOCH...
DAFF
HAT DIE-SES...
... GEREDE VON DEM »BIENEN-NUTZER«...
... WAS DAMIT ZU TUN?
HAT ES VON IHM GEHÖRT
...

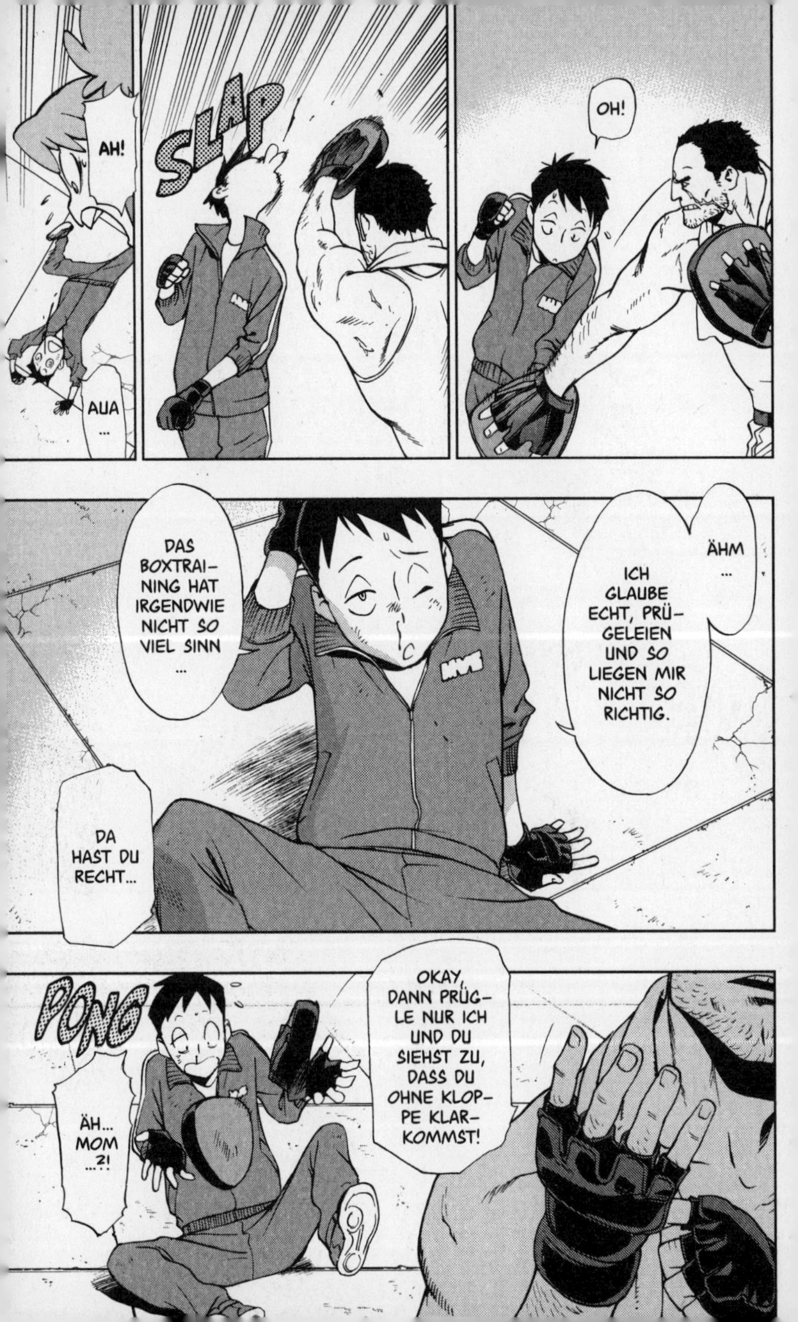
OH!
SLAP
AH!
AUA ...
ÄHM ...
ICH GLAUBE ECHT, PRÜGELEIEN UND SO LIEGEN MIR NICHT SO RICHTIG.
DAS BOXTRAINING HAT IRGENDWIE NICHT SO VIEL SINN ...
DA HAST DU RECHT...
OKAY, DANN PRÜGLE NUR ICH UND DU SIEHST ZU, DASS DU OHNE KLOPPE KLARKOMMST!
PONG
ÄH... MOM ...?!

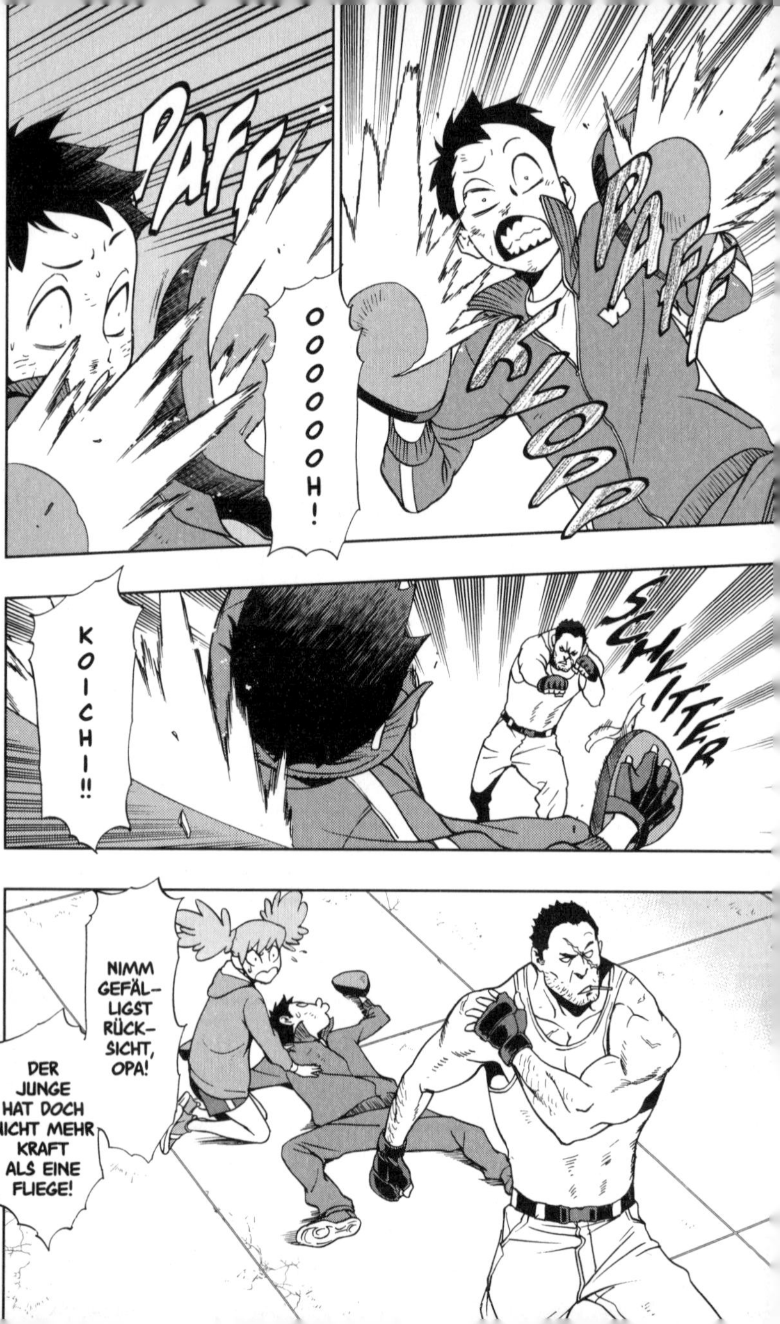
PAFF
PAFF
KLOPP
OOOOOOOOH!
PAFF
SCHWITTER
KOICHI!!
NIMM GEFÄLLIGST RÜCKSICHT, OPA!
DER JUNGE HAT DOCH NICHT MEHR KRAFT ALS EINE FLIEGE!

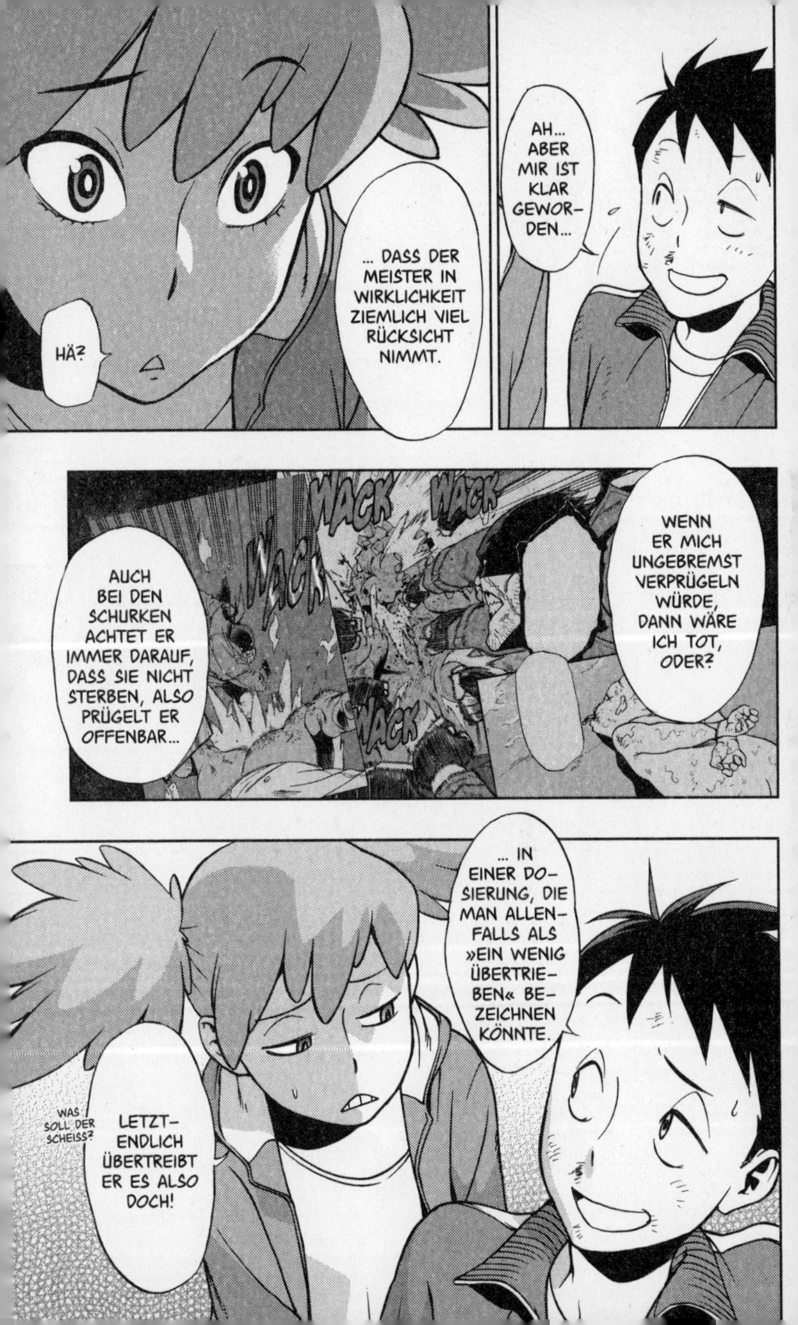
AH... ABER MIR IST KLAR GEWORDEN...
... DASS DER MEISTER IN WIRKLICHKEIT ZIEMLICH VIEL RÜCKSICHT NIMMT.
HÄ?
WENN ER MICH UNGEBREMST VERPRÜGELN WÜRDE, DANN WÄRE ICH TOT, ODER?
WACK WACK WACK WACK
AUCH BEI DEN SCHURKEN ACHTET ER IMMER DARAUF, DASS SIE NICHT STERBEN, ALSO PRÜGELT ER OFFENBAR...
... IN EINER DOSIERUNG, DIE MAN ALLENFALLS ALS »EIN WENIG ÜBERTRIEBEN« BEZEICHNEN KÖNNTE.
LETZTENDLICH ÜBERTREIBT ER ES ALSO DOCH!
WAS SOLL DER SCHEISS?

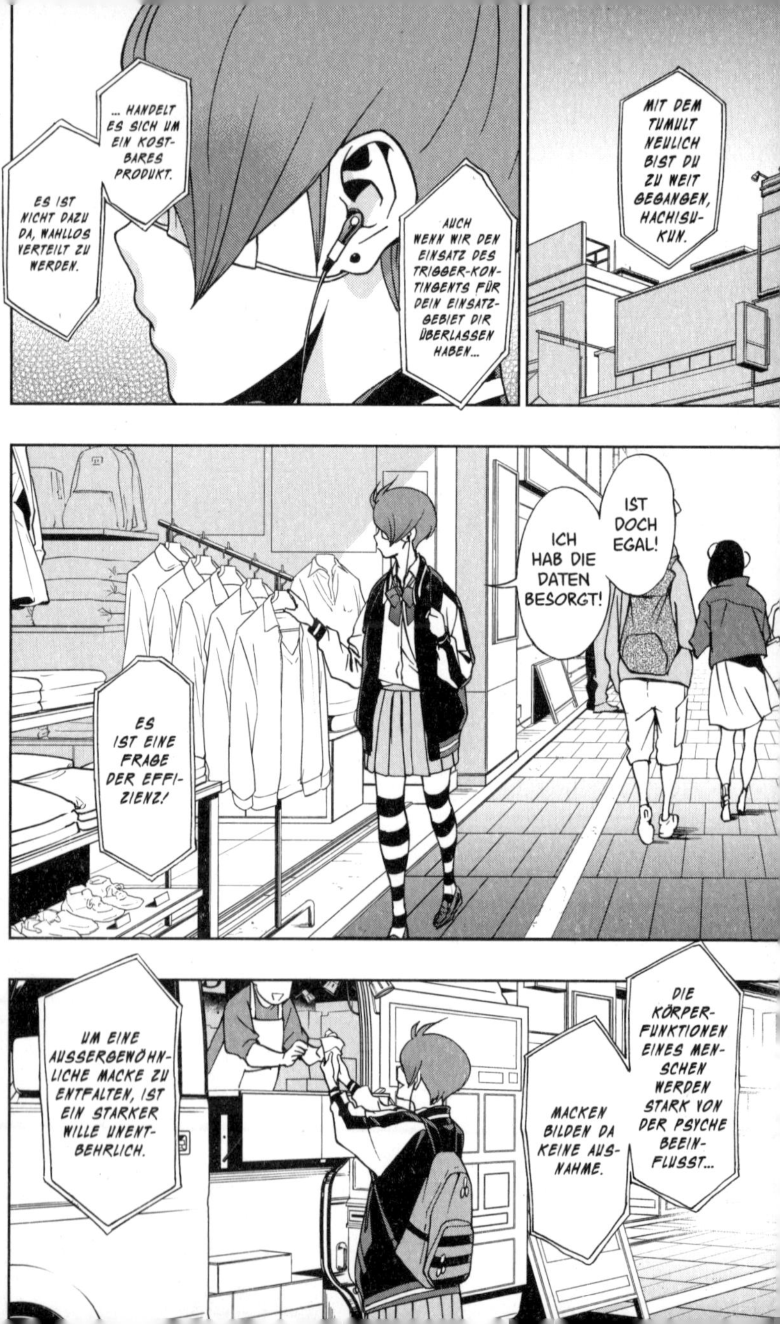
MIT DEM TUMULT NEULICH BIST DU ZU WEIT GEGANGEN, HACHISU-KUN.
AUCH WENN WIR DEN EINSATZ DES TRIGGER-KONTINGENTS FÜR DEIN EINSATZGEBIET DIR ÜBERLASSEN HABEN...
... HANDELT ES SICH UM EIN KOSTBARES PRODUKT.
ES IST NICHT DAZU DA, WAHLLOS VERTEILT ZU WERDEN.
IST DOCH EGAL!
ICH HAB DIE DATEN BESORGT!
ES IST EINE FRAGE DER EFFIZIENZ!
DIE KÖRPERFUNKTIONEN EINES MENSCHEN WERDEN STARK VON DER PSYCHE BEEINFLUSST...
MACKEN BILDEN DA KEINE AUSNAHME.
UM EINE AUSSERGEWÖHNLICHE MACKE ZU ENTFALTEN, IST EIN STARKER WILLE UNENTBEHRLICH.

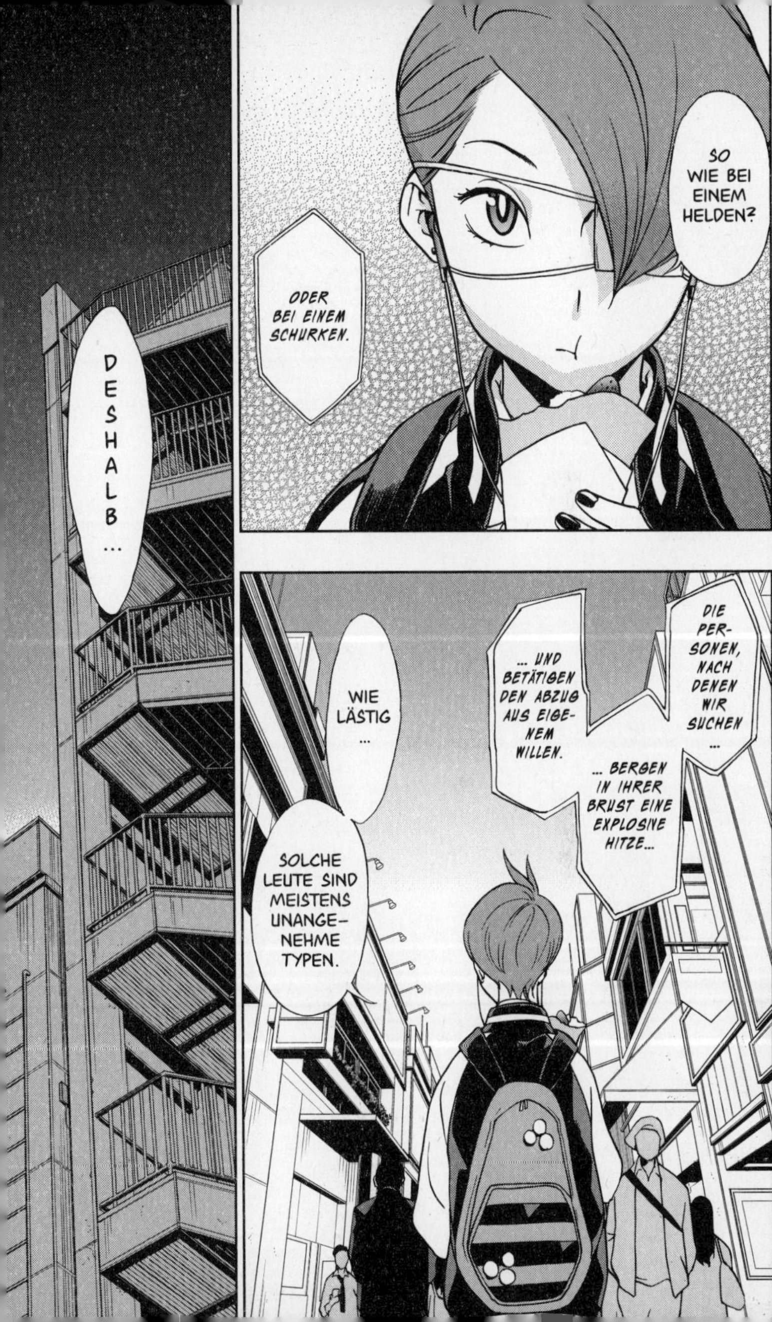
SO WIE BEI EINEM HELDEN?
ODER BEI EINEM SCHURKEN.
DESHALB ...
DIE PERSONEN, NACH DENEN WIR SUCHEN ...
... UND BETÄTIGEN DEN ABZUG AUS EIGENEM WILLEN.
... BERGEN IN IHRER BRUST EINE EXPLOSIVE HITZE...
WIE LÄSTIG ...
SOLCHE LEUTE SIND MEISTENS UNANGENEHME TYPEN.

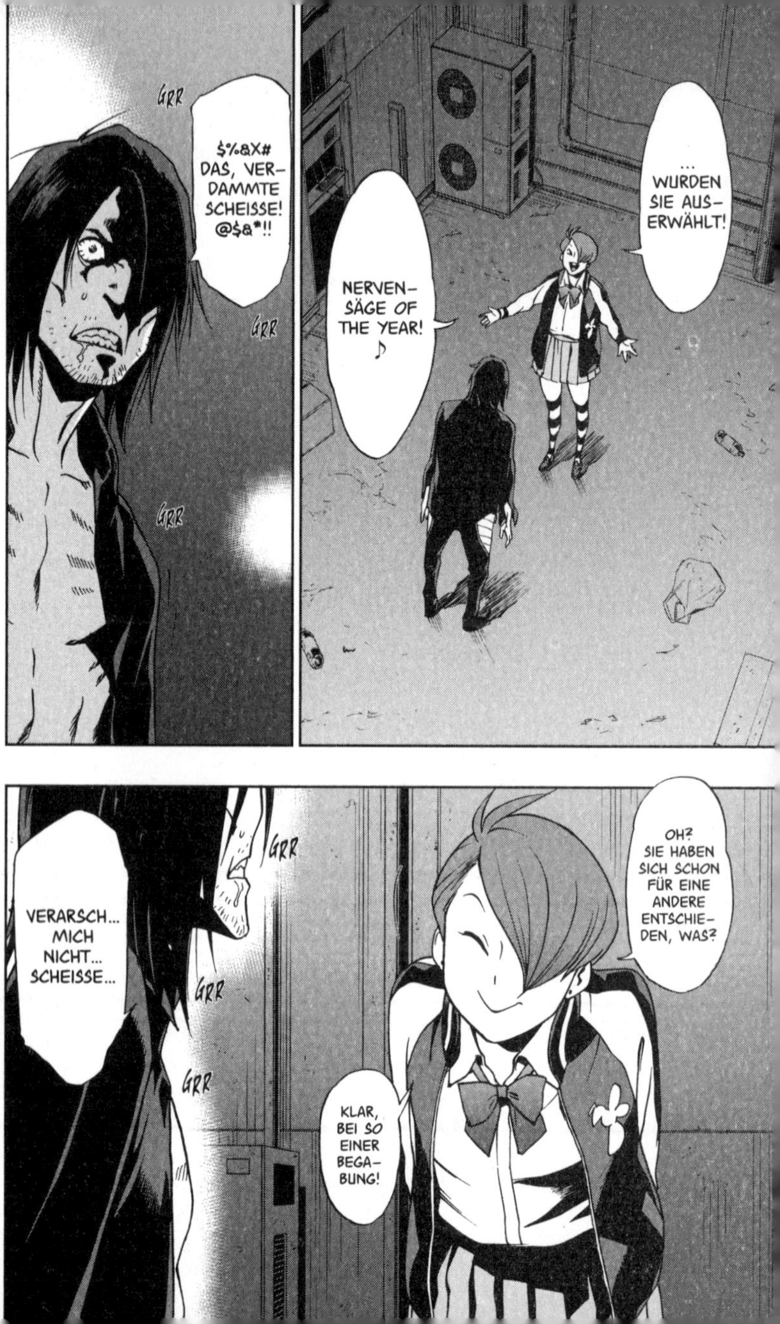
... WURDEN SIE AUS-ERWÄHLT!
NERVEN-SÄGE OF THE YEAR! ♪
GRR
$%&X# DAS, VER-DAMMTE SCHEISSE! @$&*!!
GRR
GRR
OH? SIE HABEN SICH SCHON FÜR EINE ANDERE ENTSCHIE-DEN, WAS?
KLAR, BEI SO EINER BEGA-BUNG!
GRR
VERARSCH... MICH NICHT... SCHEISSE...
GRR
GRR

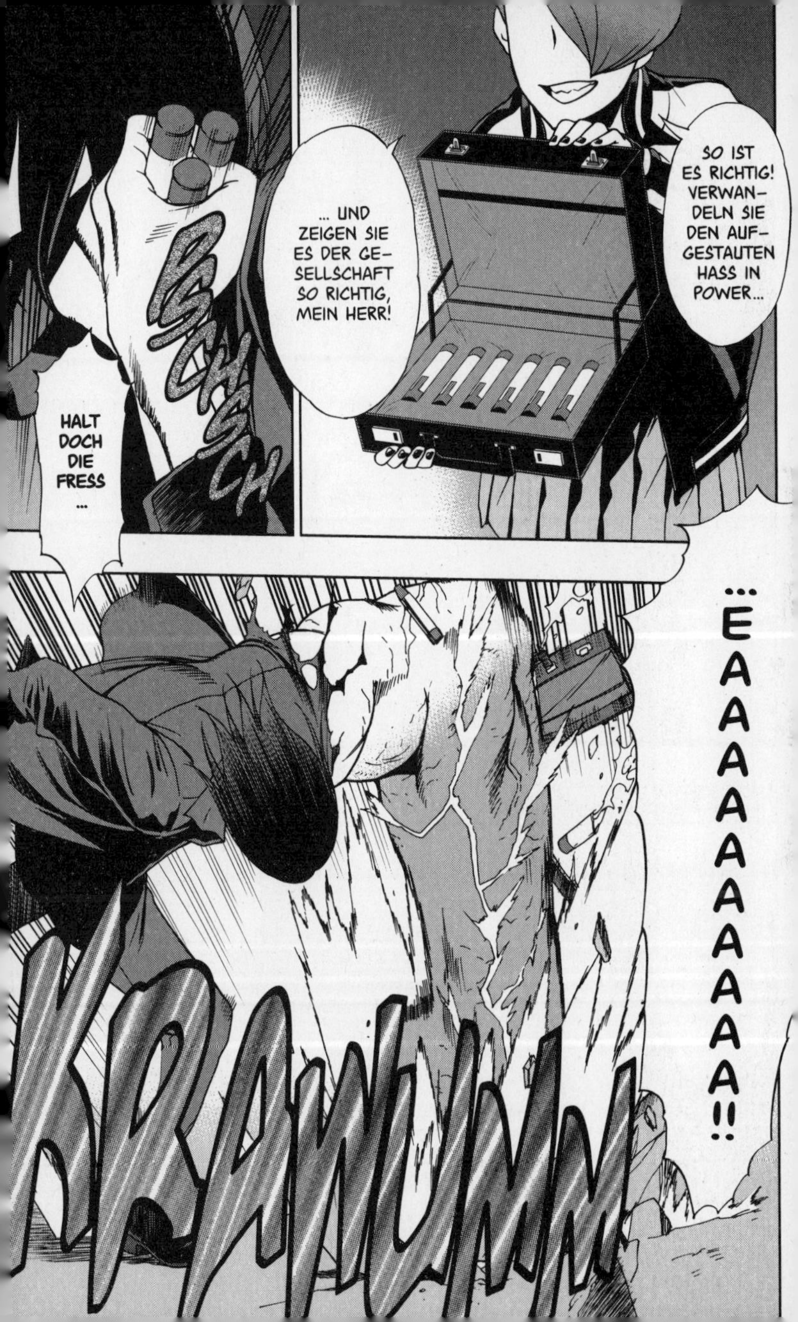
SO IST ES RICHTIG! VERWANDELN SIE DEN AUFGESTAUTEN HASS IN POWER...
... UND ZEIGEN SIE ES DER GESELLSCHAFT SO RICHTIG, MEIN HERR!
BSCHSCH
HALT DOCH DIE FRESS ...
...EAAAAAAAAAAA!!
KRAWUMM

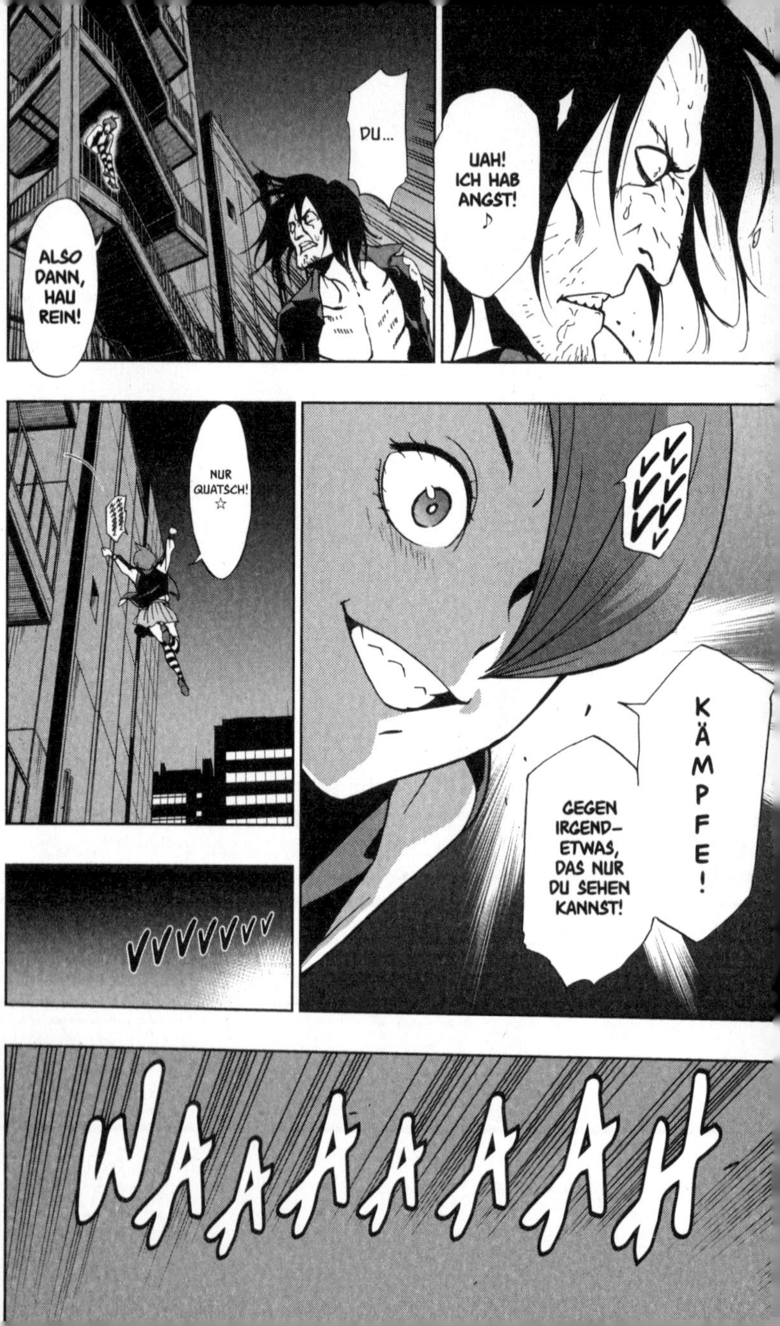
UAH! ICH HAB ANGST! ♪
DU...
ALSO DANN, HAU REIN!
KÄMPFE!
GEGEN IRGEND-ETWAS, DAS NUR DU SEHEN KANNST!
NUR QUATSCH! ☆
WAAAAAAH

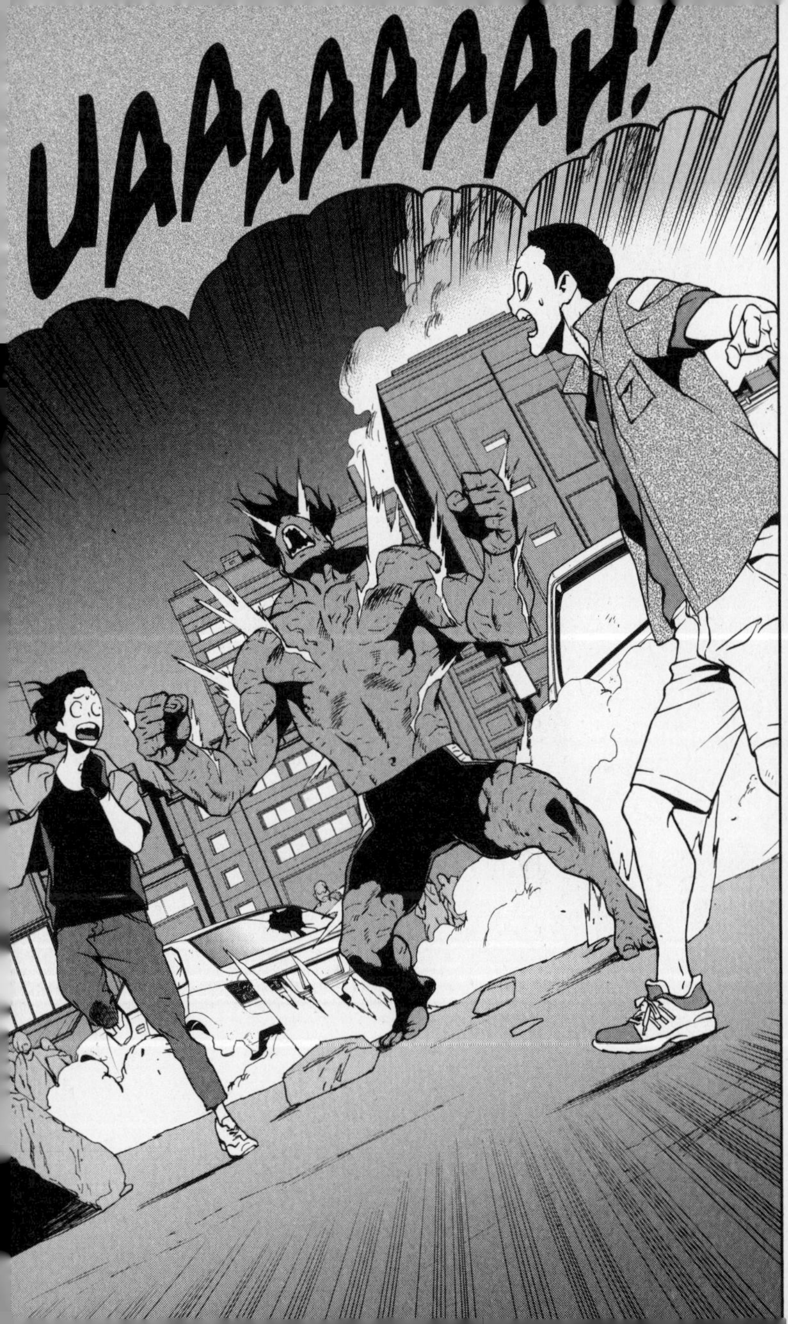
UAAAAAAAH!

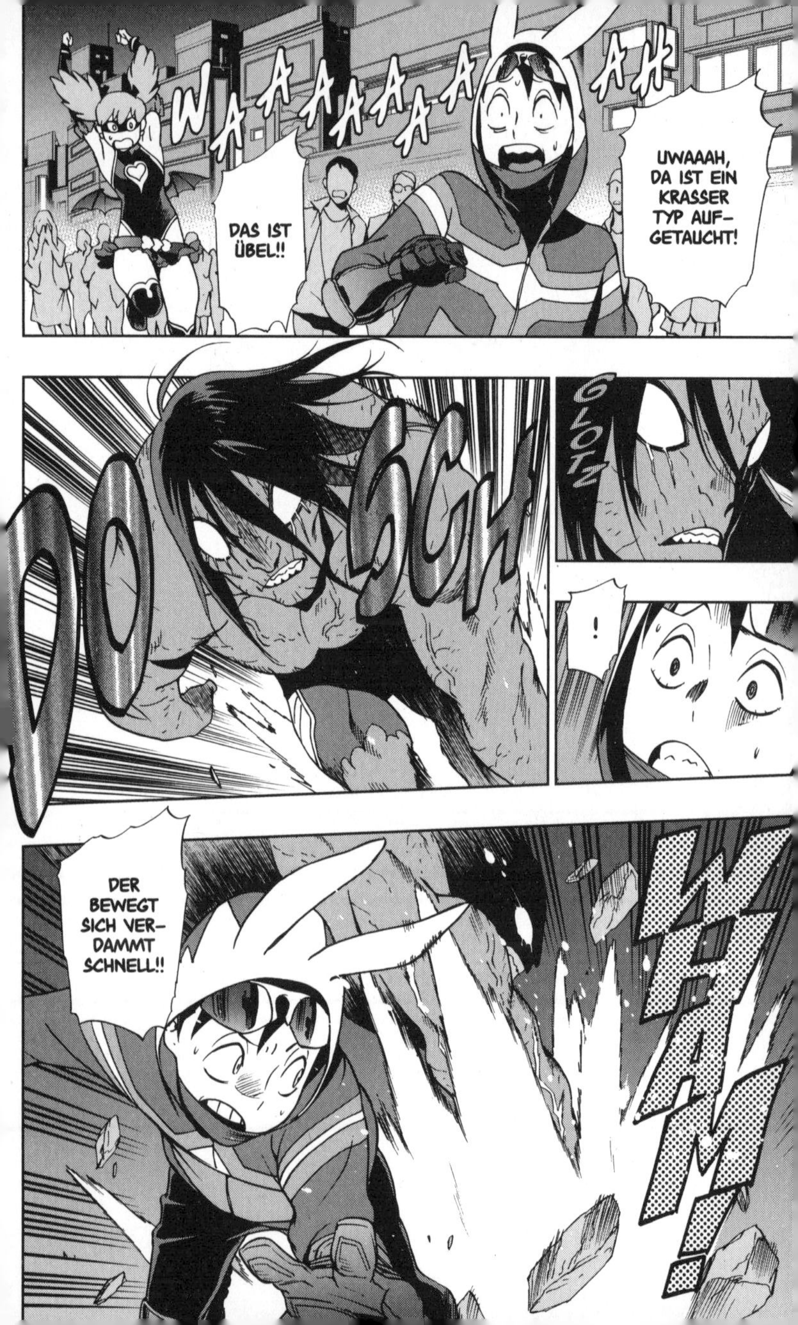
WAAAAAAAH
UWAAAH, DA IST EIN KRASSER TYP AUF-GETAUCHT!
DAS IST ÜBEL!!
GLOTZ
!
DER BEWEGT SICH VER-DAMMT SCHNELL!!
WHAM!!

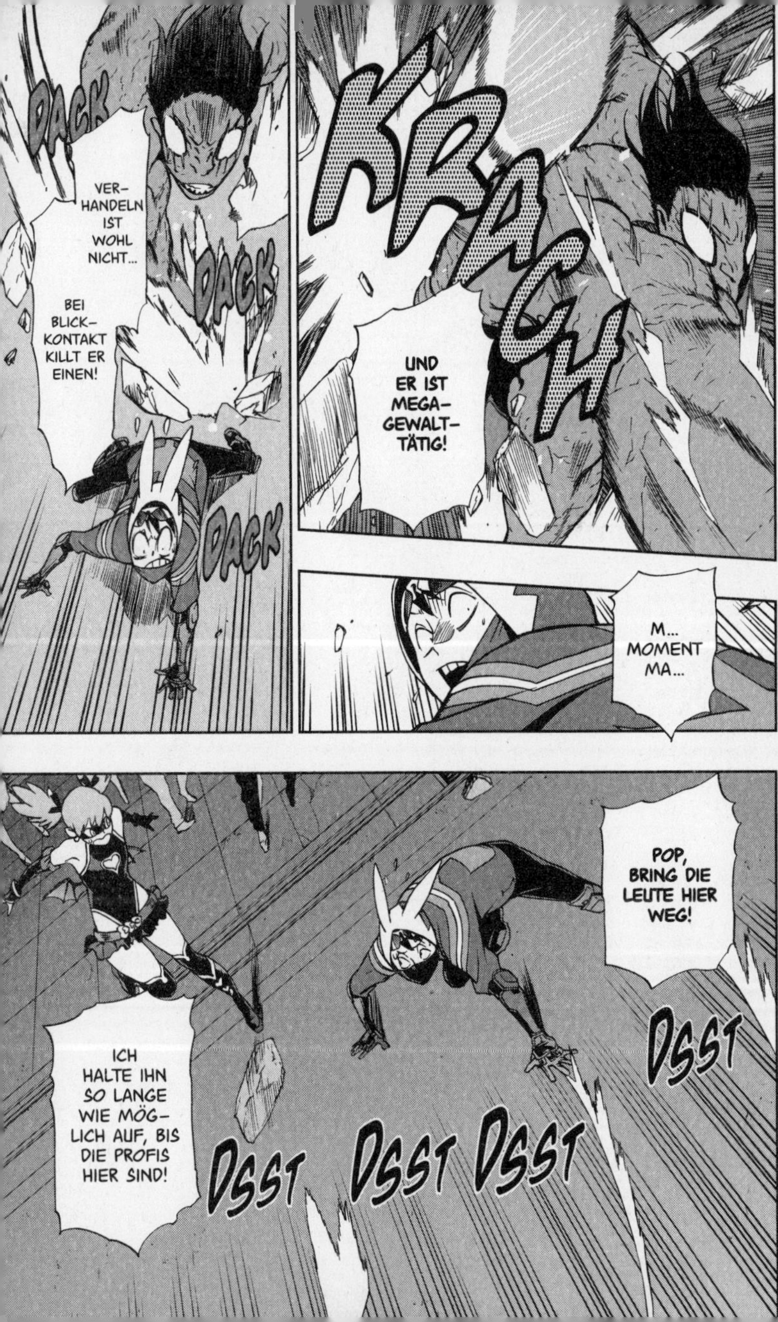
DACK
VER-HANDELN IST WOHL NICHT...
DACK
BEI BLICK-KONTAKT KILLT ER EINEN!
DACK
KRACH
UND ER IST MEGA-GEWALT-TÄTIG!
M... MOMENT MA...
POP, BRING DIE LEUTE HIER WEG!
DSST
ICH HALTE IHN SO LANGE WIE MÖG-LICH AUF, BIS DIE PROFIS HIER SIND!
DSST
DSST
DSST

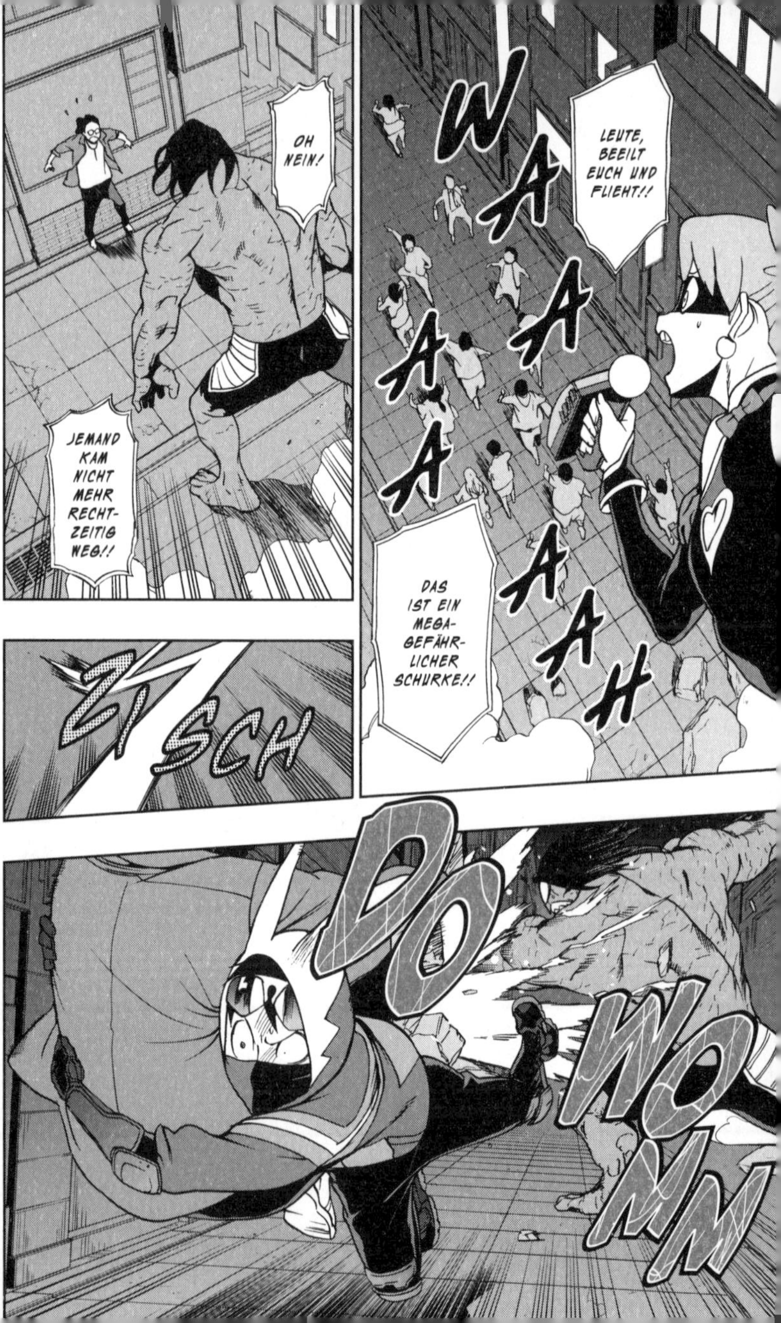
LEUTE, BEEILT EUCH UND FLIEHT!!
WAAAAAAH
DAS IST EIN MEGA-GEFÄHRLICHER SCHURKE!!
OH NEIN!
JEMAND KAM NICHT MEHR RECHTZEITIG WEG!!
ZISCH
DOWOMM

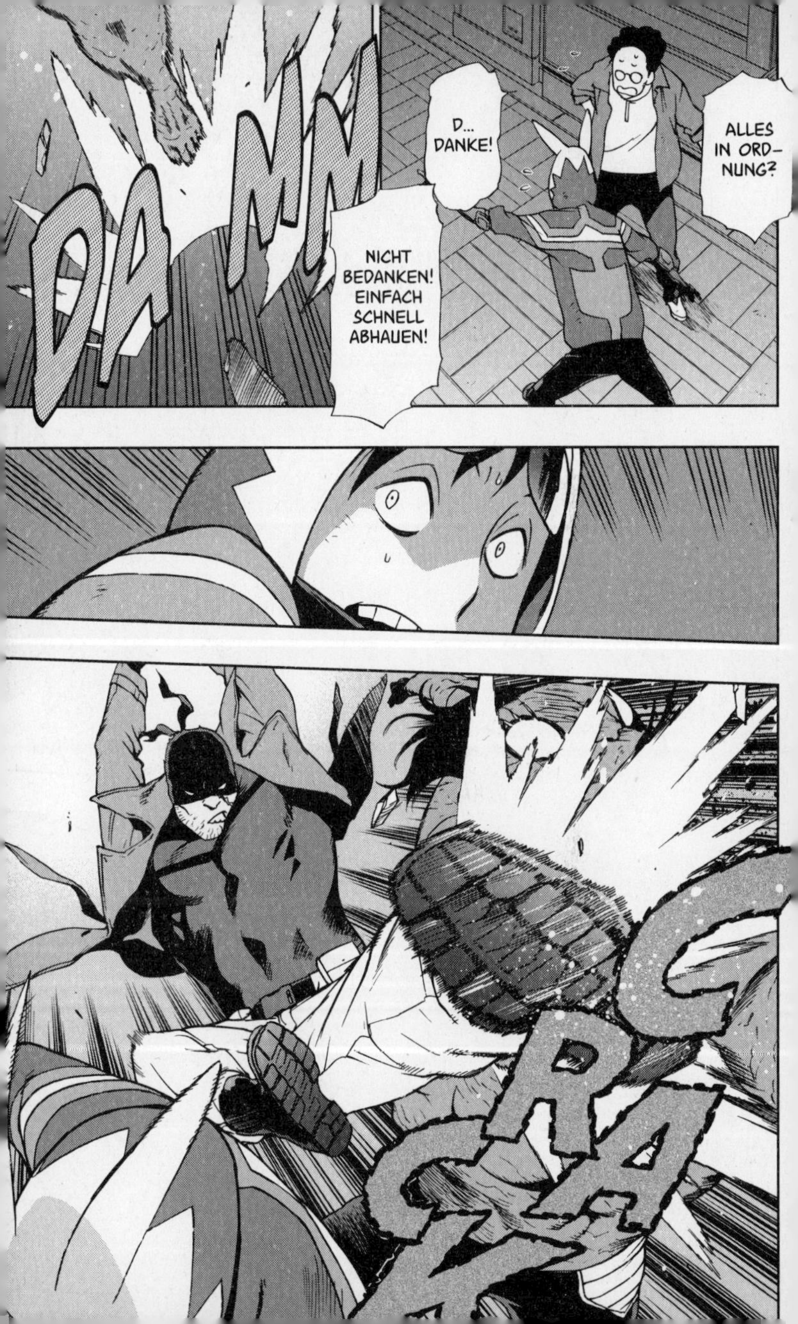
ALLES IN ORDNUNG?
D... DANKE!
NICHT BEDANKEN! EINFACH SCHNELL ABHAUEN!
DAMM

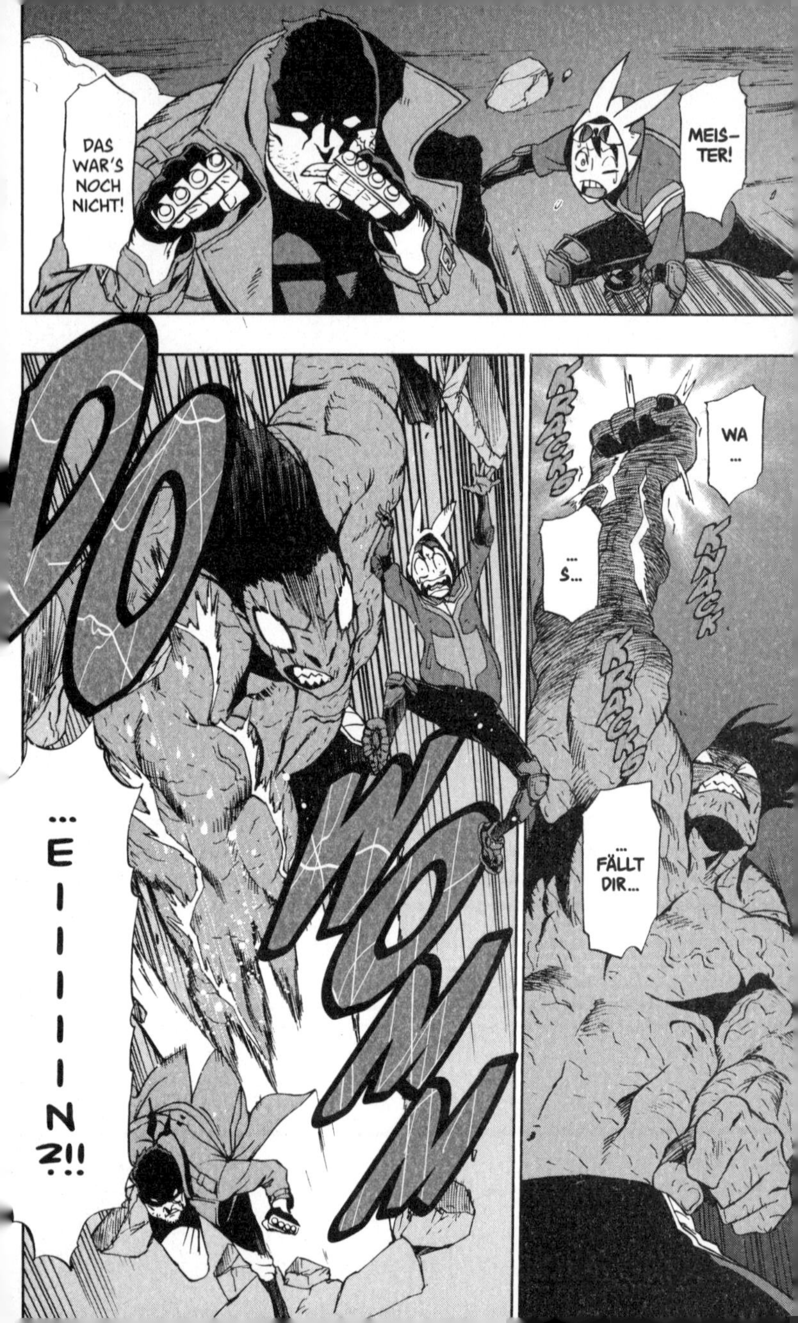
MEISTER!
DAS WAR'S NOCH NICHT!
WA ...
... S...
KRACKS
KNACK
KRACKS
... FÄLLT DIR...
...EIIIIIIN Z!!
WOMM
DOO

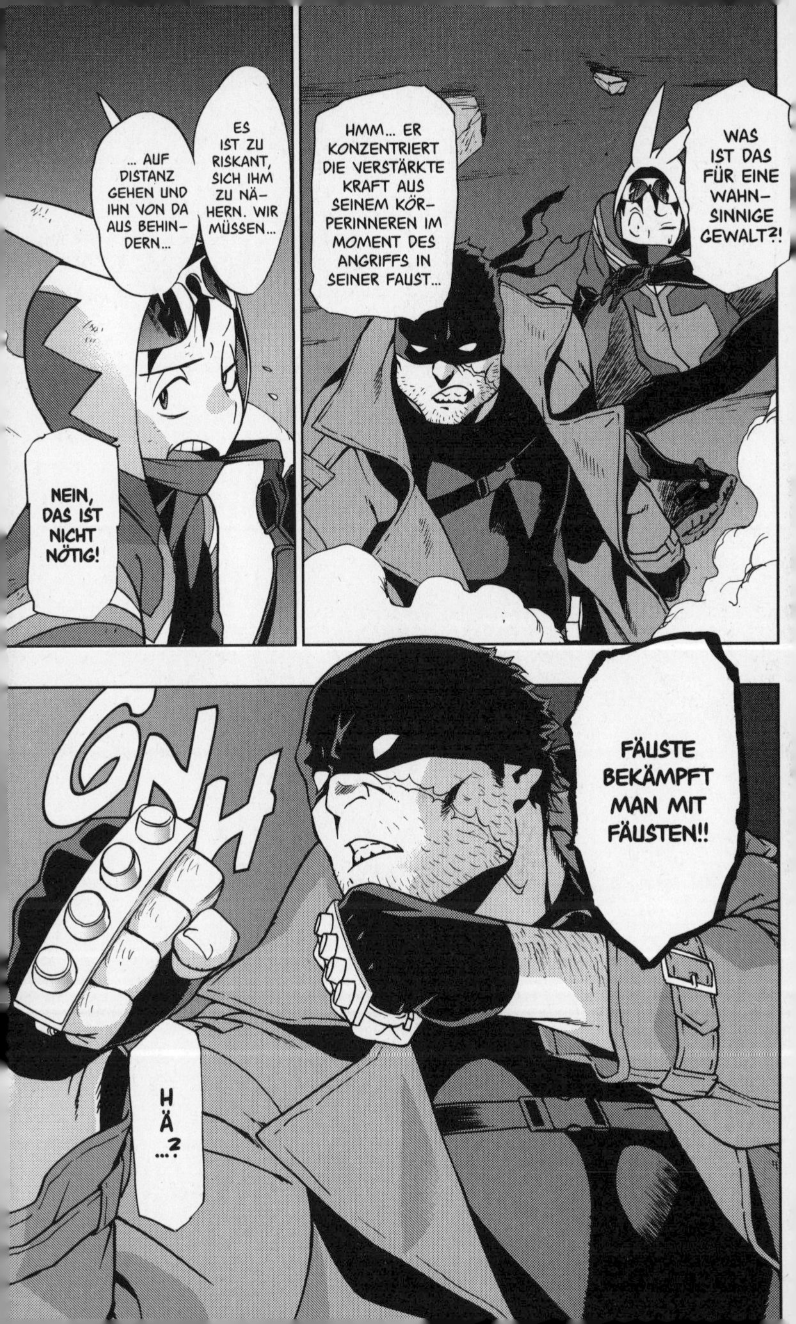
WAS IST DAS FÜR EINE WAHNSINNIGE GEWALT?!
HMM... ER KONZENTRIERT DIE VERSTÄRKTE KRAFT AUS SEINEM KÖRPERINNEREN IM MOMENT DES ANGRIFFS IN SEINER FAUST...
ES IST ZU RISKANT, SICH IHM ZU NÄHERN. WIR MÜSSEN...
... AUF DISTANZ GEHEN UND IHN VON DA AUS BEHINDERN...
NEIN, DAS IST NICHT NÖTIG!
FÄUSTE BEKÄMPFT MAN MIT FÄUSTEN!!
GNH
HÄ...?

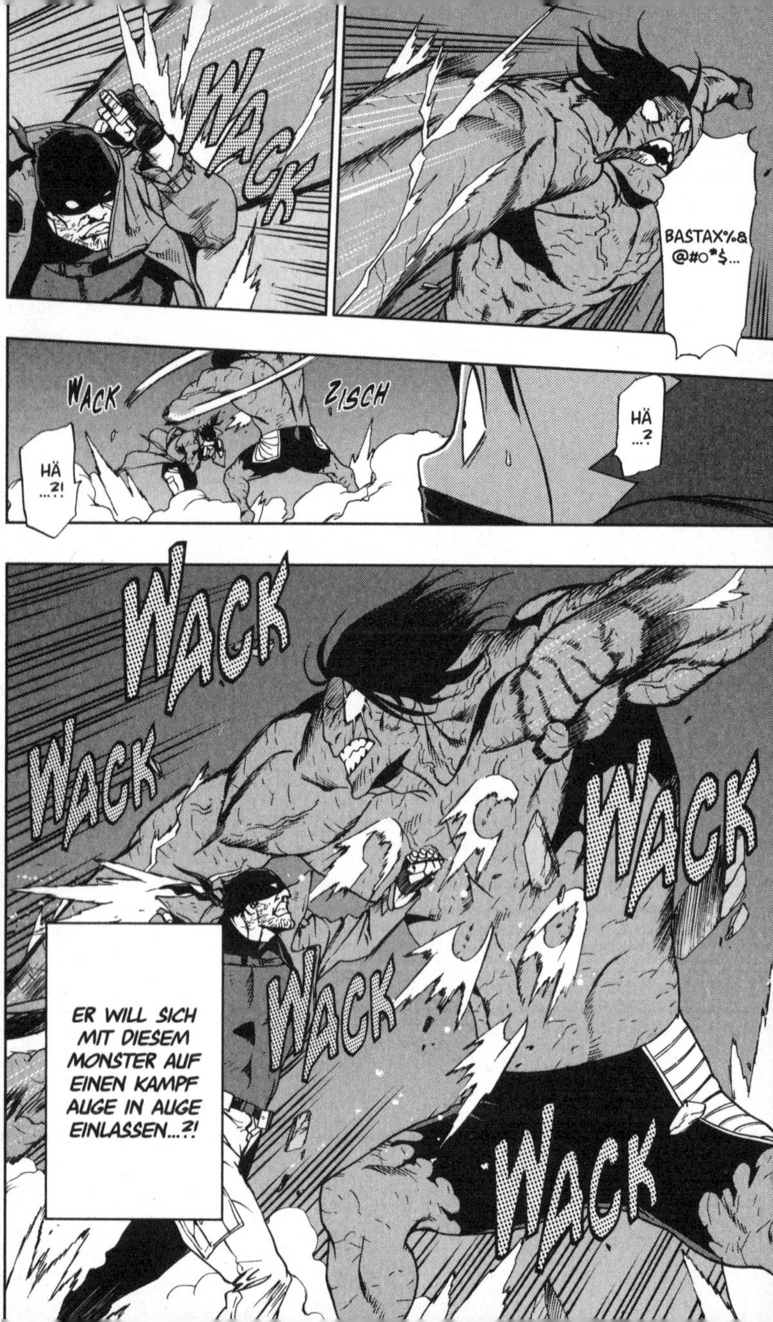
WACK
BASTAX%&
@#0*$...
WACK
ZISCH
HÄ
...?
HÄ
...?!
WACK
WACK
WACK
ER WILL SICH MIT DIESEM MONSTER AUF EINEN KAMPF AUGE IN AUGE EINLASSEN...?!
WACK
WACK

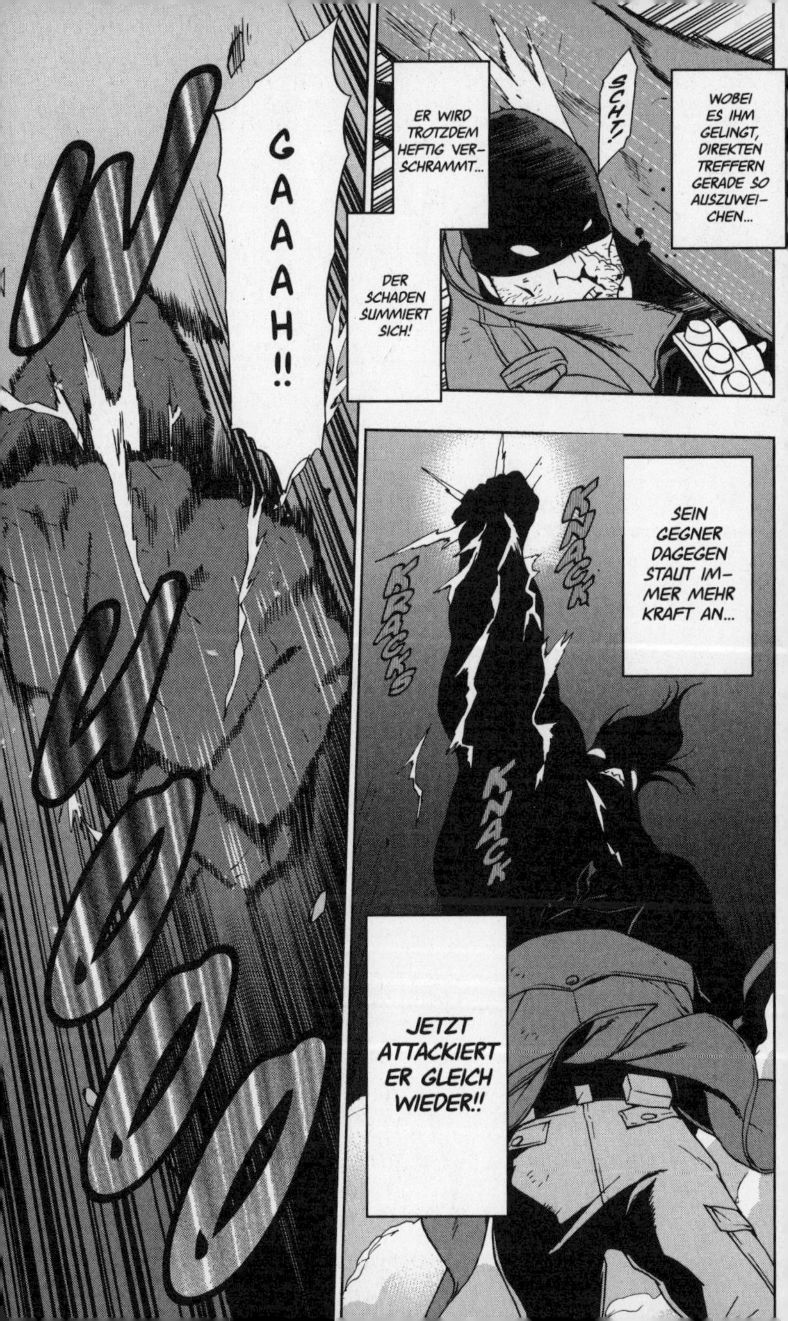
WOBEI ES IHM GELINGT, DIREKTEN TREFFERN GERADE SO AUSZUWEICHEN...
SCHT!
ER WIRD TROTZDEM HEFTIG VERSCHRAMMT...
DER SCHADEN SUMMIERT SICH!
GAAAAH!!
SEIN GEGNER DAGEGEN STAUT IMMER MEHR KRAFT AN...
KNACK
KRACKS
KNACK
JETZT ATTACKIERT ER GLEICH WIEDER!!

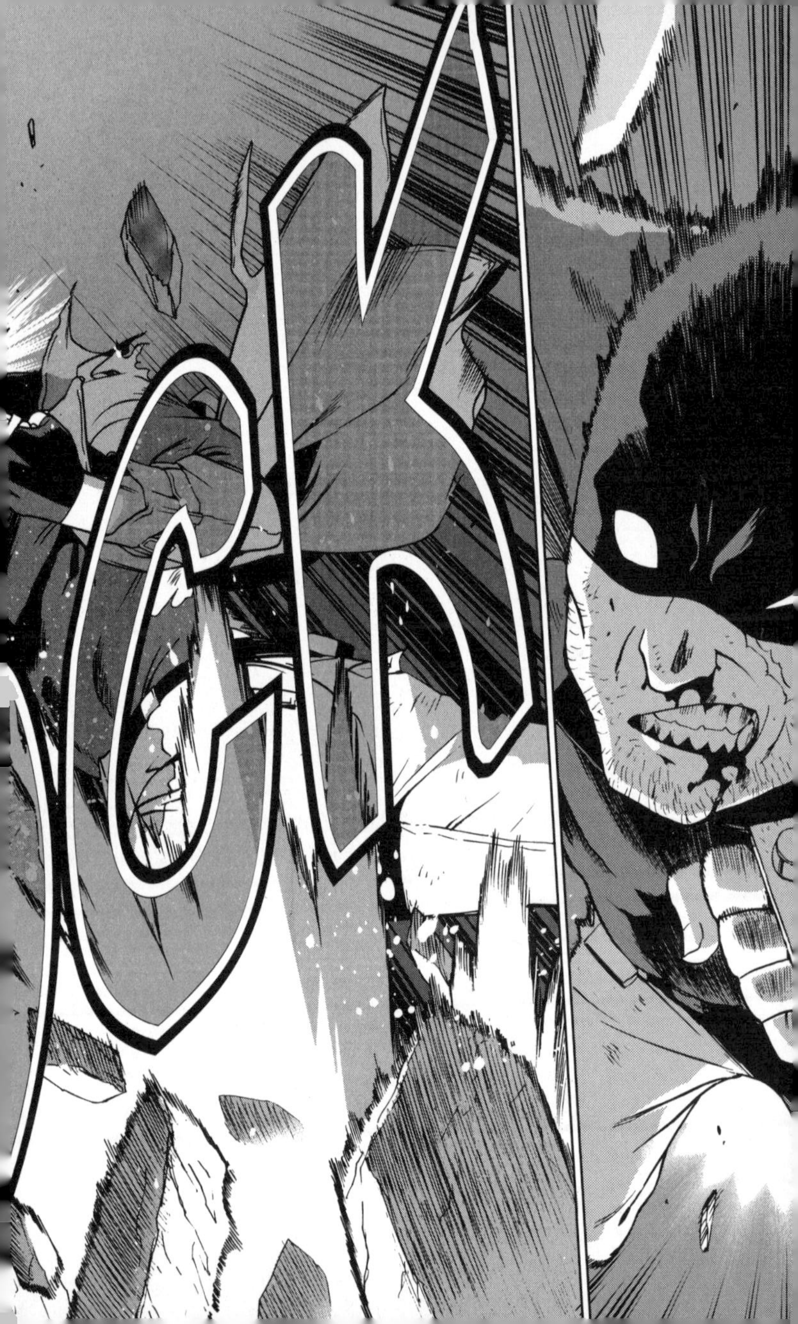
CH!

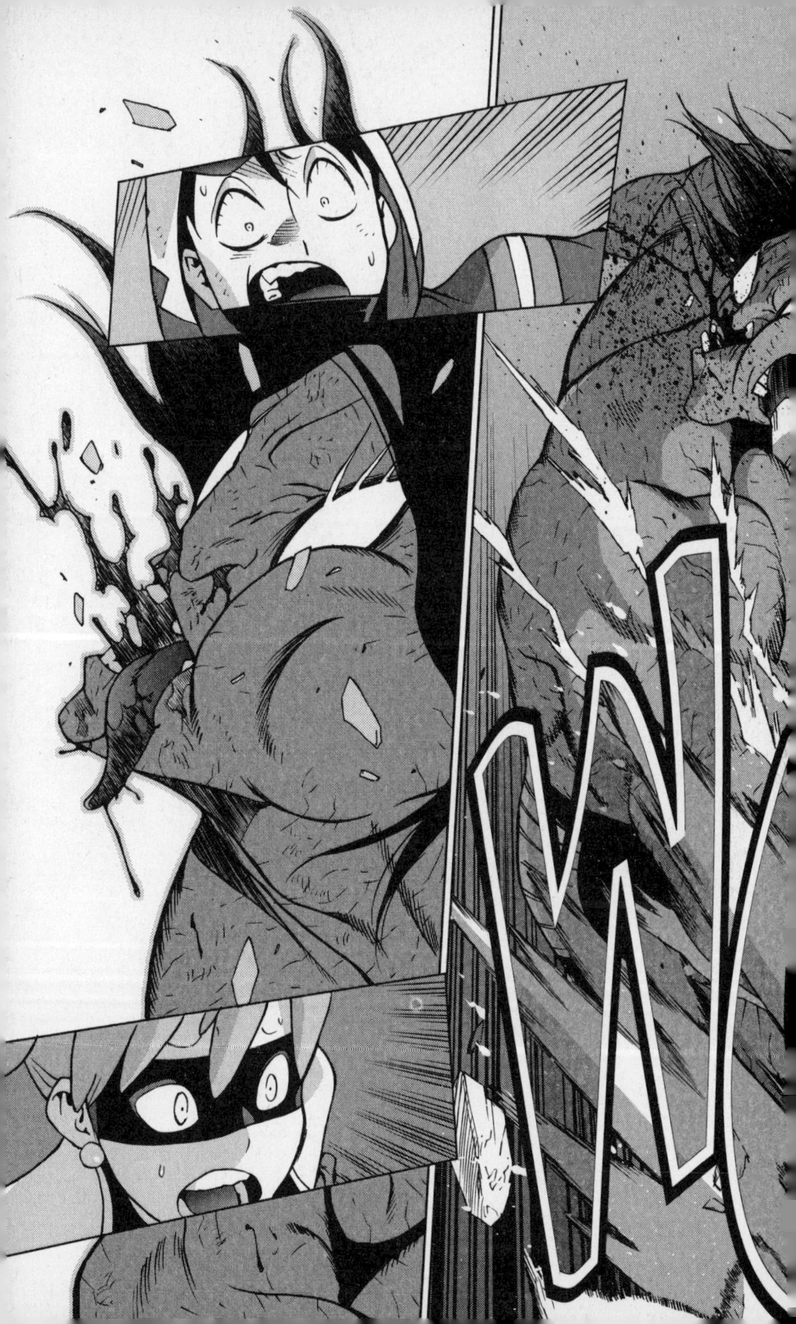

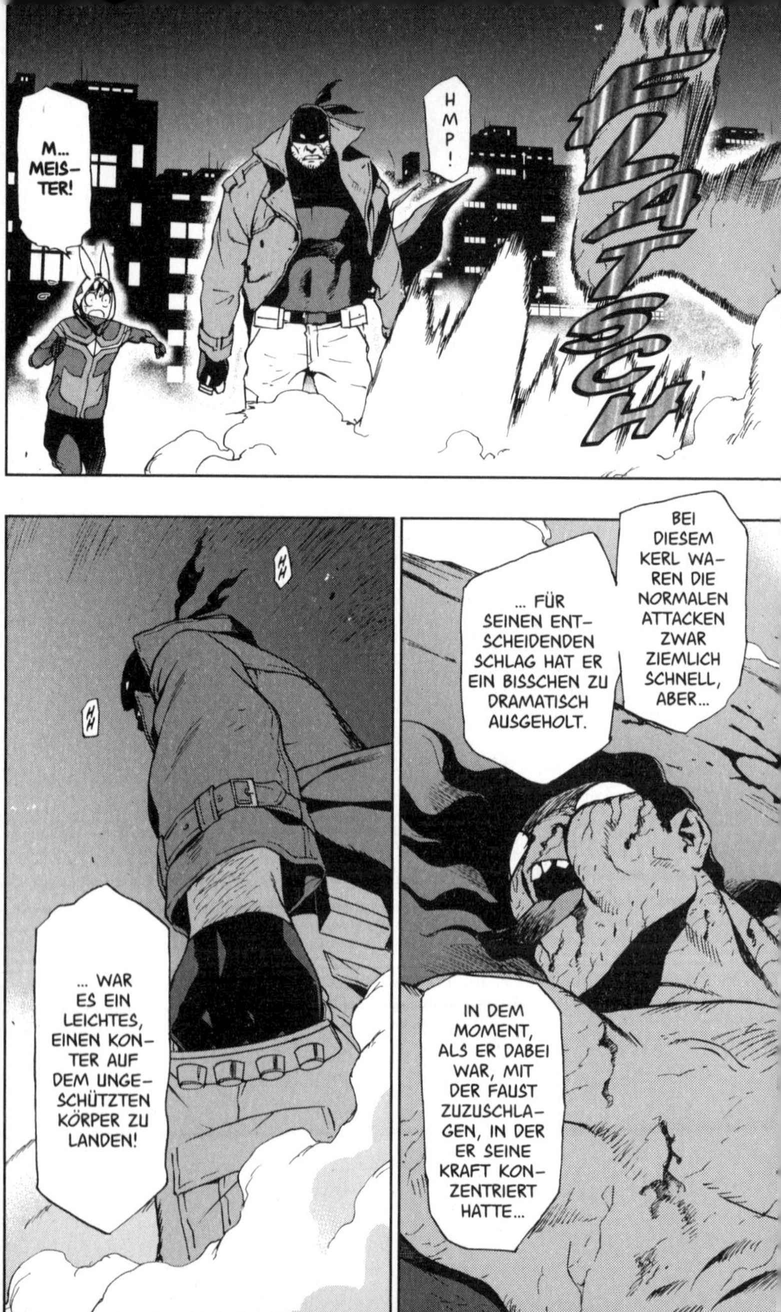
HMP!
M... MEISTER!
BEI DIESEM KERL WAREN DIE NORMALEN ATTACKEN ZWAR ZIEMLICH SCHNELL, ABER...
... FÜR SEINEN ENTSCHEIDENDEN SCHLAG HAT ER EIN BISSCHEN ZU DRAMATISCH AUSGEHOLT.
IN DEM MOMENT, ALS ER DABEI WAR, MIT DER FAUST ZUZUSCHLAGEN, IN DER ER SEINE KRAFT KONZENTRIERT HATTE...
... WAR ES EIN LEICHTES, EINEN KONTER AUF DEM UNGESCHÜTZTEN KÖRPER ZU LANDEN!

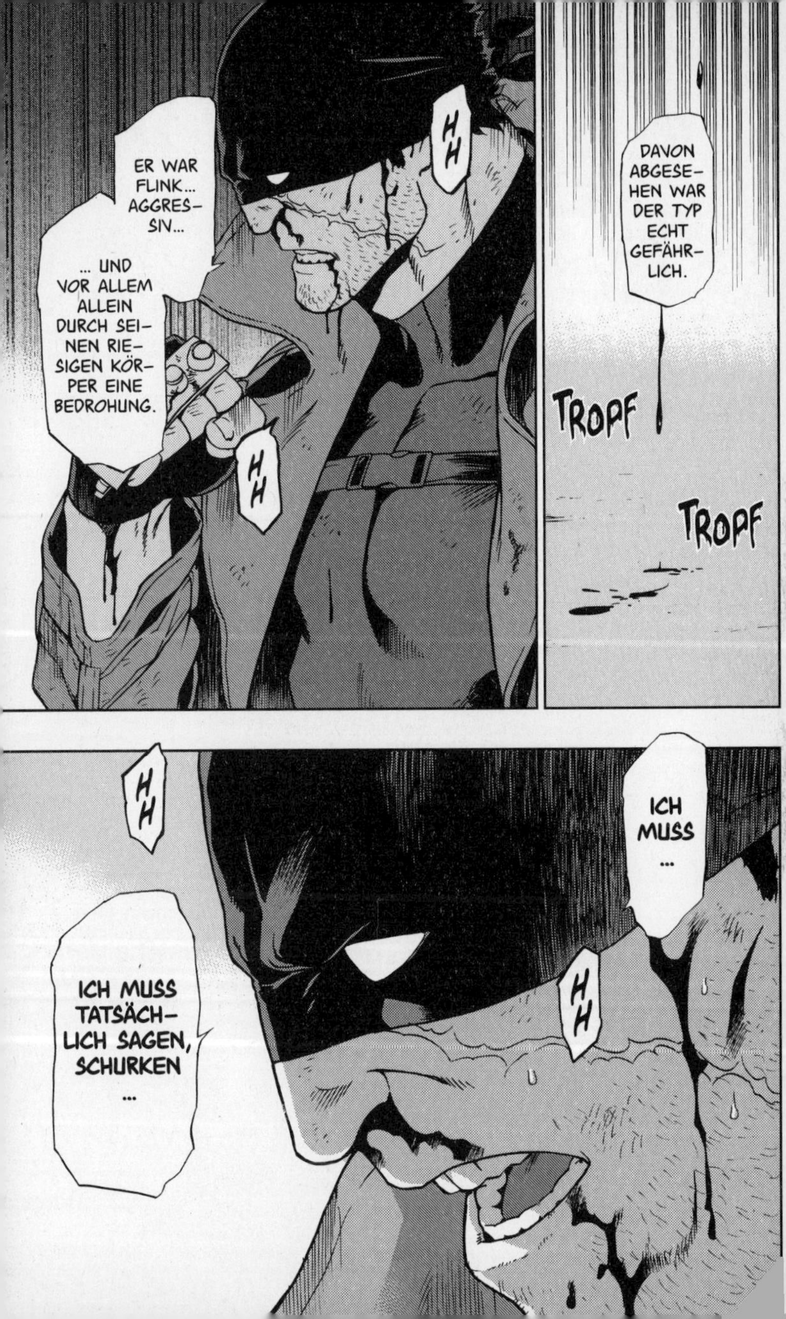
DAVON ABGESEHEN WAR DER TYP ECHT GEFÄHRLICH.
TROPF
TROPF
HH
ER WAR FLINK... AGGRESSIV...
... UND VOR ALLEM ALLEIN DURCH SEINEN RIESIGEN KÖRPER EINE BEDROHUNG.
HH
ICH MUSS ...
HH
HH
ICH MUSS TATSÄCHLICH SAGEN, SCHURKEN ...

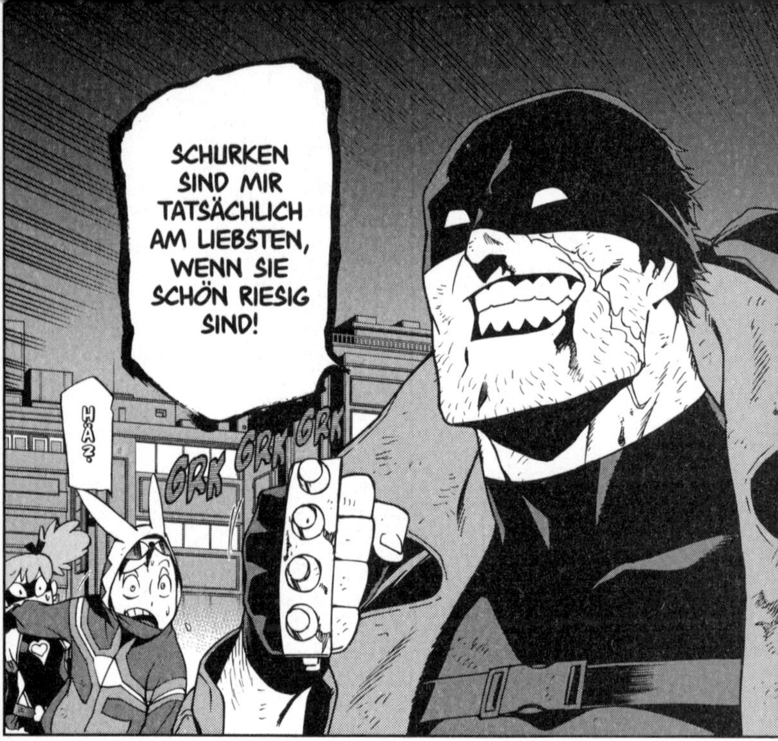
SCHURKEN SIND MIR TATSÄCHLICH AM LIEBSTEN, WENN SIE SCHÖN RIESIG SIND!
HÄ?
GRK GRK GRK

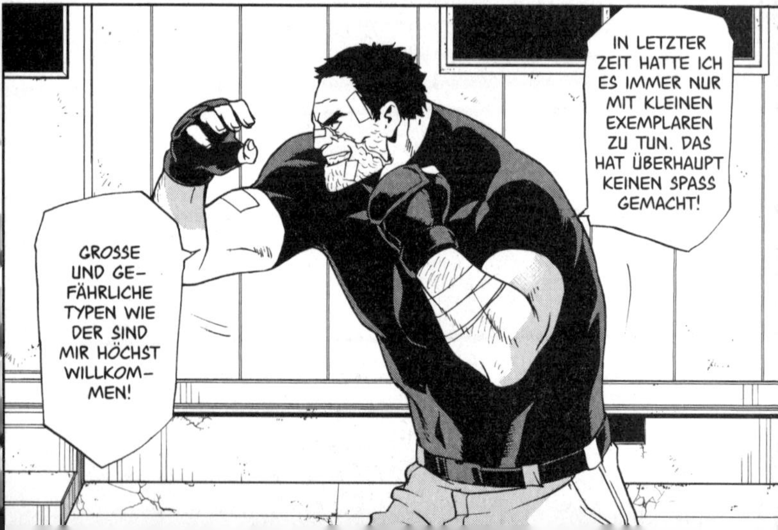
IN LETZTER ZEIT HATTE ICH ES IMMER NUR MIT KLEINEN EXEMPLAREN ZU TUN. DAS HAT ÜBERHAUPT KEINEN SPASS GEMACHT!
GROSSE UND GEFÄHRLICHE TYPEN WIE DER SIND MIR HÖCHST WILLKOMMEN!

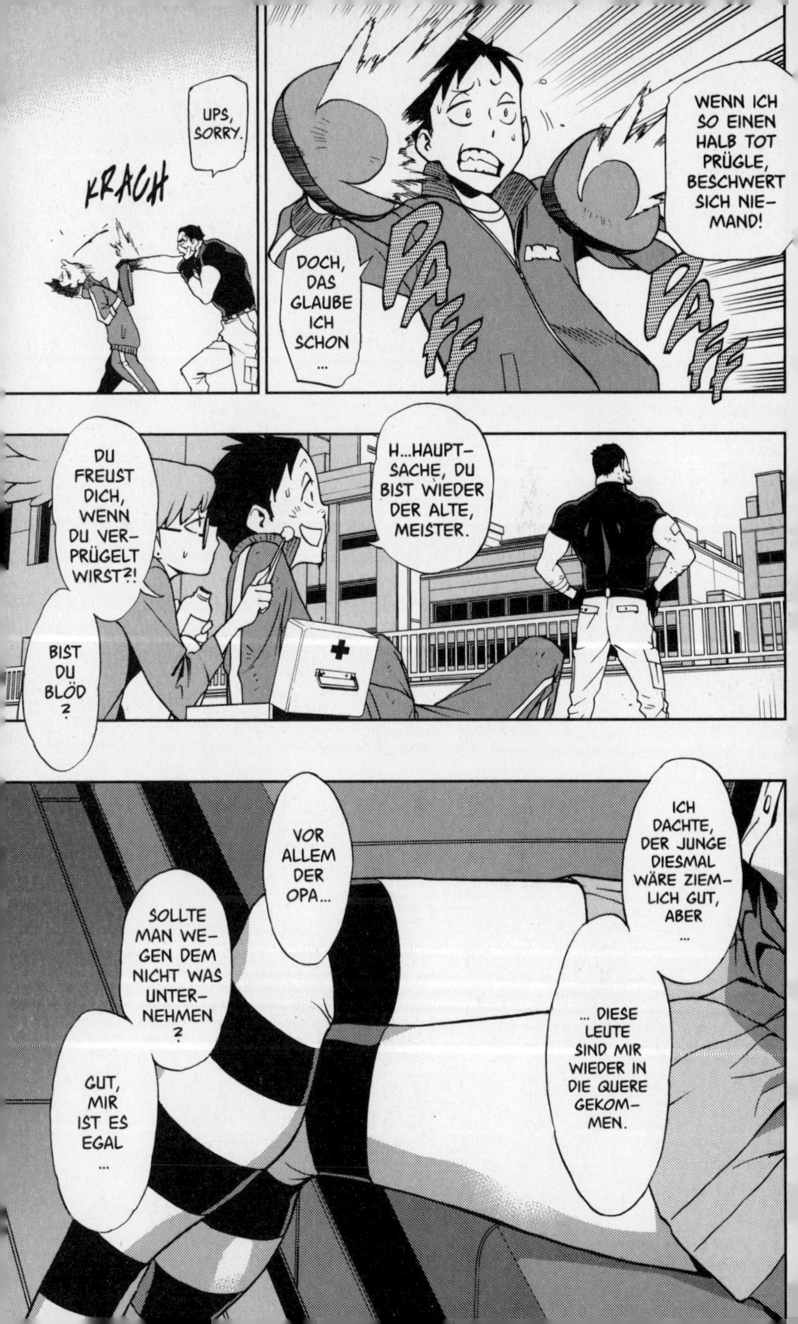

WENN ICH SO EINEN HALB TOT PRÜGLE, BESCHWERT SICH NIEMAND!
DOCH, DAS GLAUBE ICH SCHON ...
PAFF
PAFF
UPS, SORRY.
KRACH
H...HAUPTSACHE, DU BIST WIEDER DER ALTE, MEISTER.
DU FREUST DICH, WENN DU VERPRÜGELT WIRST?!
BIST DU BLÖD?
ICH DACHTE, DER JUNGE DIESMAL WÄRE ZIEMLICH GUT, ABER ...
... DIESE LEUTE SIND MIR WIEDER IN DIE QUERE GEKOMMEN.
VOR ALLEM DER OPA...
SOLLTE MAN WEGEN DEM NICHT WAS UNTERNEHMEN?
GUT, MIR IST ES EGAL ...

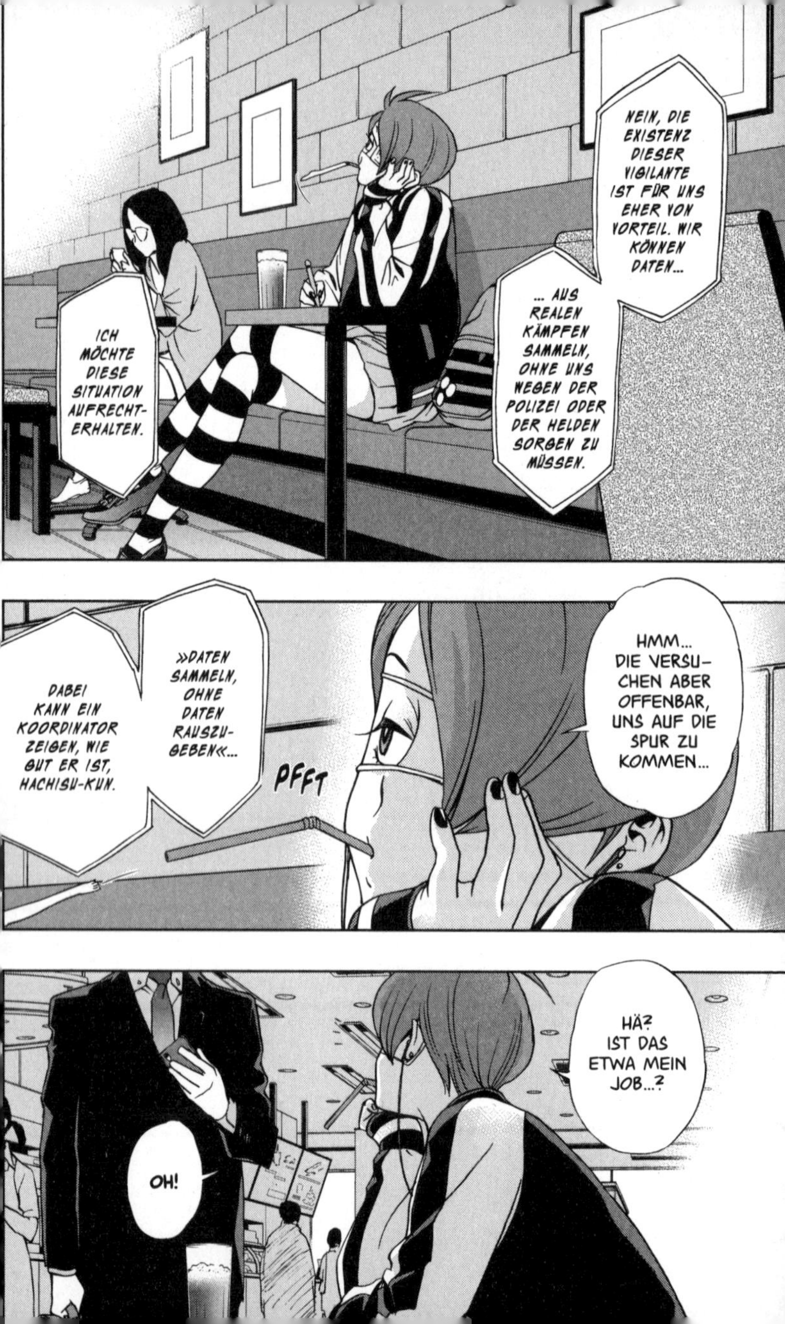
NEIN, DIE EXISTENZ DIESER VIGILANTE IST FÜR UNS EHER VON VORTEIL. WIR KÖNNEN DATEN...
... AUS REALEN KÄMPFEN SAMMELN, OHNE UNS WEGEN DER POLIZEI ODER DER HELDEN SORGEN ZU MÜSSEN.
ICH MÖCHTE DIESE SITUATION AUFRECHTERHALTEN.
HMM... DIE VERSUCHEN ABER OFFENBAR, UNS AUF DIE SPUR ZU KOMMEN...
PFFT
»DATEN SAMMELN, OHNE DATEN RAUSZUGEBEN«...
DABEI KANN EIN KOORDINATOR ZEIGEN, WIE GUT ER IST, HACHISU-KUN.
HÄ? IST DAS ETWA MEIN JOB...?
OH!

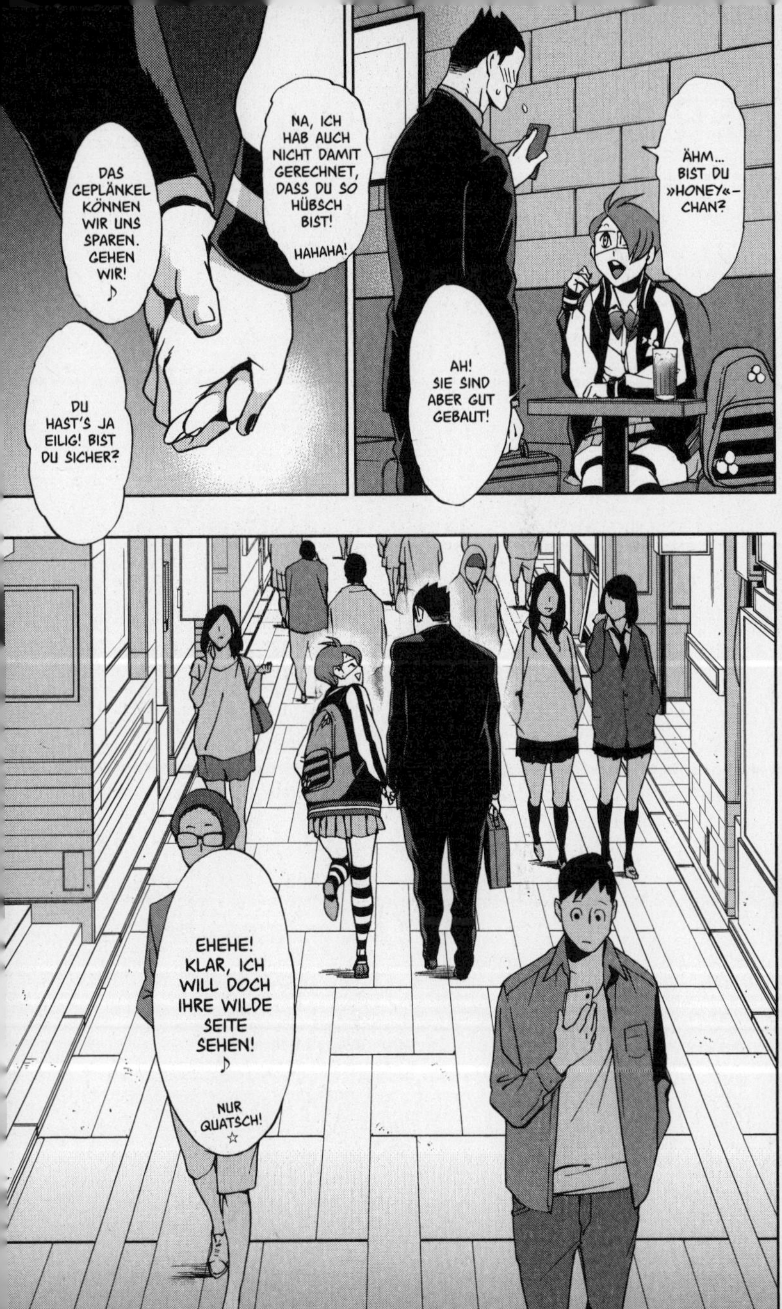
ÄHM... BIST DU »HONEY«-CHAN?
AH! SIE SIND ABER GUT GEBAUT!
NA, ICH HAB AUCH NICHT DAMIT GERECHNET, DASS DU SO HÜBSCH BIST!
HAHAHA!
DAS GEPLÄNKEL KÖNNEN WIR UNS SPAREN. GEHEN WIR! ♪
DU HAST'S JA EILIG! BIST DU SICHER?
EHEHE! KLAR, ICH WILL DOCH IHRE WILDE SEITE SEHEN! ♪
NUR QUATSCH! ☆

DER JUNKIE-SCHURKE

THE ROUGH DESIGN

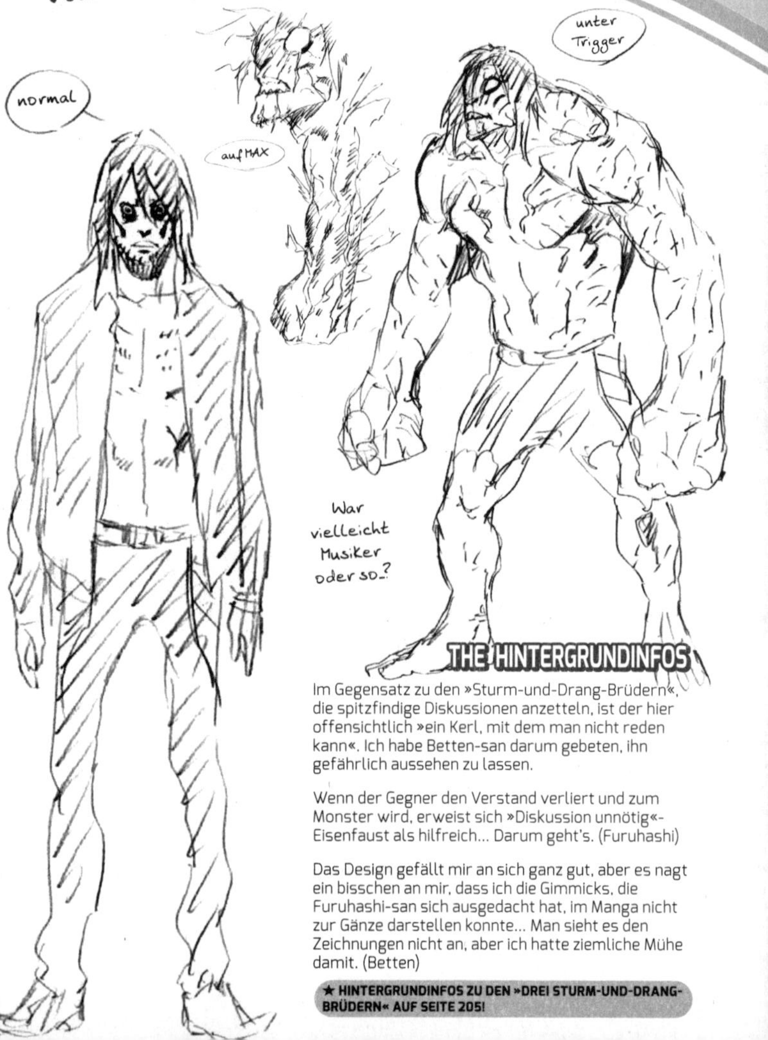

THE HINTERGRUNDINFOS

Im Gegensatz zu den »Sturm-und-Drang-Brüdern«, die spitzfindige Diskussionen anzetteln, ist der hier offensichtlich »ein Kerl, mit dem man nicht reden kann«. Ich habe Betten-san darum gebeten, ihn gefährlich aussehen zu lassen.

Wenn der Gegner den Verstand verliert und zum Monster wird, erweist sich »Diskussion unnötig«-Eisenfaust als hilfreich... Darum geht's. (Furuhashi)

Das Design gefällt mir an sich ganz gut, aber es nagt ein bisschen an mir, dass ich die Gimmicks, die Furuhashi-san sich ausgedacht hat, im Manga nicht zur Gänze darstellen konnte... Man sieht es den Zeichnungen nicht an, aber ich hatte ziemliche Mühe damit. (Betten)

★ HINTERGRUNDINFOS ZU DEN »DREI STURM-UND-DRANG-BRÜDERN« AUF SEITE 205!

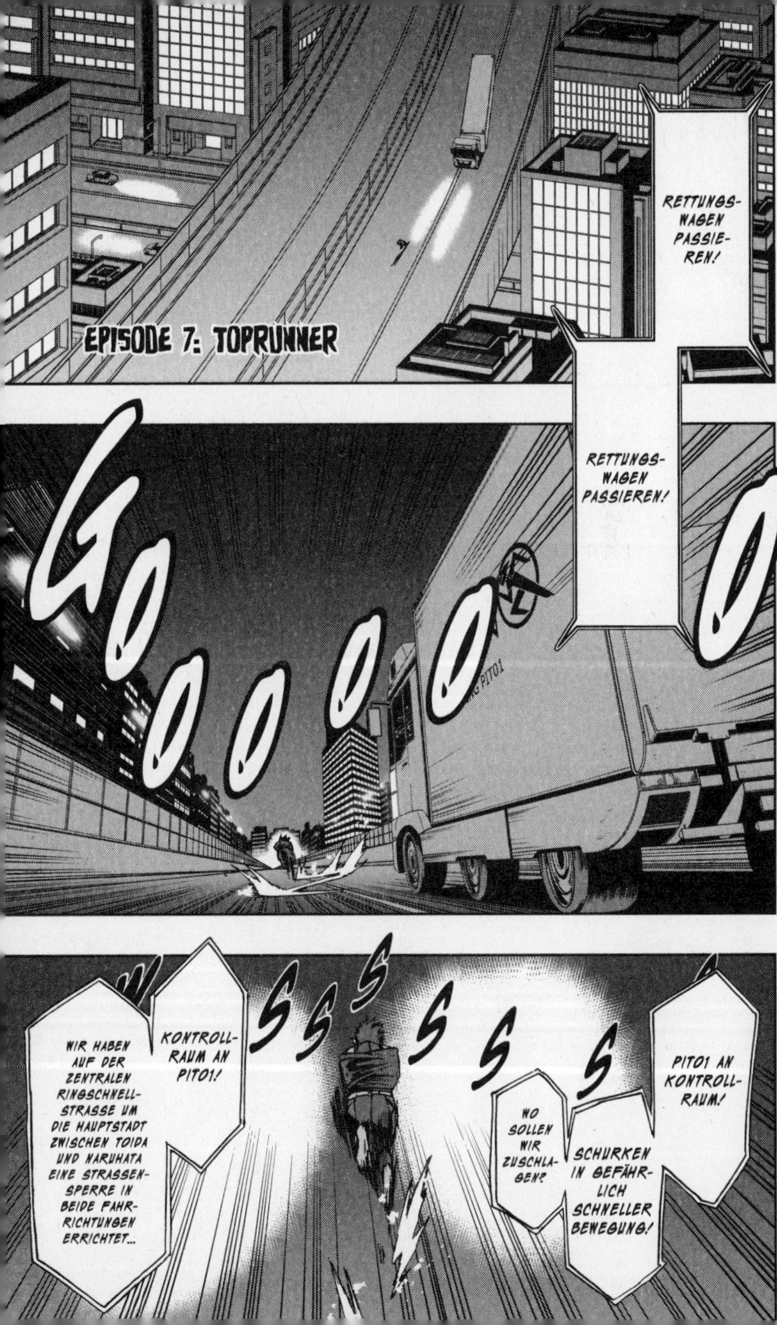

EPISODE 7: TOPRUNNER
RETTUNGS-WAGEN PASSIE-REN!
RETTUNGS-WAGEN PASSIEREN!
GOOOOOOO
PITO1 AN KONTROLL-RAUM!
SCHURKEN IN GEFÄHR-LICH SCHNELLER BEWEGUNG!
WO SOLLEN WIR ZUSCHLA-GEN?
SSSSSS
KONTROLL-RAUM AN PITO1!
WIR HABEN AUF DER ZENTRALEN RINGSCHNELL-STRASSE UM DIE HAUPTSTADT ZWISCHEN TOIDA UND NARUHATA EINE STRASSEN-SPERRE IN BEIDE FAHR-RICHTUNGEN ERRICHTET...

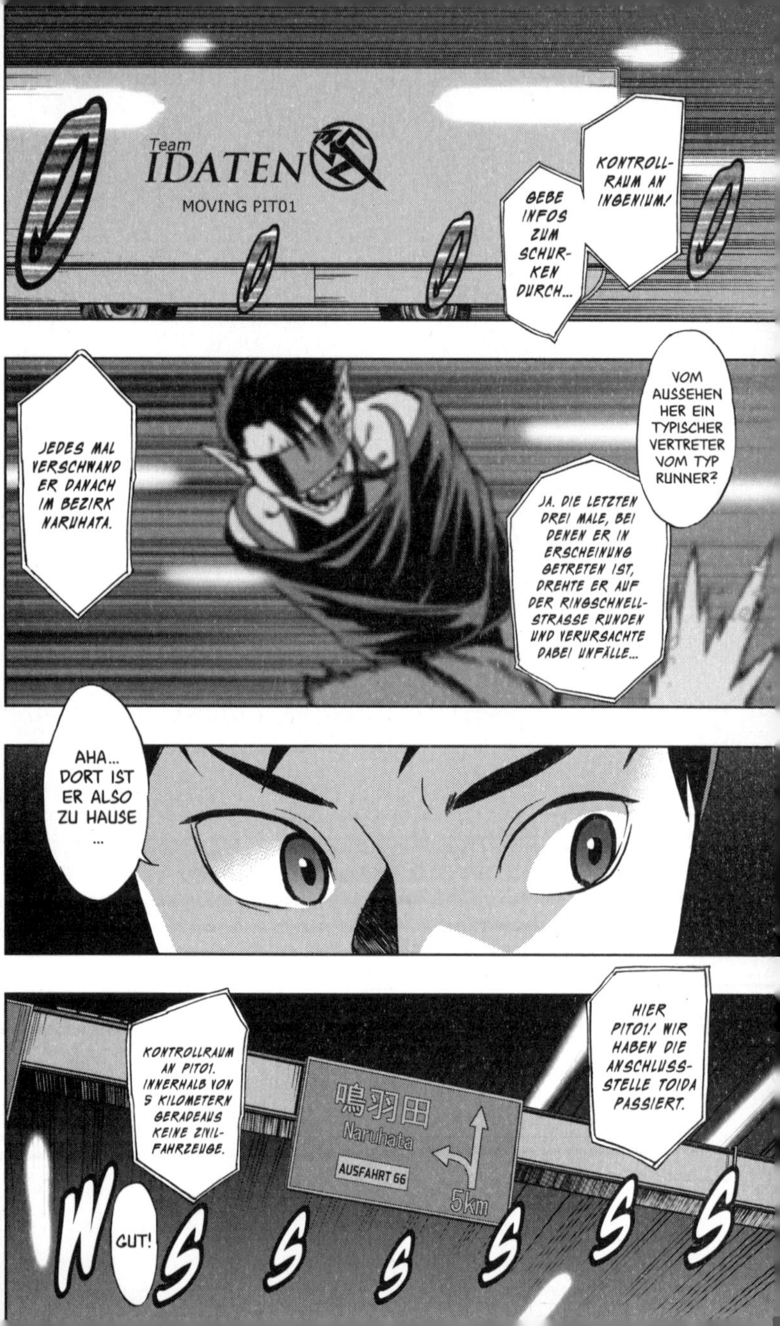
Team
IDATEN
MOVING PIT01
KONTROLL-
RAUM AN
INGENIUM!
GEBE
INFOS
ZUM
SCHUR-
KEN
DURCH...
VOM
AUSSEHEN
HER EIN
TYPISCHER
VERTRETER
VOM TYP
RUNNER?
JA. DIE LETZTEN
DREI MALE, BEI
DENEN ER IN
ERSCHEINUNG
GETRETEN IST,
DREHTE ER AUF
DER RINGSCHNELL-
STRASSE RUNDEN
UND VERURSACHTE
DABEI UNFÄLLE...
JEDES MAL
VERSCHWAND
ER DANACH
IM BEZIRK
NARUHATA.
AHA...
DORT IST
ER ALSO
ZU HAUSE
...
HIER
PIT01! WIR
HABEN DIE
ANSCHLUSS-
STELLE TOIDA
PASSIERT.
KONTROLLRAUM
AN PIT01.
INNERHALB VON
5 KILOMETERN
GERADEAUS
KEINE ZIVIL-
FAHRZEUGE.
鳴羽田
Naruhata
AUSFAHRT 66
5km
GUT!
WSSSSSSS

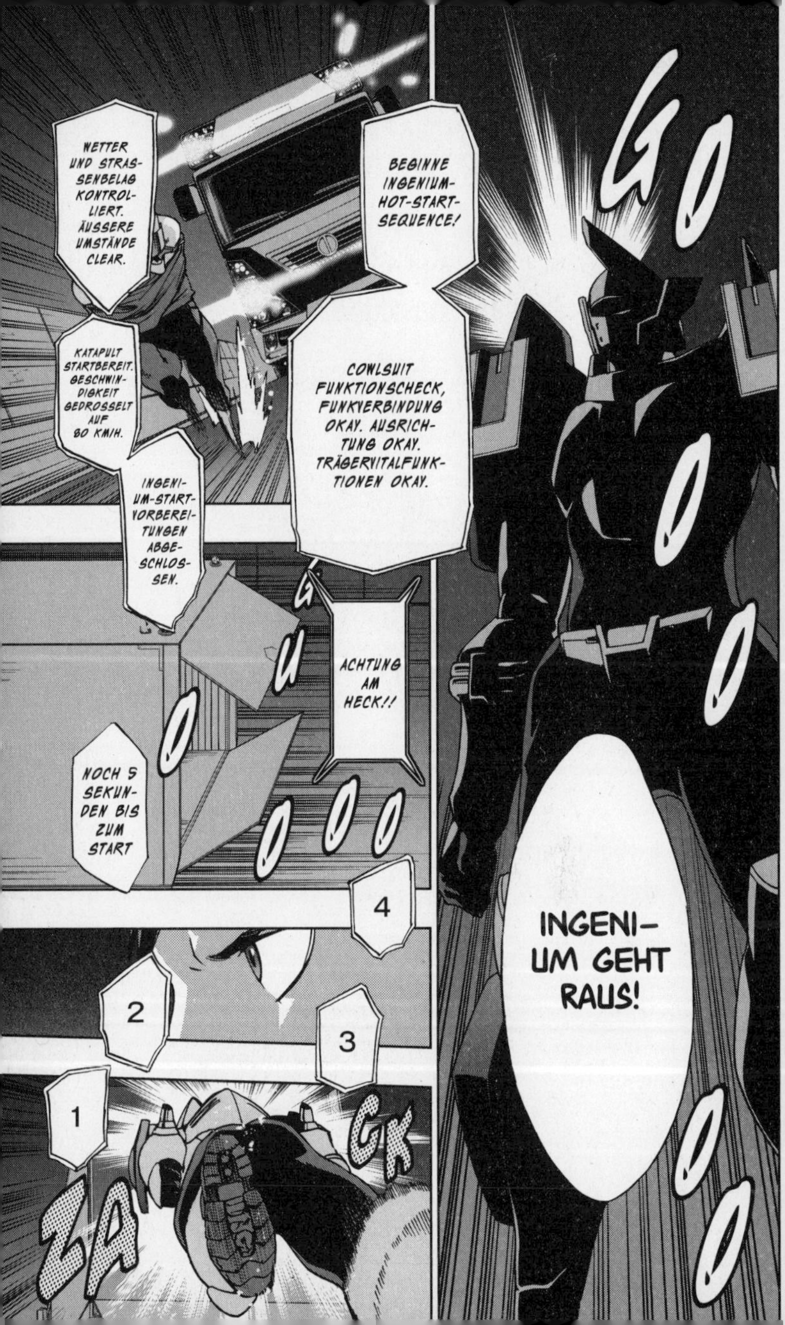
WETTER UND STRASSENBELAG KONTROLLIERT. ÄUSSERE UMSTÄNDE CLEAR.
KATAPULT STARTBEREIT. GESCHWINDIGKEIT GEDROSSELT AUF 80 KM/H.
INGENIUM-STARTVORBEREITUNGEN ABGESCHLOSSEN.
BEGINNE INGENIUM-HOT-START-SEQUENCE!
COWLSUIT FUNKTIONSCHECK, FUNKVERBINDUNG OKAY. AUSRICHTUNG OKAY. TRÄGERVITALFUNKTIONEN OKAY.
ACHTUNG AM HECK!!
GUOOOOO
NOCH 5 SEKUNDEN BIS ZUM START
4
3
2
1
ZACK
GOOOOOOOO
INGENIUM GEHT RAUS!

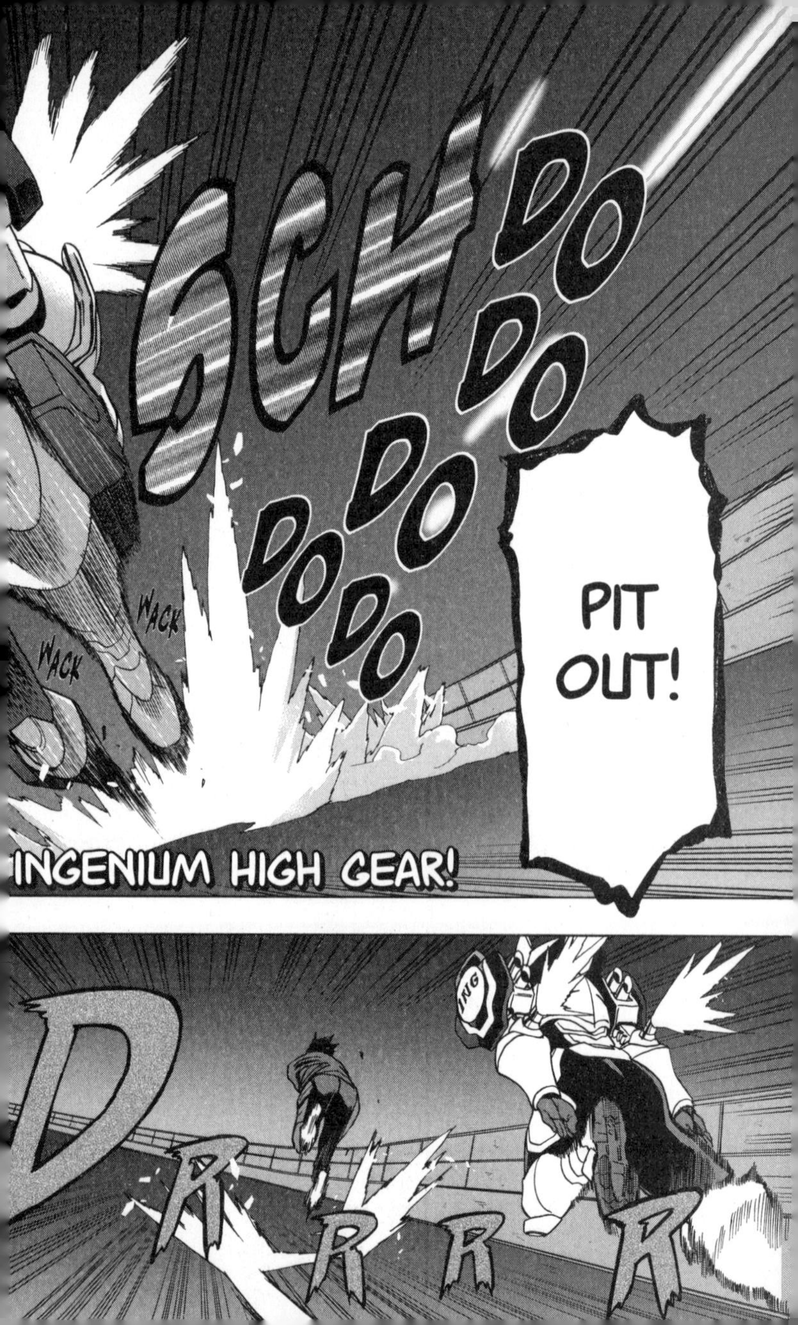
DO DO
DO DO
DO DO
DO DO
WACK
WACK
INGENIUM HIGH GEAR!
PIT OUT!
DRRRR

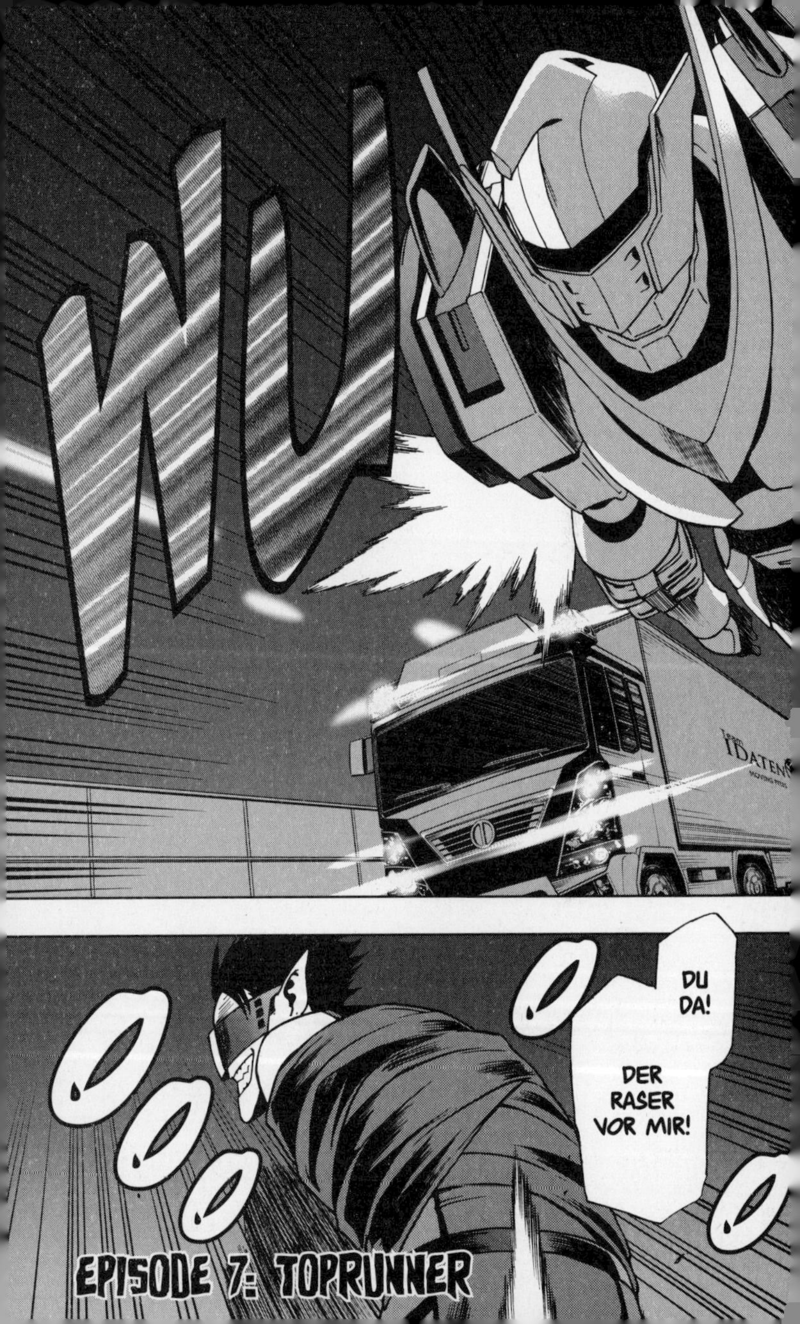

EPISODE 7: TOPRUNNER

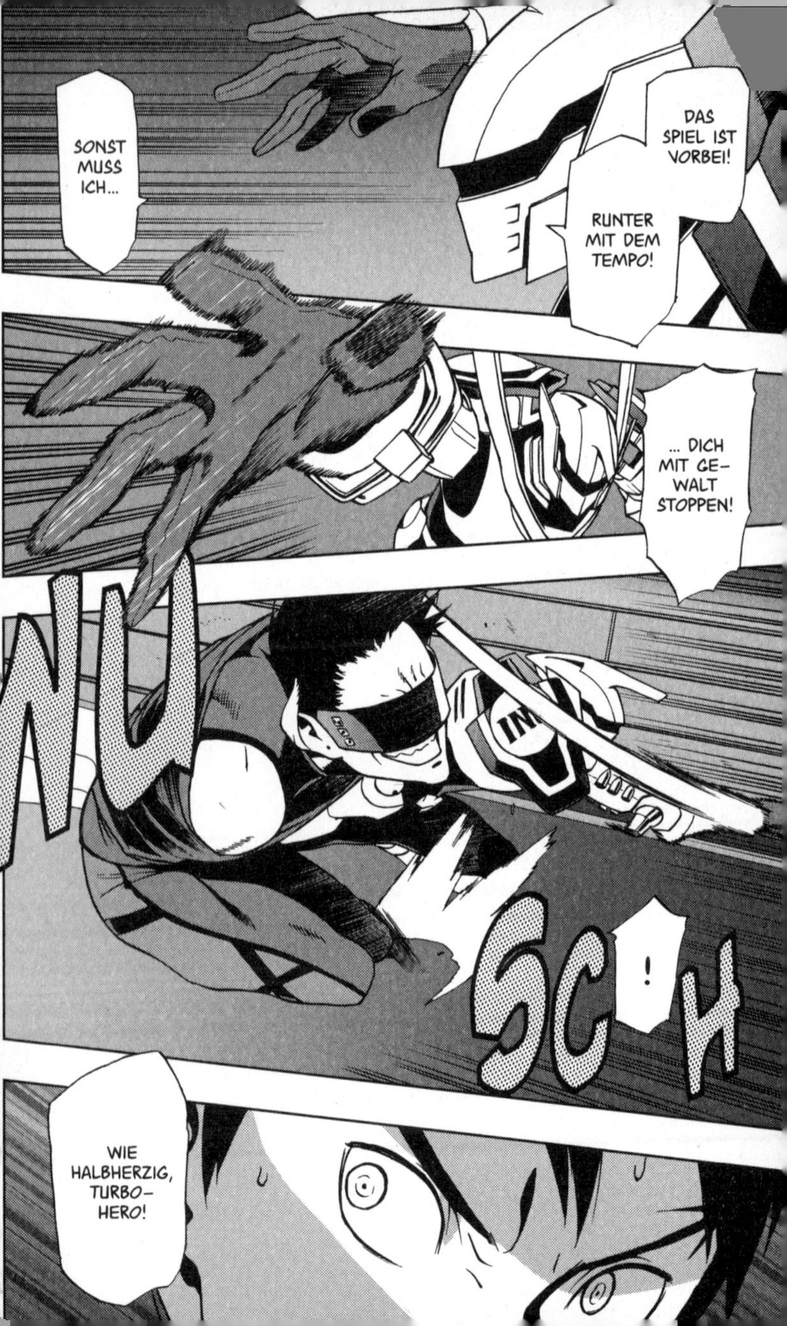
DAS SPIEL IST VORBEI!
RUNTER MIT DEM TEMPO!
SONST MUSS ICH...
... DICH MIT GE-WALT STOPPEN!
NU
SCH
!
WIE HALBHERZIG, TURBO-HERO!

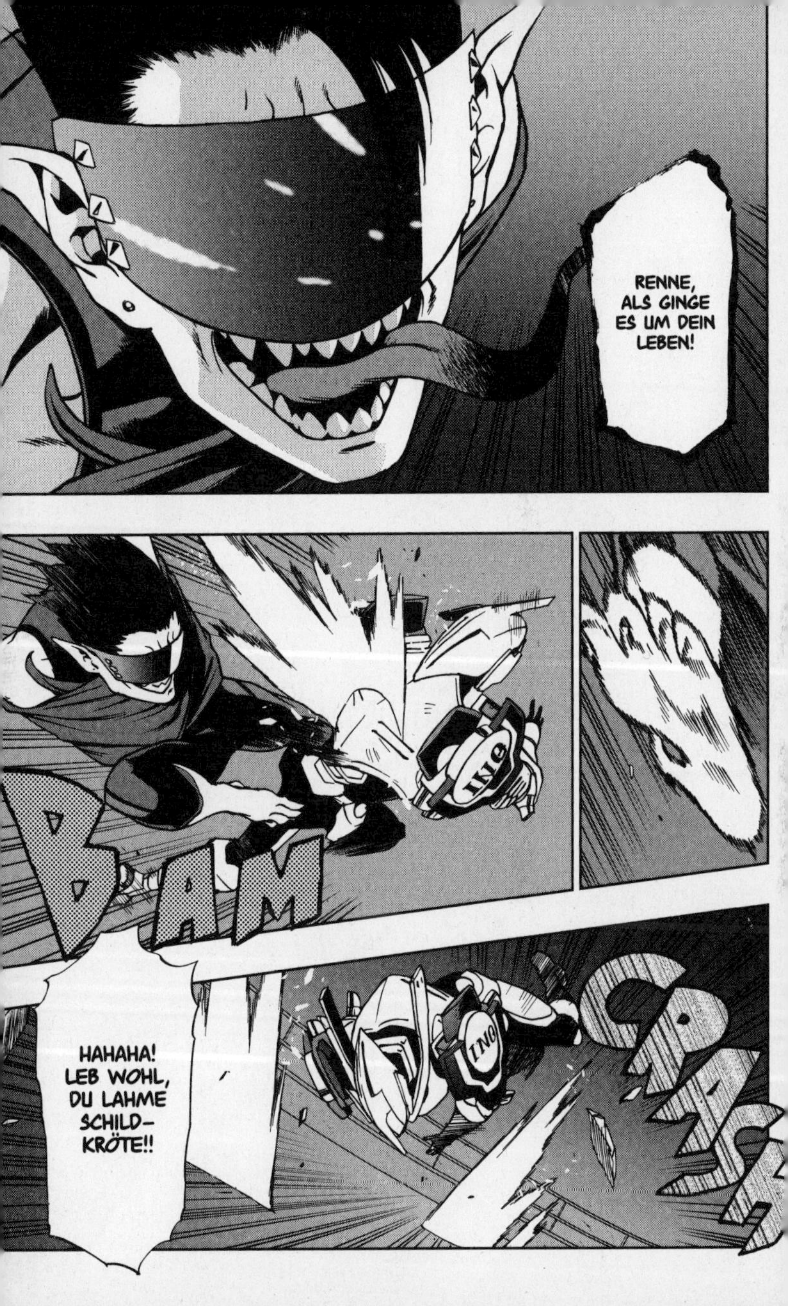
RENNE, ALS GINGE ES UM DEIN LEBEN!
BAM
HAHAHA! LEB WOHL, DU LAHME SCHILD-KRÖTE!!
CRASH

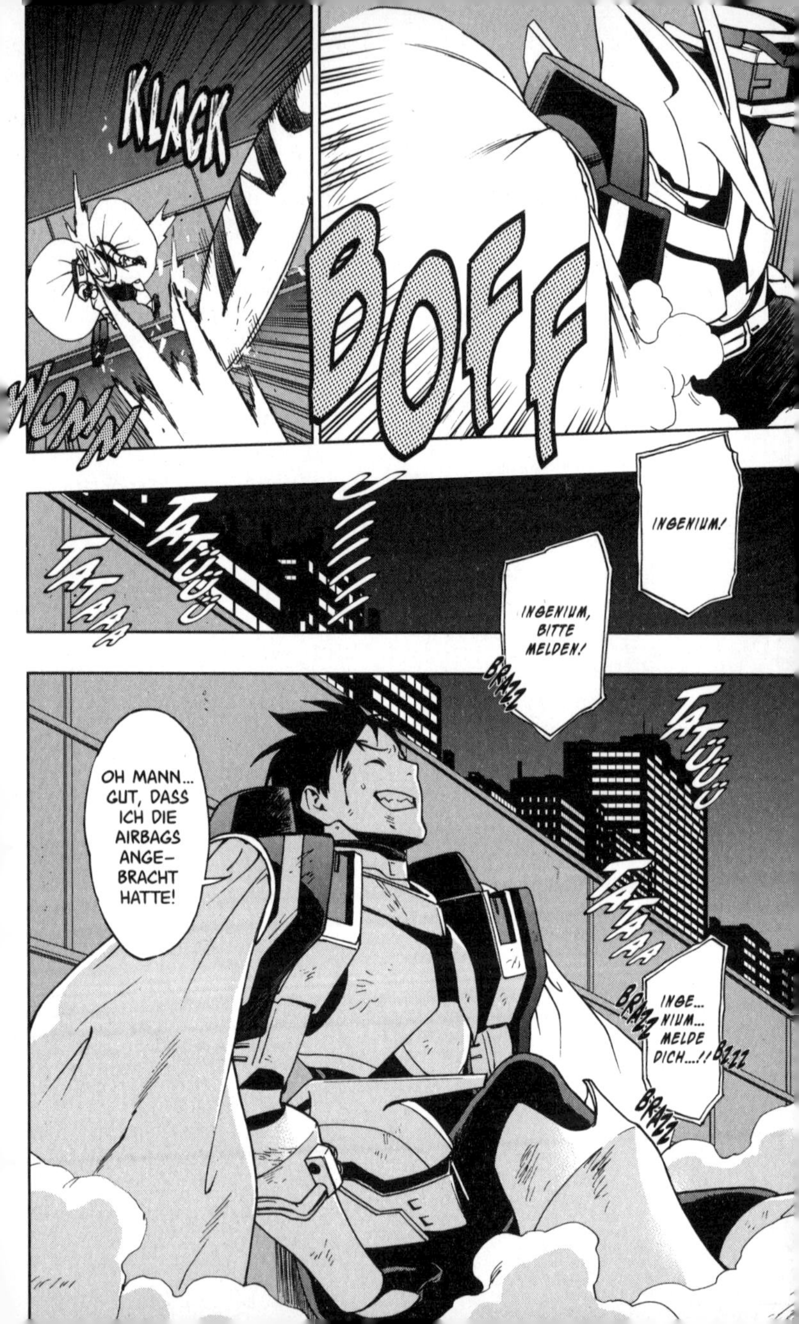
KLACK
BOFF
WOMM
TATÜÜÜ
TATAAA
UIIIIII
INGENIUM!
INGENIUM, BITTE MELDEN!
BRZZZ
OH MANN... GUT, DASS ICH DIE AIRBAGS ANGE-BRACHT HATTE!
TATÜÜÜ
TATAAA
BRZZZ
INGE... NIUM... MELDE DICH...!!
BZZZ
BRZZZ

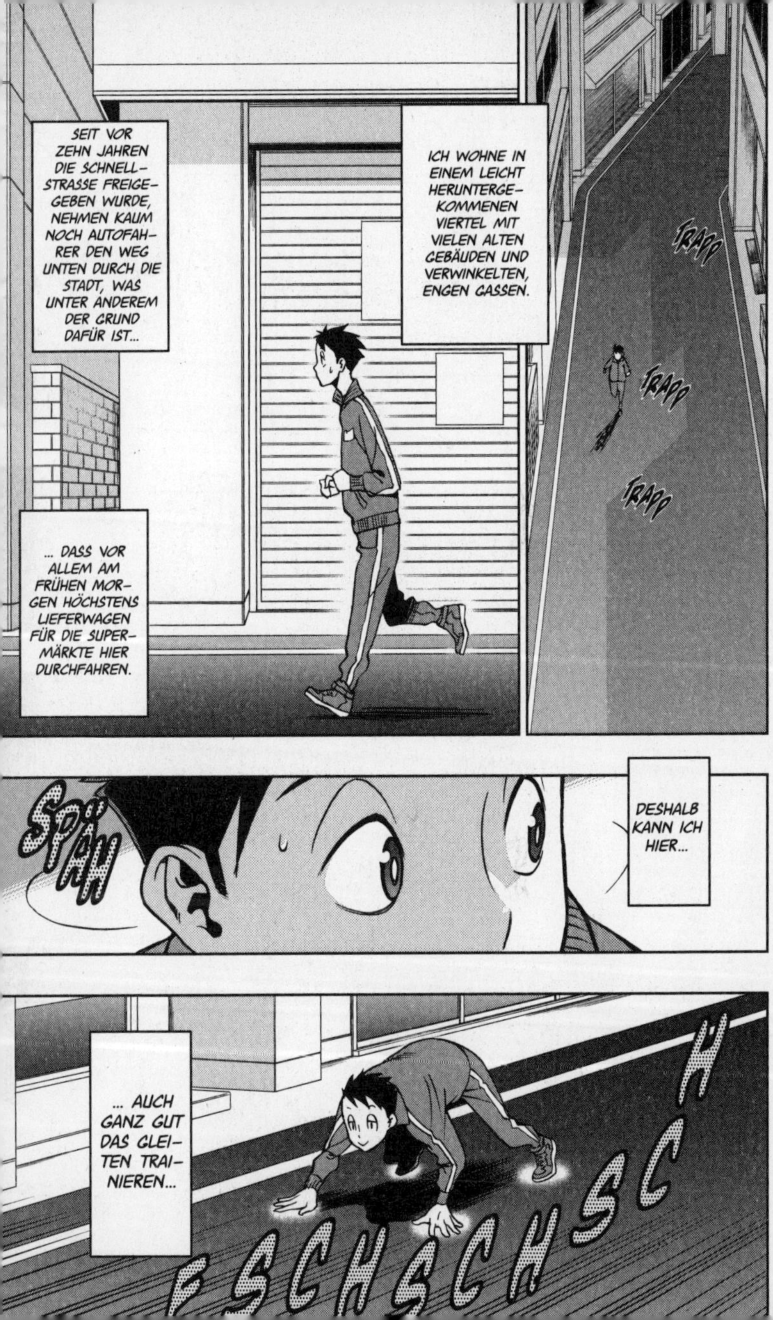
ICH WOHNE IN EINEM LEICHT HERUNTERGE-KOMMENEN VIERTEL MIT VIELEN ALTEN GEBÄUDEN UND VERWINKELTEN, ENGEN GASSEN.
SEIT VOR ZEHN JAHREN DIE SCHNELL-STRASSE FREIGE-GEBEN WURDE, NEHMEN KAUM NOCH AUTOFAH-RER DEN WEG UNTEN DURCH DIE STADT, WAS UNTER ANDEREM DER GRUND DAFÜR IST...
TRAPP
TRAPP
TRAPP
... DASS VOR ALLEM AM FRÜHEN MOR-GEN HÖCHSTENS LIEFERWAGEN FÜR DIE SUPER-MÄRKTE HIER DURCHFAHREN.
DESHALB KANN ICH HIER...
SPÄH
... AUCH GANZ GUT DAS GLEI-TEN TRAI-NIEREN...
FSCHSCHSCH

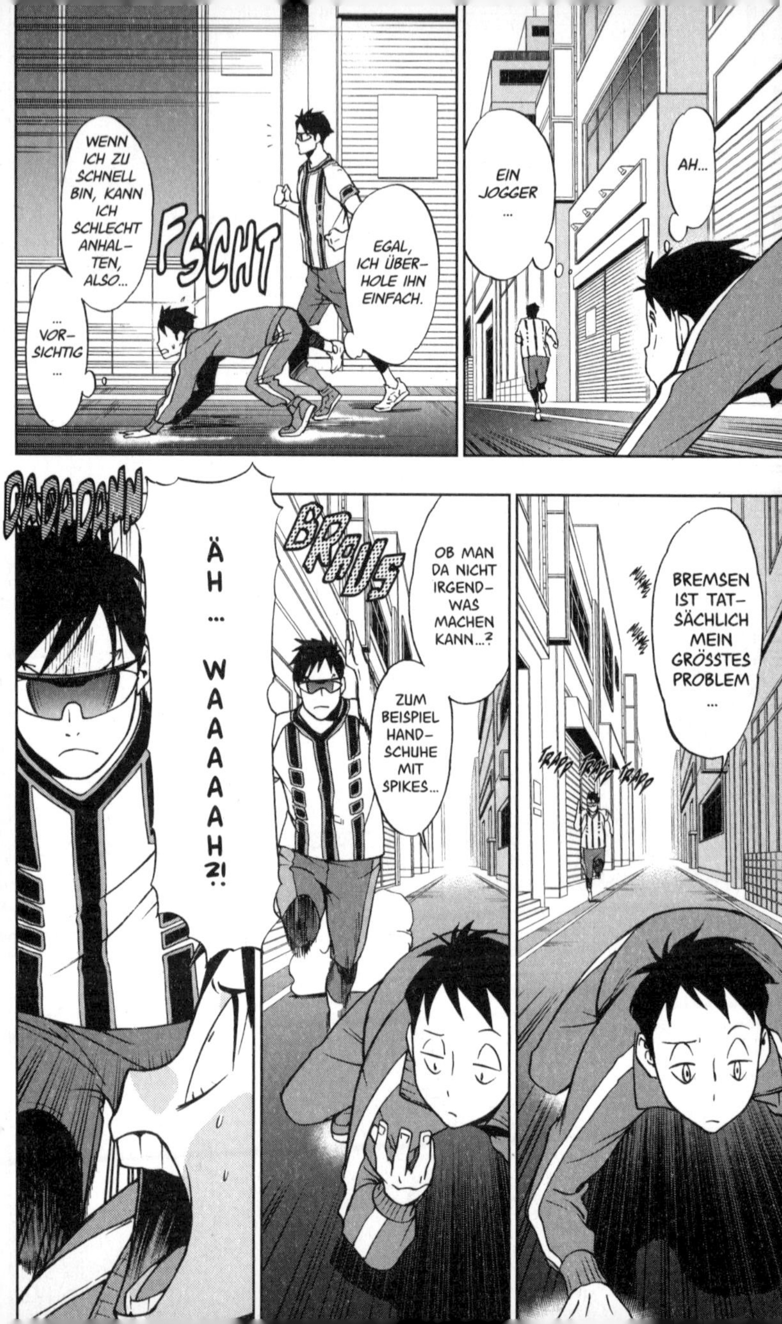
AH...
EIN JOGGER ...
EGAL, ICH ÜBERHOLE IHN EINFACH.
FSCHT
WENN ICH ZU SCHNELL BIN, KANN ICH SCHLECHT ANHALTEN, ALSO...
... VORSICHTIG ...
BREMSEN IST TATSÄCHLICH MEIN GRÖSSTES PROBLEM ...
TRAPP TRAPP TRAPP
OB MAN DA NICHT IRGENDWAS MACHEN KANN...?
ZUM BEISPIEL HANDSCHUHE MIT SPIKES...
BRAUS
ÄH ... WAAAAAAAH?!

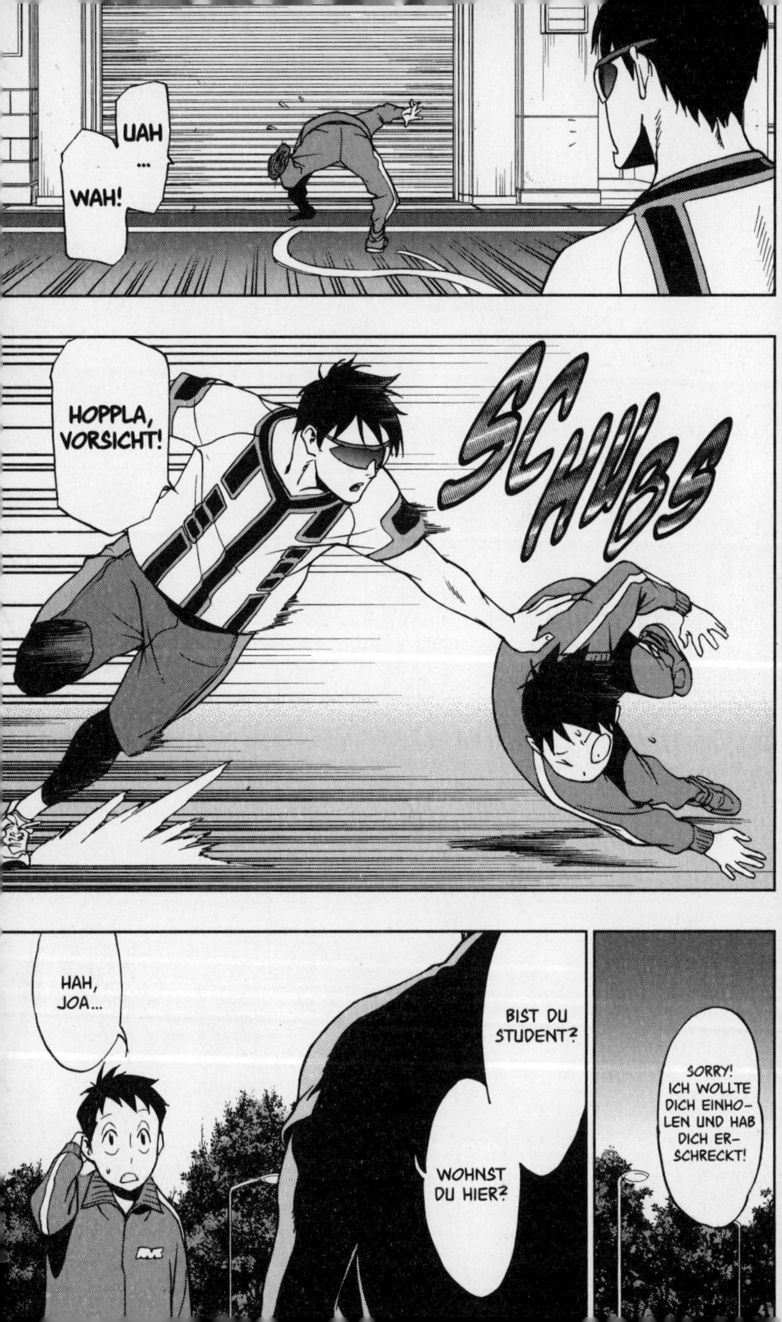
UAH ... WAH!
SCHUBS
HOPPLA, VORSICHT!
SORRY! ICH WOLLTE DICH EINHO-LEN UND HAB DICH ER-SCHRECKT!
BIST DU STUDENT?
WOHNST DU HIER?
HAH, JOA...

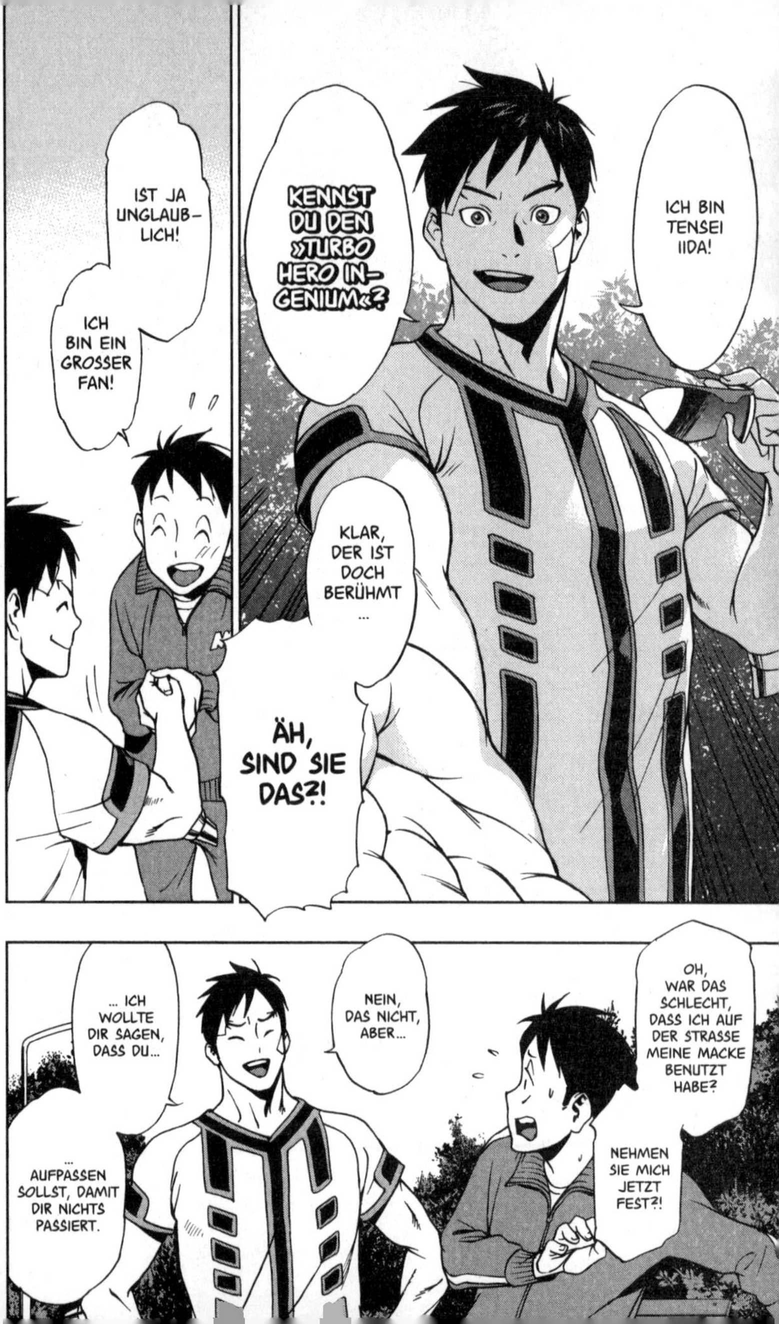
ICH BIN TENSEI IIDA!
KENNST DU DEN »TURBO HERO INGENIUM«?
KLAR, DER IST DOCH BERÜHMT ...
ÄH, SIND SIE DAS?!
IST JA UNGLAUBLICH!
ICH BIN EIN GROSSER FAN!
OH, WAR DAS SCHLECHT, DASS ICH AUF DER STRASSE MEINE MACKE BENUTZT HABE?
NEHMEN SIE MICH JETZT FEST?!
NEIN, DAS NICHT, ABER...
... ICH WOLLTE DIR SAGEN, DASS DU...
... AUFPASSEN SOLLST, DAMIT DIR NICHTS PASSIERT.

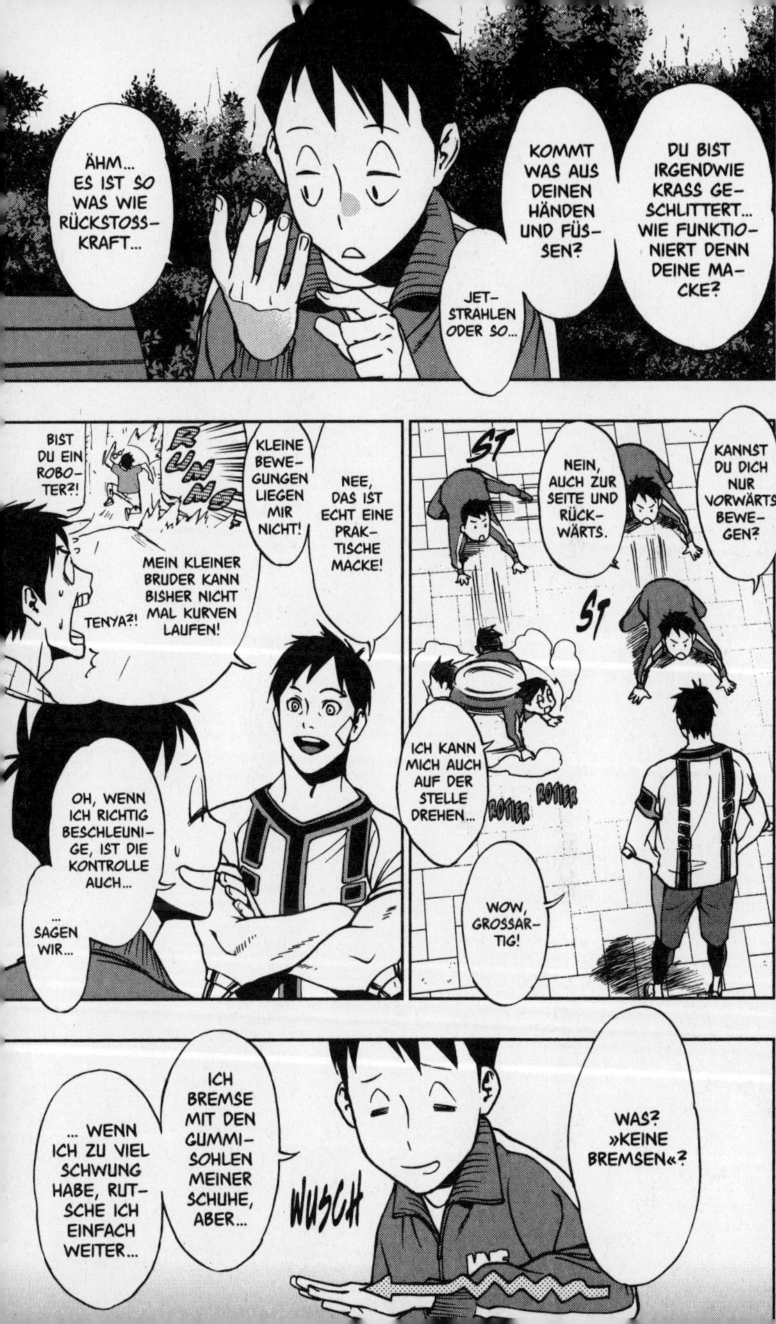
DU BIST IRGENDWIE KRASS GESCHLITTERT... WIE FUNKTIONIERT DENN DEINE MACKE?
KOMMT WAS AUS DEINEN HÄNDEN UND FÜSSEN?
JETSTRAHLEN ODER SO...
ÄHM... ES IST SO WAS WIE RÜCKSTOSSKRAFT...
KANNST DU DICH NUR VORWÄRTS BEWEGEN?
ST
NEIN, AUCH ZUR SEITE UND RÜCKWÄRTS.
ST
ICH KANN MICH AUCH AUF DER STELLE DREHEN...
ROTIER
ROTIER
WOW, GROSSARTIG!
NEE, DAS IST ECHT EINE PRAKTISCHE MACKE!
KLEINE BEWEGUNGEN LIEGEN MIR NICHT!
MEIN KLEINER BRUDER KANN BISHER NICHT MAL KURVEN LAUFEN!
RUMMS
BIST DU EIN ROBOTER?!
TENYA?!
OH, WENN ICH RICHTIG BESCHLEUNIGE, IST DIE KONTROLLE AUCH...
... SAGEN WIR...
WAS? »KEINE BREMSEN«?
ICH BREMSE MIT DEN GUMMISOHLEN MEINER SCHUHE, ABER...
WUSCH
... WENN ICH ZU VIEL SCHWUNG HABE, RUTSCHE ICH EINFACH WEITER...

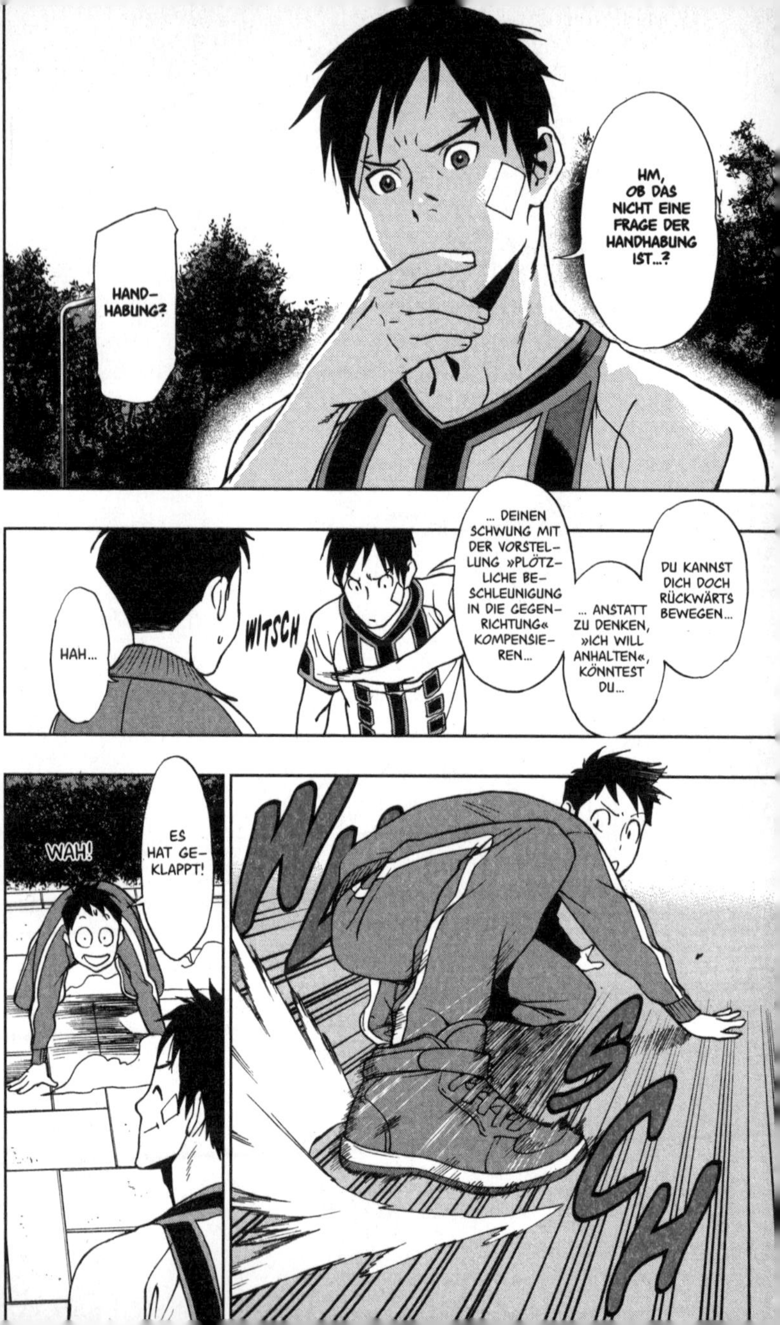
HM, OB DAS NICHT EINE FRAGE DER HANDHABUNG IST...?
HAND-HABUNG?
DU KANNST DICH DOCH RÜCKWÄRTS BEWEGEN...
... ANSTATT ZU DENKEN, »ICH WILL ANHALTEN«, KÖNNTEST DU...
... DEINEN SCHWUNG MIT DER VORSTEL-LUNG »PLÖTZ-LICHE BE-SCHLEUNIGUNG IN DIE GEGEN-RICHTUNG« KOMPENSIE-REN...
WITSCH
HAH...
ES HAT GE-KLAPPT!
WAH!

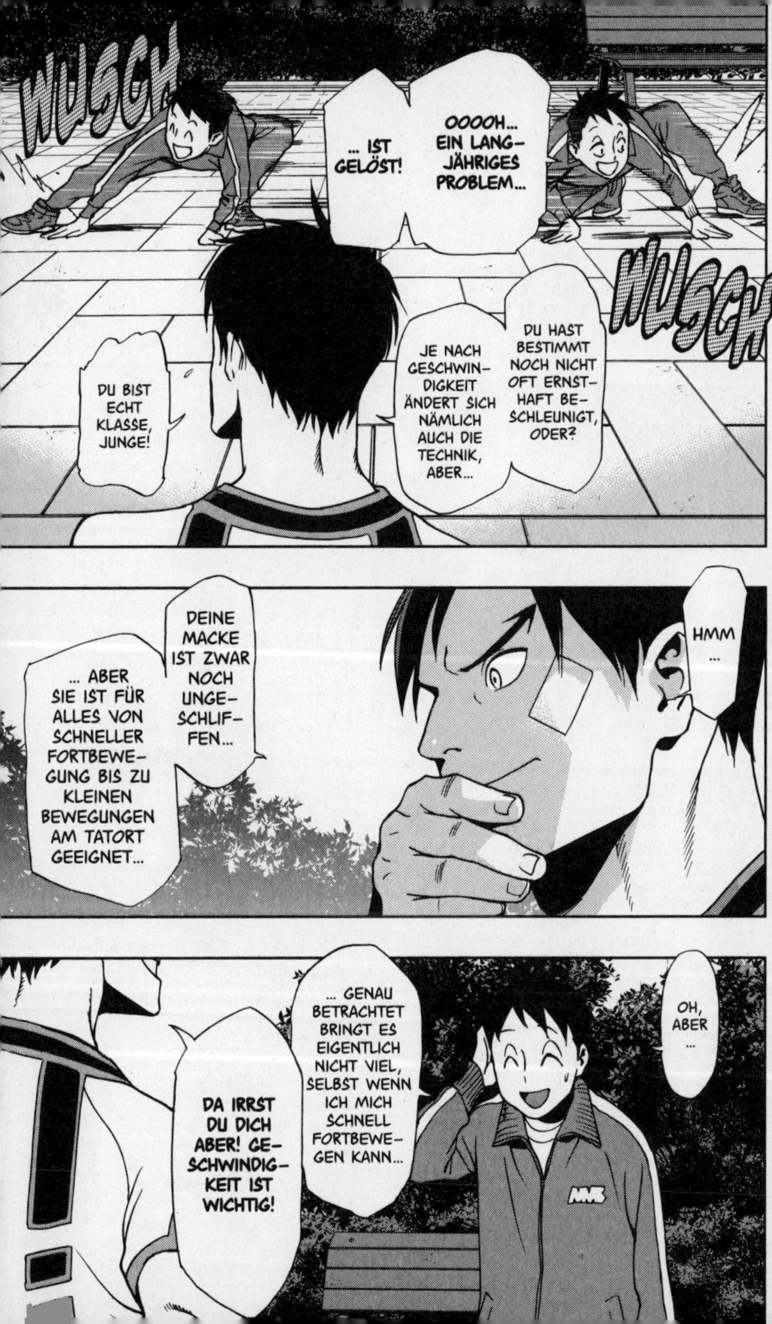
WUSCH
OOOOH... EIN LANGJÄHRIGES PROBLEM...
... IST GELÖST!
WUSCH
DU HAST BESTIMMT NOCH NICHT OFT ERNSTHAFT BESCHLEUNIGT, ODER?
JE NACH GESCHWINDIGKEIT ÄNDERT SICH NÄMLICH AUCH DIE TECHNIK, ABER...
DU BIST ECHT KLASSE, JUNGE!
HMM ...
DEINE MACKE IST ZWAR NOCH UNGESCHLIFFEN...
... ABER SIE IST FÜR ALLES VON SCHNELLER FORTBEWEGUNG BIS ZU KLEINEN BEWEGUNGEN AM TATORT GEEIGNET...
OH, ABER ...
... GENAU BETRACHTET BRINGT ES EIGENTLICH NICHT VIEL, SELBST WENN ICH MICH SCHNELL FORTBEWEGEN KANN...
DA IRRST DU DICH ABER! GESCHWINDIGKEIT IST WICHTIG!

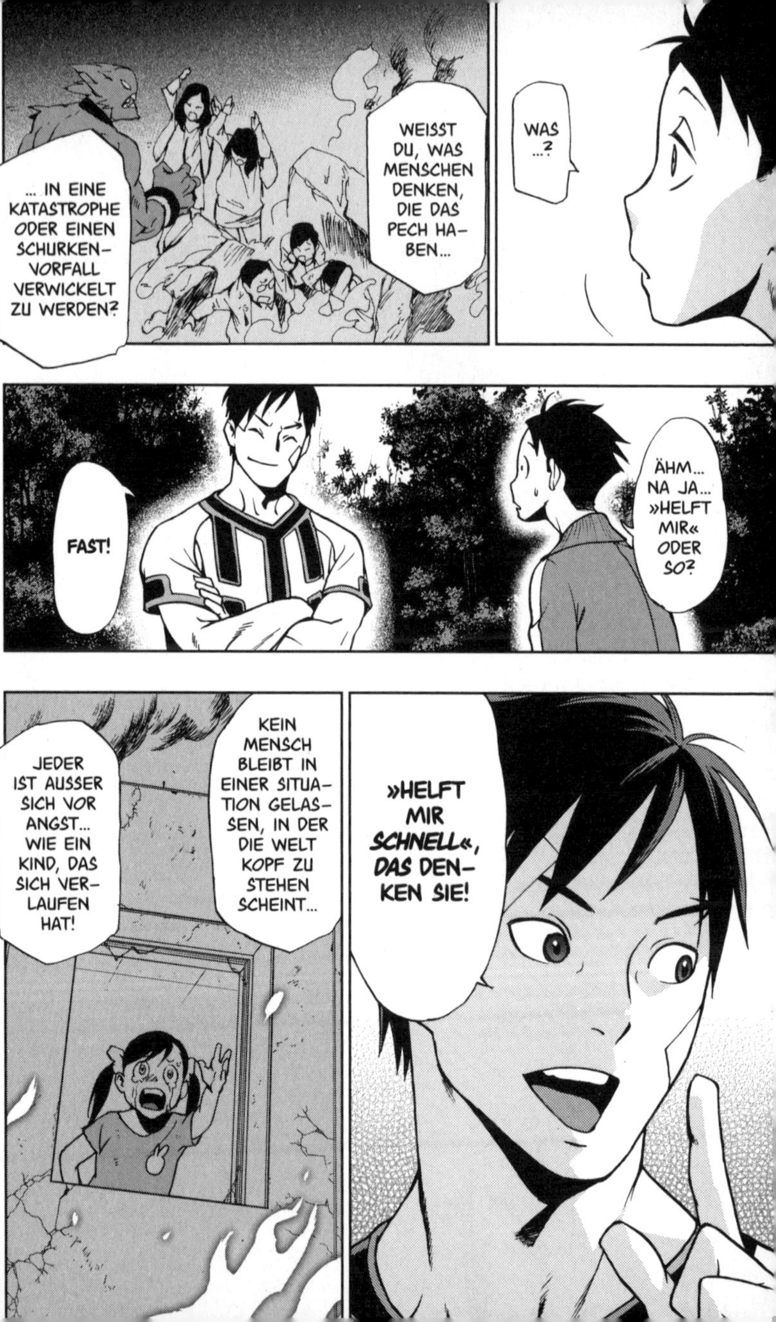
WAS ...?
WEISST DU, WAS MENSCHEN DENKEN, DIE DAS PECH HABEN...
... IN EINE KATASTROPHE ODER EINEN SCHURKENVORFALL VERWICKELT ZU WERDEN?
ÄHM... NA JA... »HELFT MIR« ODER SO?
FAST!
»HELFT MIR SCHNELL«, DAS DENKEN SIE!
KEIN MENSCH BLEIBT IN EINER SITUATION GELASSEN, IN DER DIE WELT KOPF ZU STEHEN SCHEINT...
JEDER IST AUSSER SICH VOR ANGST... WIE EIN KIND, DAS SICH VERLAUFEN HAT!

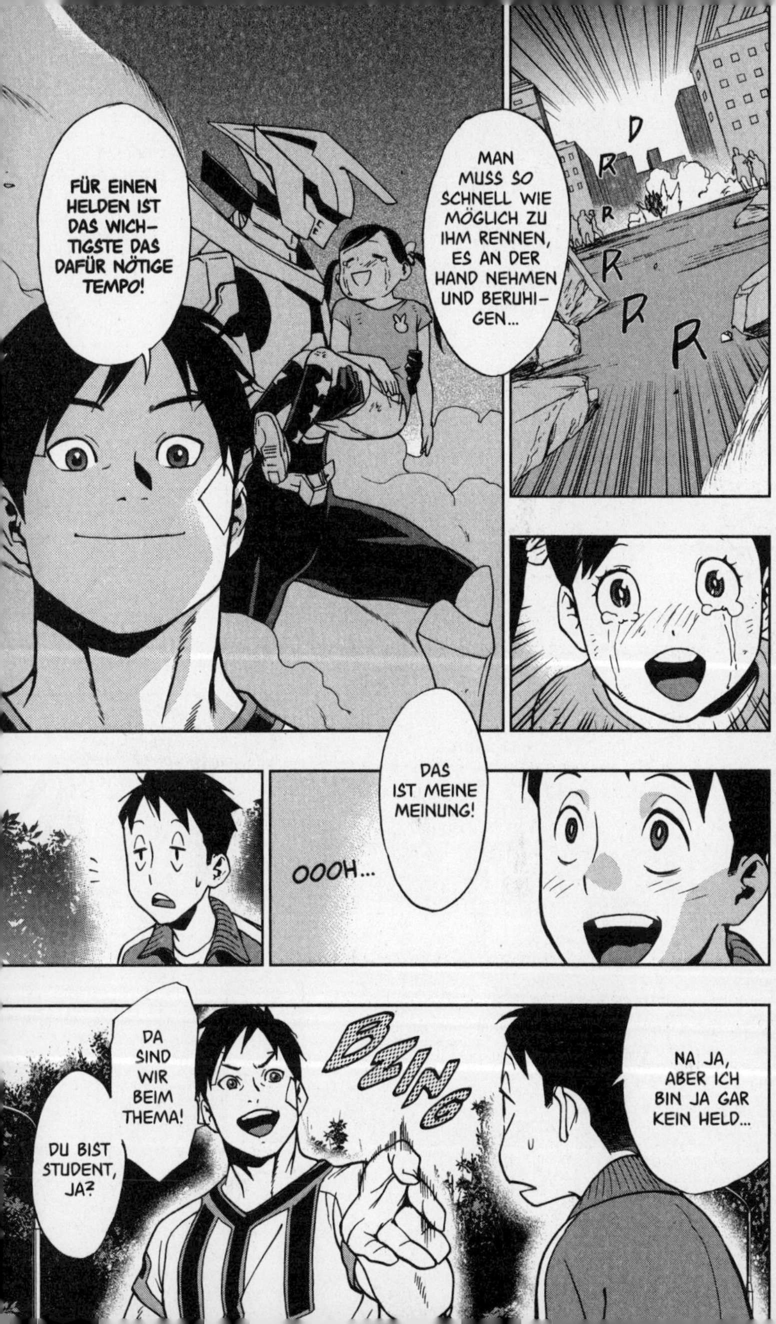
DRRRRRR
MAN MUSS SO SCHNELL WIE MÖGLICH ZU IHM RENNEN, ES AN DER HAND NEHMEN UND BERUHIGEN...
FÜR EINEN HELDEN IST DAS WICHTIGSTE DAS DAFÜR NÖTIGE TEMPO!
DAS IST MEINE MEINUNG!
OOOH...
NA JA, ABER ICH BIN JA GAR KEIN HELD...
DA SIND WIR BEIM THEMA!
DU BIST STUDENT, JA?

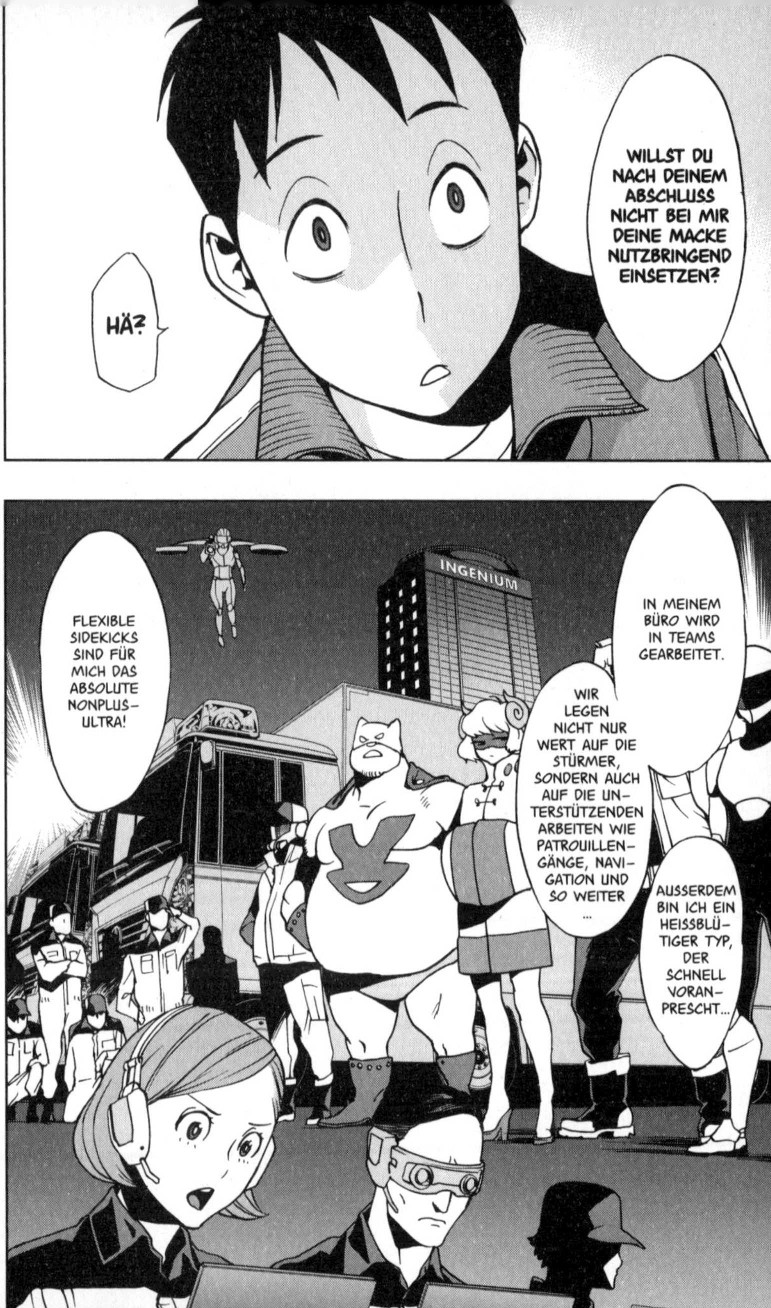
WILLST DU NACH DEINEM ABSCHLUSS NICHT BEI MIR DEINE MACKE NUTZBRINGEND EINSETZEN?
HÄ?
IN MEINEM BÜRO WIRD IN TEAMS GEARBEITET.
WIR LEGEN NICHT NUR WERT AUF DIE STÜRMER, SONDERN AUCH AUF DIE UNTERSTÜTZENDEN ARBEITEN WIE PATROUILLENGÄNGE, NAVIGATION UND SO WEITER ...
AUSSERDEM BIN ICH EIN HEISSBLÜTIGER TYP, DER SCHNELL VORANPRESCHT...
INGENIUM
FLEXIBLE SIDEKICKS SIND FÜR MICH DAS ABSOLUTE NONPLUSULTRA!

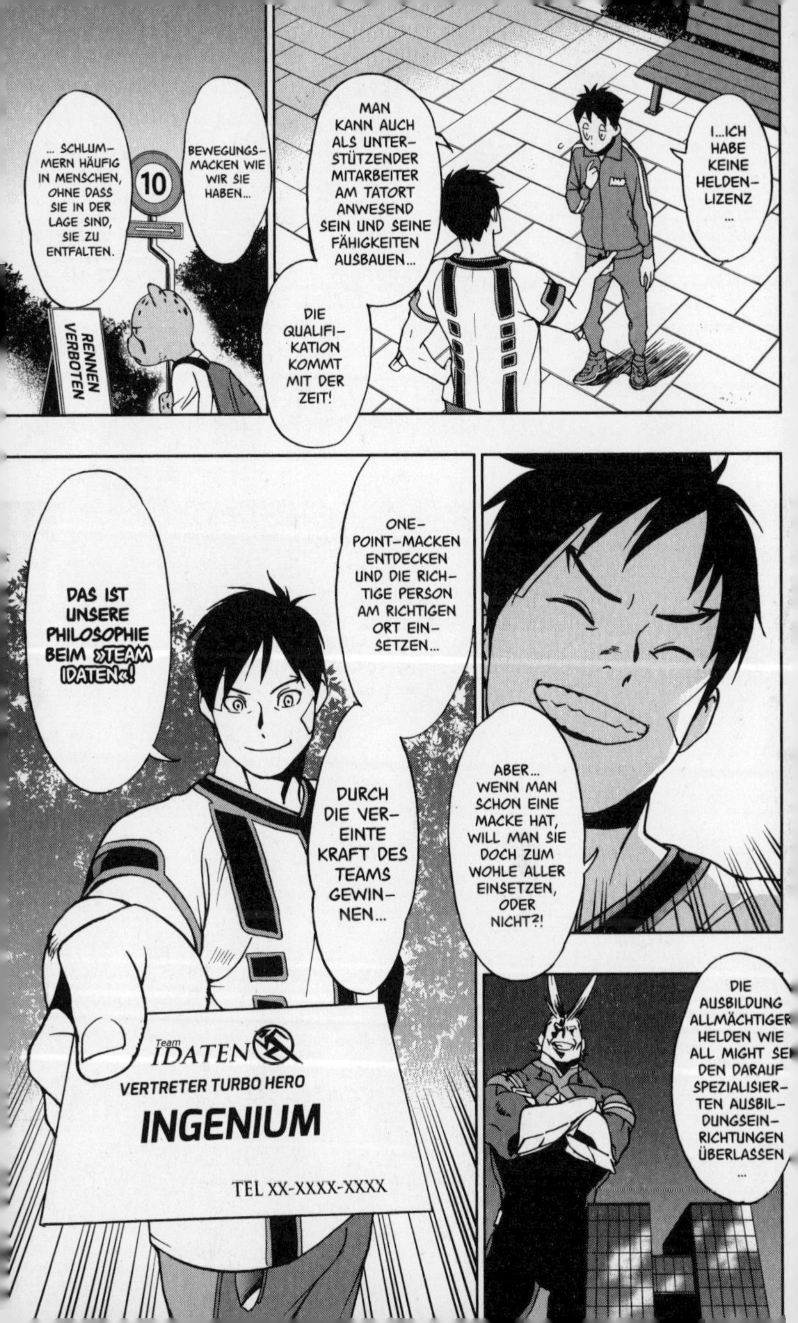
I...ICH HABE KEINE HELDEN-LIZENZ ...
MAN KANN AUCH ALS UNTER-STÜTZENDER MITARBEITER AM TATORT ANWESEND SEIN UND SEINE FÄHIGKEITEN AUSBAUEN...
DIE QUALIFI-KATION KOMMT MIT DER ZEIT!
BEWEGUNGS-MACKEN WIE WIR SIE HABEN...
... SCHLUM-MERN HÄUFIG IN MENSCHEN, OHNE DASS SIE IN DER LAGE SIND, SIE ZU ENTFALTEN.
10
RENNEN VERBOTEN
ABER... WENN MAN SCHON EINE MACKE HAT, WILL MAN SIE DOCH ZUM WOHLE ALLER EINSETZEN, ODER NICHT?!
ONE-POINT-MACKEN ENTDECKEN UND DIE RICH-TIGE PERSON AM RICHTIGEN ORT EIN-SETZEN...
DURCH DIE VER-EINTE KRAFT DES TEAMS GEWIN-NEN...
DAS IST UNSERE PHILOSOPHIE BEIM »TEAM IDATEN«!
Team IDATEN
VERTRETER TURBO HERO
INGENIUM
TEL XX-XXXX-XXXX
DIE AUSBILDUNG ALLMÄCHTIGER HELDEN WIE ALL MIGHT SEI DEN DARAUF SPEZIALISIER-TEN AUSBIL-DUNGSEIN-RICHTUNGEN ÜBERLASSEN ...

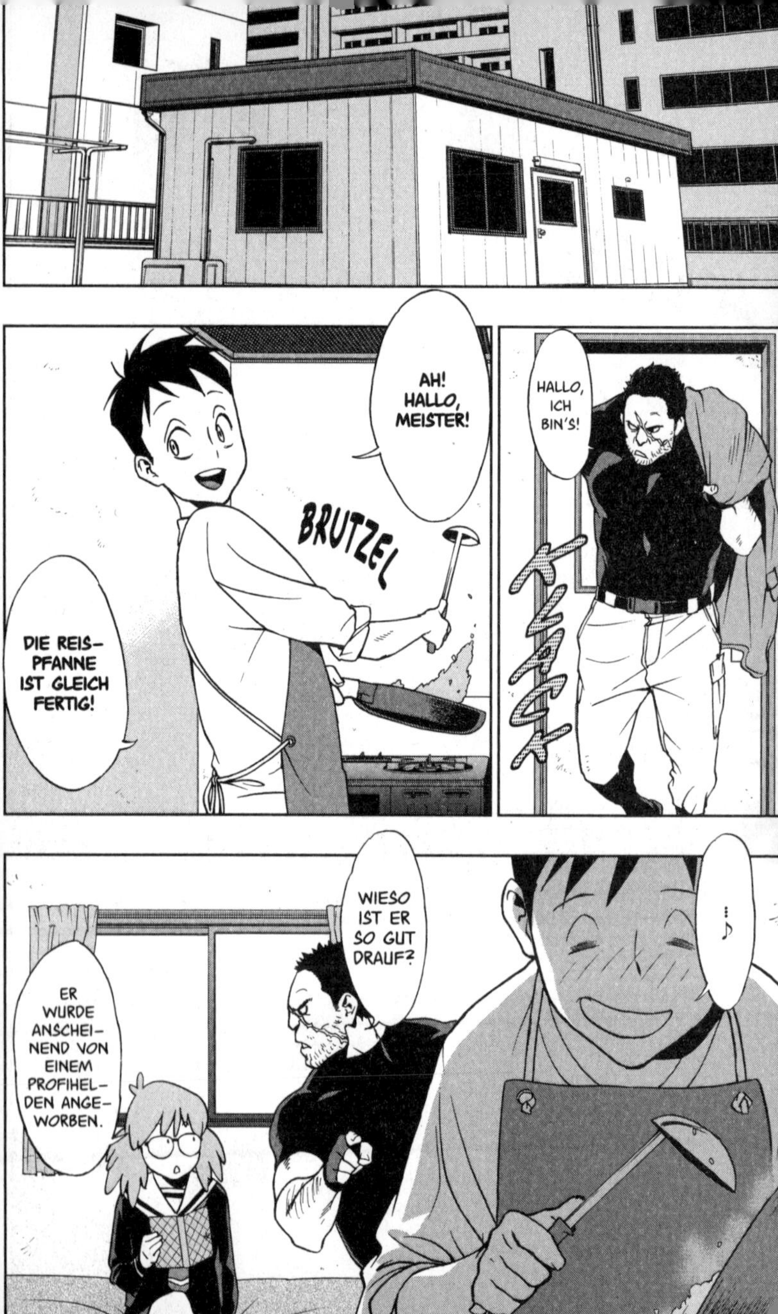
HALLO, ICH BIN'S!
KNACK
AH! HALLO, MEISTER!
BRUTZEL
DIE REIS-PFANNE IST GLEICH FERTIG!
...♪
WIESO IST ER SO GUT DRAUF?
ER WURDE ANSCHEI-NEND VON EINEM PROFIHEL-DEN ANGE-WORBEN.

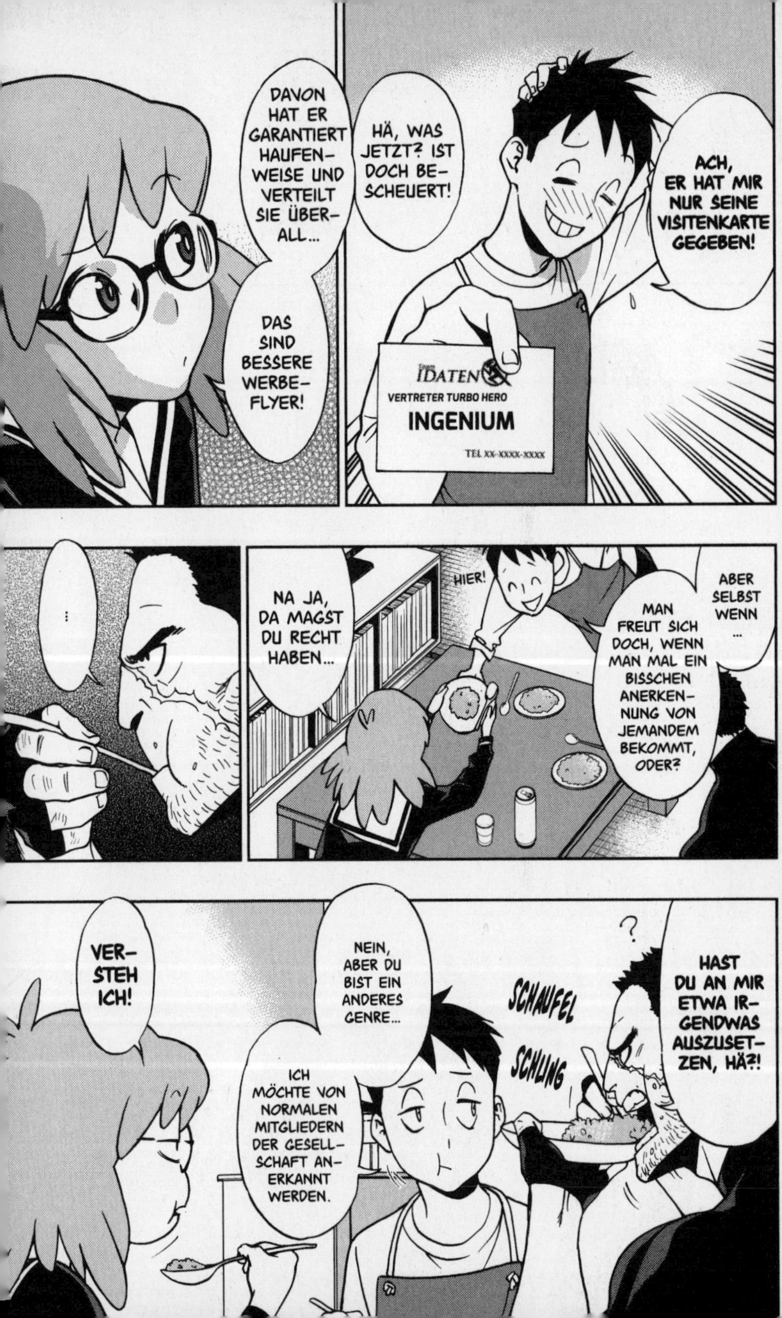
ACH, ER HAT MIR NUR SEINE VISITENKARTE GEGEBEN!
IDATEN
VERTRETER TURBO HERO
INGENIUM
TEL XX-XXXX-XXXX
HÄ, WAS JETZT? IST DOCH BESCHEUERT!
DAVON HAT ER GARANTIERT HAUFENWEISE UND VERTEILT SIE ÜBERALL...
DAS SIND BESSERE WERBEFLYER!
ABER SELBST WENN ...
MAN FREUT SICH DOCH, WENN MAN MAL EIN BISSCHEN ANERKENNUNG VON JEMANDEM BEKOMMT, ODER?
HIER!
NA JA, DA MAGST DU RECHT HABEN...
...
?
HAST DU AN MIR ETWA IRGENDWAS AUSZUSETZEN, HÄ?!
SCHAUFEL
SCHLING
NEIN, ABER DU BIST EIN ANDERES GENRE...
ICH MÖCHTE VON NORMALEN MITGLIEDERN DER GESELLSCHAFT ANERKANNT WERDEN.
VERSTEH ICH!

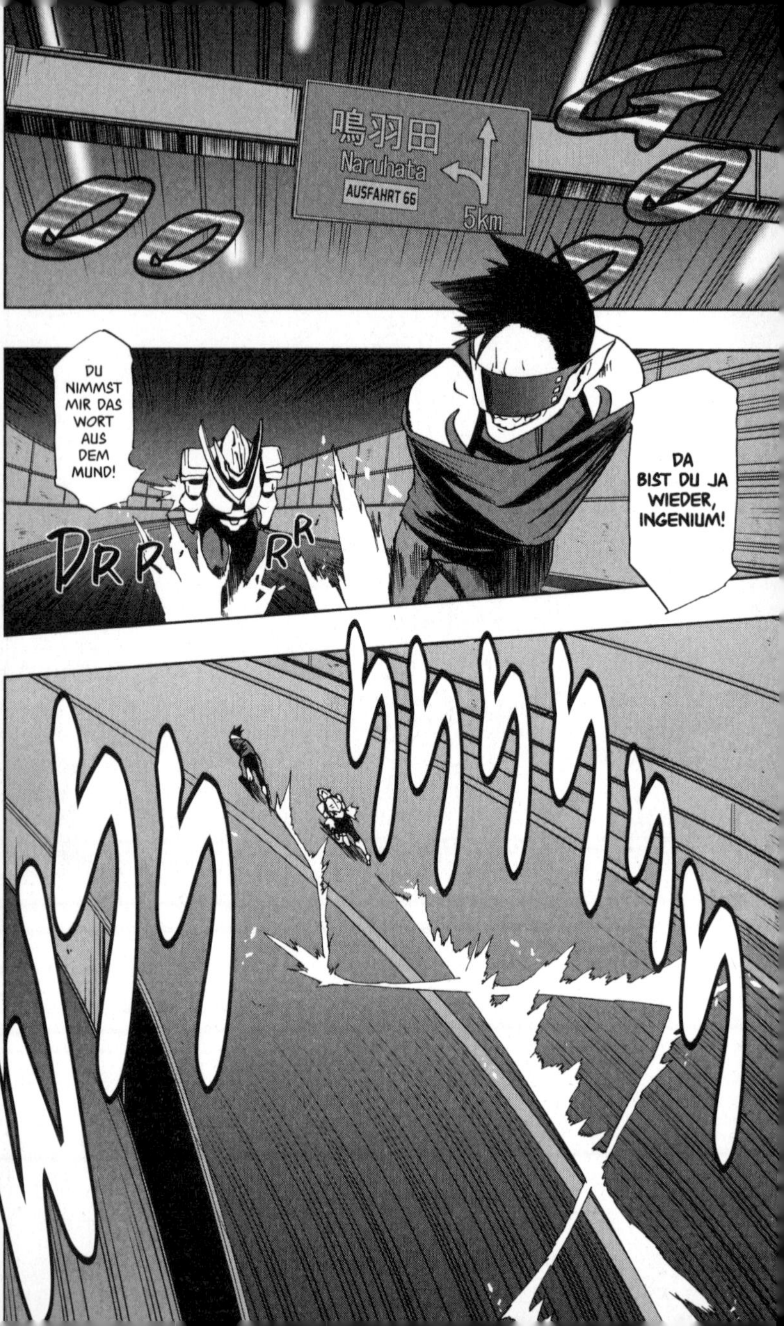
鳴羽田
Naruhata
AUSFAHRT 66
5km
DA BIST DU JA WIEDER, INGENIUM!
DU NIMMST MIR DAS WORT AUS DEM MUND!
DRRRRR

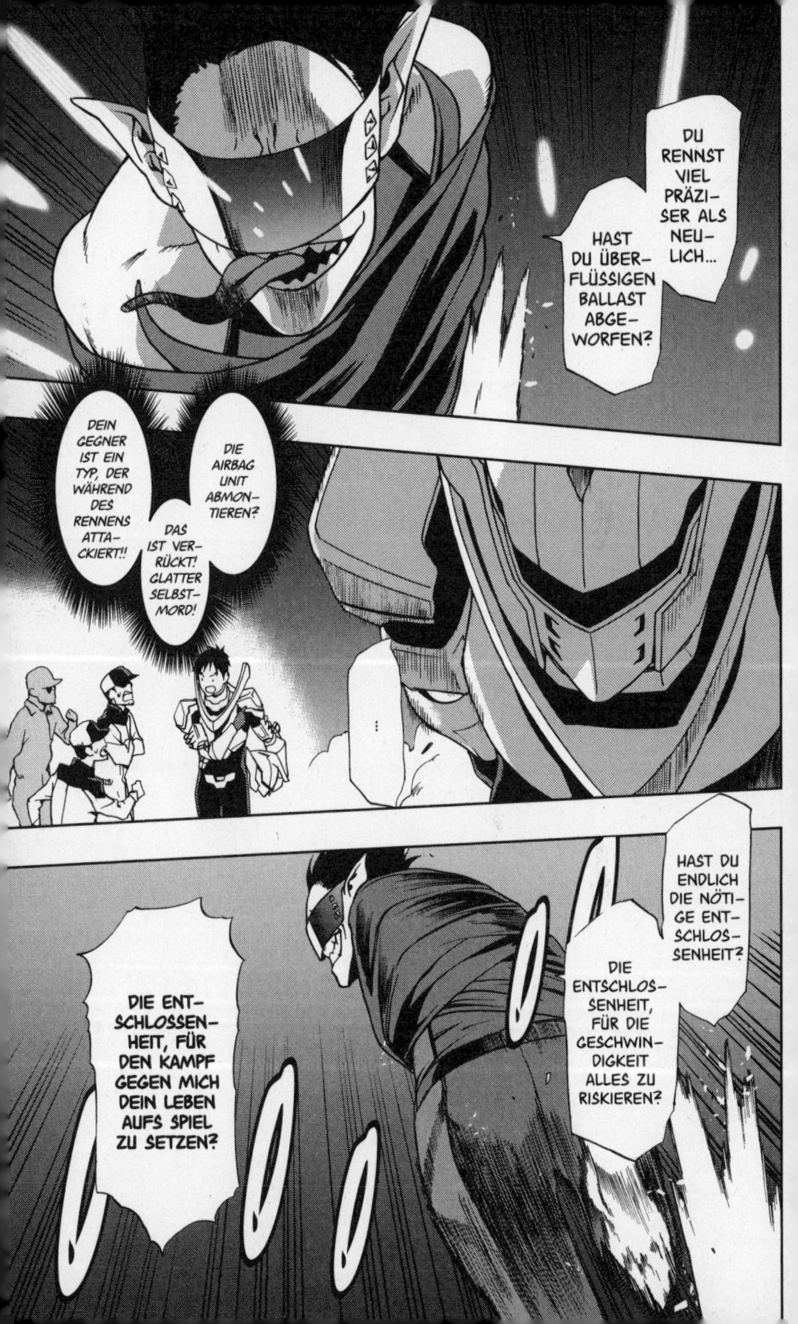
DU RENNST VIEL PRÄZI-SER ALS NEU-LICH...
HAST DU ÜBER-FLÜSSIGEN BALLAST ABGE-WORFEN?
DIE AIRBAG UNIT ABMON-TIEREN?
DEIN GEGNER IST EIN TYP, DER WÄHREND DES RENNENS ATTA-CKIERT!!
DAS IST VER-RÜCKT! GLATTER SELBST-MORD!
...
HAST DU ENDLICH DIE NÖTI-GE ENT-SCHLOS-SENHEIT?
DIE ENTSCHLOS-SENHEIT, FÜR DIE GESCHWIN-DIGKEIT ALLES ZU RISKIEREN?
DIE ENT-SCHLOSSEN-HEIT, FÜR DEN KAMPF GEGEN MICH DEIN LEBEN AUFS SPIEL ZU SETZEN?

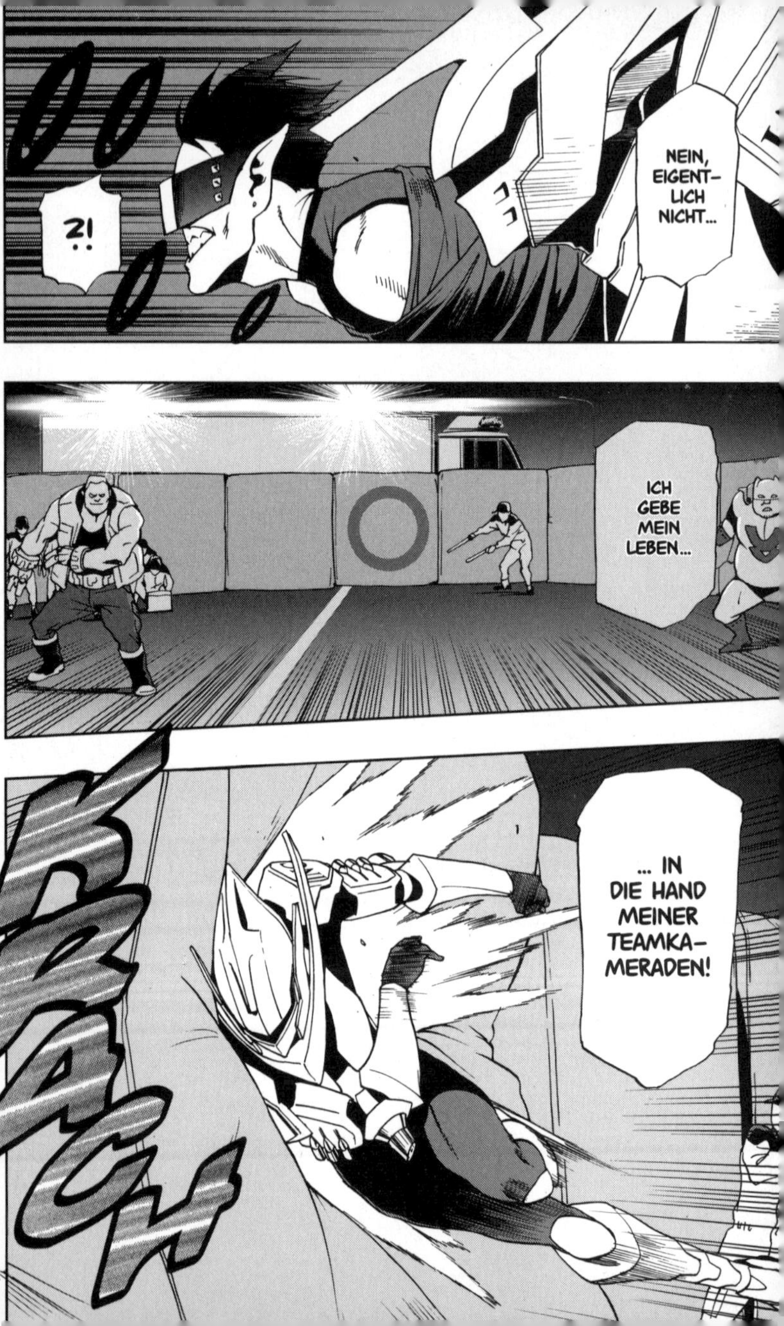
NEIN, EIGENT-LICH NICHT...
?!
ICH GEBE MEIN LEBEN...
... IN DIE HAND MEINER TEAMKA-MERADEN!
KRACH

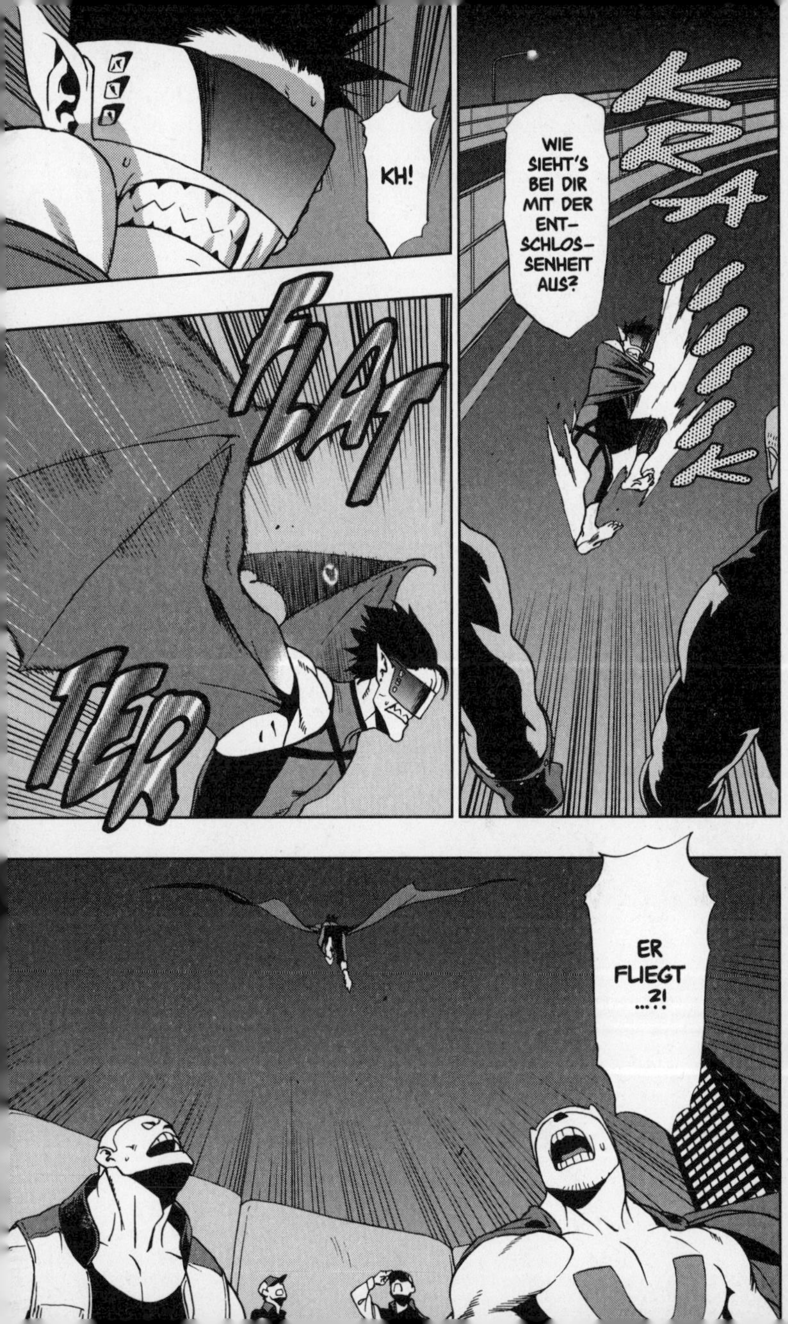
WIE SIEHT'S BEI DIR MIT DER ENT-SCHLOS-SENHEIT AUS?
KH!
FLATTER
ER FLIEGT ...?!

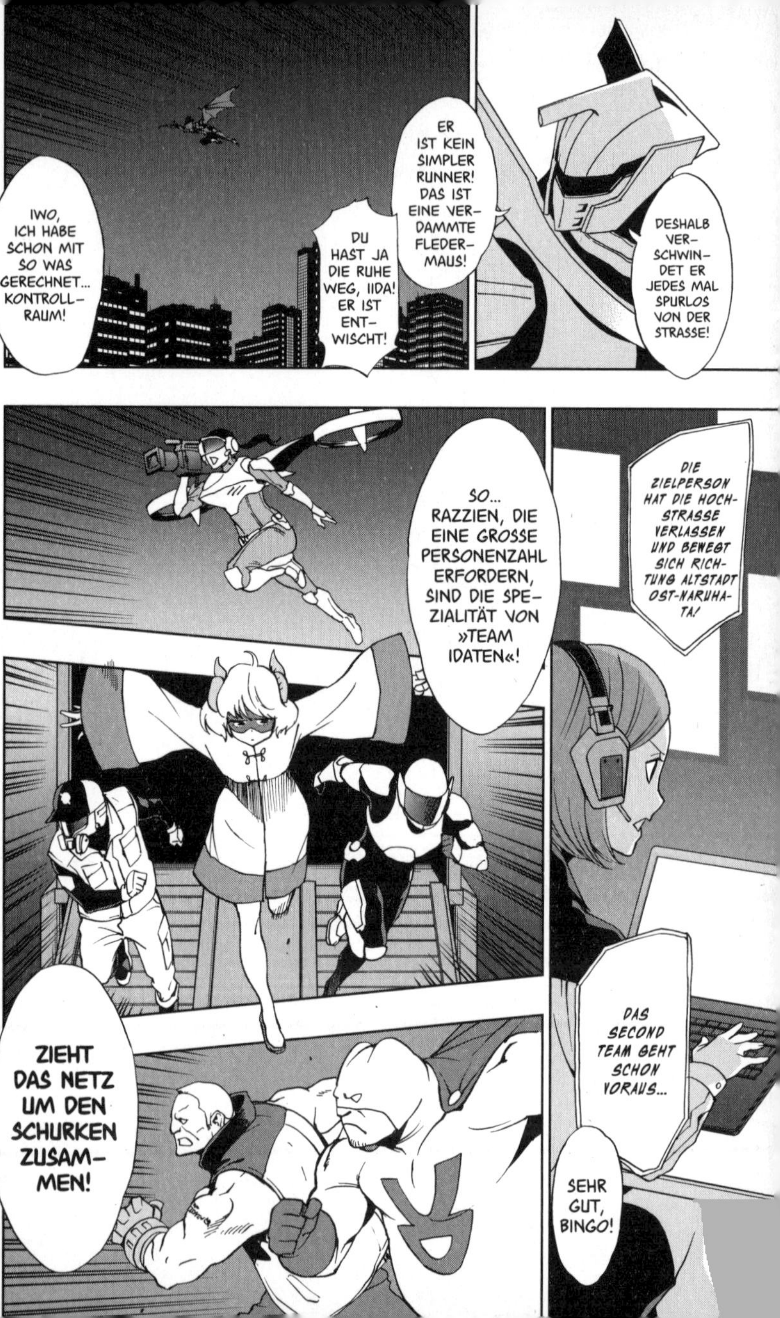
DESHALB VERSCHWINDET ER JEDES MAL SPURLOS VON DER STRASSE!
ER IST KEIN SIMPLER RUNNER! DAS IST EINE VERDAMMTE FLEDERMAUS!
DU HAST JA DIE RUHE WEG, IIDA! ER IST ENTWISCHT!
IWO, ICH HABE SCHON MIT SO WAS GERECHNET... KONTROLLRAUM!
DIE ZIELPERSON HAT DIE HOCHSTRASSE VERLASSEN UND BEWEGT SICH RICHTUNG ALTSTADT OST-NARUHATA!
SO... RAZZIEN, DIE EINE GROSSE PERSONENZAHL ERFORDERN, SIND DIE SPEZIALITÄT VON »TEAM IDATEN«!
DAS SECOND TEAM GEHT SCHON VORAUS...
SEHR GUT, BINGO!
ZIEHT DAS NETZ UM DEN SCHURKEN ZUSAMMEN!

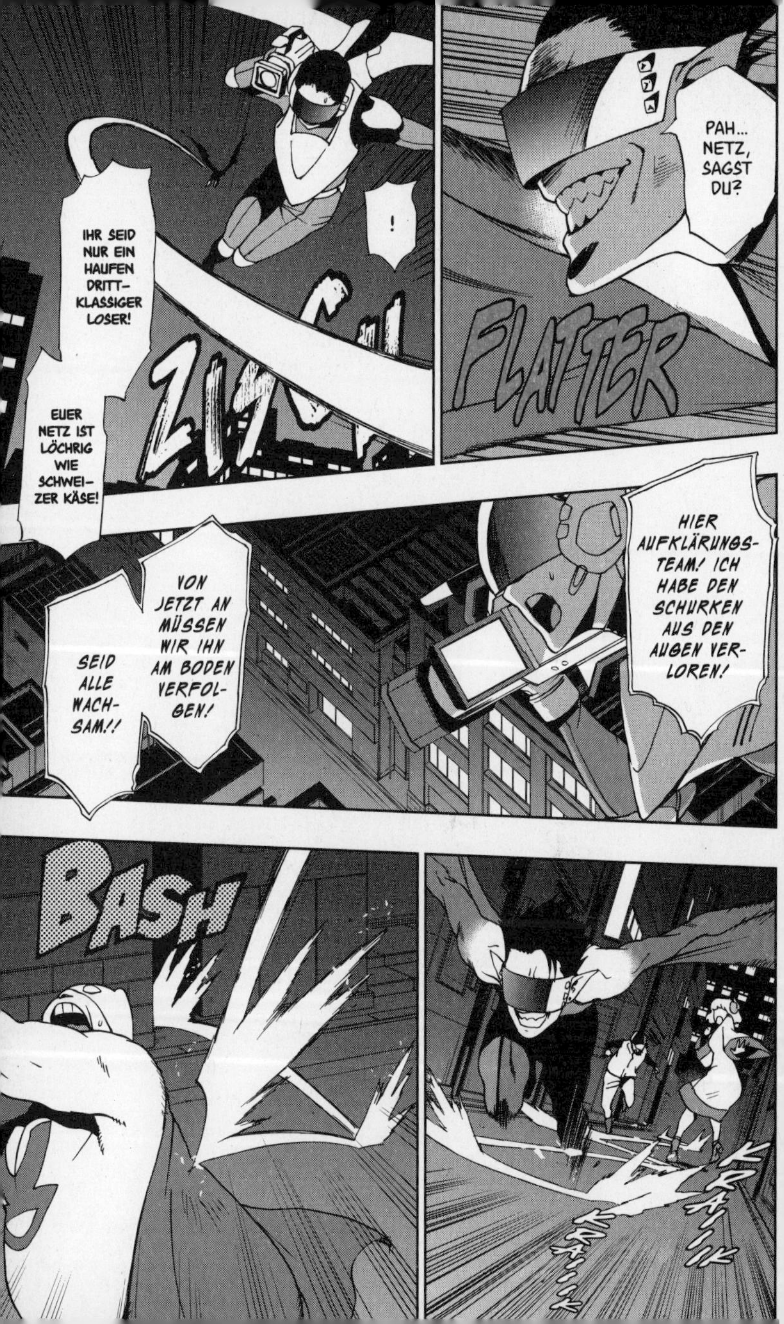
PAH... NETZ, SAGST DU?
FLATTER
!
IHR SEID NUR EIN HAUFEN DRITT-KLASSIGER LOSER!
EUER NETZ IST LÖCHRIG WIE SCHWEI-ZER KÄSE!
HIER AUFKLÄRUNGS-TEAM! ICH HABE DEN SCHURKEN AUS DEN AUGEN VER-LOREN!
VON JETZT AN MÜSSEN WIR IHN AM BODEN VERFOL-GEN!
SEID ALLE WACH-SAM!!
BASH

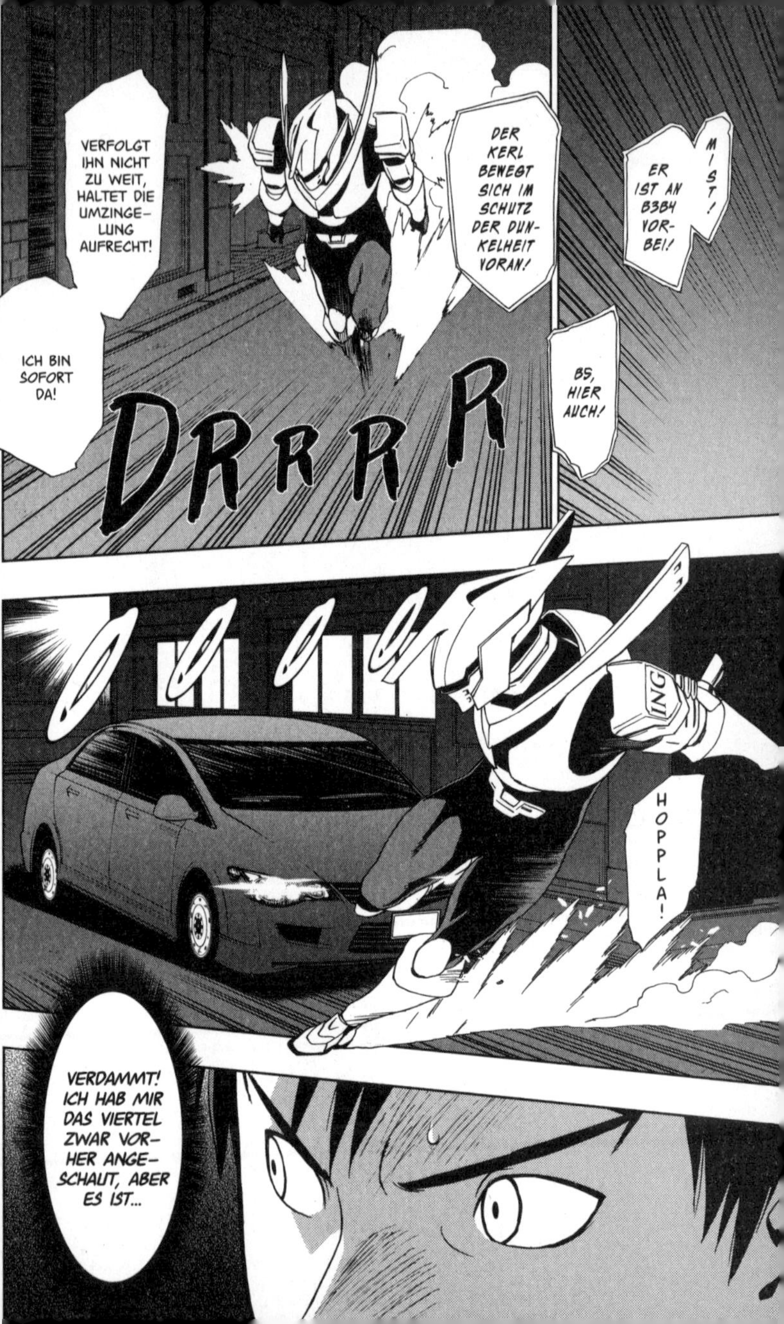
MIST!
ER IST AN B3B4 VORBEI!
DER KERL BEWEGT SICH IM SCHUTZ DER DUNKELHEIT VORAN!
VERFOLGT IHN NICHT ZU WEIT, HALTET DIE UMZINGELUNG AUFRECHT!
B5, HIER AUCH!
ICH BIN SOFORT DA!
DRRRRR
HOPPLA!
ING
VERDAMMT! ICH HAB MIR DAS VIERTEL ZWAR VORHER ANGESCHAUT, ABER ES IST...

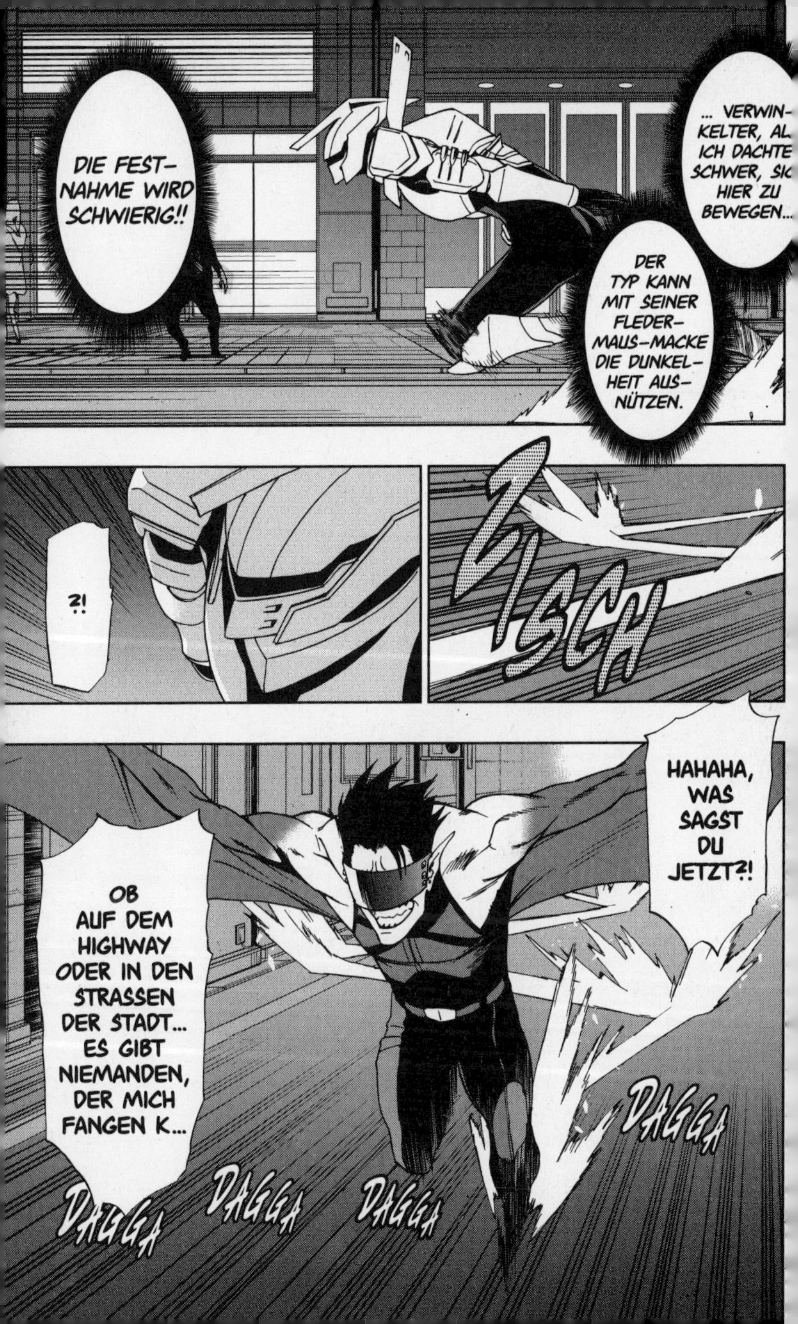

... VERWIN-
KELTER, AL
ICH DACHTE
SCHWER, SI
HIER ZU
BEWEGEN...
DER TYP KANN MIT SEINER FLEDERMAUS-MACKE DIE DUNKELHEIT AUSNÜTZEN.
DIE FESTNAHME WIRD SCHWIERIG!!
ZISCH
?!
HAHAHA, WAS SAGST DU JETZT?!
OB AUF DEM HIGHWAY ODER IN DEN STRASSEN DER STADT... ES GIBT NIEMANDEN, DER MICH FANGEN K...
DAGGA
DAGGA
DAGGA
DAGGA

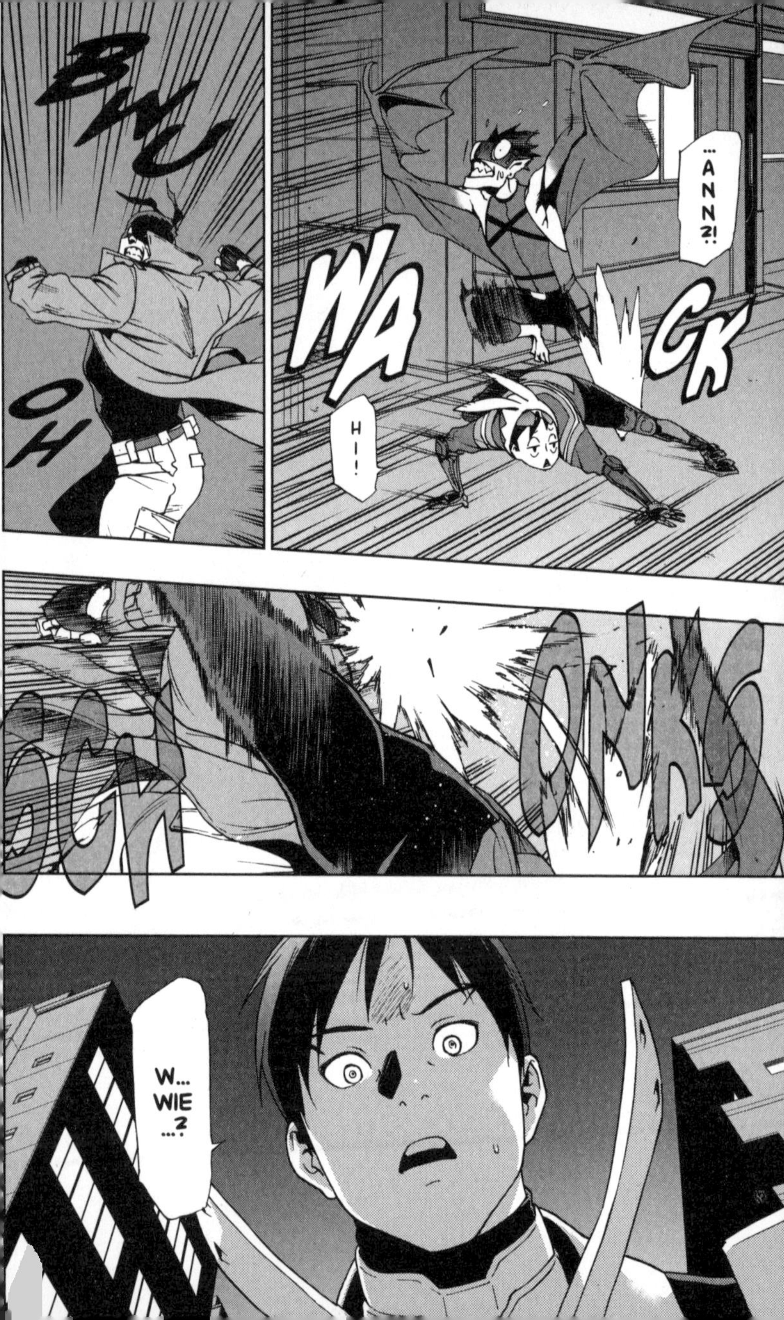
OH
…ÄNNZ!!
WA
CK
H!!
W… WIE …?

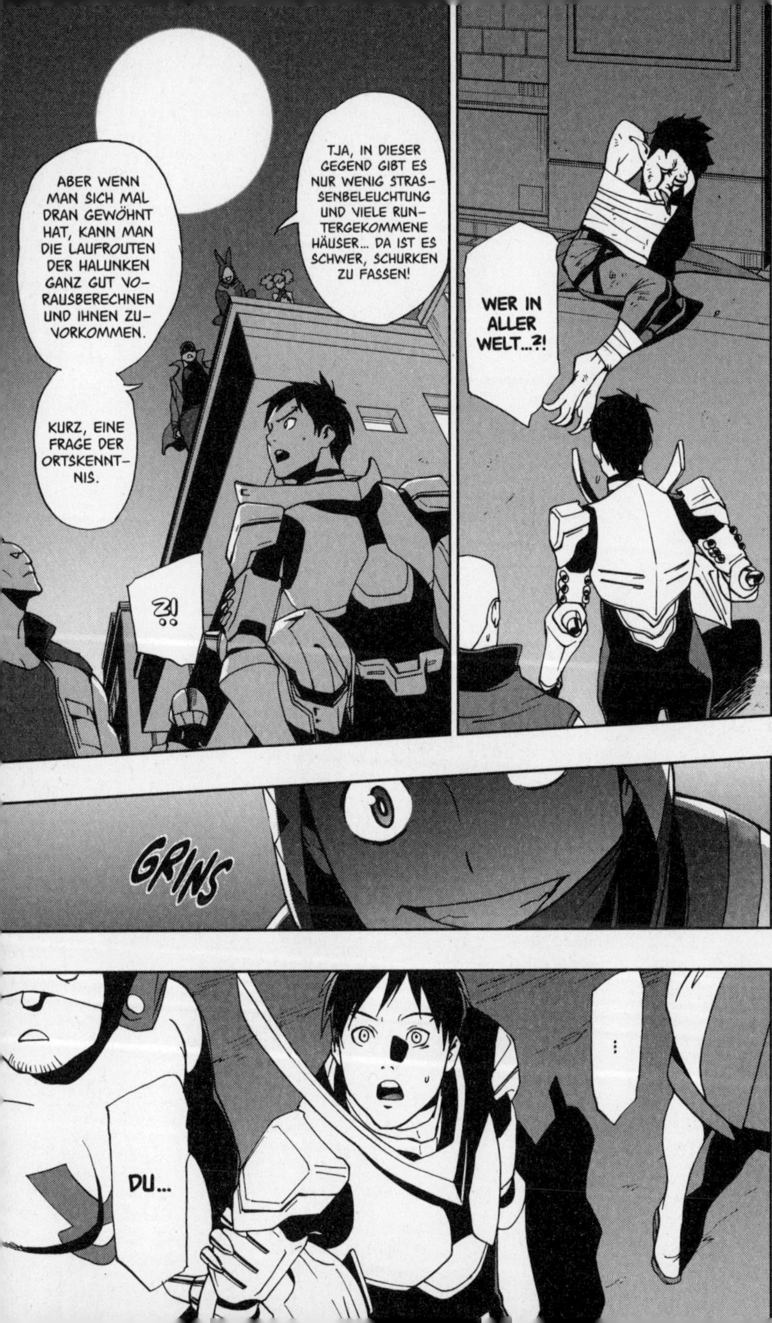

TJA, IN DIESER GEGEND GIBT ES NUR WENIG STRAS-SENBELEUCHTUNG UND VIELE RUN-TERGEKOMMENE HÄUSER... DA IST ES SCHWER, SCHURKEN ZU FASSEN!
ABER WENN MAN SICH MAL DRAN GEWÖHNT HAT, KANN MAN DIE LAUFROUTEN DER HALUNKEN GANZ GUT VO-RAUSBERECHNEN UND IHNEN ZU-VORKOMMEN.
KURZ, EINE FRAGE DER ORTSKENNT-NIS.
WER IN ALLER WELT...?!
?!
GRINS
...
DU...

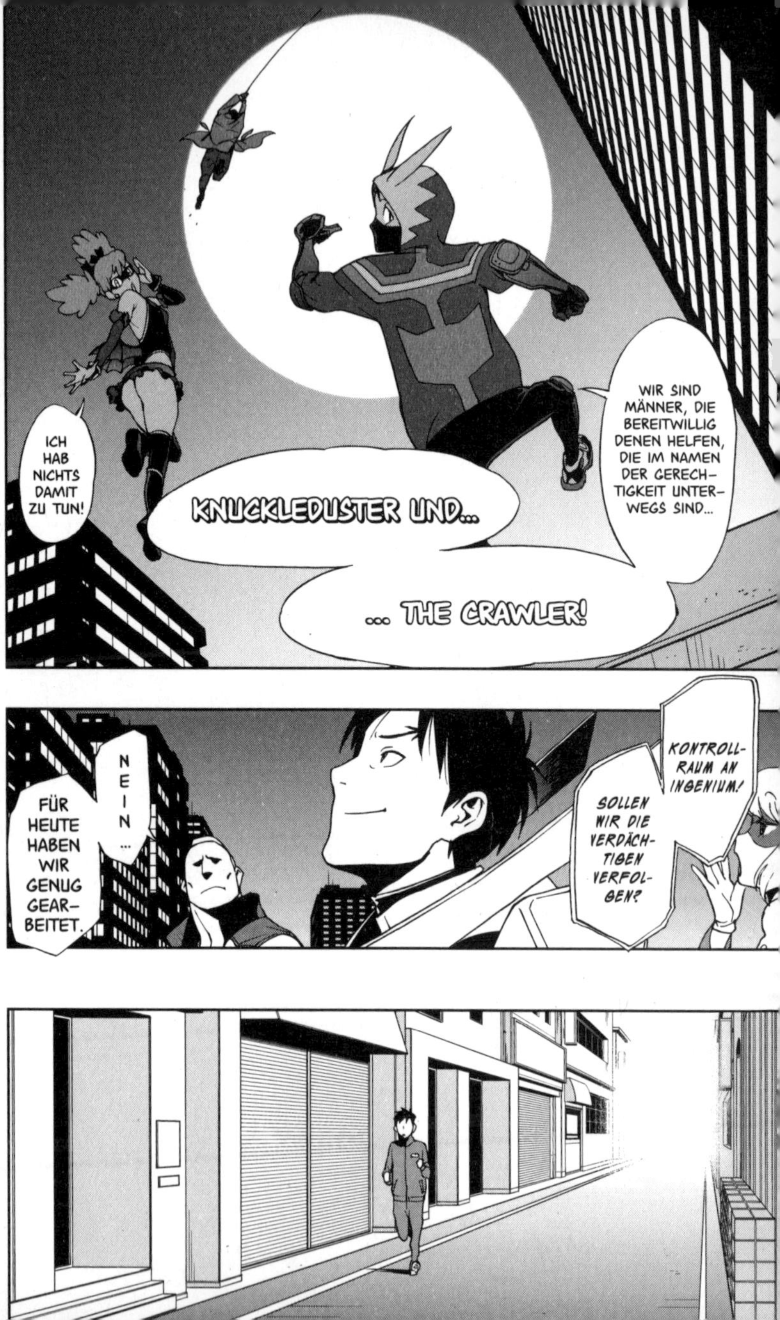
WIR SIND MÄNNER, DIE BEREITWILLIG DENEN HELFEN, DIE IM NAMEN DER GERECHTIGKEIT UNTERWEGS SIND...
KNUCKLEDUSTER UND...
... THE CRAWLER!
ICH HAB NICHTS DAMIT ZU TUN!
KONTROLLRAUM AN INGENIUM!
SOLLEN WIR DIE VERDÄCHTIGEN VERFOLGEN?
NEIN ...
FÜR HEUTE HABEN WIR GENUG GEARBEITET.

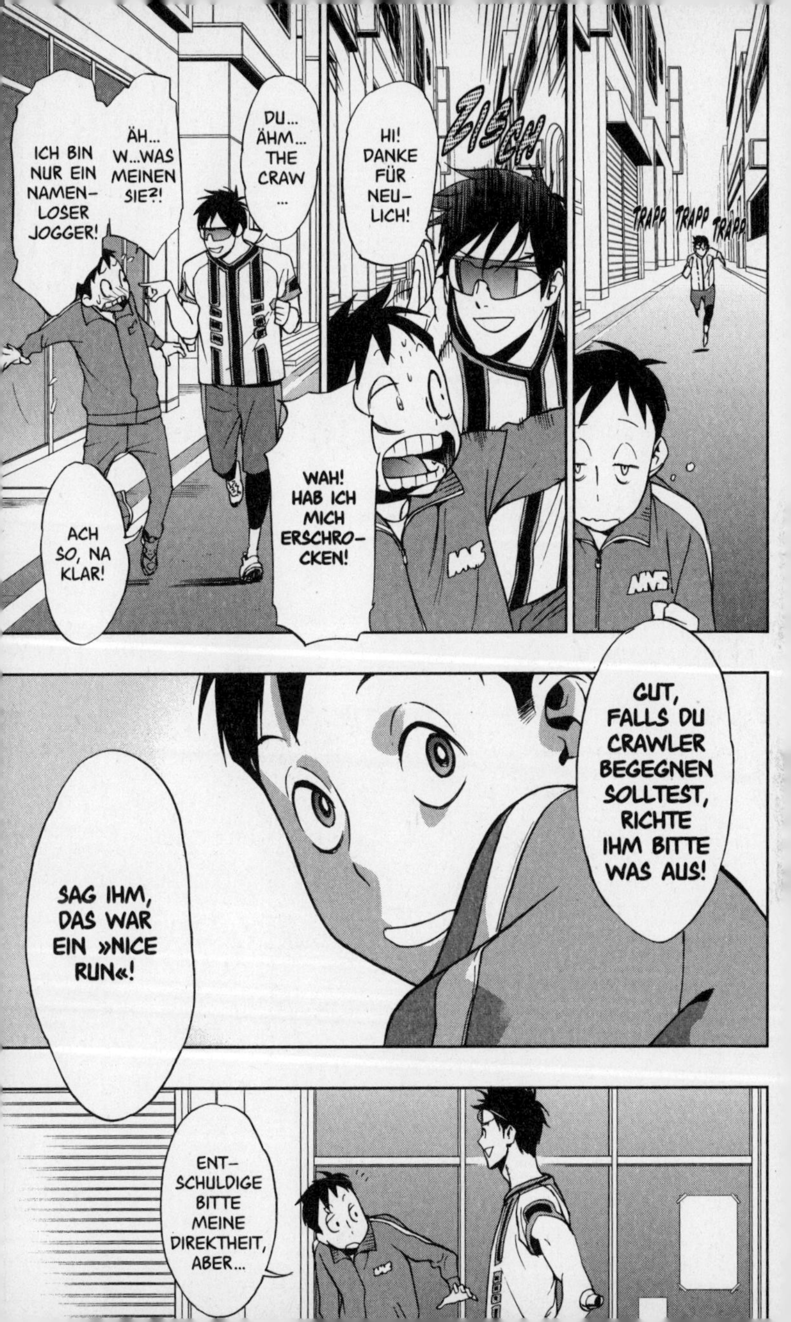
TRAPP TRAPP TRAPP
ZISCH
HI! DANKE FÜR NEULICH!
DU… ÄHM… THE CRAW…
WAH! HAB ICH MICH ERSCHROCKEN!
ÄH… W…WAS MEINEN SIE?!
ICH BIN NUR EIN NAMENLOSER JOGGER!
ACH SO, NA KLAR!
GUT, FALLS DU CRAWLER BEGEGNEN SOLLTEST, RICHTE IHM BITTE WAS AUS!
SAG IHM, DAS WAR EIN »NICE RUN«!
ENTSCHULDIGE BITTE MEINE DIREKTHEIT, ABER…

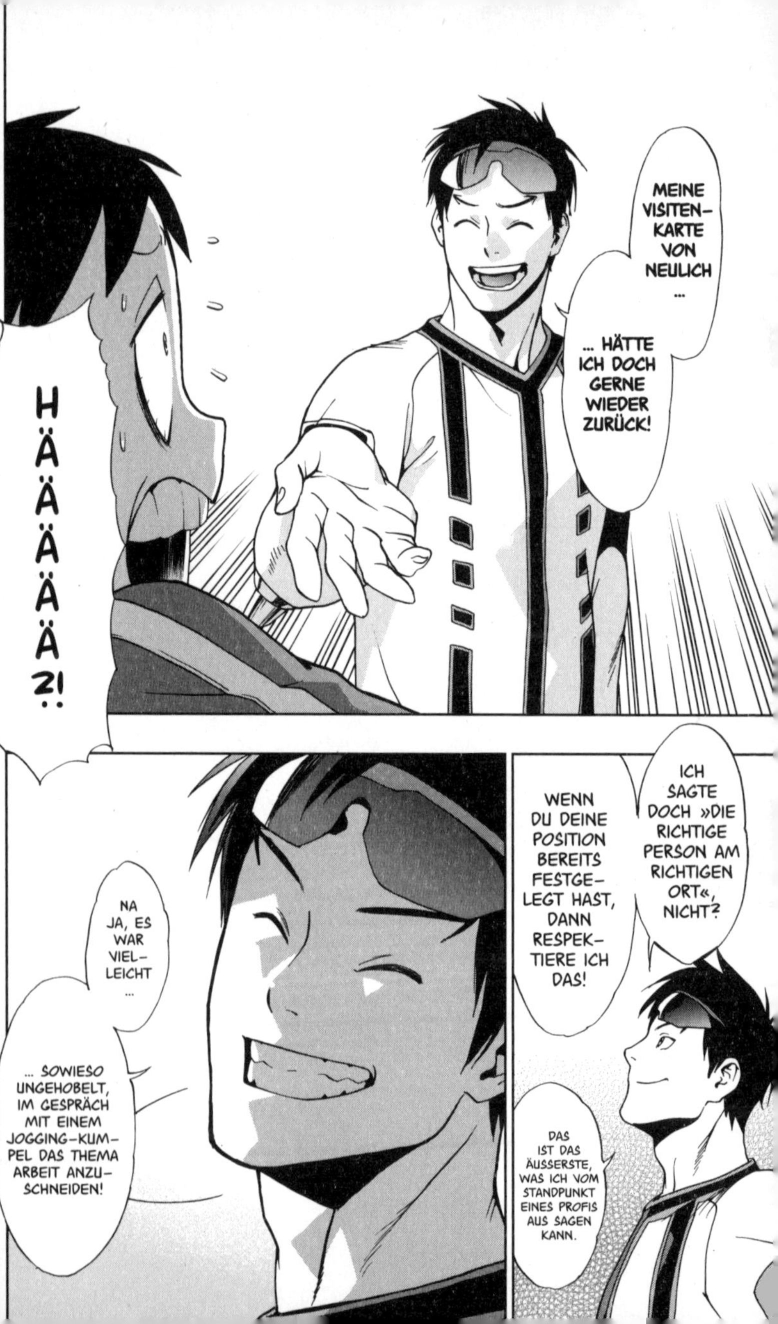
MEINE VISITEN-KARTE VON NEULICH ...
... HÄTTE ICH DOCH GERNE WIEDER ZURÜCK!
HÄÄÄÄÄÄ?!
ICH SAGTE DOCH »DIE RICHTIGE PERSON AM RICHTIGEN ORT«, NICHT?
WENN DU DEINE POSITION BEREITS FESTGE-LEGT HAST, DANN RESPEK-TIERE ICH DAS!
DAS IST DAS ÄUSSERSTE, WAS ICH VOM STANDPUNKT EINES PROFIS AUS SAGEN KANN.
NA JA, ES WAR VIEL-LEICHT ...
... SOWIESO UNGEHOBELT, IM GESPRÄCH MIT EINEM JOGGING-KUM-PEL DAS THEMA ARBEIT ANZU-SCHNEIDEN!

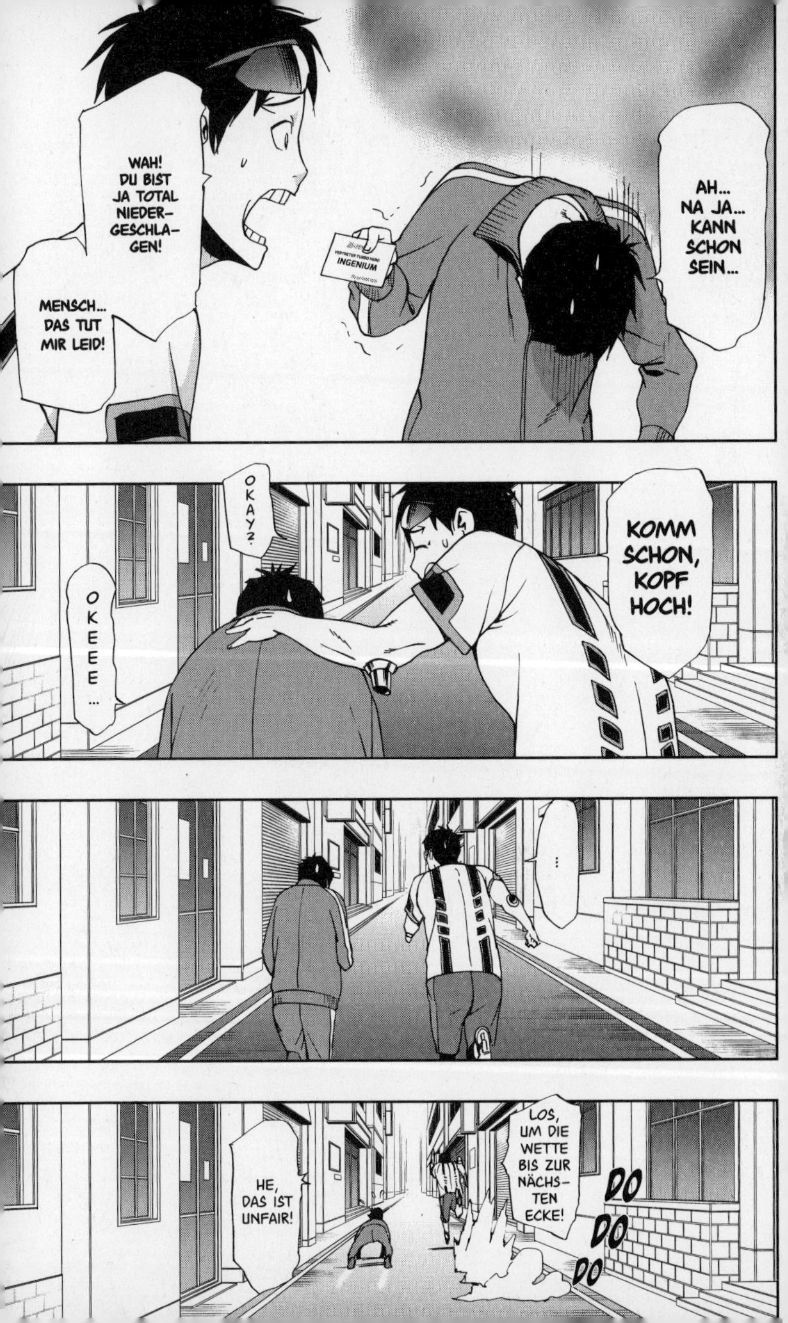
AH... NA JA... KANN SCHON SEIN...
VERTRETER TURBO HERO INGENIUM
WAH! DU BIST JA TOTAL NIEDER-GESCHLA-GEN!
MENSCH... DAS TUT MIR LEID!
KOMM SCHON, KOPF HOCH!
OKAY?
OKEEE...
...
LOS, UM DIE WETTE BIS ZUR NÄCHS-TEN ECKE!
DO DO DO
HE, DAS IST UNFAIR!

FLEDERMAUS-SCHURKE

THE ROUGH DESIGN

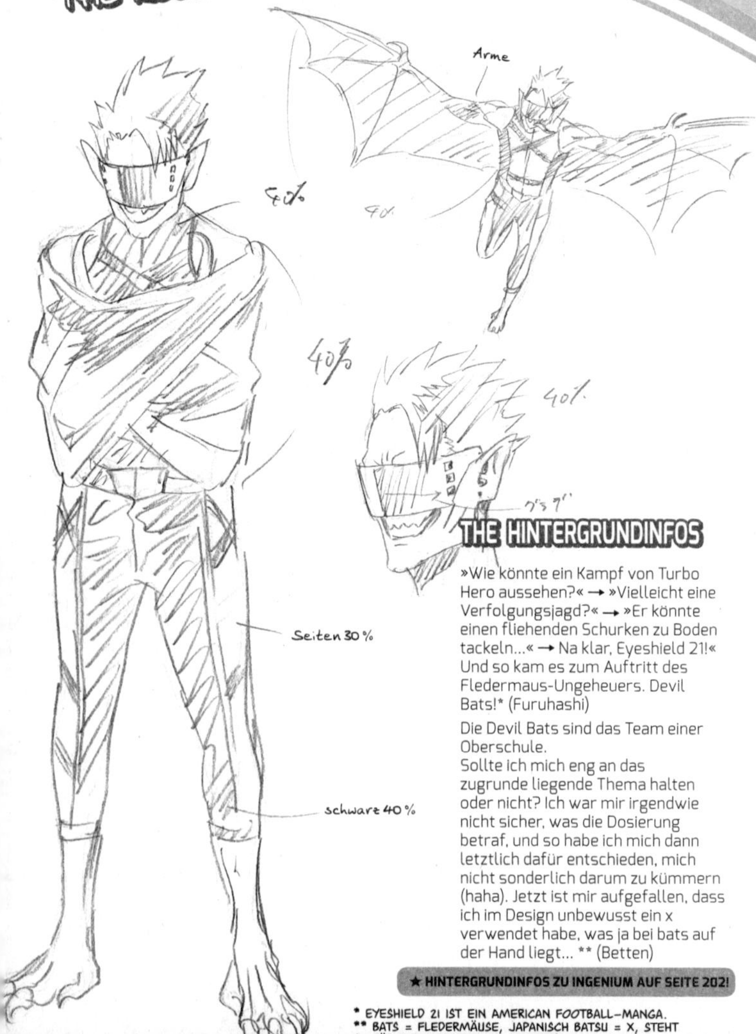

THE HINTERGRUNDINFOS

»Wie könnte ein Kampf von Turbo Hero aussehen?« → »Vielleicht eine Verfolgungsjagd?« → »Er könnte einen fliehenden Schurken zu Boden tackeln...« → Na klar, Eyeshield 21!« Und so kam es zum Auftritt des Fledermaus-Ungeheuers. Devil Bats!* (Furuhashi)

Die Devil Bats sind das Team einer Oberschule.
Sollte ich mich eng an das zugrunde liegende Thema halten oder nicht? Ich war mir irgendwie nicht sicher, was die Dosierung betraf, und so habe ich mich dann letztlich dafür entschieden, mich nicht sonderlich darum zu kümmern (haha). Jetzt ist mir aufgefallen, dass ich im Design unbewusst ein x verwendet habe, was ja bei bats auf der Hand liegt... ** (Betten)

★ HINTERGRUNDINFOS ZU INGENIUM AUF SEITE 202!

* EYESHIELD 21 IST EIN AMERICAN FOOTBALL-MANGA.
** BATS = FLEDERMÄUSE, JAPANISCH BATSU = X, STEHT

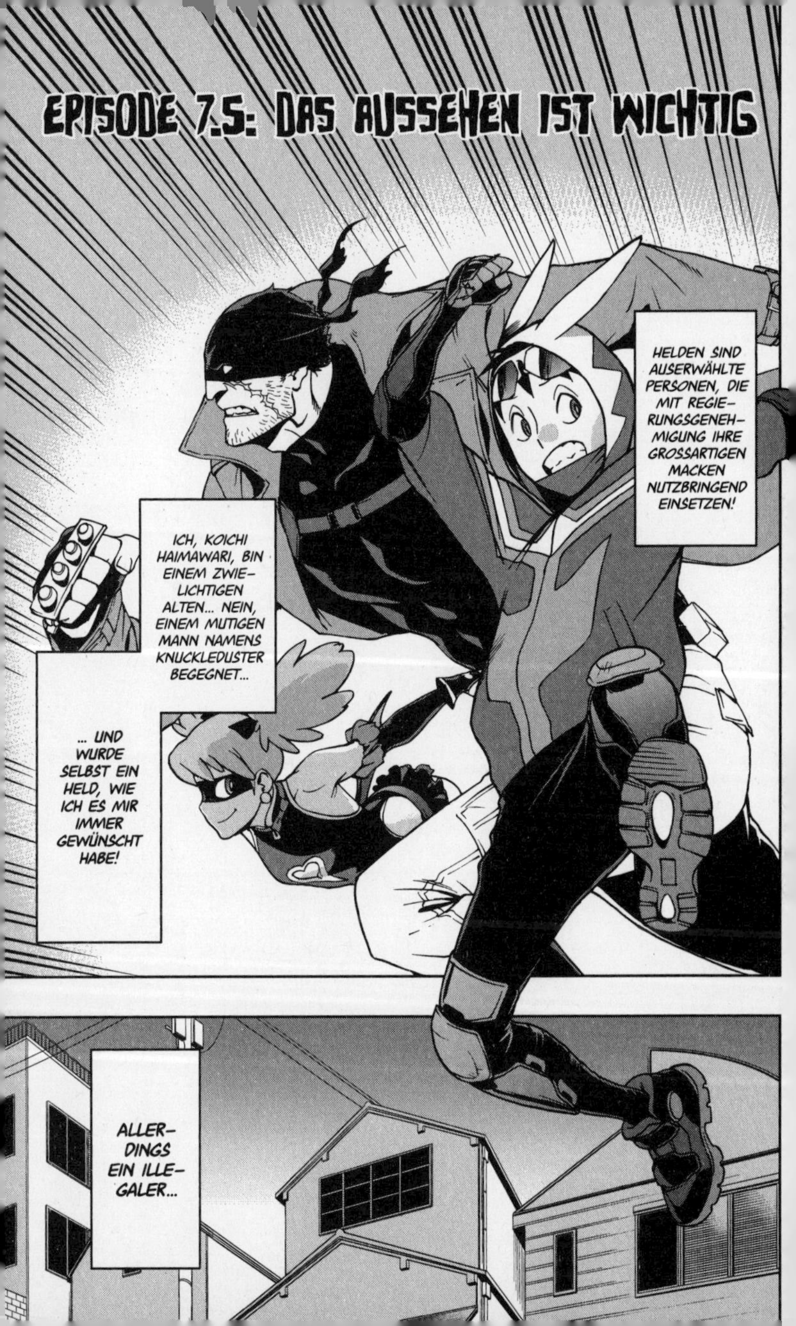
EPISODE 7.5: DAS AUSSEHEN IST WICHTIG
HELDEN SIND AUSERWÄHLTE PERSONEN, DIE MIT REGIERUNGSGENEHMIGUNG IHRE GROSSARTIGEN MACKEN NUTZBRINGEND EINSETZEN!
ICH, KOICHI HAIMAWARI, BIN EINEM ZWIELICHTIGEN ALTEN... NEIN, EINEM MUTIGEN MANN NAMENS KNUCKLEDUSTER BEGEGNET...
... UND WURDE SELBST EIN HELD, WIE ICH ES MIR IMMER GEWÜNSCHT HABE!
ALLERDINGS EIN ILLEGALER...

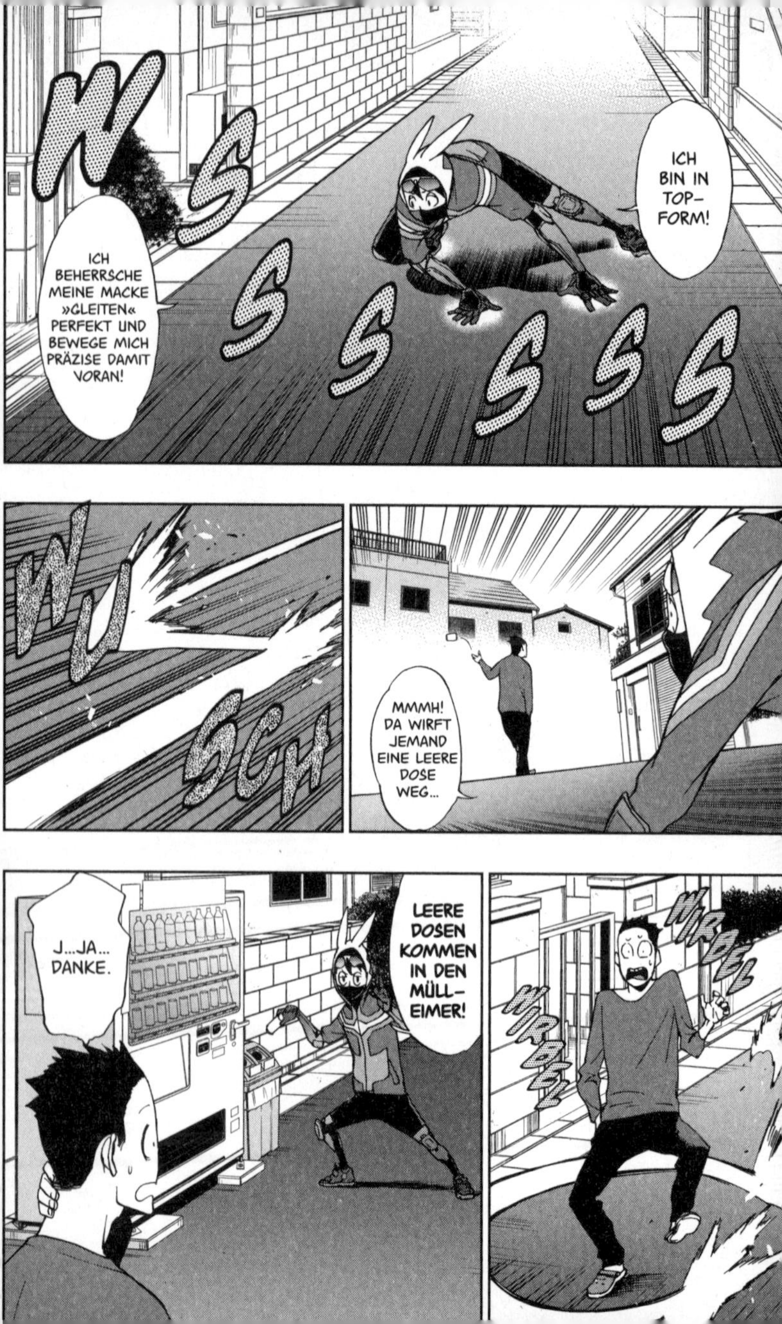
ICH BIN IN TOP-FORM!
ICH BEHERRSCHE MEINE MACKE »GLEITEN« PERFEKT UND BEWEGE MICH PRÄZISE DAMIT VORAN!
WSSSSSS
MMMH! DA WIRFT JEMAND EINE LEERE DOSE WEG...
WUSCH
WIRBEL
WIRBEL
LEERE DOSEN KOMMEN IN DEN MÜLL-EIMER!
J...JA... DANKE.

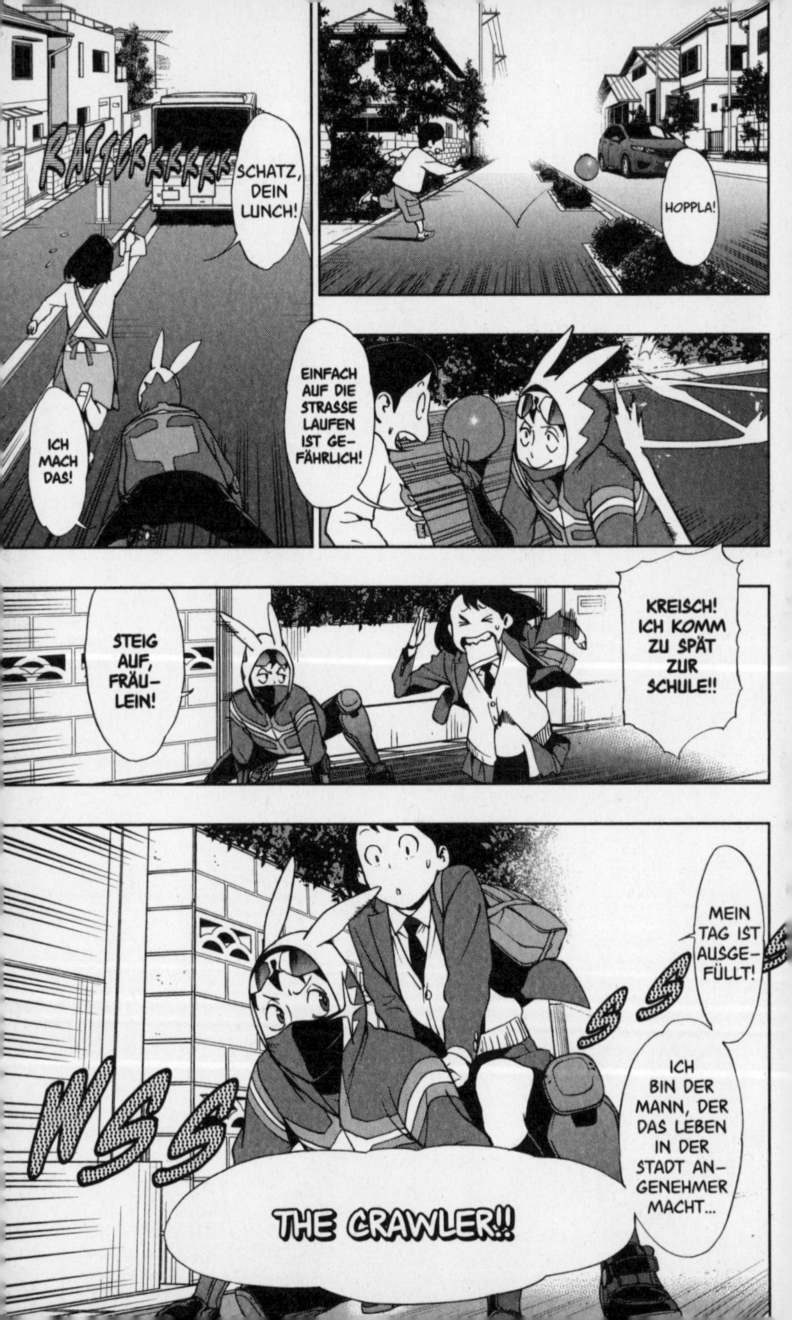
HOPPLA!
EINFACH AUF DIE STRASSE LAUFEN IST GEFÄHRLICH!
SCHATZ, DEIN LUNCH!
ICH MACH DAS!
KREISCH! ICH KOMM ZU SPÄT ZUR SCHULE!!
STEIG AUF, FRÄULEIN!
MEIN TAG IST AUSGEFÜLLT!
ICH BIN DER MANN, DER DAS LEBEN IN DER STADT ANGENEHMER MACHT...
THE CRAWLER!!

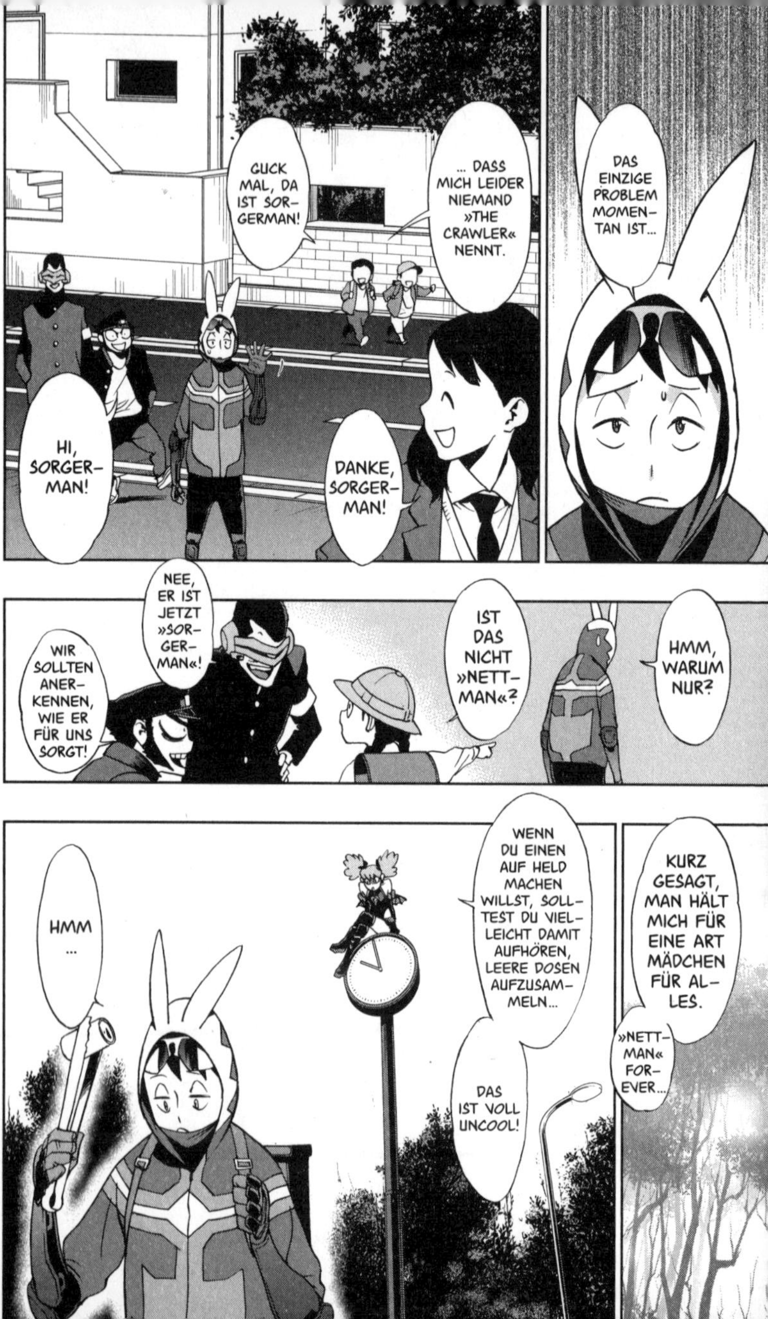

DAS EINZIGE PROBLEM MOMENTAN IST...
... DASS MICH LEIDER NIEMAND »THE CRAWLER« NENNT.
GUCK MAL, DA IST SORGERMAN!
DANKE, SORGERMAN!
HI, SORGERMAN!
HMM, WARUM NUR?
IST DAS NICHT »NETTMAN«?
NEE, ER IST JETZT »SORGERMAN«!
WIR SOLLTEN ANERKENNEN, WIE ER FÜR UNS SORGT!
KURZ GESAGT, MAN HÄLT MICH FÜR EINE ART MÄDCHEN FÜR ALLES.
»NETTMAN« FOREVER...
WENN DU EINEN AUF HELD MACHEN WILLST, SOLLTEST DU VIELLEICHT DAMIT AUFHÖREN, LEERE DOSEN AUFZUSAMMELN...
DAS IST VOLL UNCOOL!
HMM ...

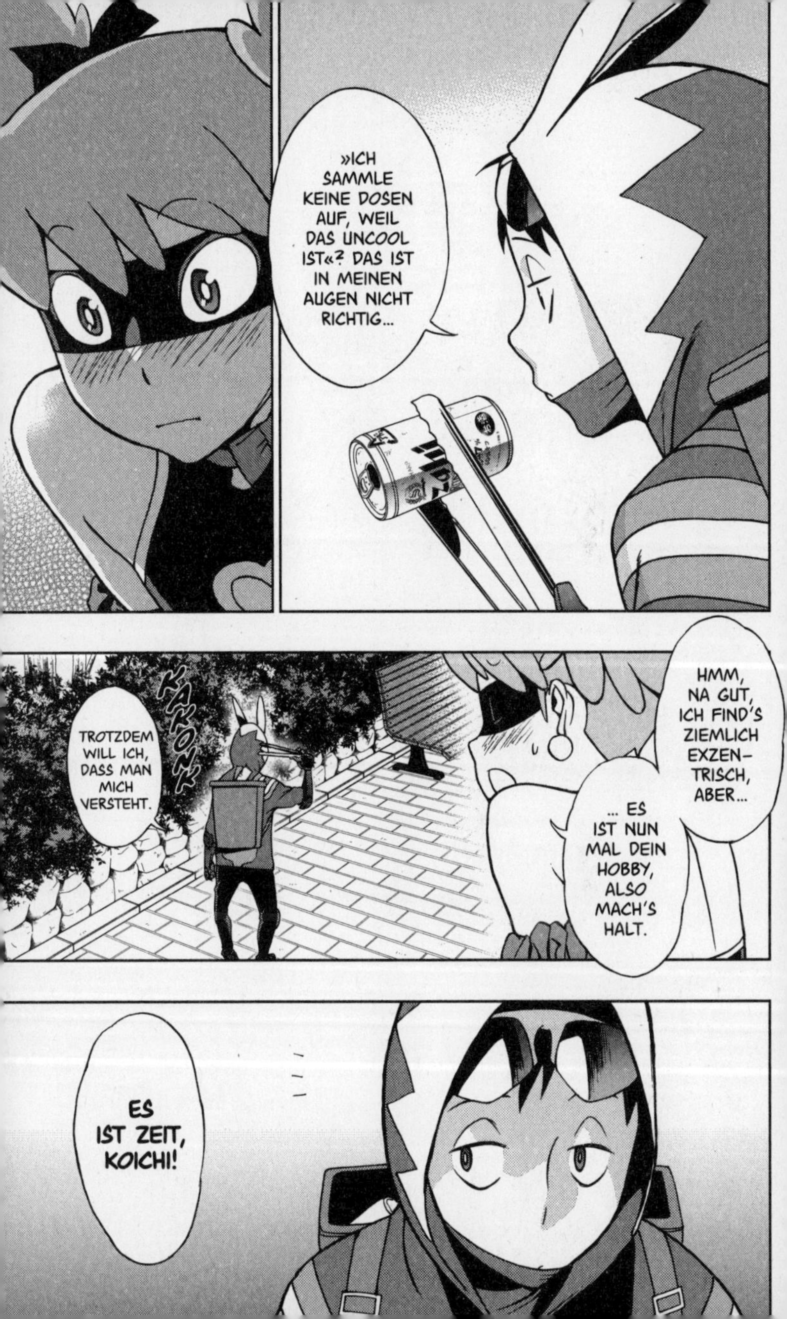

»ICH SAMMLE KEINE DOSEN AUF, WEIL DAS UNCOOL IST«? DAS IST IN MEINEN AUGEN NICHT RICHTIG ...
HMM, NA GUT, ICH FIND'S ZIEMLICH EXZEN-TRISCH, ABER ...
... ES IST NUN MAL DEIN HOBBY, ALSO MACH'S HALT.
KAKONK
TROTZDEM WILL ICH, DASS MAN MICH VERSTEHT.
ES IST ZEIT, KOICHI!

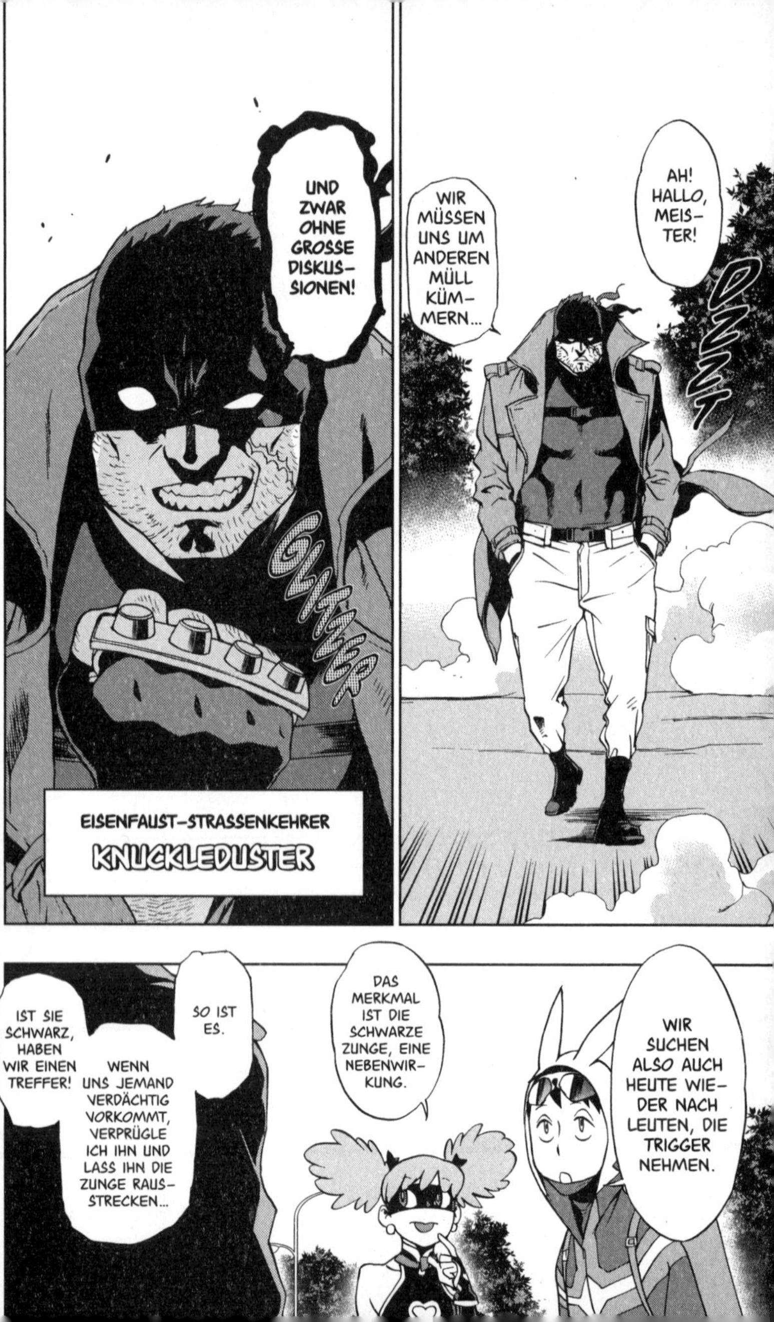
AH! HALLO, MEIS-TER!
WIR MÜSSEN UNS UM ANDEREN MÜLL KÜM-MERN...
UND ZWAR OHNE GROSSE DISKUS-SIONEN!
EISENFAUST-STRASSENKEHRER
KNUCKLEDUSTER
WIR SUCHEN ALSO AUCH HEUTE WIE-DER NACH LEUTEN, DIE TRIGGER NEHMEN.
DAS MERKMAL IST DIE SCHWARZE ZUNGE, EINE NEBENWIR-KUNG.
SO IST ES.
WENN UNS JEMAND VERDÄCHTIG VORKOMMT, VERPRÜGLE ICH IHN UND LASS IHN DIE ZUNGE RAUS-STRECKEN...
IST SIE SCHWARZ, HABEN WIR EINEN TREFFER!

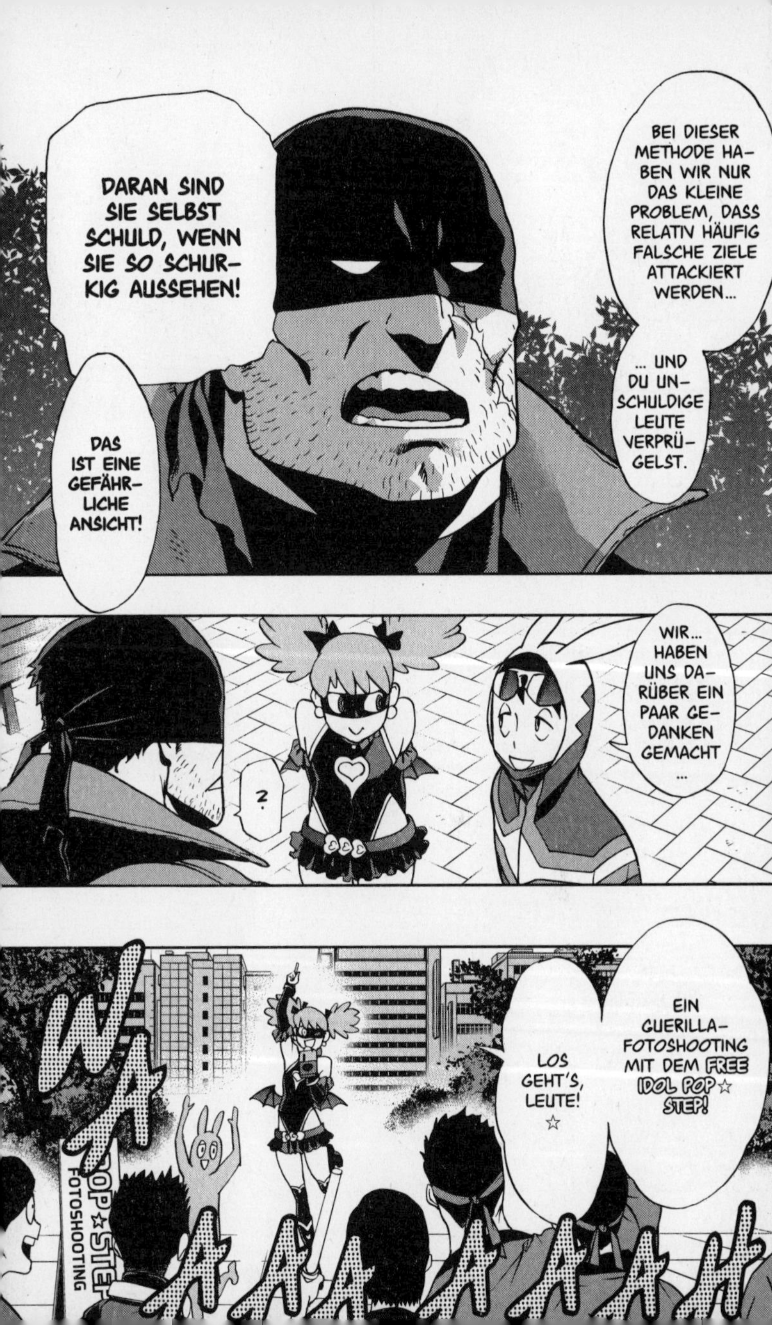
BEI DIESER METHODE HABEN WIR NUR DAS KLEINE PROBLEM, DASS RELATIV HÄUFIG FALSCHE ZIELE ATTACKIERT WERDEN...
... UND DU UNSCHULDIGE LEUTE VERPRÜGELST.
DARAN SIND SIE SELBST SCHULD, WENN SIE SO SCHURKIG AUSSEHEN!
DAS IST EINE GEFÄHRLICHE ANSICHT!
WIR... HABEN UNS DARÜBER EIN PAAR GEDANKEN GEMACHT ...
?
EIN GUERILLA-FOTOSHOOTING MIT DEM FREE IDOL POP☆STEP!
LOS GEHT'S, LEUTE! ☆
POP☆STEP FOTOSHOOTING
WAAAAAAAH

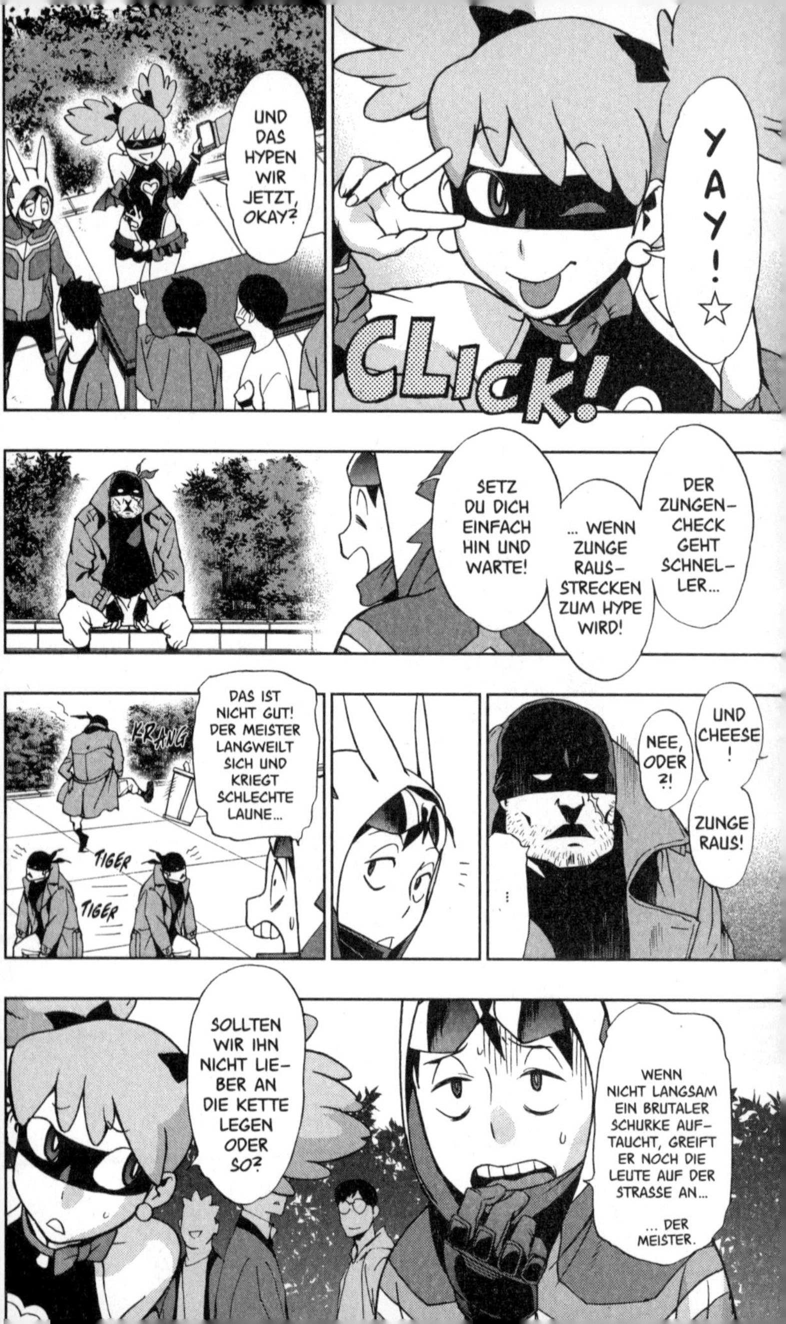
YAY!☆
CLICK!
UND DAS HYPEN WIR JETZT, OKAY?
DER ZUNGEN-CHECK GEHT SCHNELLER...
... WENN ZUNGE RAUSSTRECKEN ZUM HYPE WIRD!
SETZ DU DICH EINFACH HIN UND WARTE!
UND CHEESE!
NEE, ODER?!
ZUNGE RAUS!
...
DAS IST NICHT GUT! DER MEISTER LANGWEILT SICH UND KRIEGT SCHLECHTE LAUNE...
KRANG
TIGER
TIGER
WENN NICHT LANGSAM EIN BRUTALER SCHURKE AUFTAUCHT, GREIFT ER NOCH DIE LEUTE AUF DER STRASSE AN...
... DER MEISTER.
SOLLTEN WIR IHN NICHT LIEBER AN DIE KETTE LEGEN ODER SO?

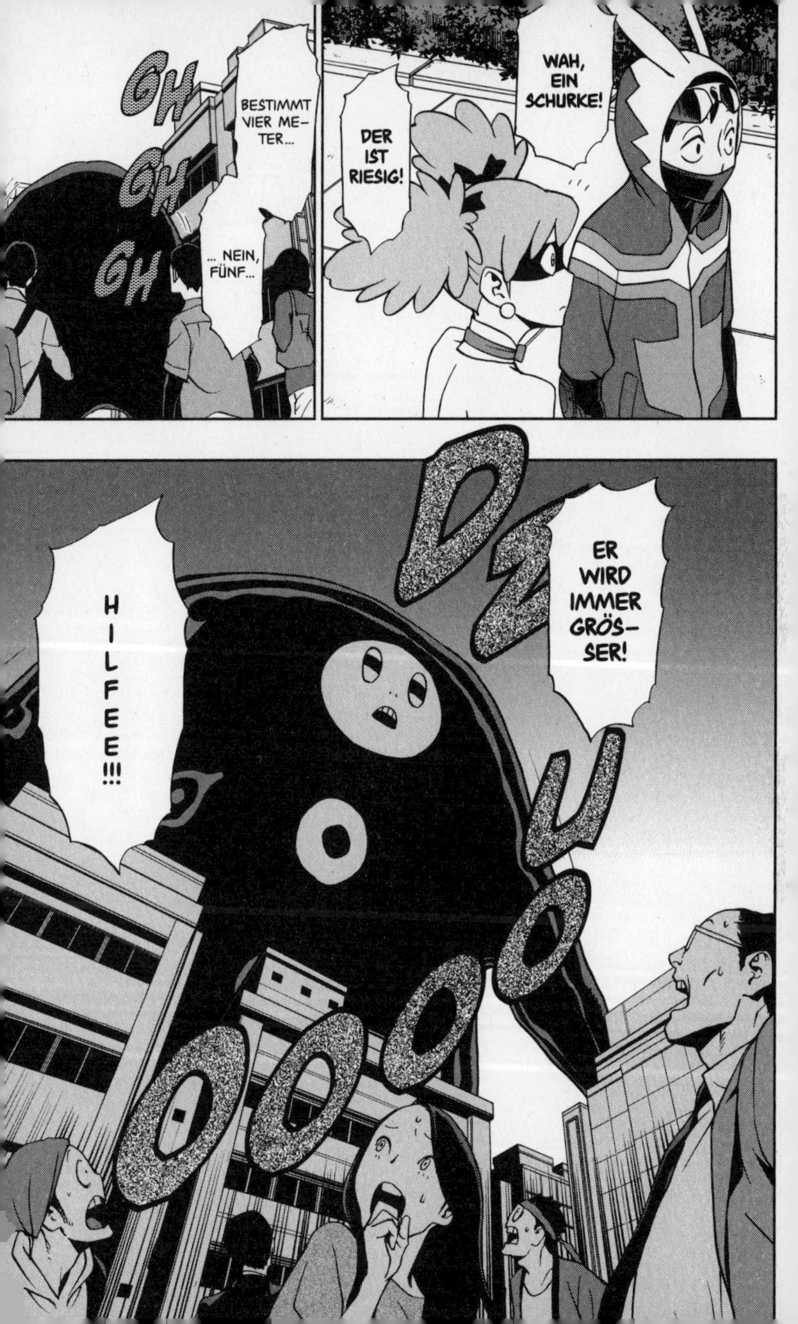
WAH, EIN SCHURKE!
DER IST RIESIG!
GH GH GH
BESTIMMT VIER METER...
... NEIN, FÜNF...
ER WIRD IMMER GRÖSSER!
HILFEE!!!

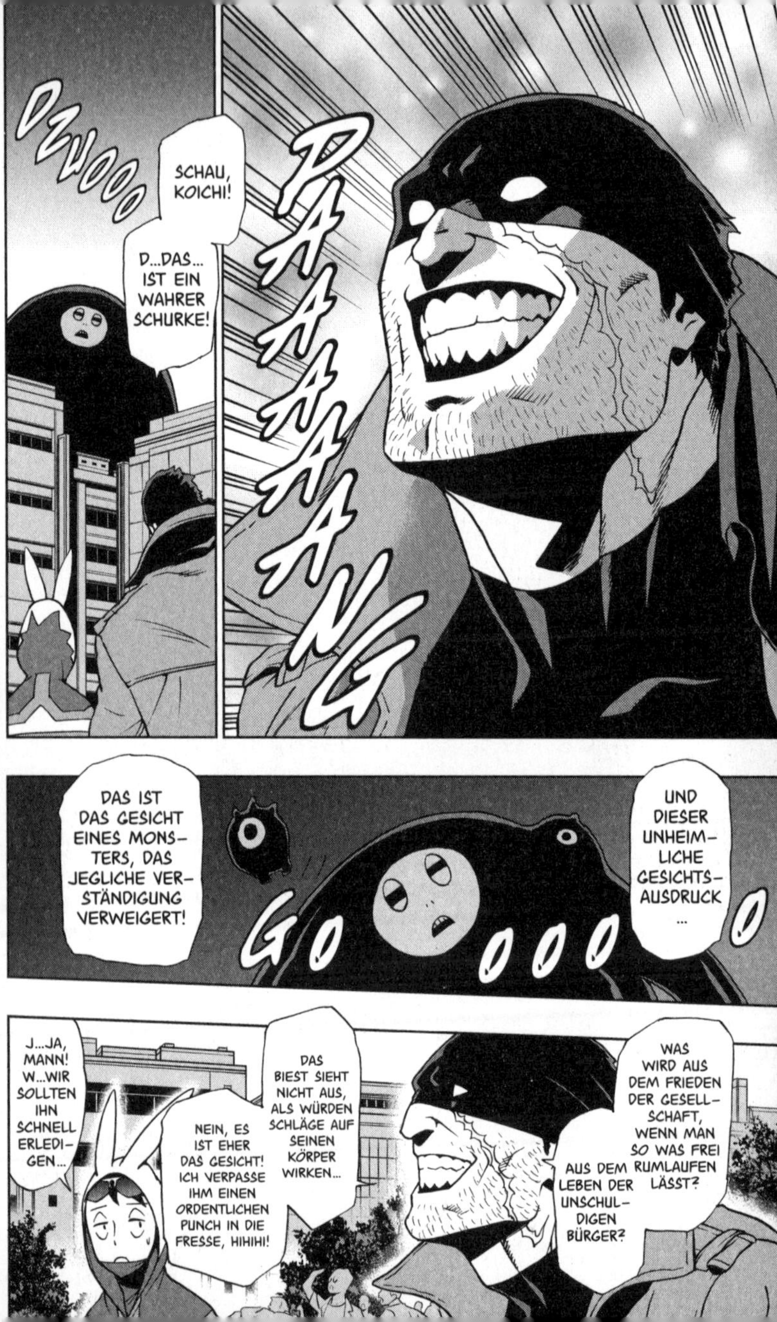
PAAAAAANG
SCHAU, KOICHI!
D...DAS... IST EIN WAHRER SCHURKE!
DZUOOO
UND DIESER UNHEIMLICHE GESICHTSAUSDRUCK ...
DAS IST DAS GESICHT EINES MONSTERS, DAS JEGLICHE VERSTÄNDIGUNG VERWEIGERT!
GOOOOO
WAS WIRD AUS DEM FRIEDEN DER GESELLSCHAFT, WENN MAN SO WAS FREI RUMLAUFEN LÄSST?
AUS DEM LEBEN DER UNSCHULDIGEN BÜRGER?
DAS BIEST SIEHT NICHT AUS, ALS WÜRDEN SCHLÄGE AUF SEINEN KÖRPER WIRKEN...
NEIN, ES IST EHER DAS GESICHT! ICH VERPASSE IHM EINEN ORDENTLICHEN PUNCH IN DIE FRESSE, HIHIHI!
J...JA, MANN! W...WIR SOLLTEN IHN SCHNELL ERLEDIGEN...

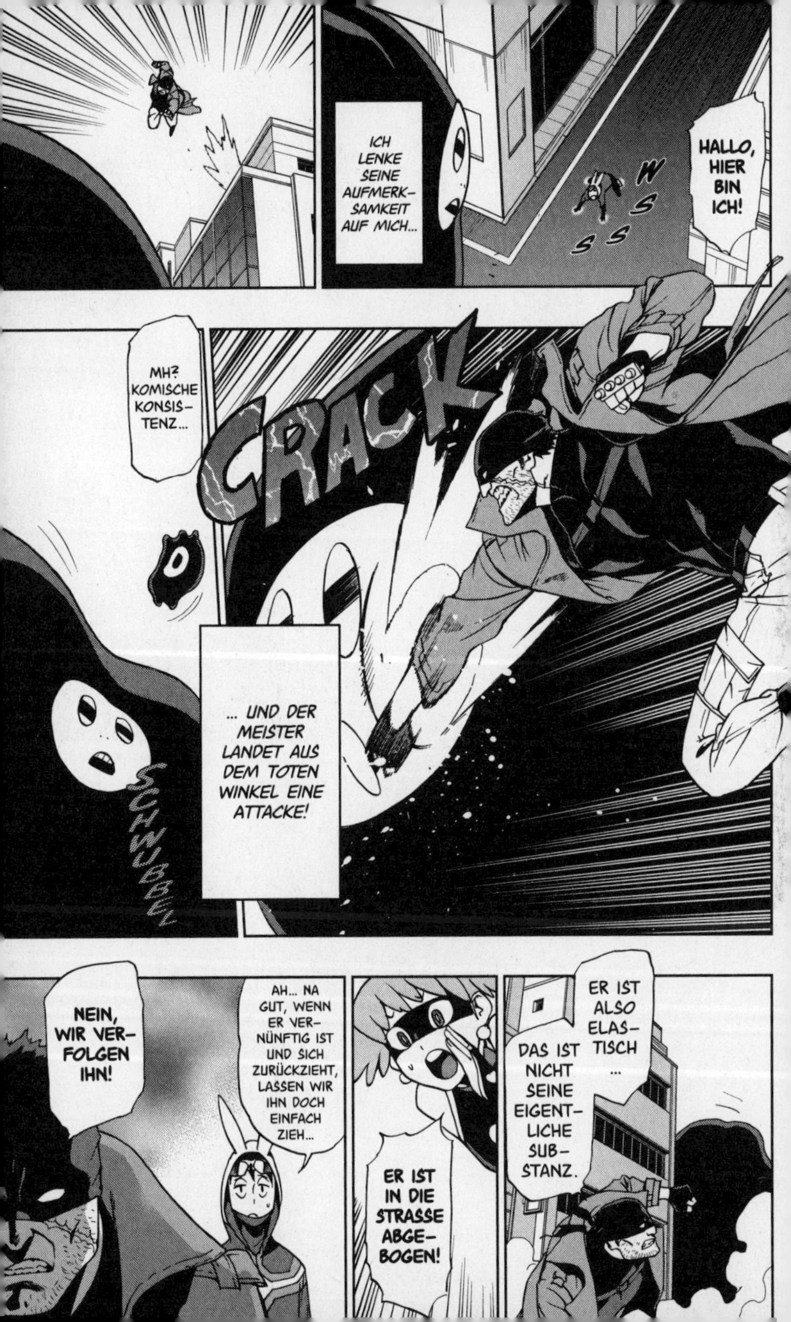
HALLO, HIER BIN ICH!
WSSSS
ICH LENKE SEINE AUFMERK-SAMKEIT AUF MICH...
CRACK
MH? KOMISCHE KONSIS-TENZ...
... UND DER MEISTER LANDET AUS DEM TOTEN WINKEL EINE ATTACKE!
ER IST ALSO ELAS-TISCH ...
DAS IST NICHT SEINE EIGENT-LICHE SUB-STANZ.
ER IST IN DIE STRASSE ABGE-BOGEN!
AH... NA GUT, WENN ER VER-NÜNFTIG IST UND SICH ZURÜCKZIEHT, LASSEN WIR IHN DOCH EINFACH ZIEH...
NEIN, WIR VER-FOLGEN IHN!

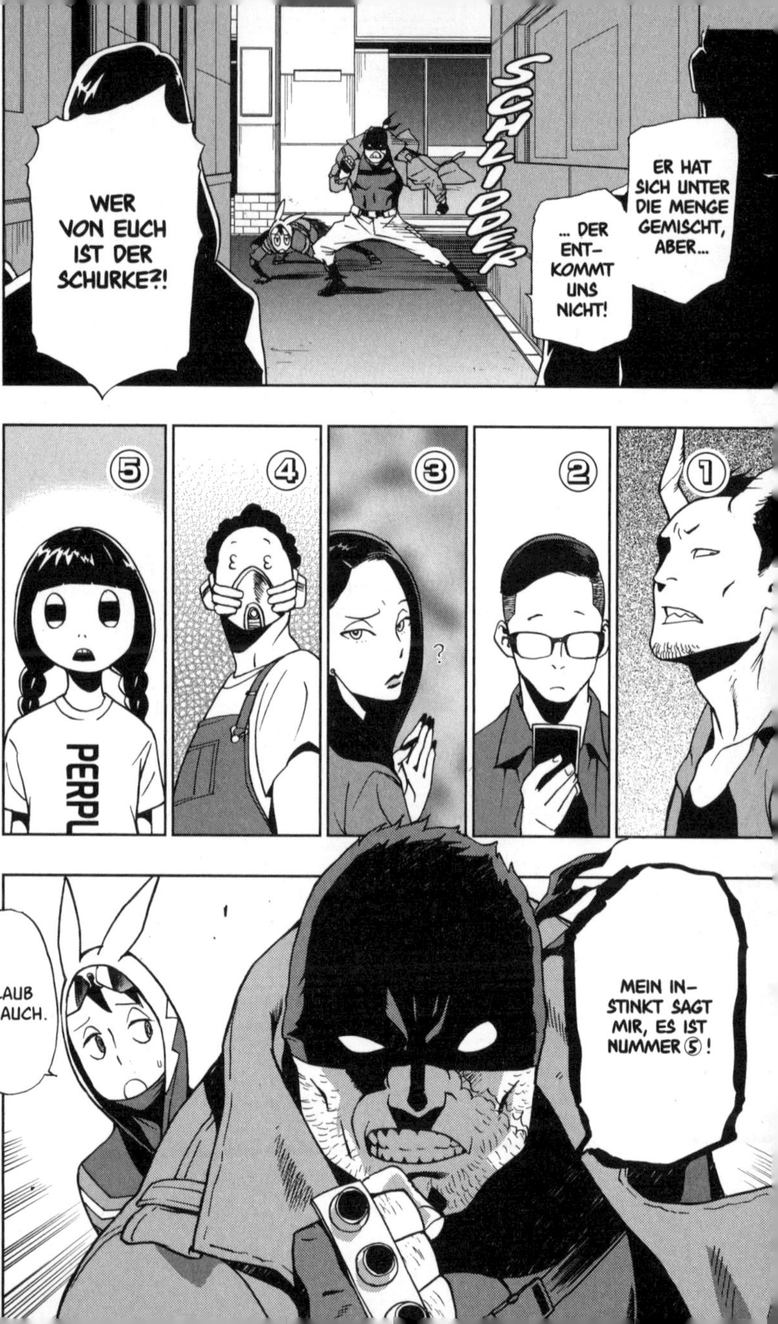
ER HAT SICH UNTER DIE MENGE GEMISCHT, ABER...
... DER ENT-KOMMT UNS NICHT!
SCHLIDDER
WER VON EUCH IST DER SCHURKE?!
①
②
③
④
⑤
PERPL
MEIN IN-STINKT SAGT MIR, ES IST NUMMER ⑤!
AUCH.

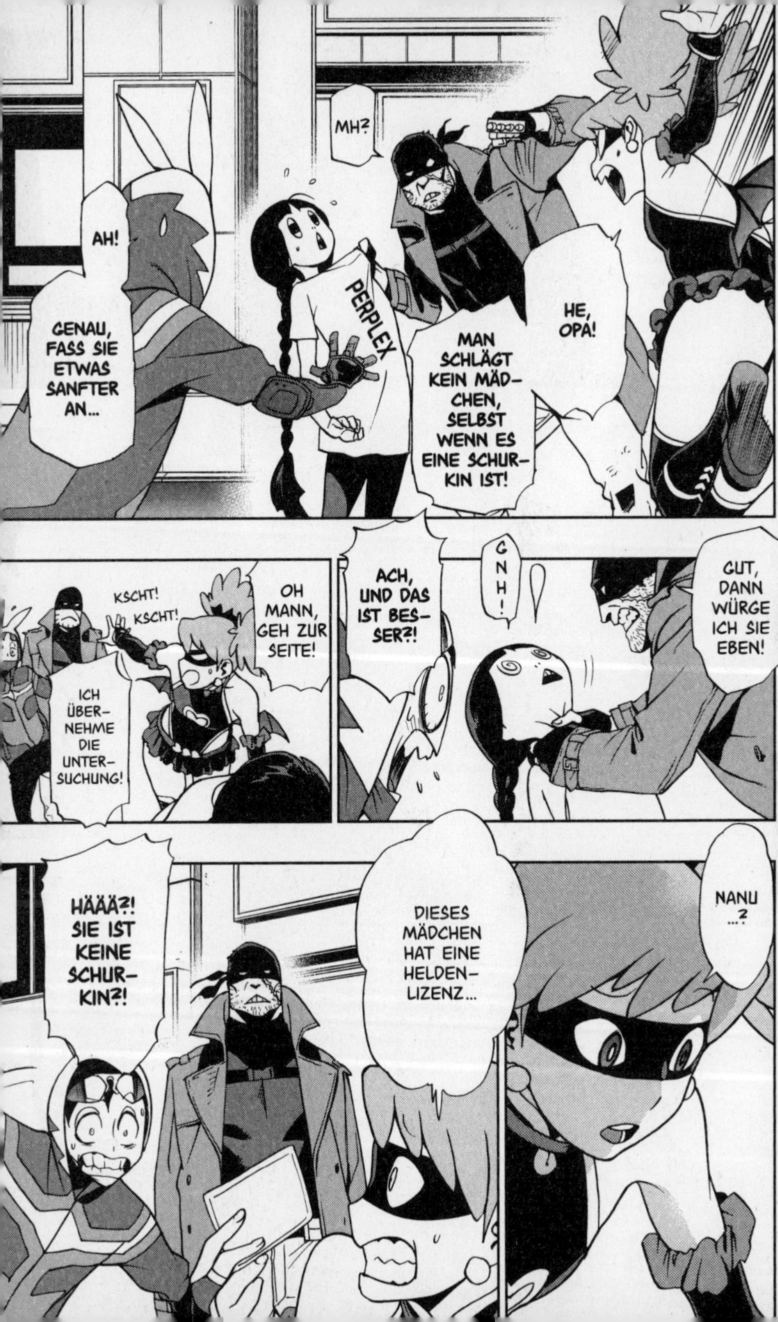
HE, OPA!
MAN SCHLÄGT KEIN MÄDCHEN, SELBST WENN ES EINE SCHURKIN IST!
MH?
AH!
GENAU, FASS SIE ETWAS SANFTER AN…
GUT, DANN WÜRGE ICH SIE EBEN!
GNH!
ACH, UND DAS IST BESSER?!
OH MANN, GEH ZUR SEITE!
KSCHT! KSCHT!
ICH ÜBERNEHME DIE UNTERSUCHUNG!
PERPLEX
NANU …?
DIESES MÄDCHEN HAT EINE HELDENLIZENZ…
HÄÄÄ?! SIE IST KEINE SCHURKIN?!

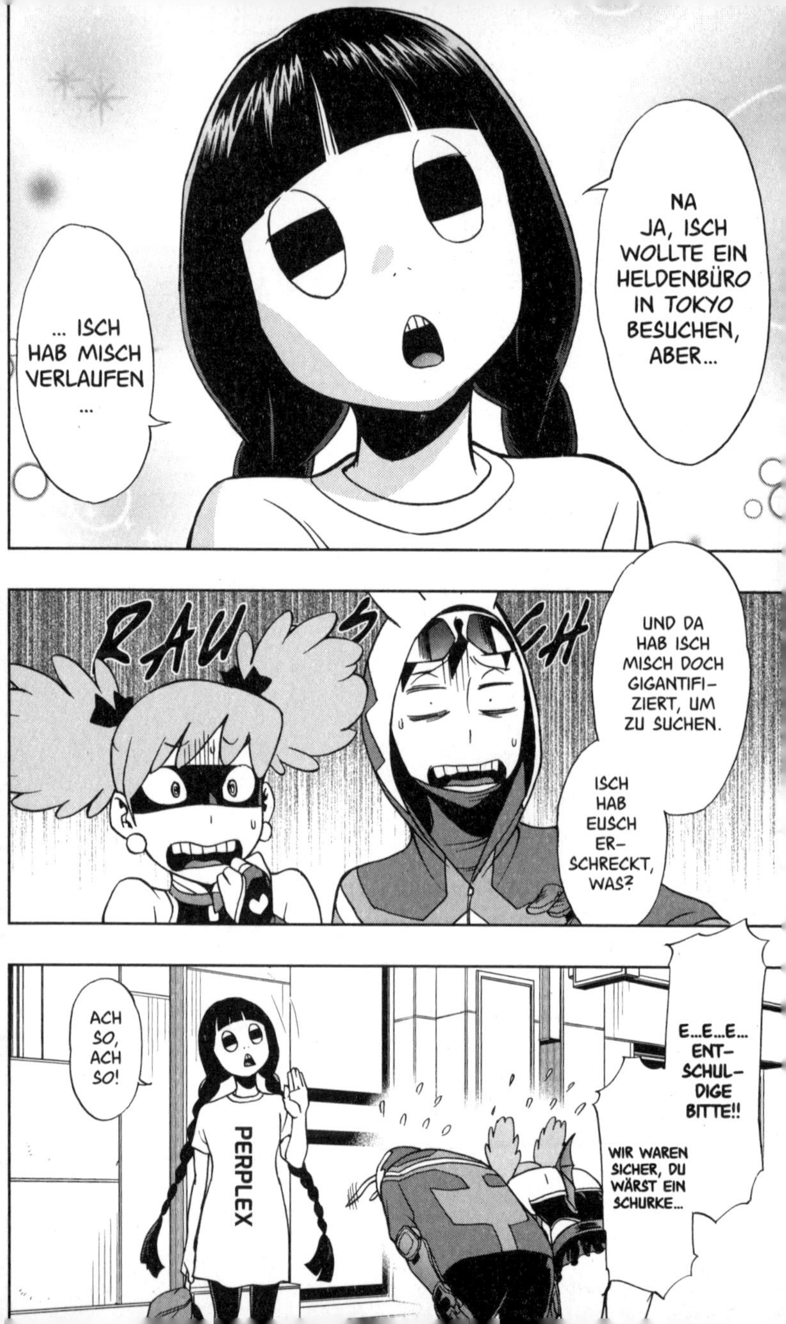
NA JA, ISCH WOLLTE EIN HELDENBÜRO IN TOKYO BESUCHEN, ABER...
... ISCH HAB MISCH VERLAUFEN ...
UND DA HAB ISCH MISCH DOCH GIGANTIFIZIERT, UM ZU SUCHEN.
ISCH HAB EUSCH ERSCHRECKT, WAS?
E...E...E... ENTSCHULDIGE BITTE!!
WIR WAREN SICHER, DU WÄRST EIN SCHURKE...
ACH SO, ACH SO!
PERPLEX

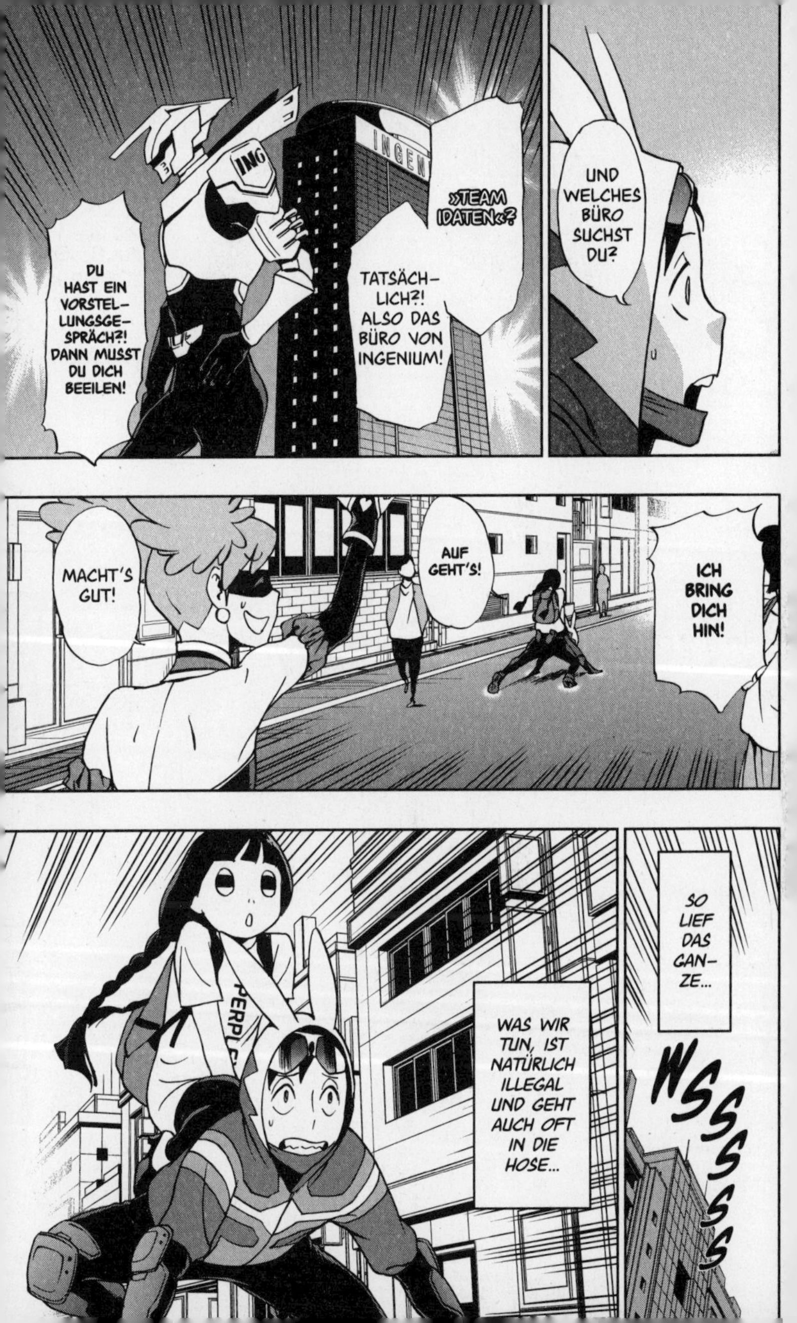
UND WELCHES BÜRO SUCHST DU?
»TEAM IDATEN«?
TATSÄCH-LICH?! ALSO DAS BÜRO VON INGENIUM!
DU HAST EIN VORSTEL-LUNGSGE-SPRÄCH?! DANN MUSST DU DICH BEEILEN!
ING
INGEN
ICH BRING DICH HIN!
AUF GEHT'S!
MACHT'S GUT!
SO LIEF DAS GAN-ZE...
WSSSSSS
WAS WIR TUN, IST NATÜRLICH ILLEGAL UND GEHT AUCH OFT IN DIE HOSE...

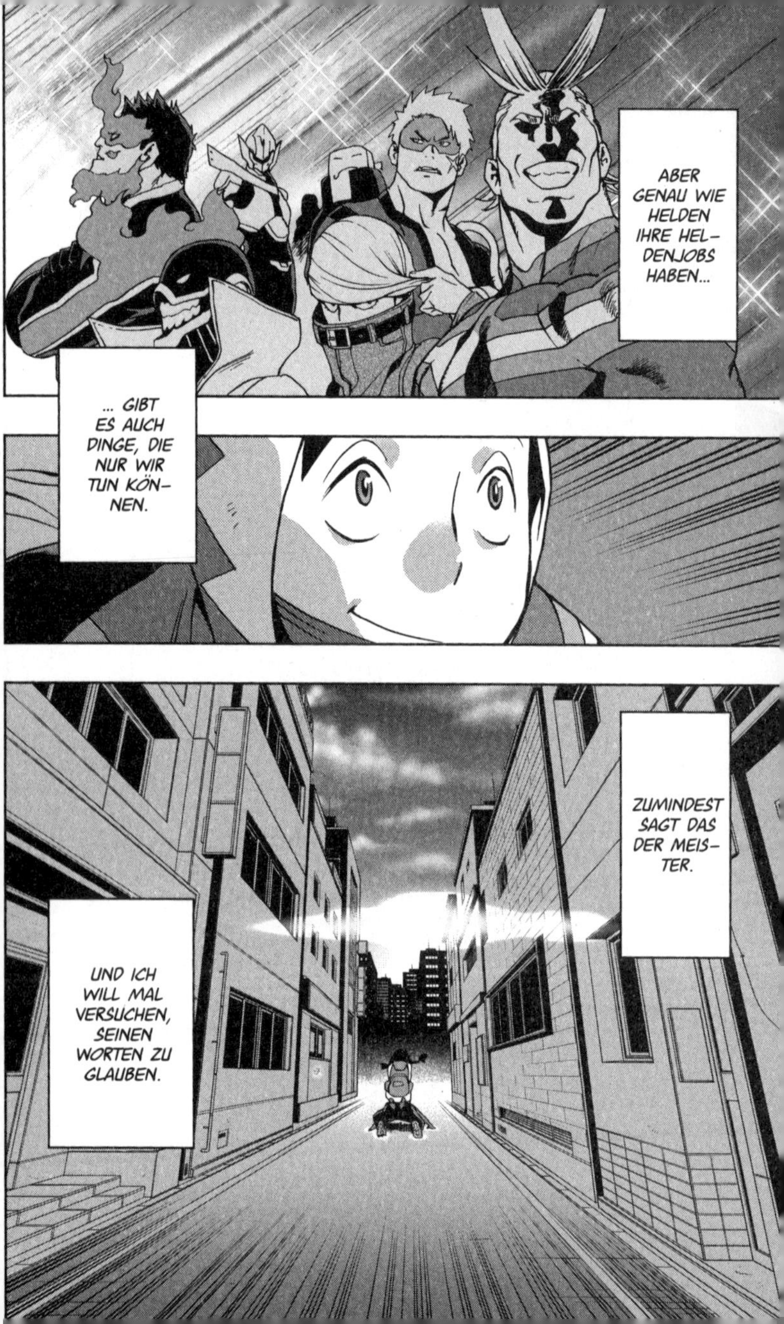
ABER GENAU WIE HELDEN IHRE HELDENJOBS HABEN...
... GIBT ES AUCH DINGE, DIE NUR WIR TUN KÖNNEN.
ZUMINDEST SAGT DAS DER MEISTER.
UND ICH WILL MAL VERSUCHEN, SEINEN WORTEN ZU GLAUBEN.

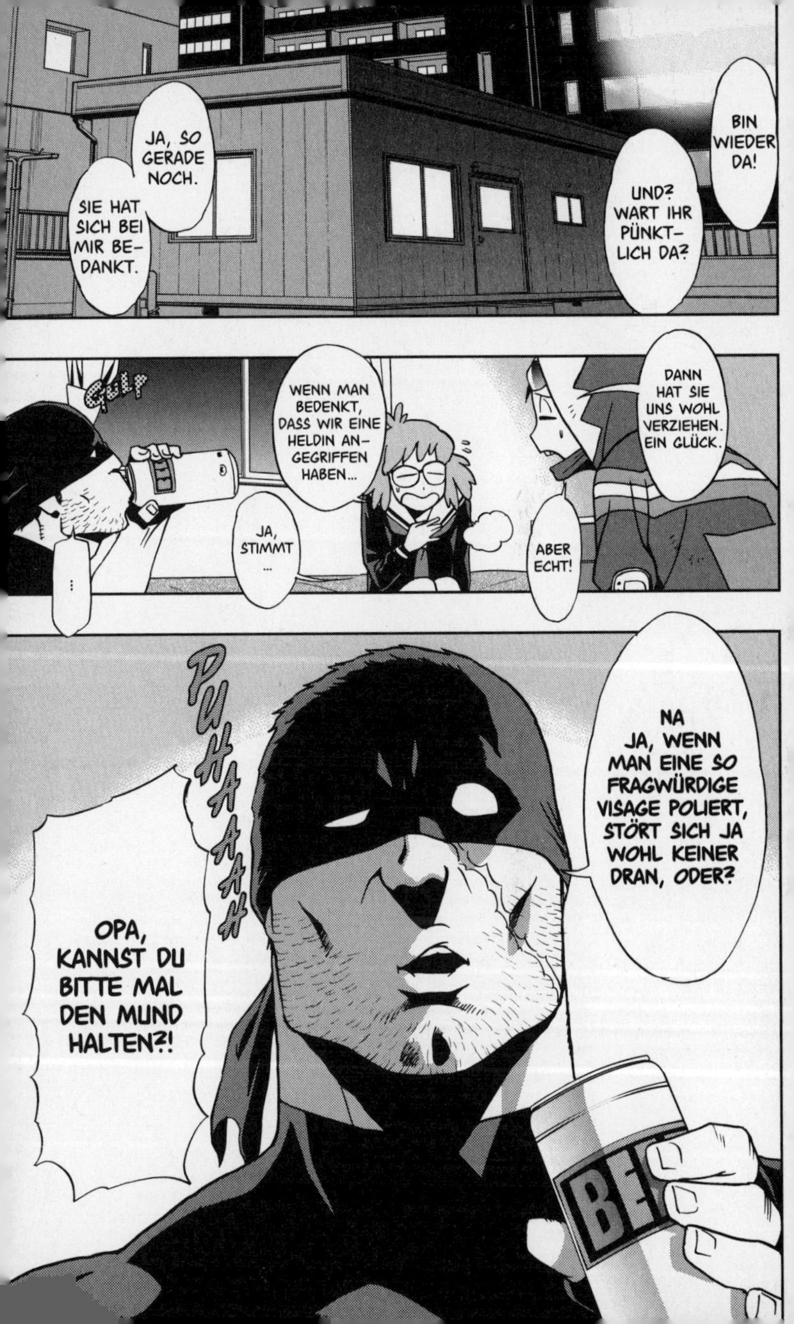
BIN WIEDER DA!
UND? WART IHR PÜNKTLICH DA?
JA, SO GERADE NOCH.
SIE HAT SICH BEI MIR BEDANKT.
DANN HAT SIE UNS WOHL VERZIEHEN. EIN GLÜCK.
ABER ECHT!
WENN MAN BEDENKT, DASS WIR EINE HELDIN ANGEGRIFFEN HABEN...
JA, STIMMT ...
GULP
...
NA JA, WENN MAN EINE SO FRAGWÜRDIGE VISAGE POLIERT, STÖRT SICH JA WOHL KEINER DRAN, ODER?
PUHAAAAH
OPA, KANNST DU BITTE MAL DEN MUND HALTEN?!

BIG SHOT / ENIGMA / ONEMU SHINYA

THE ROUGH DESIGN

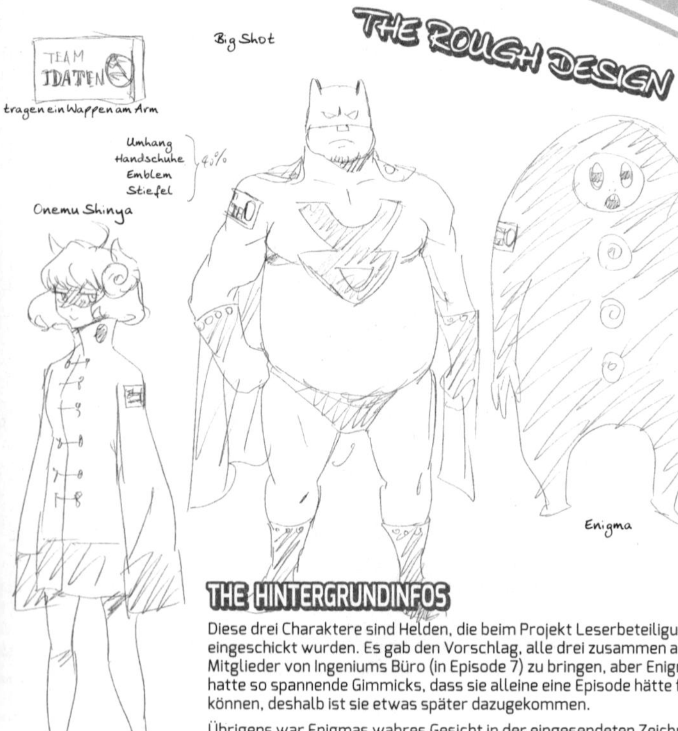

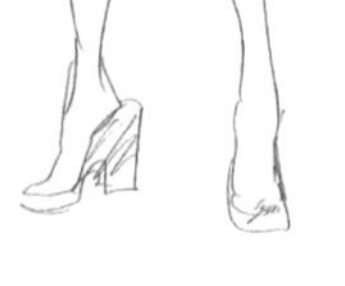

THE HINTERGRUNDINFOS

Diese drei Charaktere sind Helden, die beim Projekt Leserbeteiligung eingeschickt wurden. Es gab den Vorschlag, alle drei zusammen als Mitglieder von Ingeniums Büro (in Episode 7) zu bringen, aber Enigma hatte so spannende Gimmicks, dass sie alleine eine Episode hätte füllen können, deshalb ist sie etwas später dazugekommen.

Übrigens war Enigmas wahres Gesicht in der eingesendeten Zeichnung auch extrem seltsam. Doch aus der Überlegung heraus, dass dramaturgisch gesehen das wahre Gesicht eines »unidentifizierbaren Schurken« entweder »total überraschend« oder »offenkundig« sein muss, habe ich das Letztere genommen und ihr dasselbe Gesicht gegeben. Es handelt sich dabei um eine Korrektur im Sinne der »leichteren Einsetzbarkeit« in der Story, deshalb bitte ich es zu entschuldigen… (Furuhashi)

Ich habe Onemu Shinya ausgewählt. Erst beim Zeichnen habe ich gemerkt, dass mich ihr Design intuitiv fasziniert hatte, weil ich selbst einen ganz anderen Geschmack habe, was möglicherweise der Grund dafür war, dass ich ziemlich zu kämpfen hatte. Genau wie bei den anderen beiden hätte ich die Qualität des zugrunde liegenden Designs gerne noch mehr herausgearbeitet… (Betten)

* PREISTRÄGER DES LESER-MITMACH-PROJEKTS »CHARACTER FANART CONTEST«

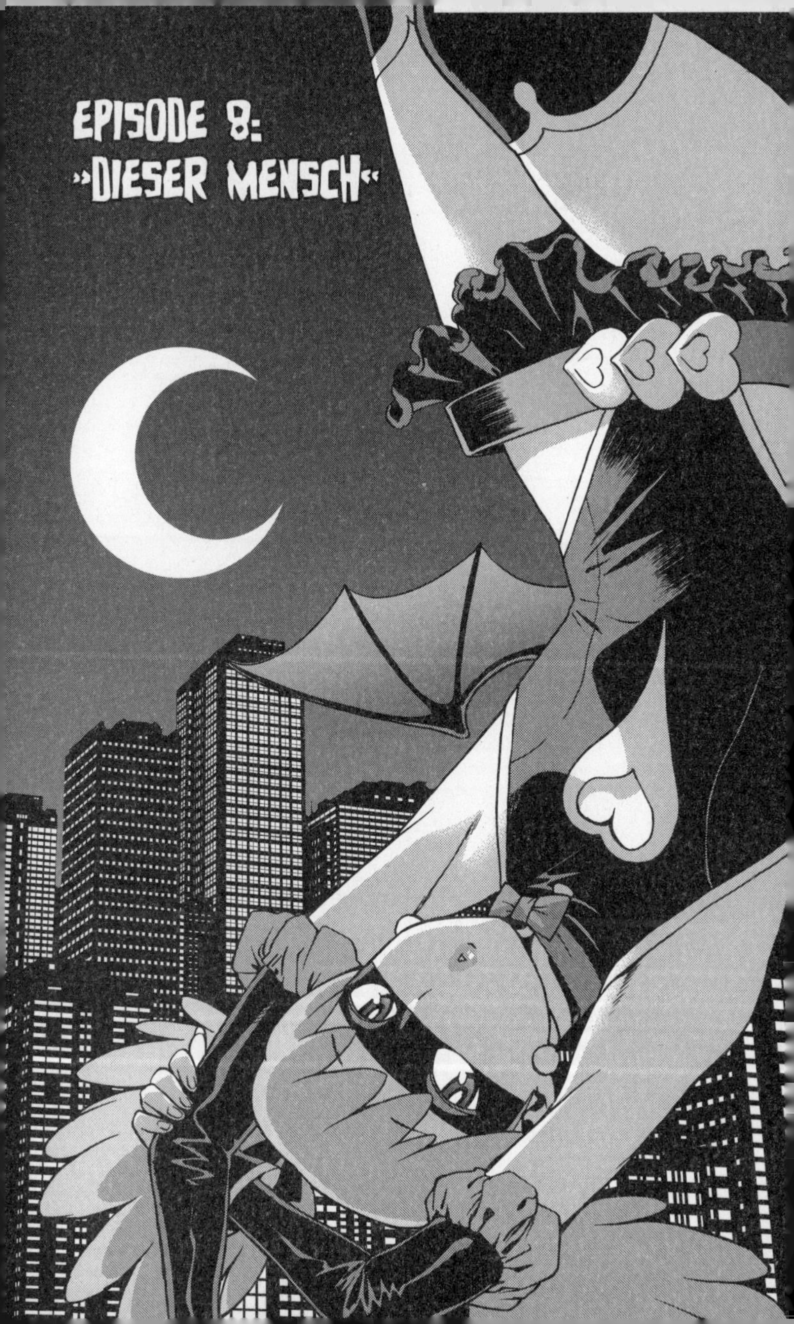
EPISODE 8:
»DIESER MENSCH«

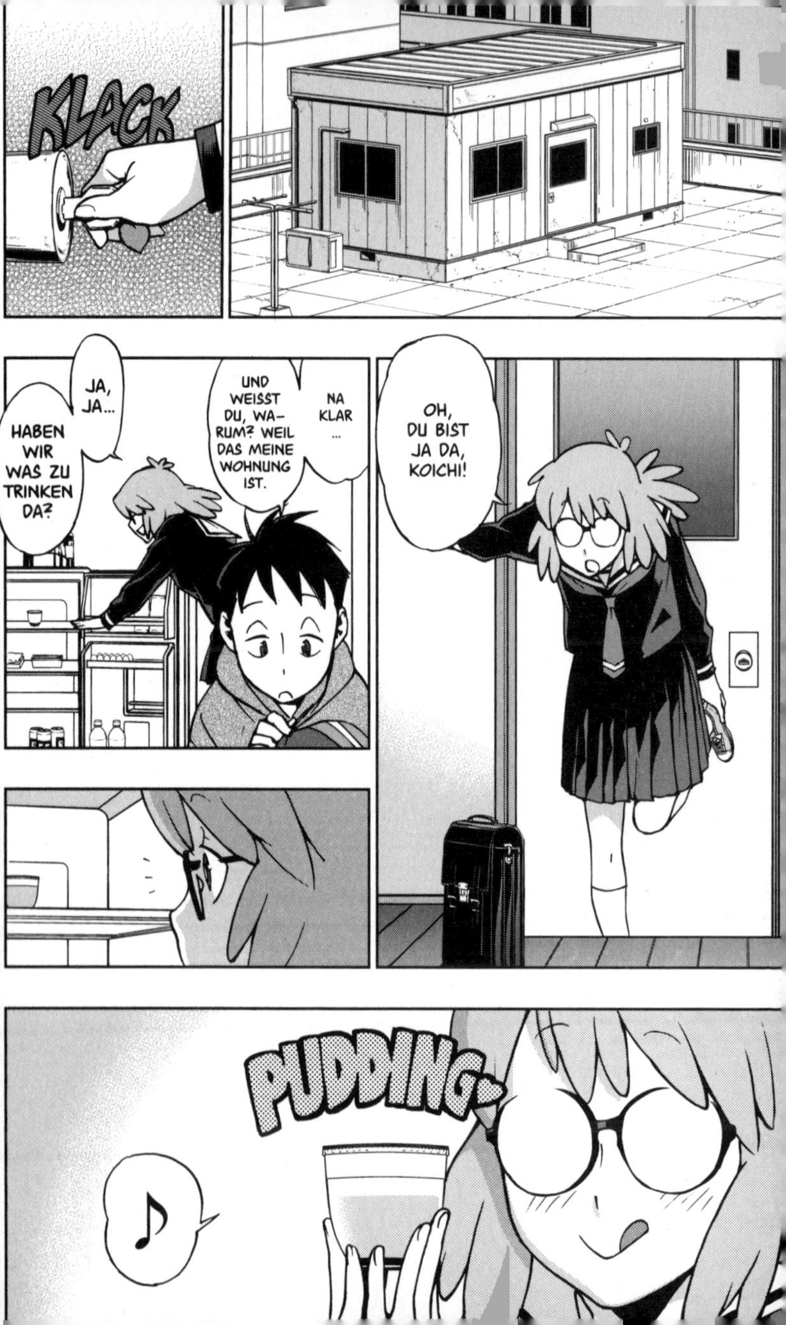
KLACK
OH, DU BIST JA DA, KOICHI!
HABEN WIR WAS ZU TRINKEN DA?
NA KLAR ...
UND WEISST DU, WARUM? WEIL DAS MEINE WOHNUNG IST.
JA, JA...
PUDDING
♪

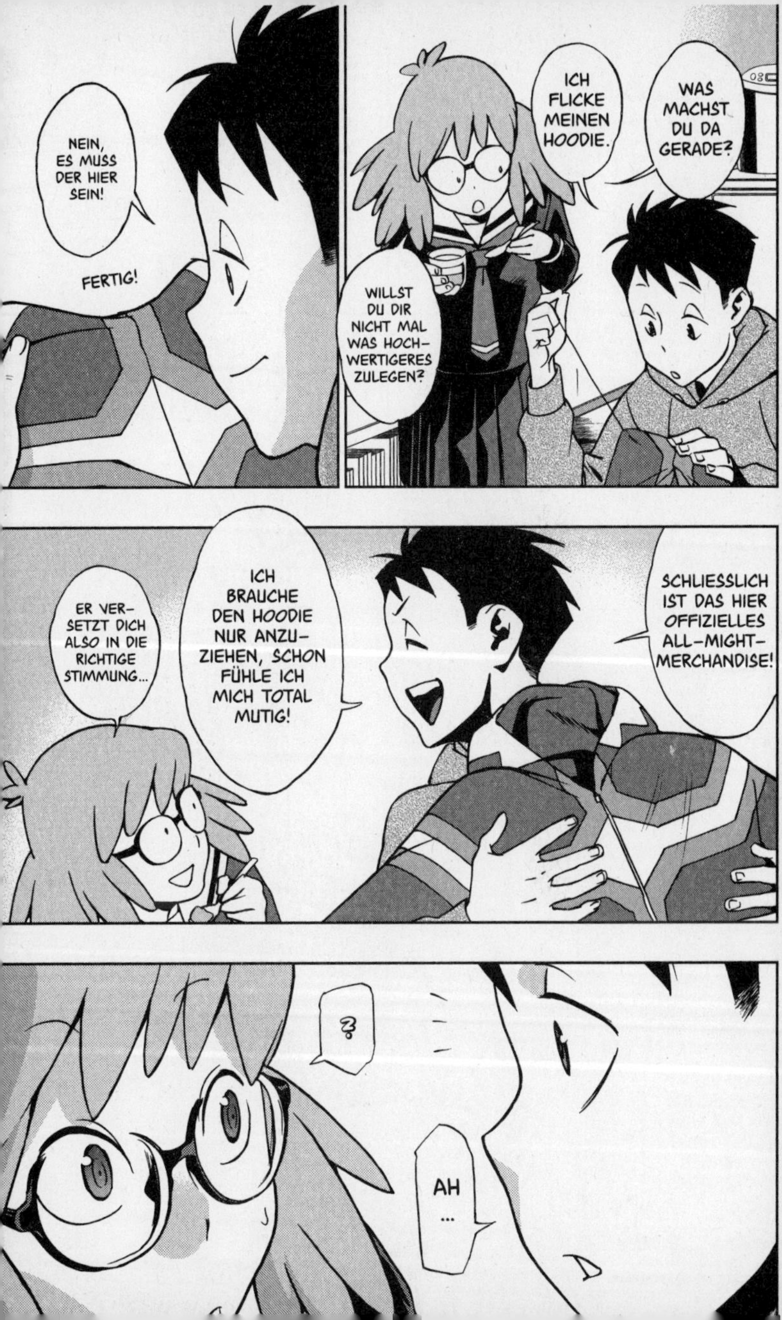
WAS MACHST DU DA GERADE?
ICH FLICKE MEINEN HOODIE.
WILLST DU DIR NICHT MAL WAS HOCH-WERTIGERES ZULEGEN?
NEIN, ES MUSS DER HIER SEIN!
FERTIG!
SCHLIESSLICH IST DAS HIER OFFIZIELLES ALL-MIGHT-MERCHANDISE!
ICH BRAUCHE DEN HOODIE NUR ANZU-ZIEHEN, SCHON FÜHLE ICH MICH TOTAL MUTIG!
ER VER-SETZT DICH ALSO IN DIE RICHTIGE STIMMUNG...
?
AH ...

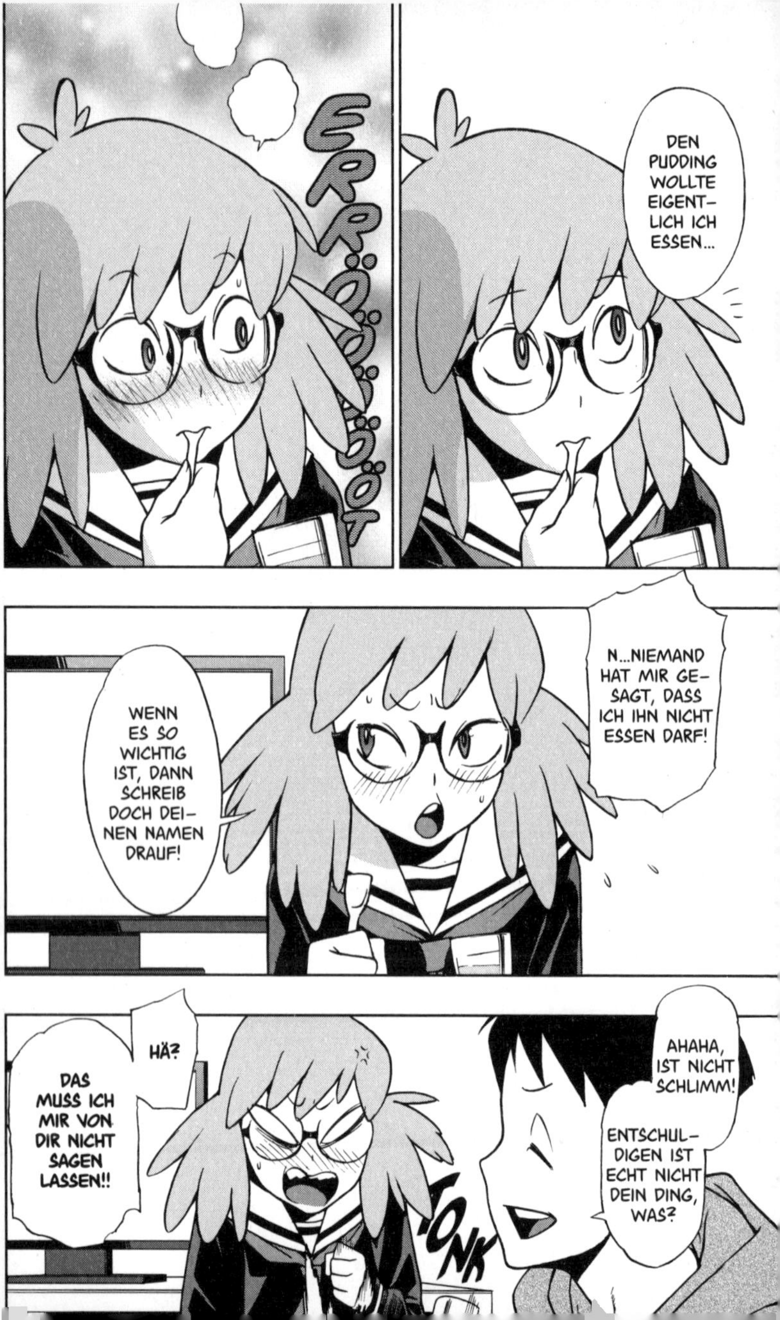
DEN PUDDING WOLLTE EIGENTLICH ICH ESSEN...
ERRÖÖÖÖÖT
N...NIEMAND HAT MIR GESAGT, DASS ICH IHN NICHT ESSEN DARF!
WENN ES SO WICHTIG IST, DANN SCHREIB DOCH DEINEN NAMEN DRAUF!
AHAHA, IST NICHT SCHLIMM!
ENTSCHULDIGEN IST ECHT NICHT DEIN DING, WAS?
TONK
HÄ?
DAS MUSS ICH MIR VON DIR NICHT SAGEN LASSEN!!

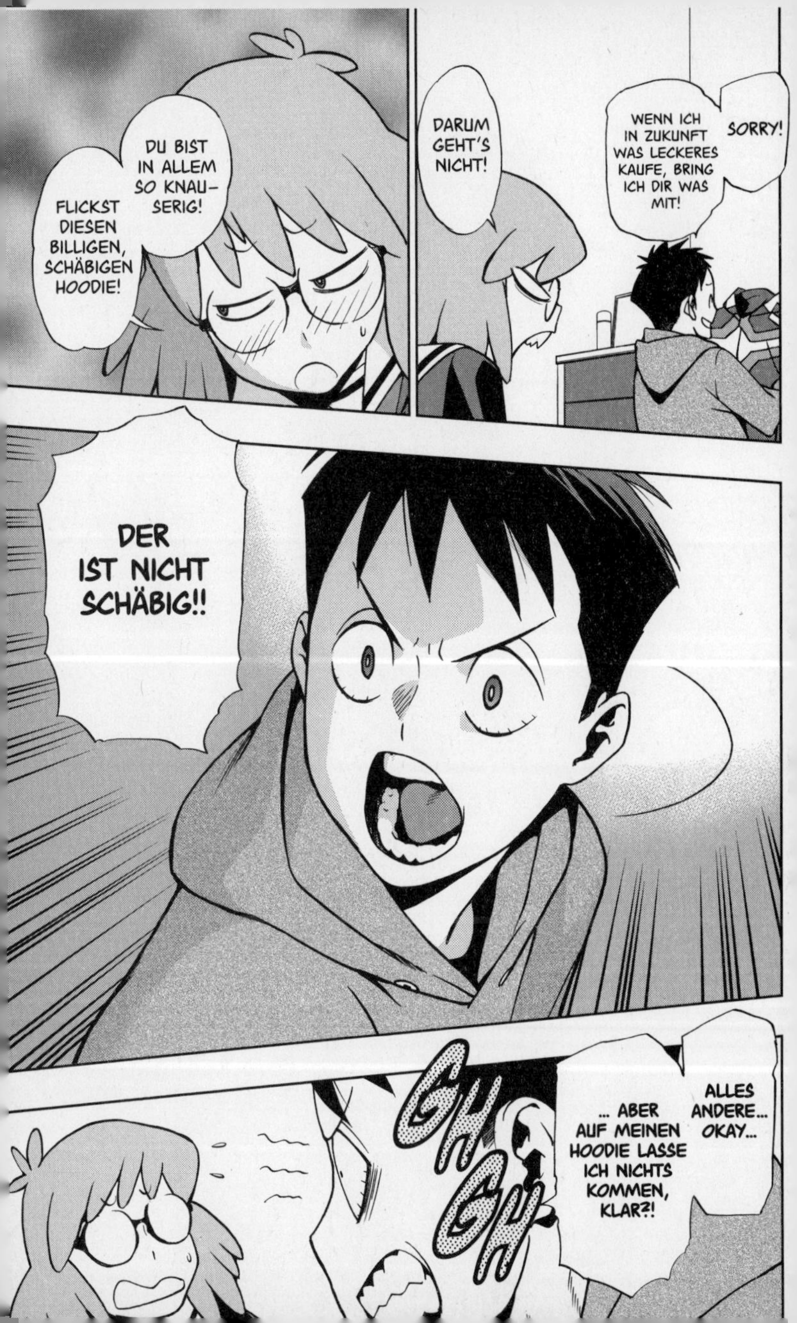
SORRY!
WENN ICH IN ZUKUNFT WAS LECKERES KAUFE, BRING ICH DIR WAS MIT!
DARUM GEHT'S NICHT!
DU BIST IN ALLEM SO KNAU-SERIG!
FLICKST DIESEN BILLIGEN, SCHÄBIGEN HOODIE!
DER IST NICHT SCHÄBIG!!
ALLES ANDERE… OKAY…
… ABER AUF MEINEN HOODIE LASSE ICH NICHTS KOMMEN, KLAR?!
GH GH

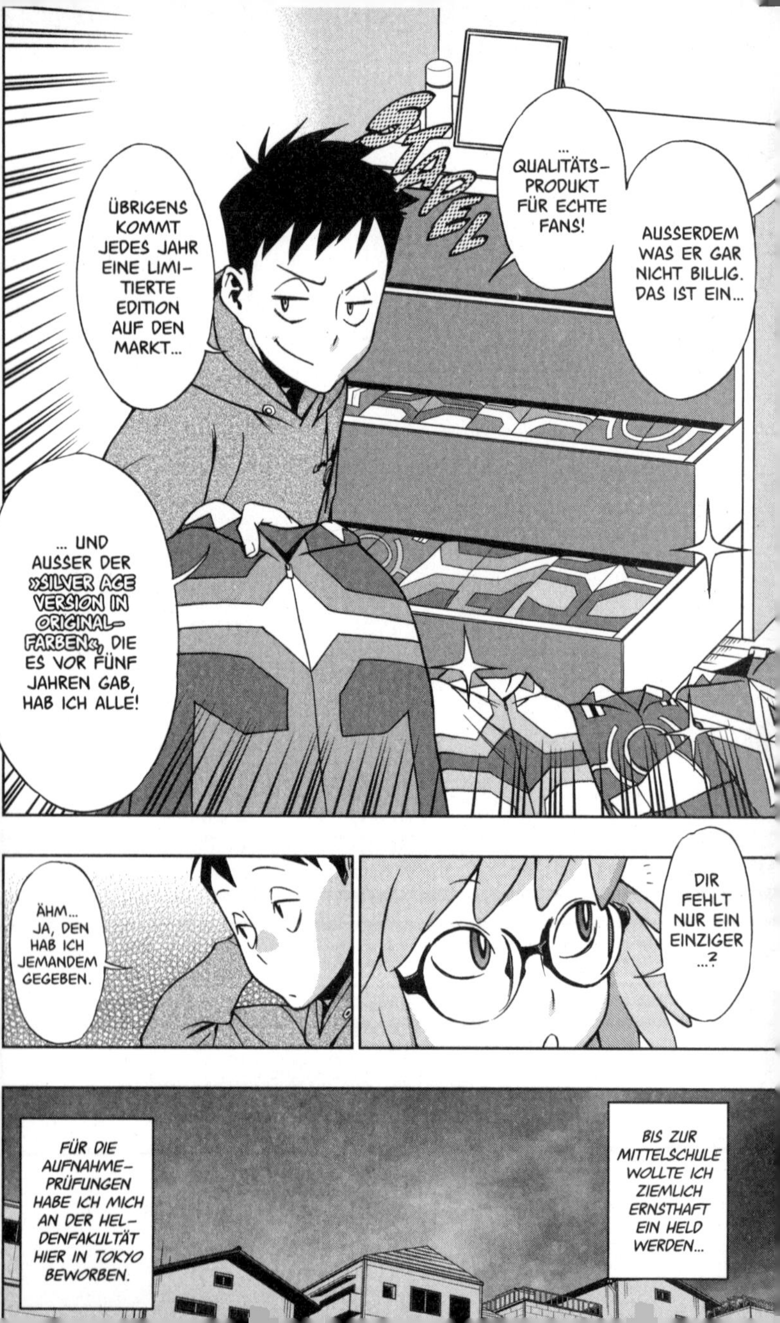
AUSSERDEM WAS ER GAR NICHT BILLIG. DAS IST EIN...
... QUALITÄTS-PRODUKT FÜR ECHTE FANS!
STAPEL
ÜBRIGENS KOMMT JEDES JAHR EINE LIMI-TIERTE EDITION AUF DEN MARKT...
... UND AUSSER DER »SILVER AGE VERSION IN ORIGINAL-FARBEN«, DIE ES VOR FÜNF JAHREN GAB, HAB ICH ALLE!
DIR FEHLT NUR EIN EINZIGER ...?
ÄHM... JA, DEN HAB ICH JEMANDEM GEGEBEN.
BIS ZUR MITTELSCHULE WOLLTE ICH ZIEMLICH ERNSTHAFT EIN HELD WERDEN...
FÜR DIE AUFNAHME-PRÜFUNGEN HABE ICH MICH AN DER HEL-DENFAKULTÄT HIER IN TOKYO BEWORBEN.

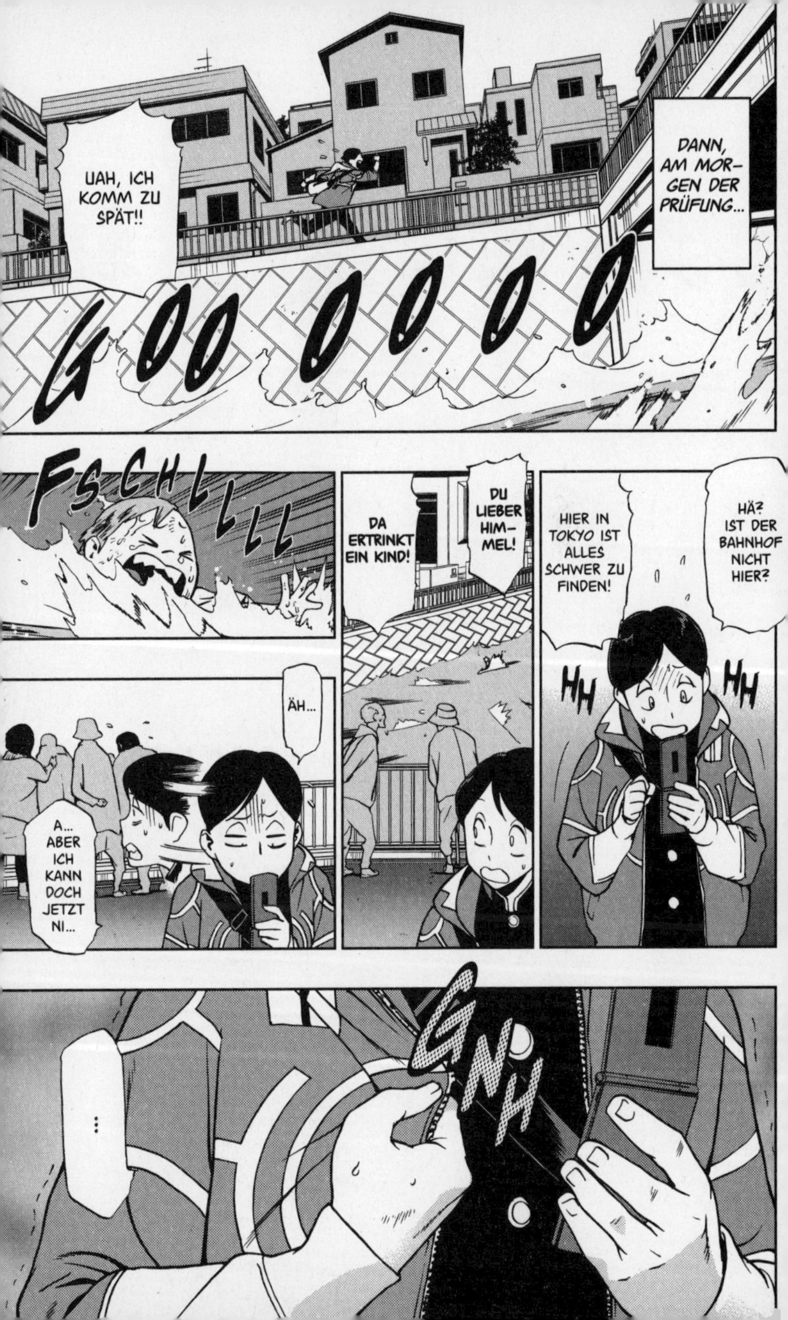
DANN, AM MORGEN DER PRÜFUNG...
UAH, ICH KOMM ZU SPÄT!!
GOOOOOOO
FSCHLLLLL
HÄ? IST DER BAHNHOF NICHT HIER?
HIER IN TOKYO IST ALLES SCHWER ZU FINDEN!
HH
HH
DU LIEBER HIMMEL!
DA ERTRINKT EIN KIND!
ÄH...
A... ABER ICH KANN DOCH JETZT NI...
GNH
...

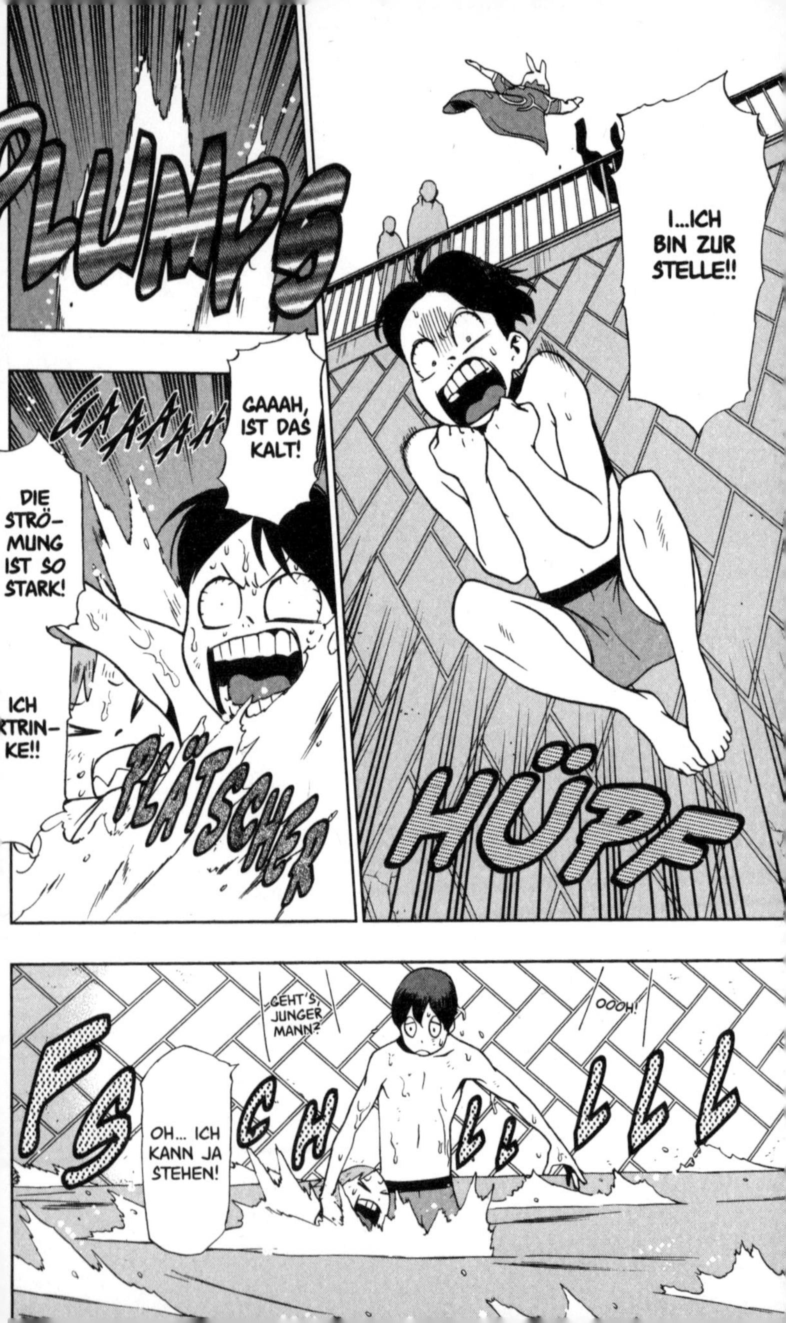
I...ICH BIN ZUR STELLE!!
HÜPF
PLUMPS
GAAAH, IST DAS KALT!
GAAAAH
DIE STRÖMUNG IST SO STARK!
ICH RTRIN-KE!!
PLÄTSCHER
OOOH!
GEHT'S, JUNGER MANN?
OH... ICH KANN JA STEHEN!
FSCHLLLLL

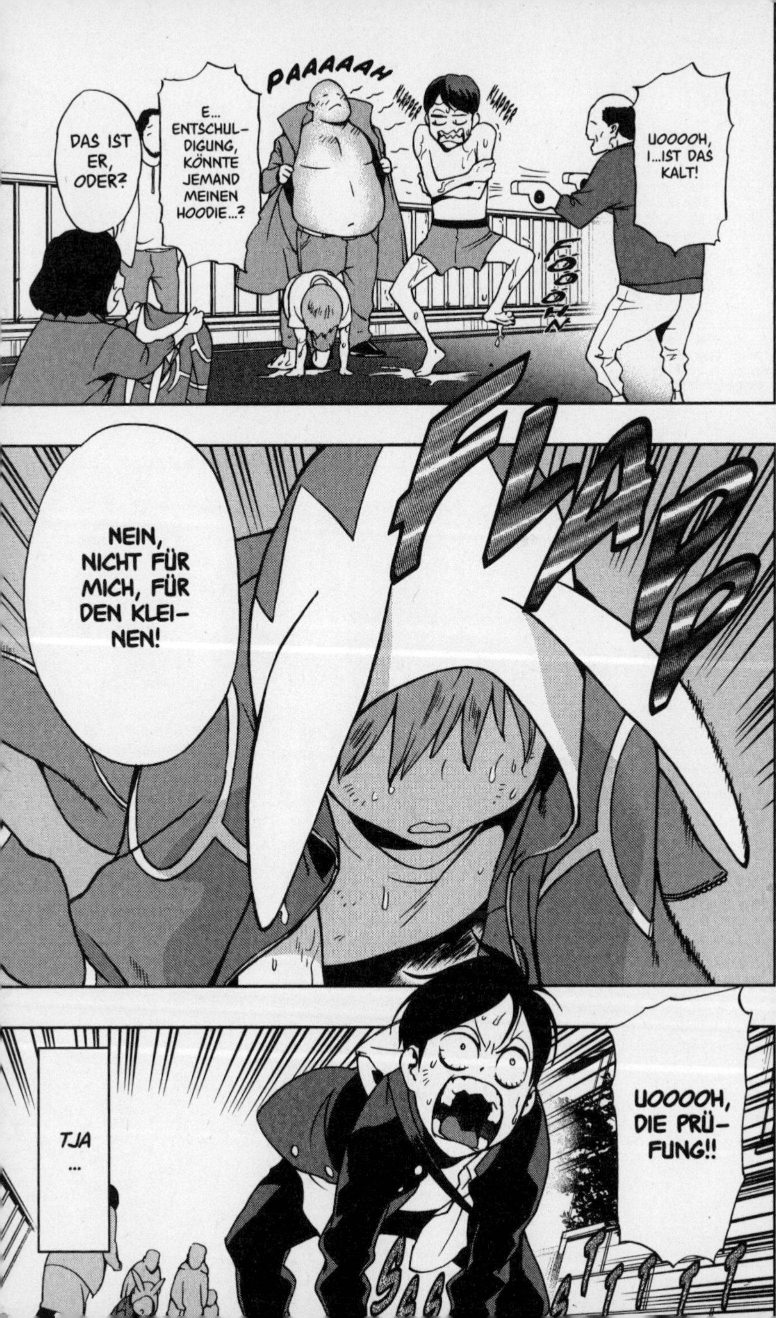
UOOOOH, I...IST DAS KALT!
KLAPPER
KLAPPER
FOOOOHN
PAAAAAH
E... ENTSCHUL-DIGUNG, KÖNNTE JEMAND MEINEN HOODIE...?
DAS IST ER, ODER?
NEIN, NICHT FÜR MICH, FÜR DEN KLEI-NEN!
UOOOOH, DIE PRÜ-FUNG!!
TJA ...

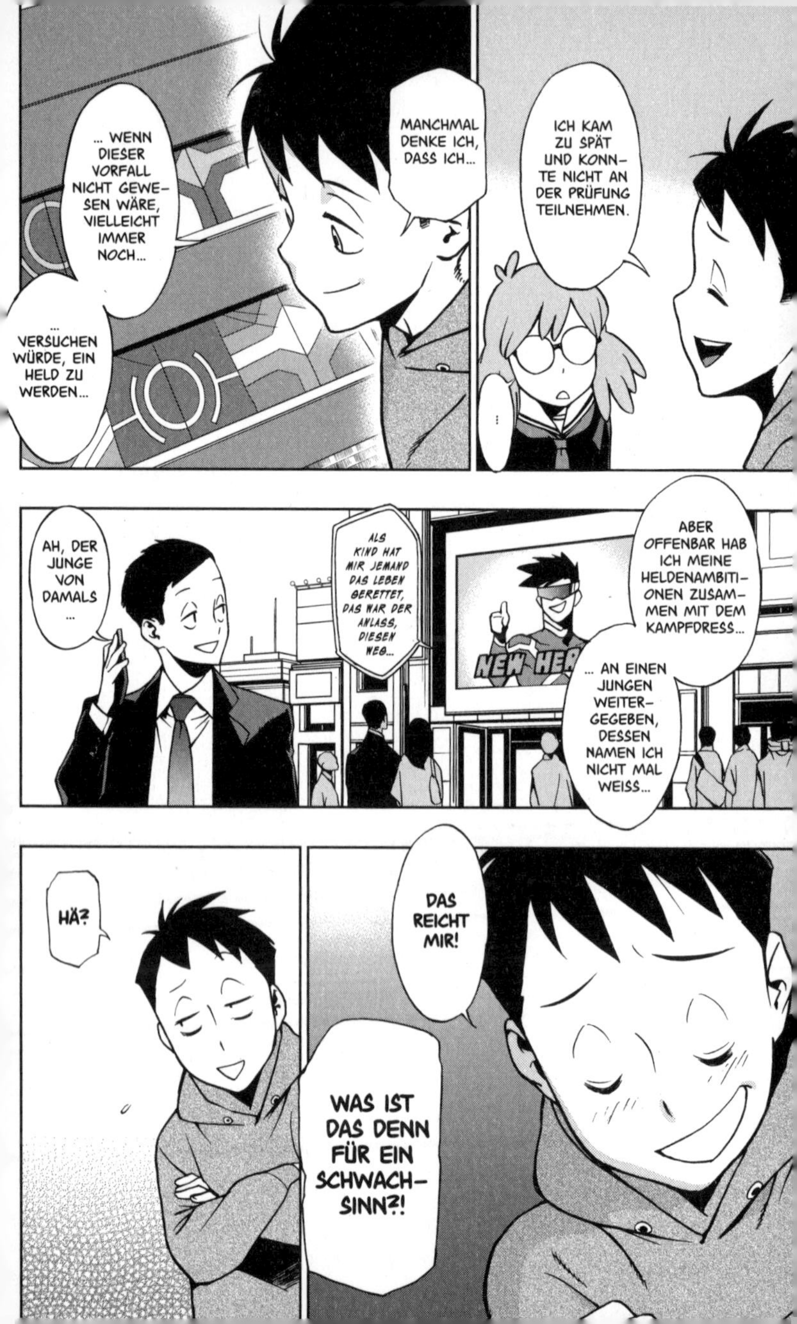
ICH KAM ZU SPÄT UND KONNTE NICHT AN DER PRÜFUNG TEILNEHMEN.
...
MANCHMAL DENKE ICH, DASS ICH...
... WENN DIESER VORFALL NICHT GEWESEN WÄRE, VIELLEICHT IMMER NOCH...
... VERSUCHEN WÜRDE, EIN HELD ZU WERDEN...
ABER OFFENBAR HAB ICH MEINE HELDENAMBITIONEN ZUSAMMEN MIT DEM KAMPFDRESS...
... AN EINEN JUNGEN WEITERGEGEBEN, DESSEN NAMEN ICH NICHT MAL WEISS...
ALS KIND HAT MIR JEMAND DAS LEBEN GERETTET, DAS WAR DER ANLASS, DIESEN WEG...
AH, DER JUNGE VON DAMALS ...
DAS REICHT MIR!
HÄ?
WAS IST DAS DENN FÜR EIN SCHWACHSINN?!

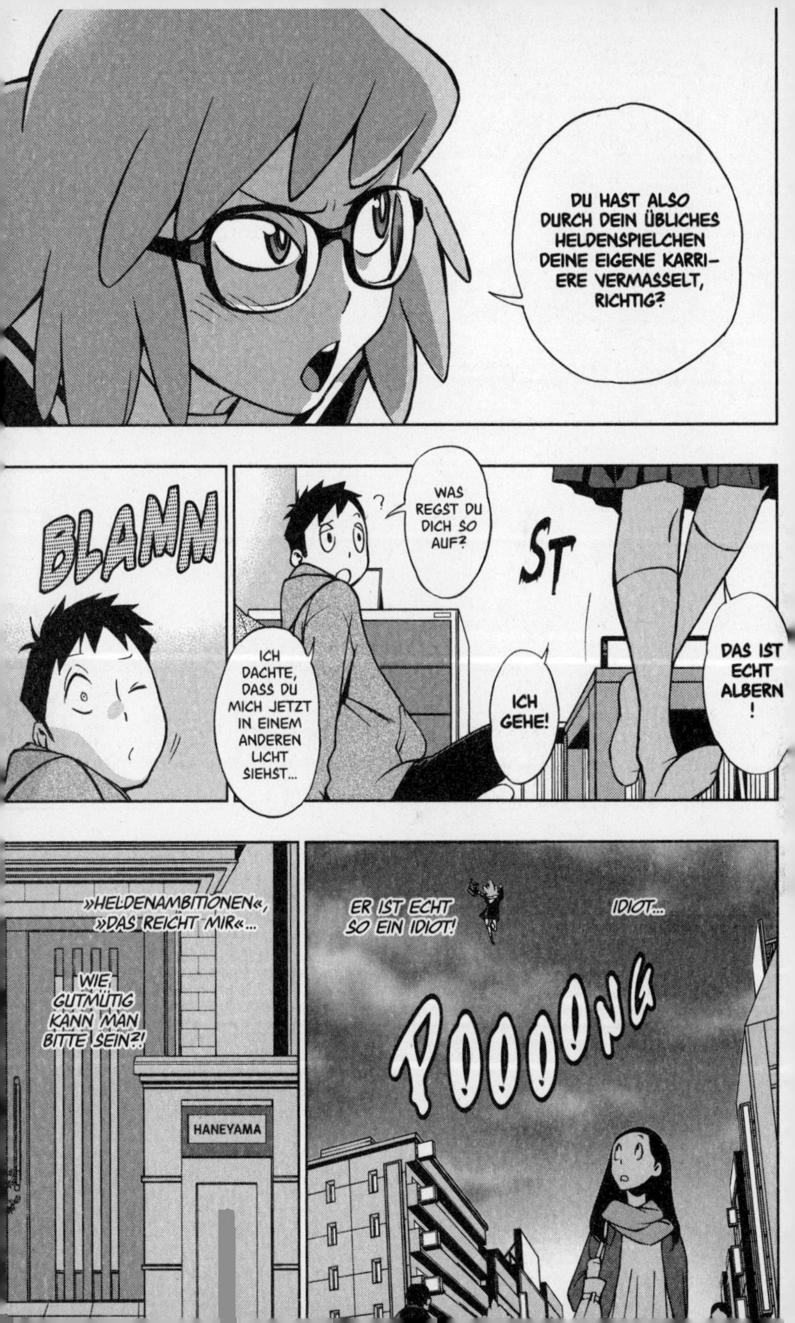
DU HAST ALSO DURCH DEIN ÜBLICHES HELDENSPIELCHEN DEINE EIGENE KARRIERE VERMASSELT, RICHTIG?
DAS IST ECHT ALBERN!
ICH GEHE!
ST
WAS REGST DU DICH SO AUF?
ICH DACHTE, DASS DU MICH JETZT IN EINEM ANDEREN LICHT SIEHST...
BLAMM
IDIOT...
ER IST ECHT SO EIN IDIOT!
POOOONG
»HELDENAMBITIONEN«, »DAS REICHT MIR«...
WIE GUTMÜTIG KANN MAN BITTE SEIN?!
HANEYAMA

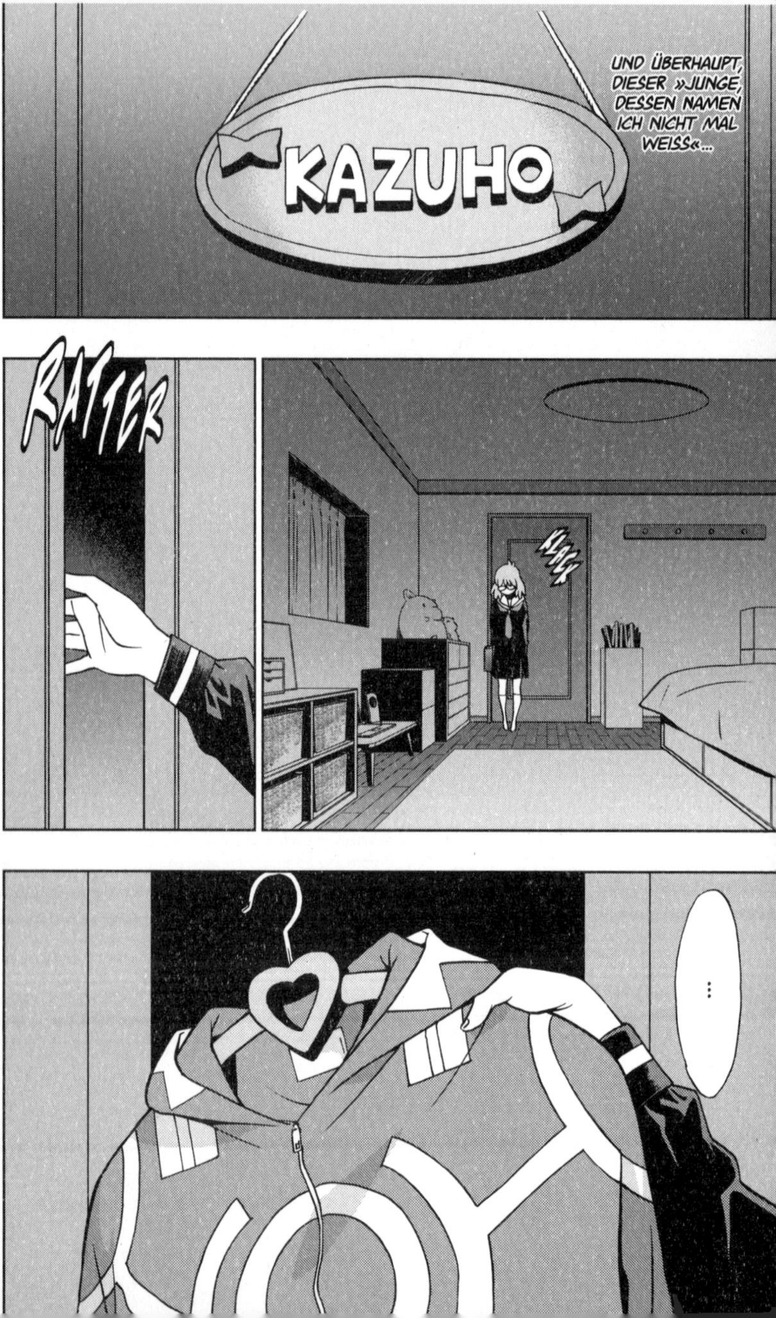
UND ÜBERHAUPT, DIESER »JUNGE, DESSEN NAMEN ICH NICHT MAL WEISS«...
KAZUHO
RATTER
KLACK
...

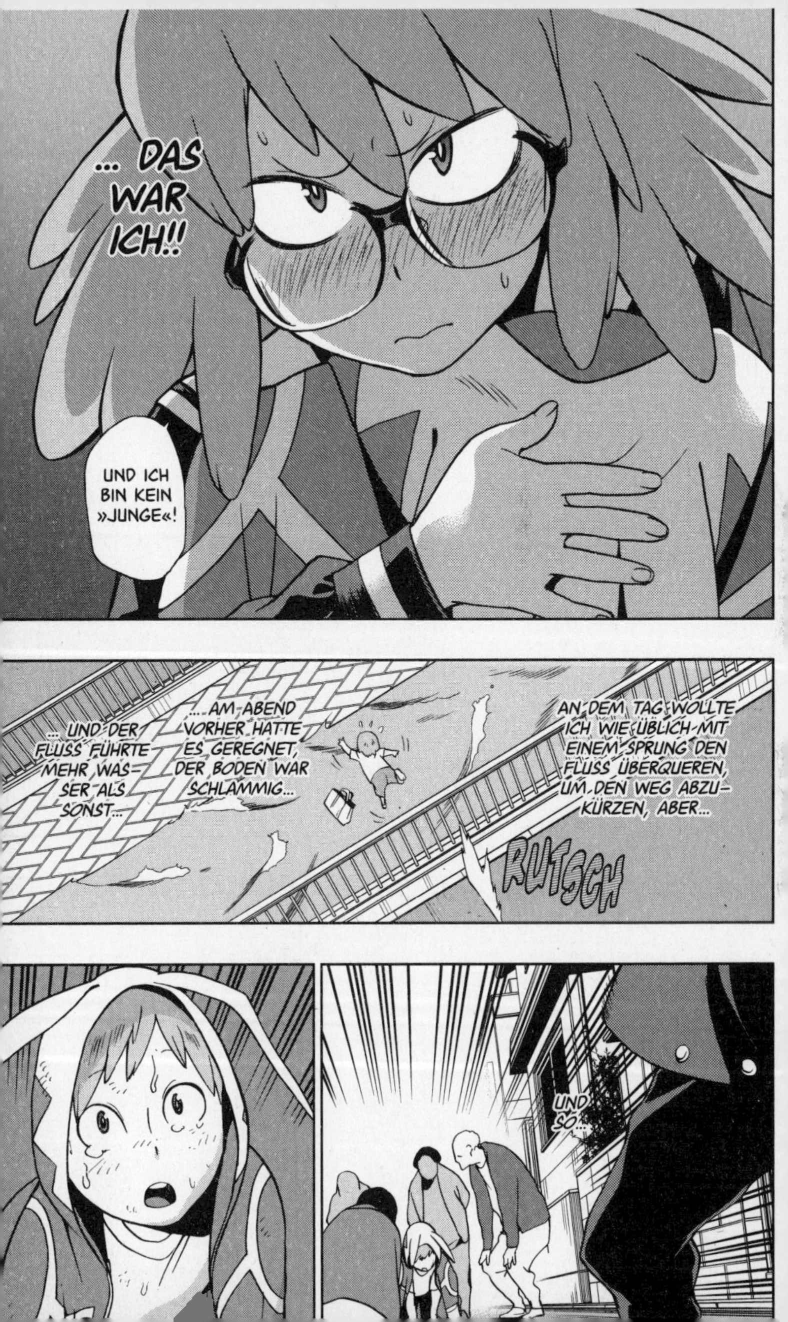
... DAS WAR ICH!!
UND ICH BIN KEIN »JUNGE«!
AN DEM TAG WOLLTE ICH WIE ÜBLICH MIT EINEM SPRUNG DEN FLUSS ÜBERQUEREN, UM DEN WEG ABZUKÜRZEN, ABER...
RUTSCH
... AM ABEND VORHER HATTE ES GEREGNET, DER BODEN WAR SCHLAMMIG...
... UND DER FLUSS FÜHRTE MEHR WASSER ALS SONST...
UND SO...

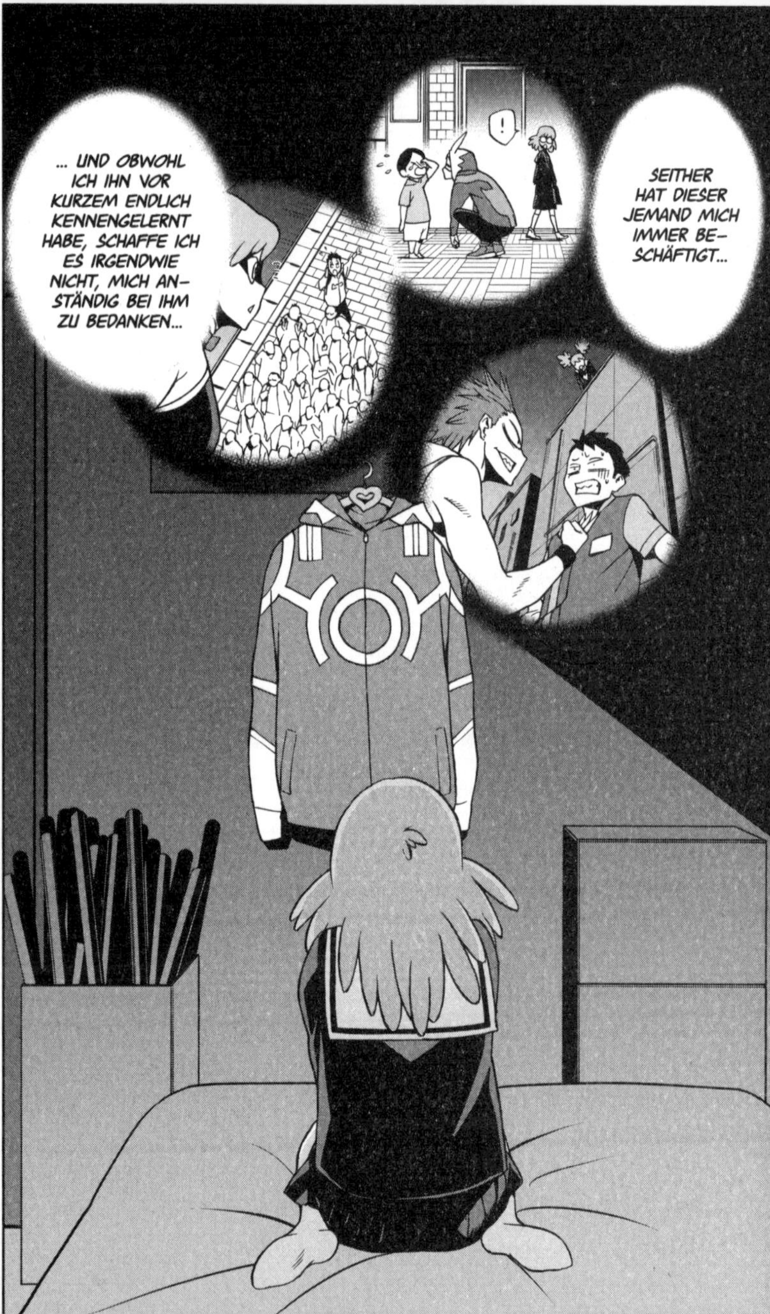
SEITHER HAT DIESER JEMAND MICH IMMER BE-SCHÄFTIGT…
!
… UND OBWOHL ICH IHN VOR KURZEM ENDLICH KENNENGELERNT HABE, SCHAFFE ICH ES IRGENDWIE NICHT, MICH AN-STÄNDIG BEI IHM ZU BEDANKEN…

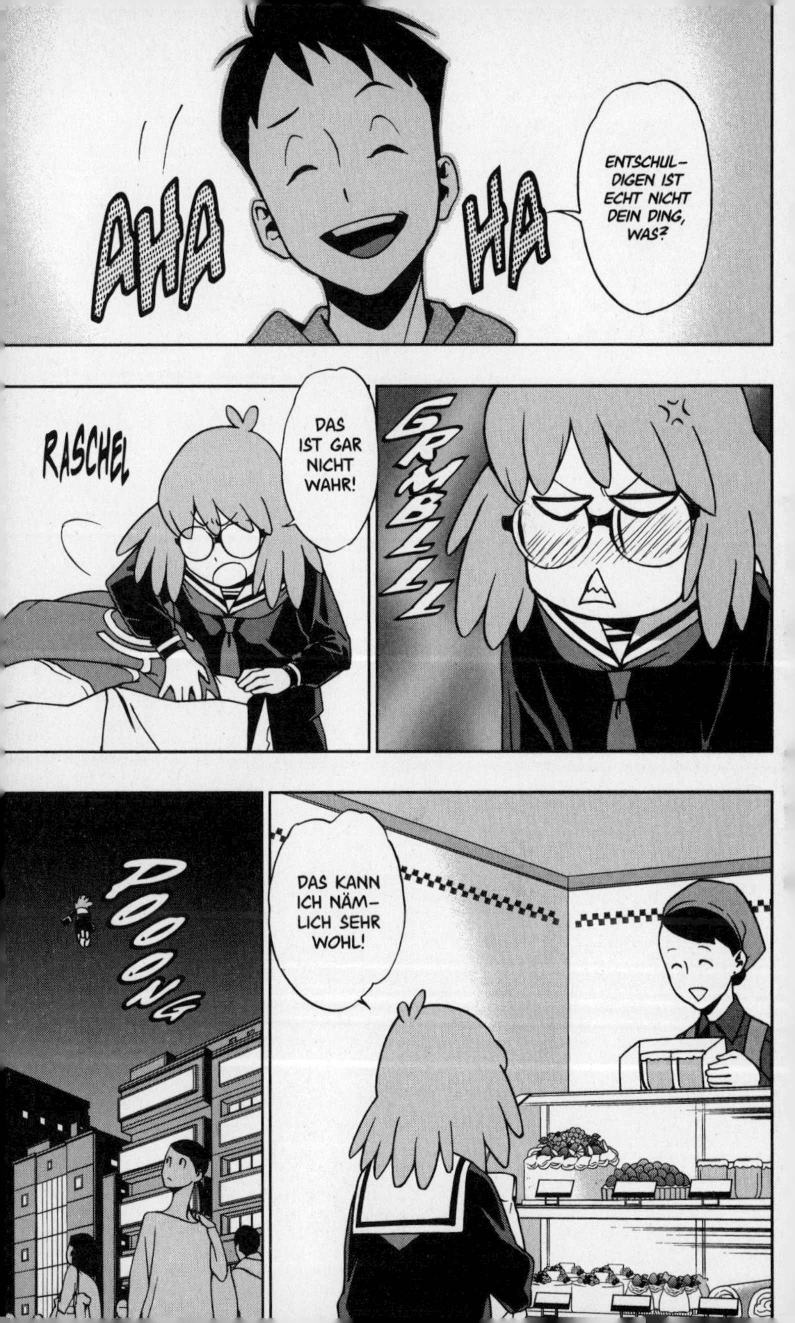
AHA HA
ENTSCHULDIGEN IST ECHT NICHT DEIN DING, WAS?
GRMBLLL
RASCHEL
DAS IST GAR NICHT WAHR!
DAS KANN ICH NÄMLICH SEHR WOHL!
POOOONG

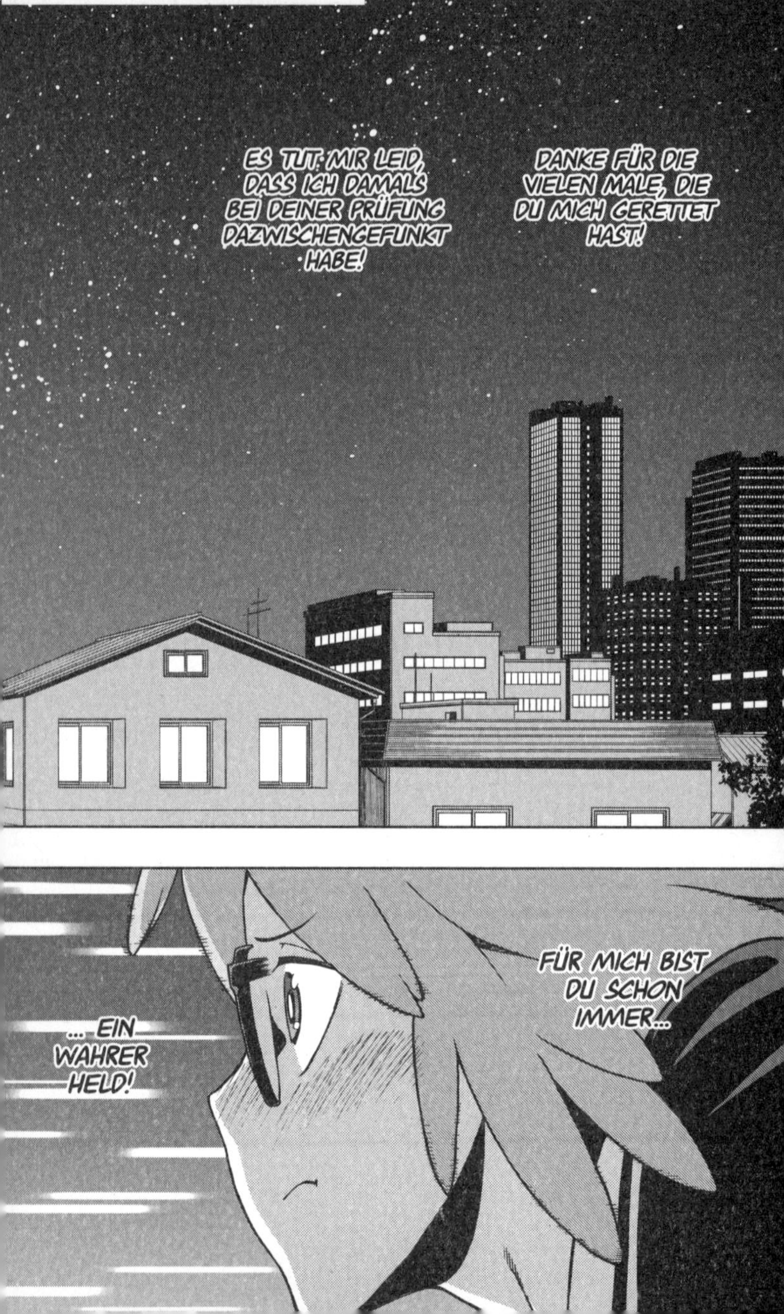
DANKE FÜR DIE VIELEN MALE, DIE DU MICH GERETTET HAST!
ES TUT MIR LEID, DASS ICH DAMALS BEI DEINER PRÜFUNG DAZWISCHENGEFUNKT HABE!
FÜR MICH BIST DU SCHON IMMER...
... EIN WAHRER HELD!

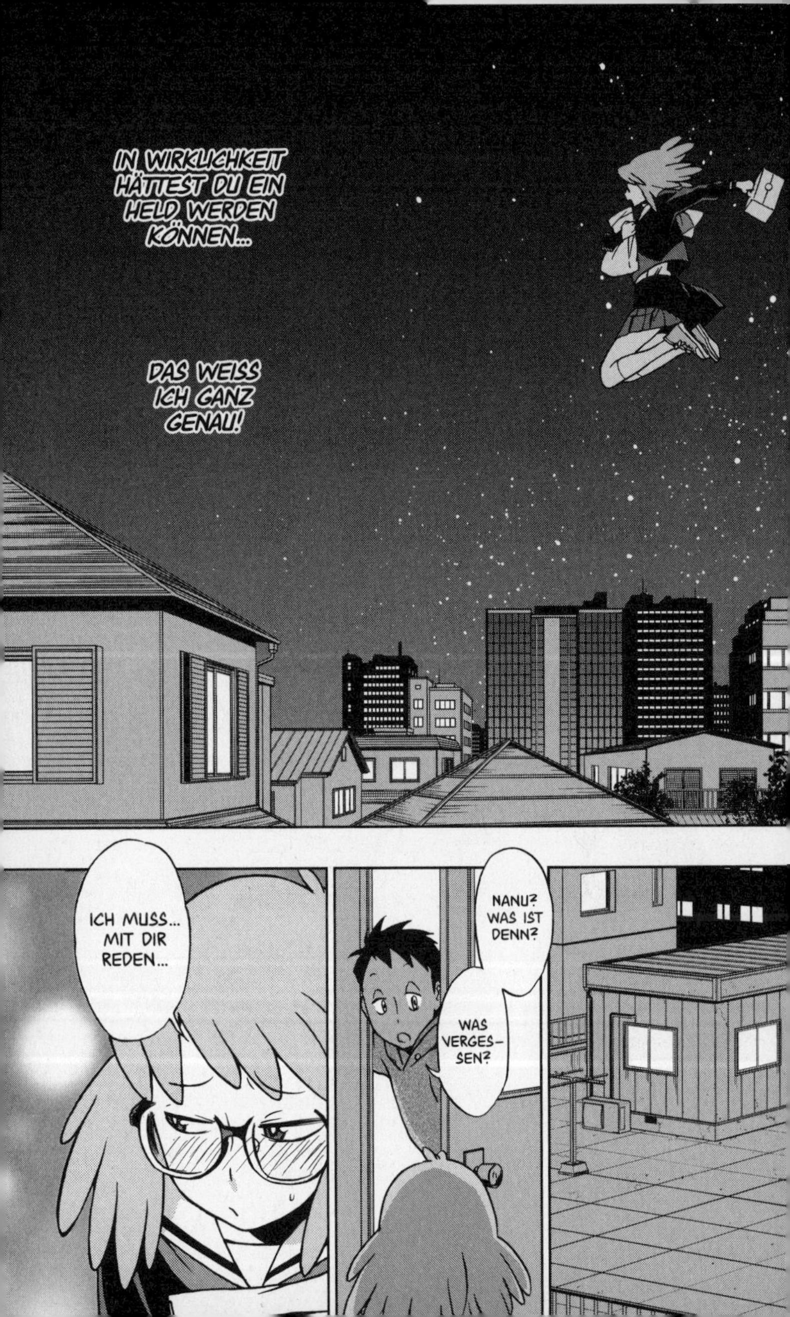
IN WIRKLICHKEIT HÄTTEST DU EIN HELD WERDEN KÖNNEN...
DAS WEISS ICH GANZ GENAU!
NANU? WAS IST DENN?
WAS VERGES-SEN?
ICH MUSS... MIT DIR REDEN...

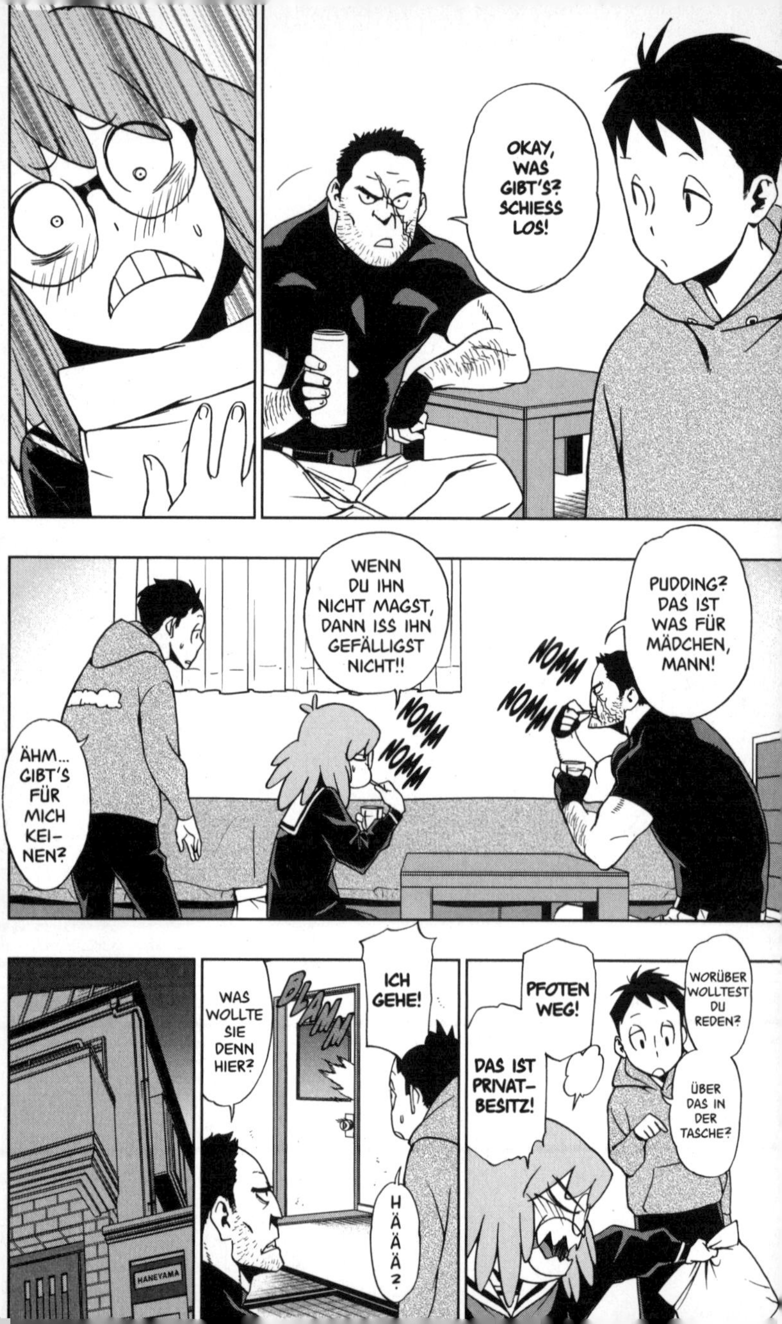
OKAY, WAS GIBT'S? SCHIESS LOS!
PUDDING? DAS IST WAS FÜR MÄDCHEN, MANN!
NOMM NOMM
WENN DU IHN NICHT MAGST, DANN ISS IHN GEFÄLLIGST NICHT!!
NOMM NOMM
ÄHM... GIBT'S FÜR MICH KEI-NEN?
WORÜBER WOLLTEST DU REDEN?
ÜBER DAS IN DER TASCHE?
PFOTEN WEG!
DAS IST PRIVAT-BESITZ!
ICH GEHE!
BLAMM
HÄÄÄ?
WAS WOLLTE SIE DENN HIER?
HANEYAMA

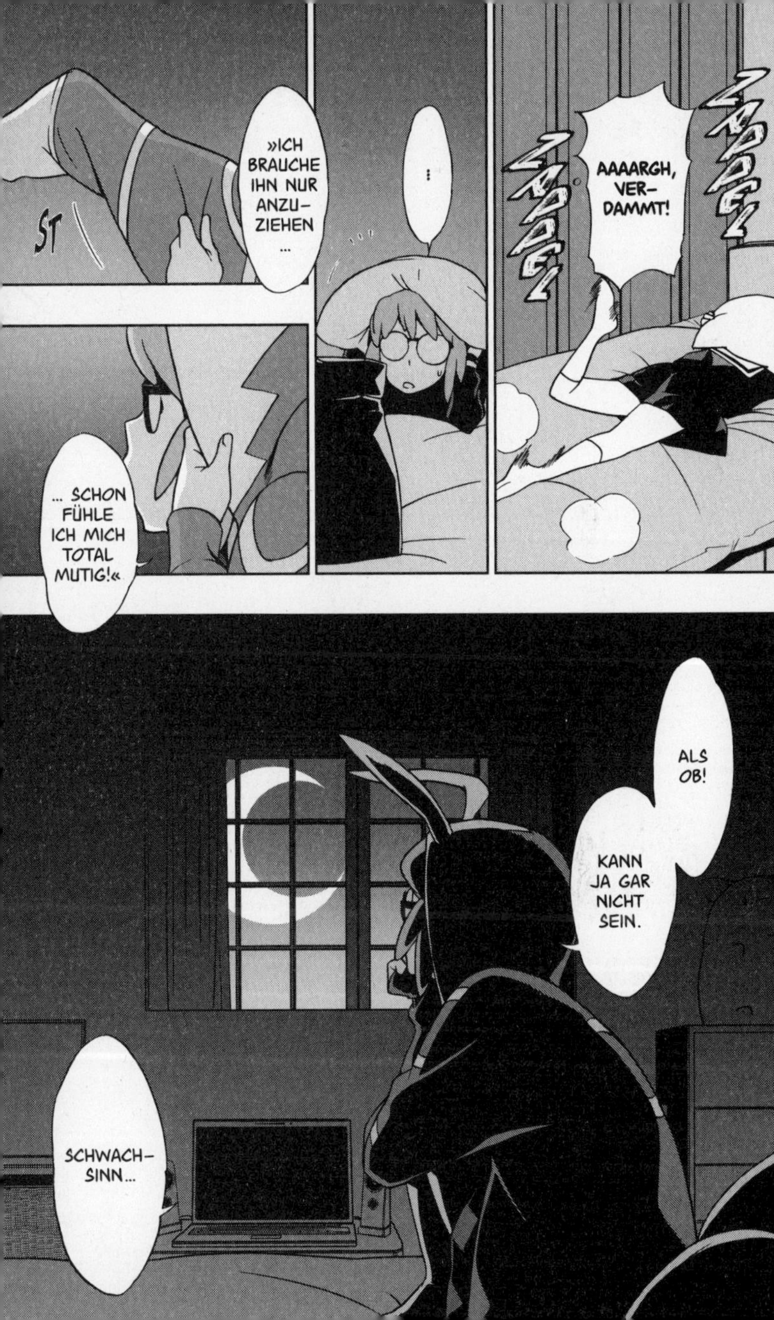
ZAPPEL ZAPPEL
AAAARGH, VER-DAMMT!
…
»ICH BRAUCHE IHN NUR ANZUZIEHEN …
ST
… SCHON FÜHLE ICH MICH TOTAL MUTIG!«
ALS OB!
KANN JA GAR NICHT SEIN.
SCHWACH-SINN …

MITTELSCHÜLER KOICHI & POP IN SCHULUNIFORM

THE ROUGH DESIGN

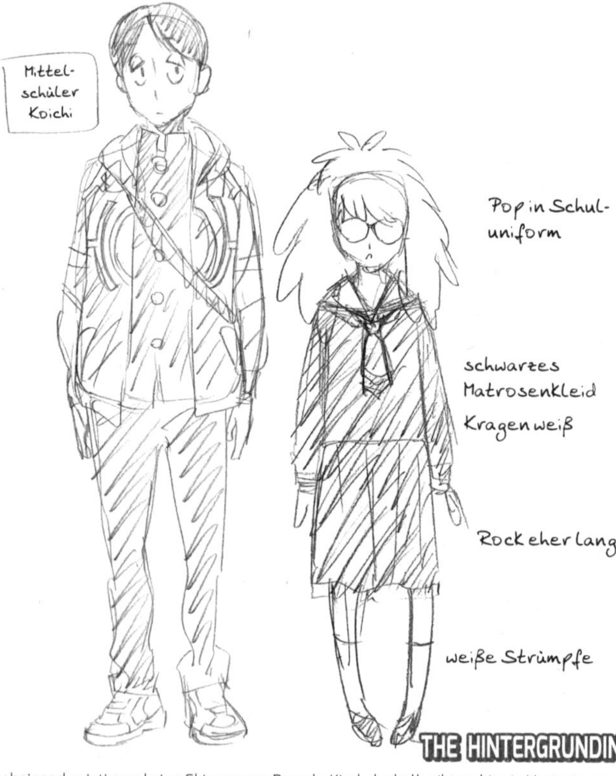

THE HINTERGRUNDINFOS

Anscheinend existieren keine Skizzen von Pop als Kind, deshalb gibt es hier in Vertretung ein Doppelporträt mit Pop in Schuluniform. Sie sind ungefähr im selben Alter.

Ich hatte beschlossen, dass die Episode aus Pops und Koichis Vergangenheit erst im späteren Verlauf der Serie kommen soll, aber wenn man sich die ersten beiden Kapitel noch einmal anschaut, merkt man doch, dass sie bereits von Anfang an total verknallt ist. Und in dieser Folge ist »Sich irgendwann bedanken« offiziell Pops Hausaufgabe geworden. Gib alles! (Furuhashi)

Mir gefällt Koichis langweilige Frisur, die aussieht wie vom Friseur um die Ecke oder von Mama geschnitten. Ich erinnere mich in der Tat, dass Pop gegen Ende des zweiten Kapitels ein paar Anspielungen macht, die die Grundlage bilden, auf der Kapitel acht aufbaut… Ich dachte nur so: »Unglaublich… Hideyuki Furuhashi ist unglaublich…!« (Betten)

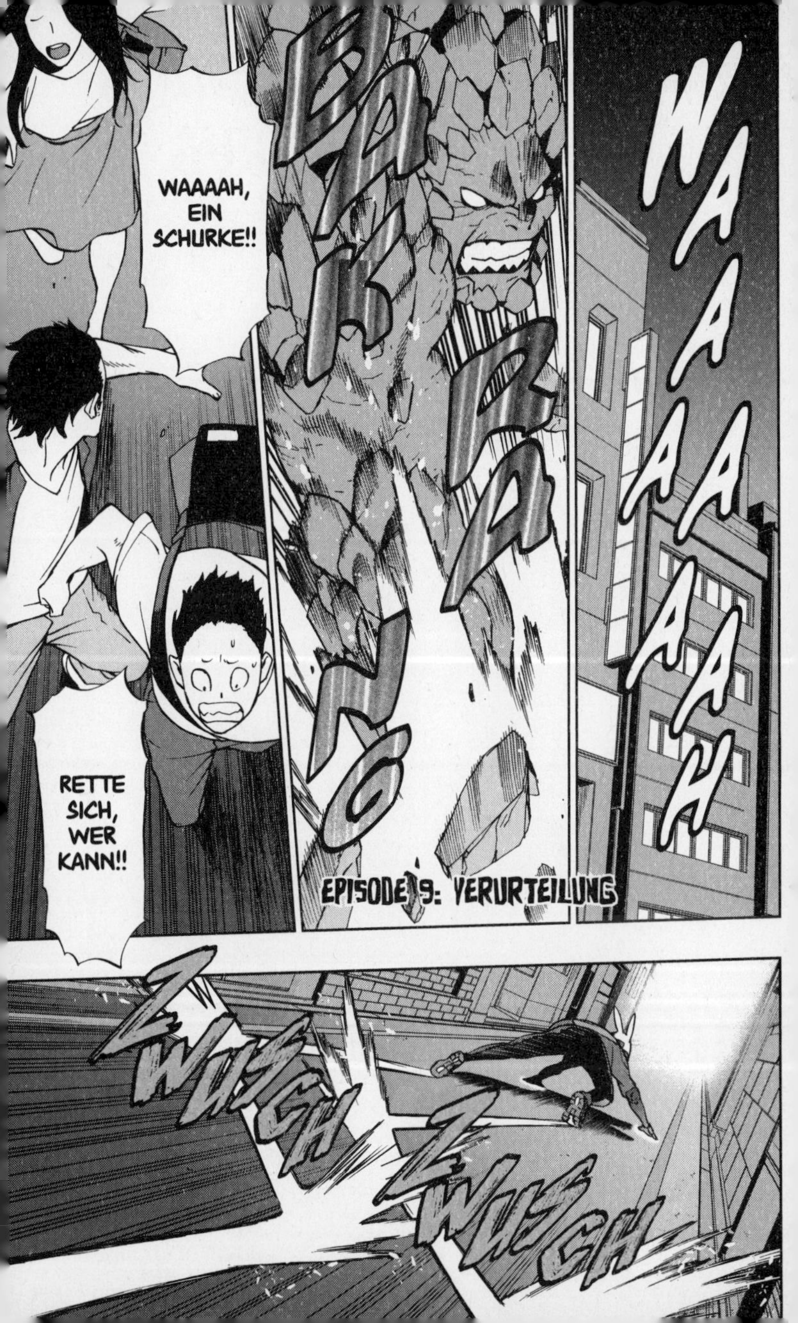
WAAAAAAH
WAAAAH, EIN SCHURKE!!
RETTE SICH, WER KANN!!
EPISODE 9: VERURTEILUNG
ZWUSCH
ZWUSCH

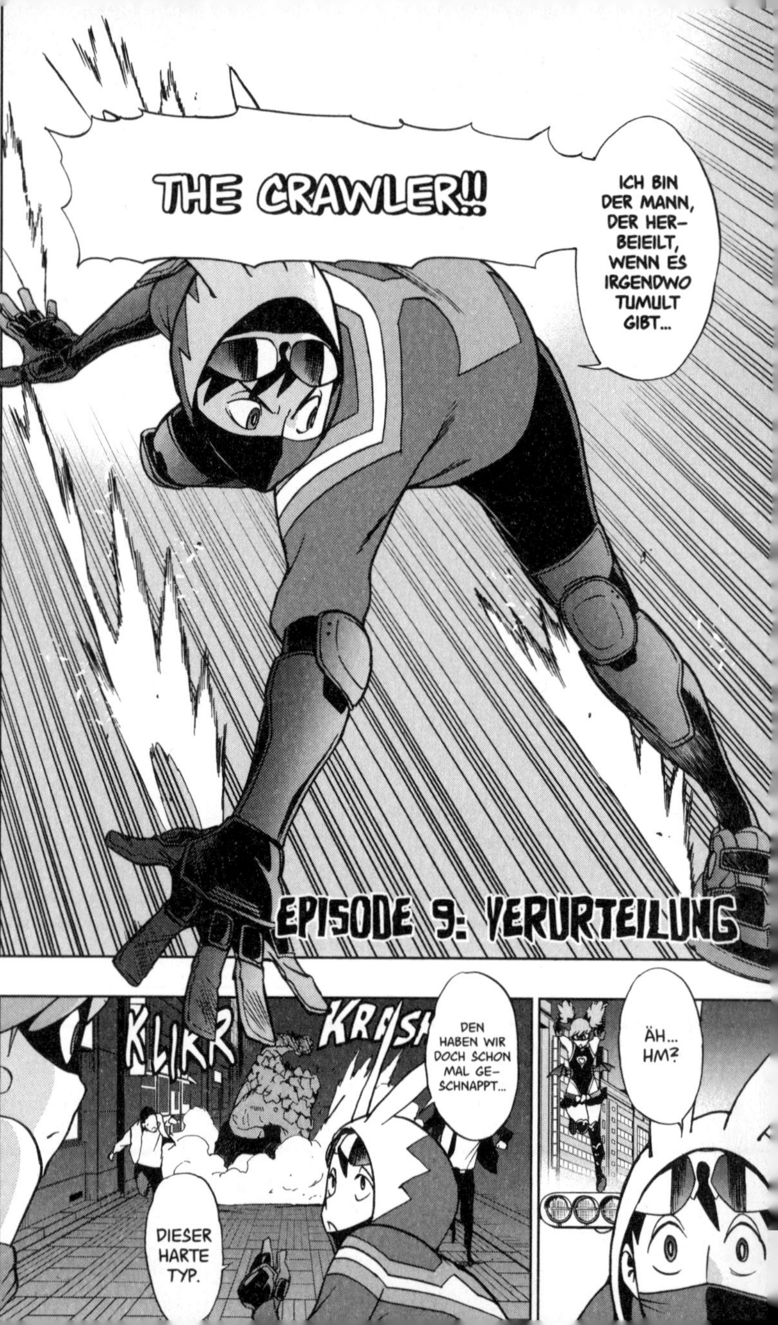
ICH BIN DER MANN, DER HER-BEIEILT, WENN ES IRGENDWO TUMULT GIBT...
THE CRAWLER!!
EPISODE 9: VERURTEILUNG
ÄH... HM?
DEN HABEN WIR DOCH SCHON MAL GE-SCHNAPPT...
KRASH
KLIRR
DIESER HARTE TYP.

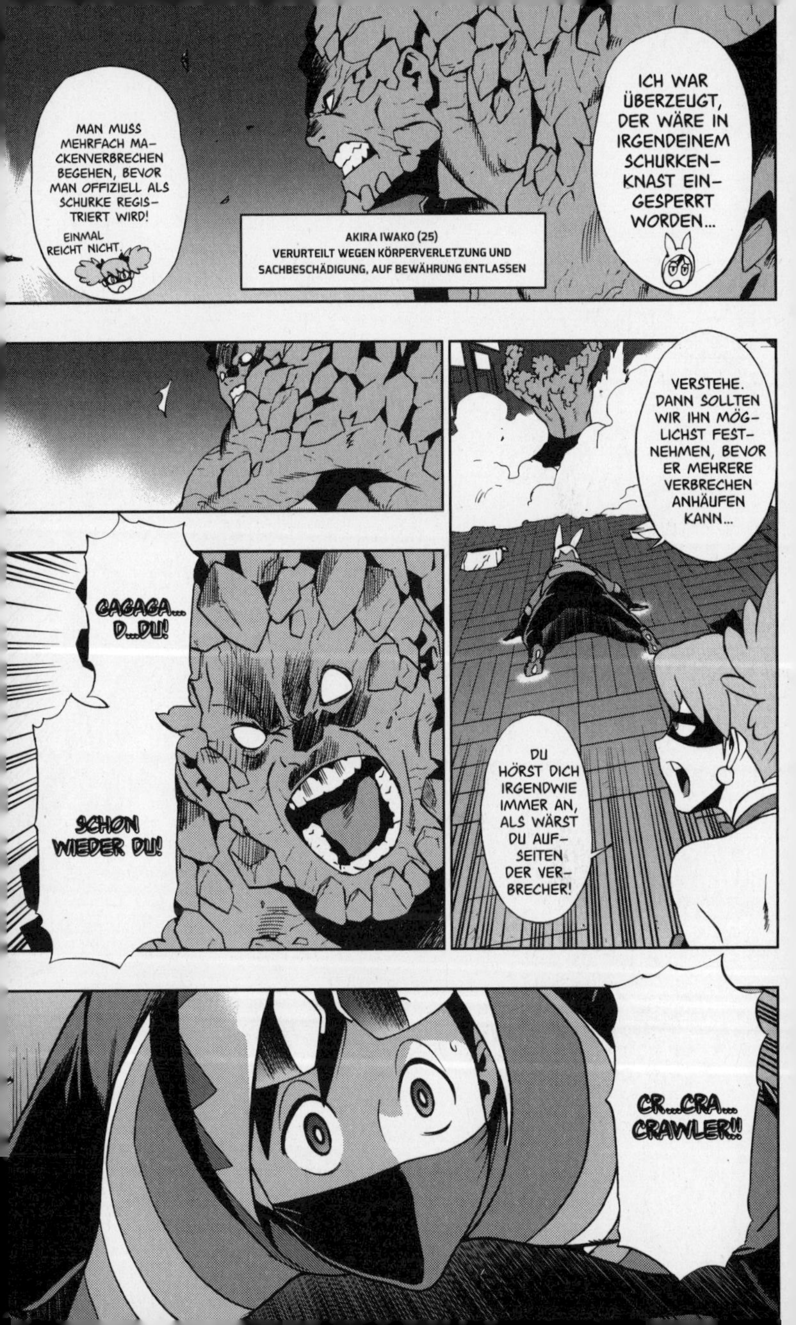

ICH WAR ÜBERZEUGT, DER WÄRE IN IRGENDEINEM SCHURKEN-KNAST EIN-GESPERRT WORDEN…
AKIRA IWAKO (25)
VERURTEILT WEGEN KÖRPERVERLETZUNG UND SACHBESCHÄDIGUNG, AUF BEWÄHRUNG ENTLASSEN
MAN MUSS MEHRFACH MA-CKENVERBRECHEN BEGEHEN, BEVOR MAN OFFIZIELL ALS SCHURKE REGIS-TRIERT WIRD!
EINMAL REICHT NICHT.
VERSTEHE. DANN SOLLTEN WIR IHN MÖG-LICHST FEST-NEHMEN, BEVOR ER MEHRERE VERBRECHEN ANHÄUFEN KANN…
DU HÖRST DICH IRGENDWIE IMMER AN, ALS WÄRST DU AUF-SEITEN DER VER-BRECHER!
GAGAGA… D…DU!
SCHON WIEDER DU!
CR…CRA… CRAWLER!!

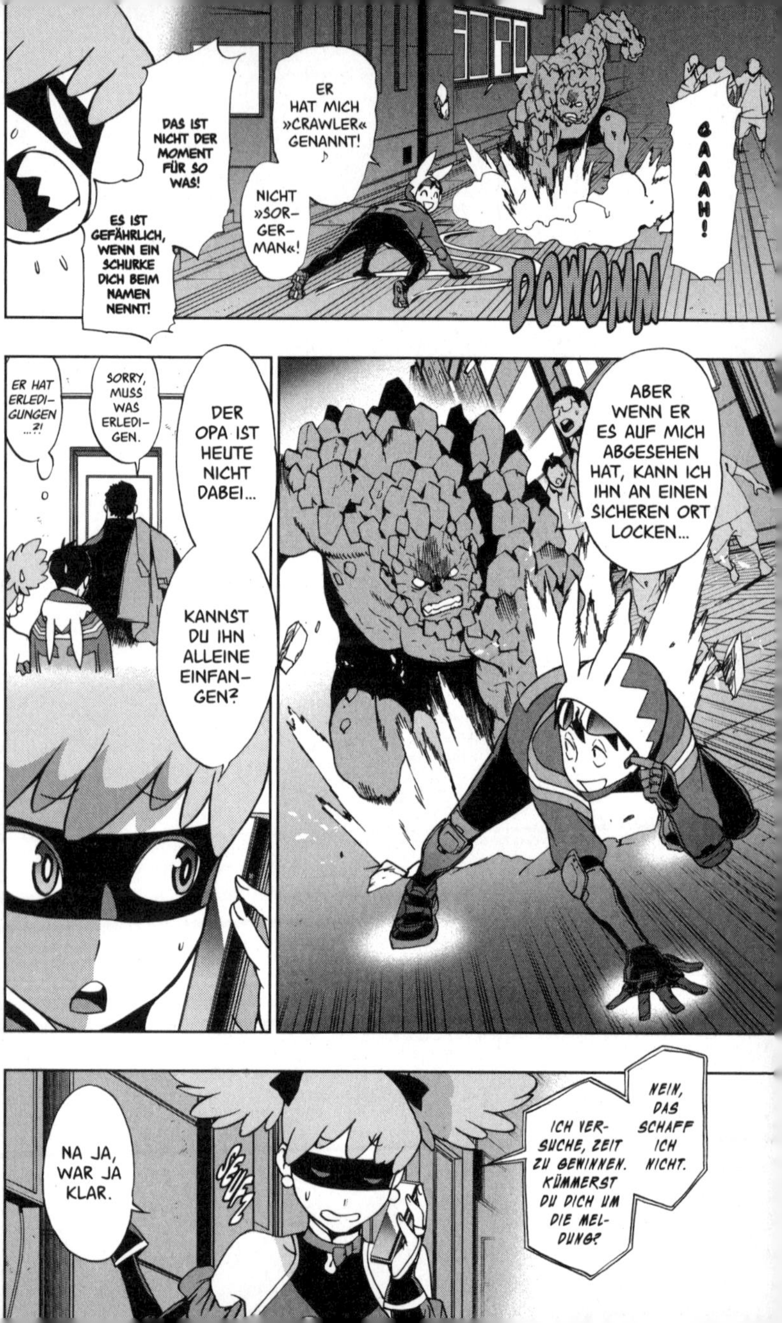
GAAAAH!
DOWOMM
ER HAT MICH »CRAWLER« GENANNT! ♪
NICHT »SORGERMAN«!
DAS IST NICHT DER MOMENT FÜR SO WAS!
ES IST GEFÄHRLICH, WENN EIN SCHURKE DICH BEIM NAMEN NENNT!
ABER WENN ER ES AUF MICH ABGESEHEN HAT, KANN ICH IHN AN EINEN SICHEREN ORT LOCKEN…
DER OPA IST HEUTE NICHT DABEI…
KANNST DU IHN ALLEINE EINFANGEN?
SORRY, MUSS WAS ERLEDIGEN.
ER HAT ERLEDIGUNGEN …?!
NEIN, DAS SCHAFF ICH NICHT.
ICH VERSUCHE, ZEIT ZU GEWINNEN. KÜMMERST DU DICH UM DIE MELDUNG?
NA JA, WAR JA KLAR.

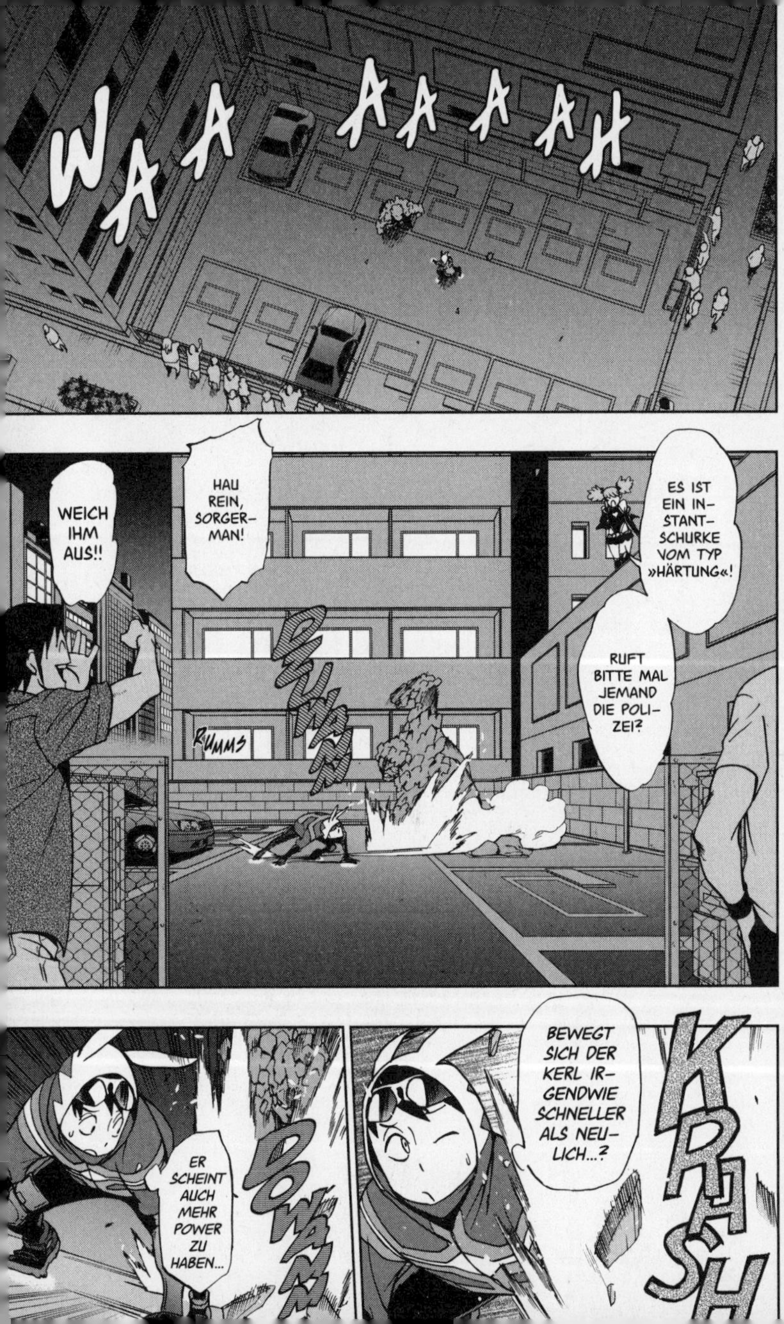
WAAAAAAAH
ES IST EIN IN-STANT-SCHURKE VOM TYP »HÄRTUNG«!
RUFT BITTE MAL JEMAND DIE POLI-ZEI?
HAU REIN, SORGER-MAN!
WEICH IHM AUS!!
RUMMS
KRASH
BEWEGT SICH DER KERL IR-GENDWIE SCHNELLER ALS NEU-LICH...?
ER SCHEINT AUCH MEHR POWER ZU HABEN...

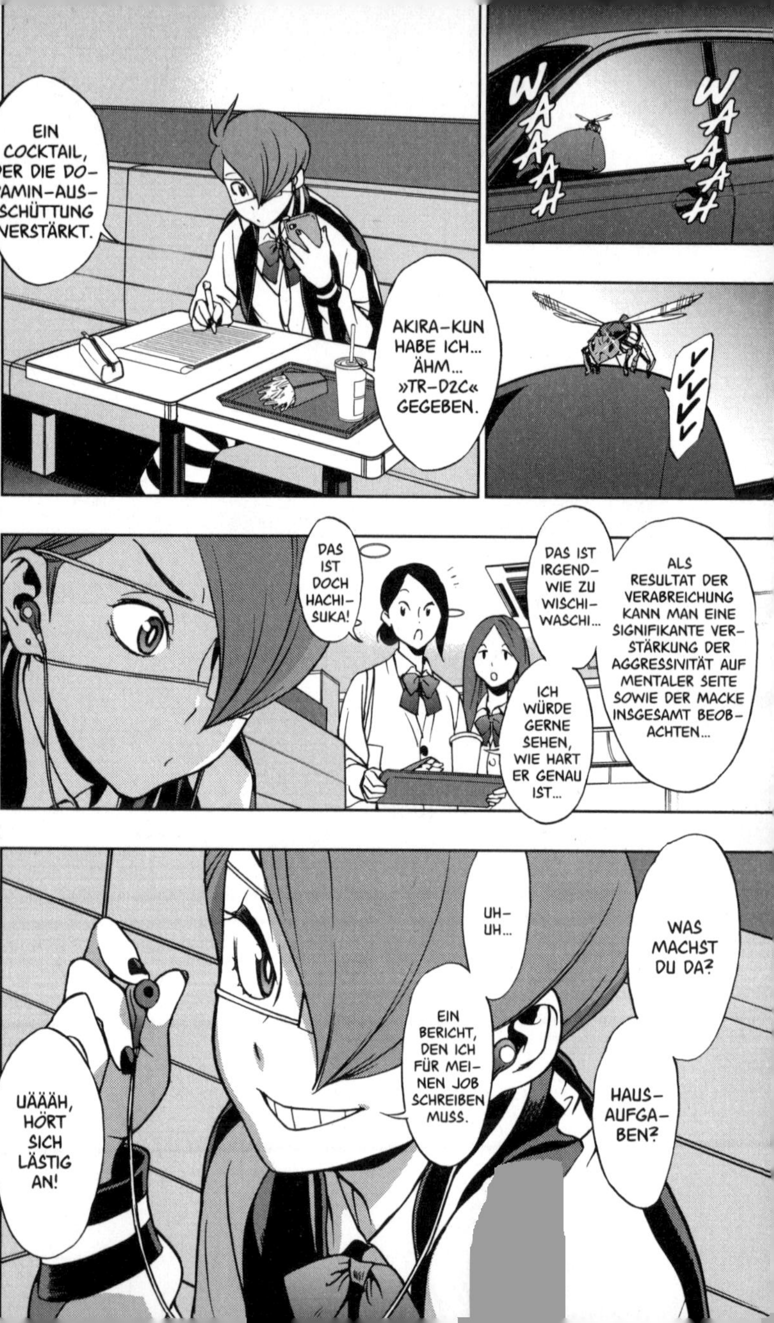
WAAAAH
WAAAAH
VVVVV
EIN COCKTAIL, DER DIE DOPAMIN-AUSSCHÜTTUNG VERSTÄRKT.
AKIRA-KUN HABE ICH... ÄHM... »TR-D2C« GEGEBEN.
ALS RESULTAT DER VERABREICHUNG KANN MAN EINE SIGNIFIKANTE VERSTÄRKUNG DER AGGRESSIVITÄT AUF MENTALER SEITE SOWIE DER MACKE INSGESAMT BEOBACHTEN...
DAS IST IRGENDWIE ZU WISCHIWASCHI...
ICH WÜRDE GERNE SEHEN, WIE HART ER GENAU IST...
DAS IST DOCH HACHISUKA!
WAS MACHST DU DA?
UH-UH...
HAUSAUFGABEN?
EIN BERICHT, DEN ICH FÜR MEINEN JOB SCHREIBEN MUSS.
UÄÄÄH, HÖRT SICH LÄSTIG AN!

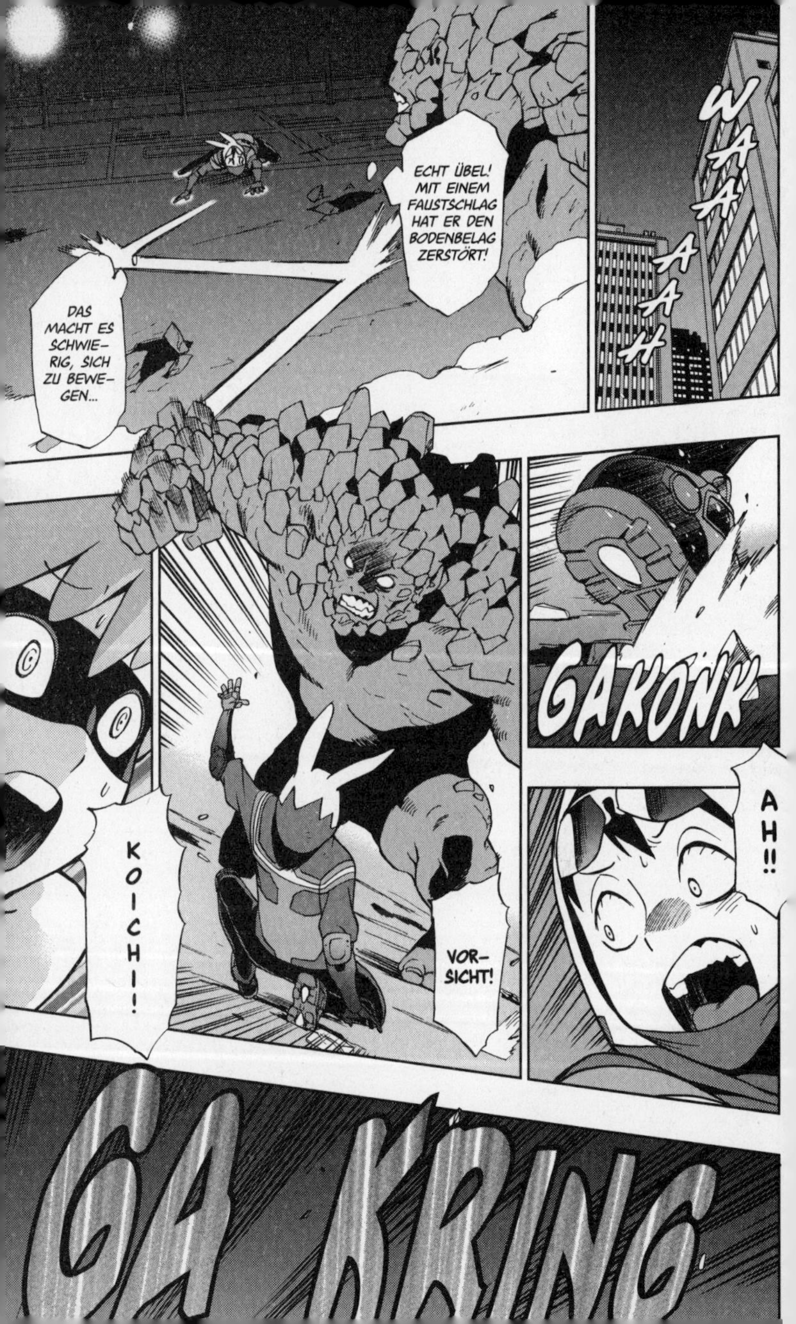
WAAAAAAAH
ECHT ÜBEL! MIT EINEM FAUSTSCHLAG HAT ER DEN BODENBELAG ZERSTÖRT!
DAS MACHT ES SCHWIERIG, SICH ZU BEWEGEN...
GAKONK
AH!!
VORSICHT!
KOICHI!
GA KRING

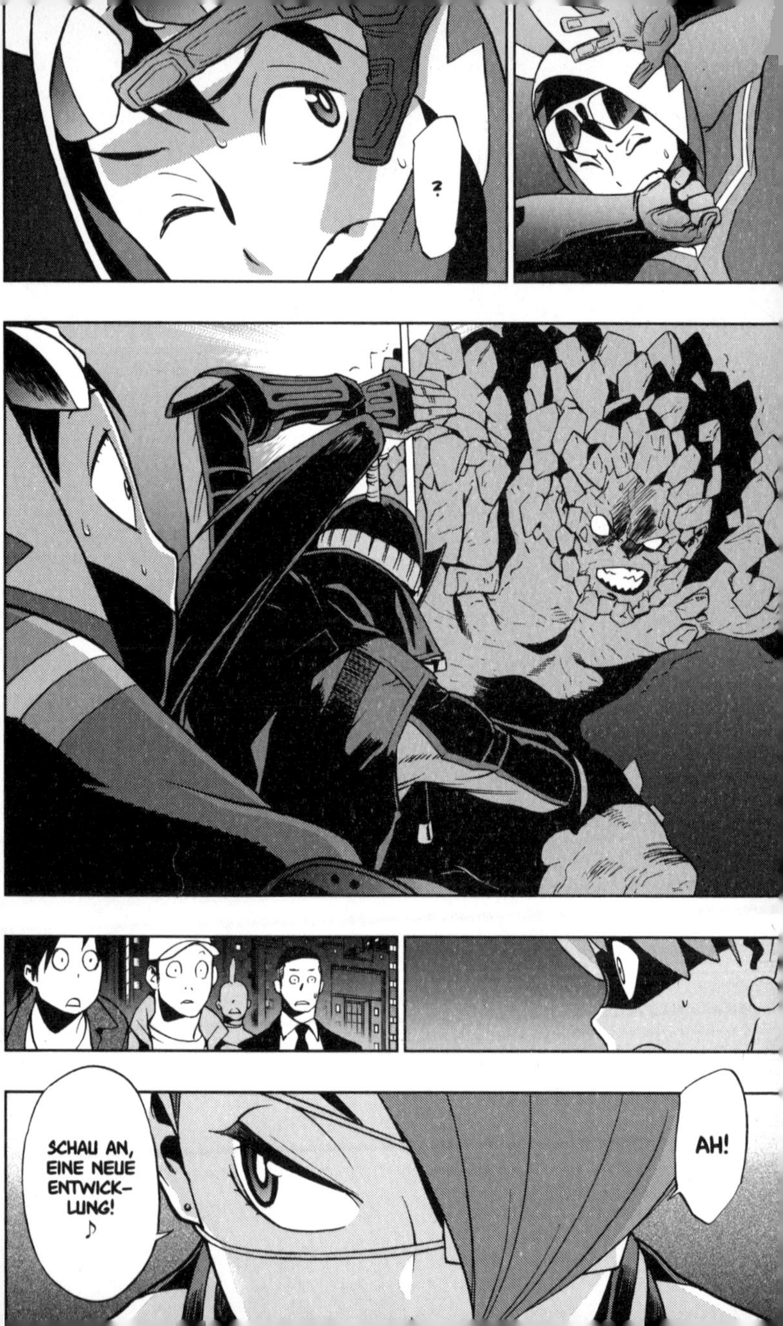
?
AH!
SCHAU AN, EINE NEUE ENTWICK-LUNG! ♪

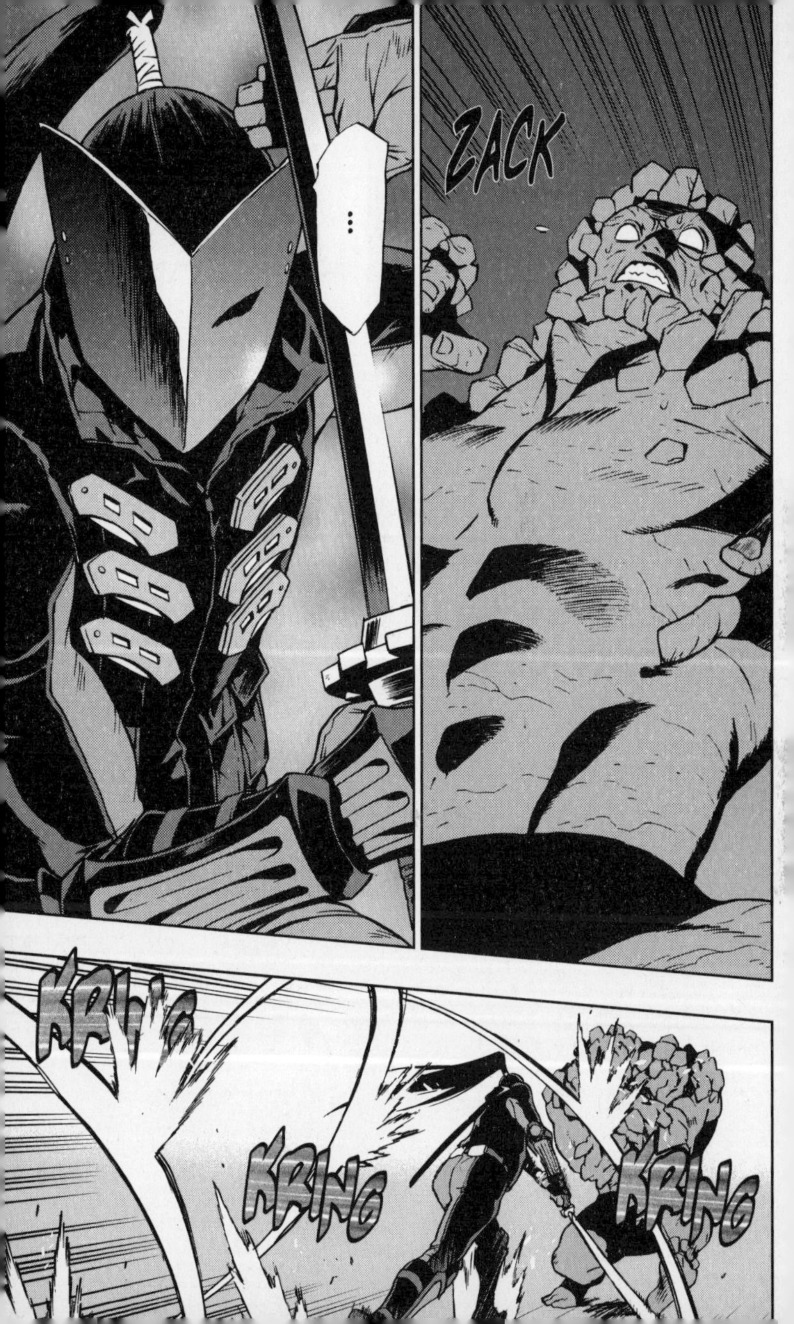
ZACK
…
KRING
KRING
KRING

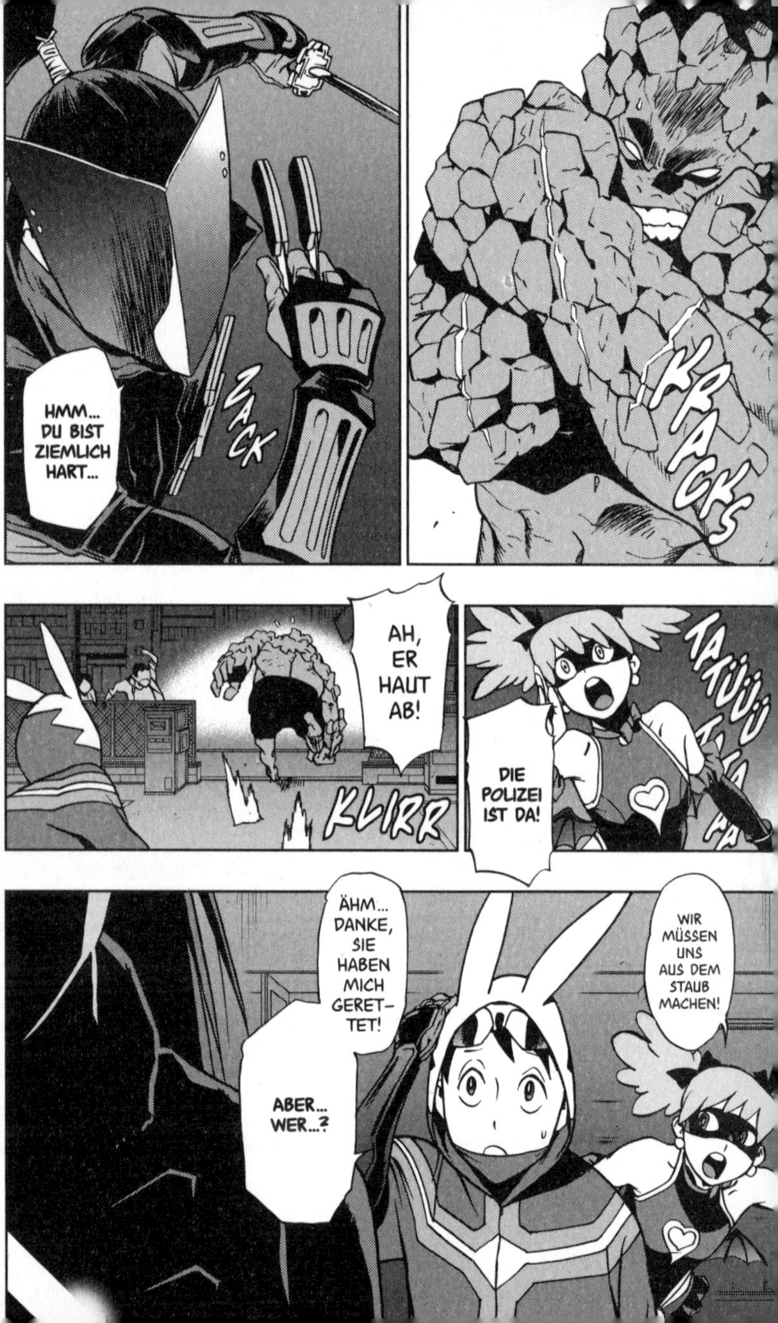
KRRACKS
ZACK
HMM... DU BIST ZIEMLICH HART...
DIE POLIZEI IST DA!
AH, ER HAUT AB!
KLIRR
WIR MÜSSEN UNS AUS DEM STAUB MACHEN!
ÄHM... DANKE, SIE HABEN MICH GERET-TET!
ABER... WER...?

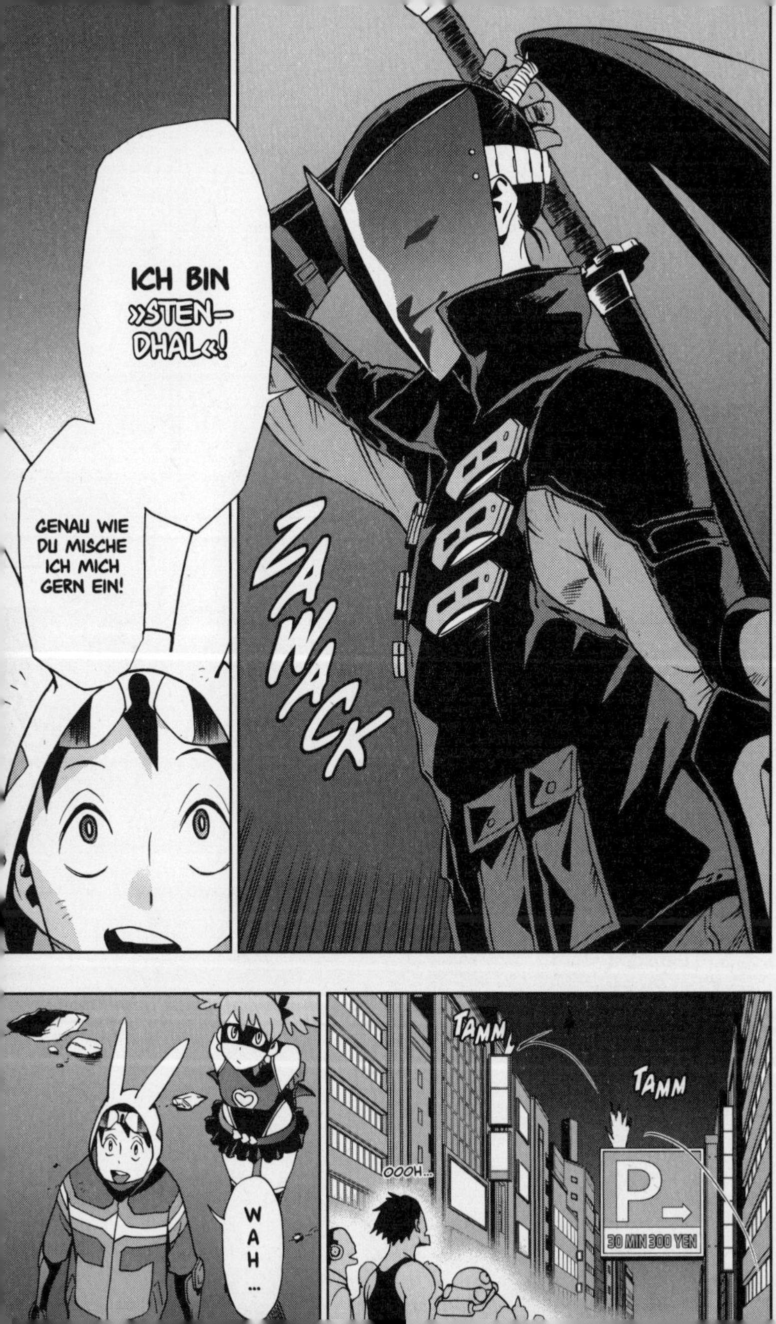
ICH BIN »STEN-DHAL«!
ZAWACK
GENAU WIE DU MISCHE ICH MICH GERN EIN!
TAMM
TAMM
P
30 MIN 300 YEN
OOOH...
WAH ...

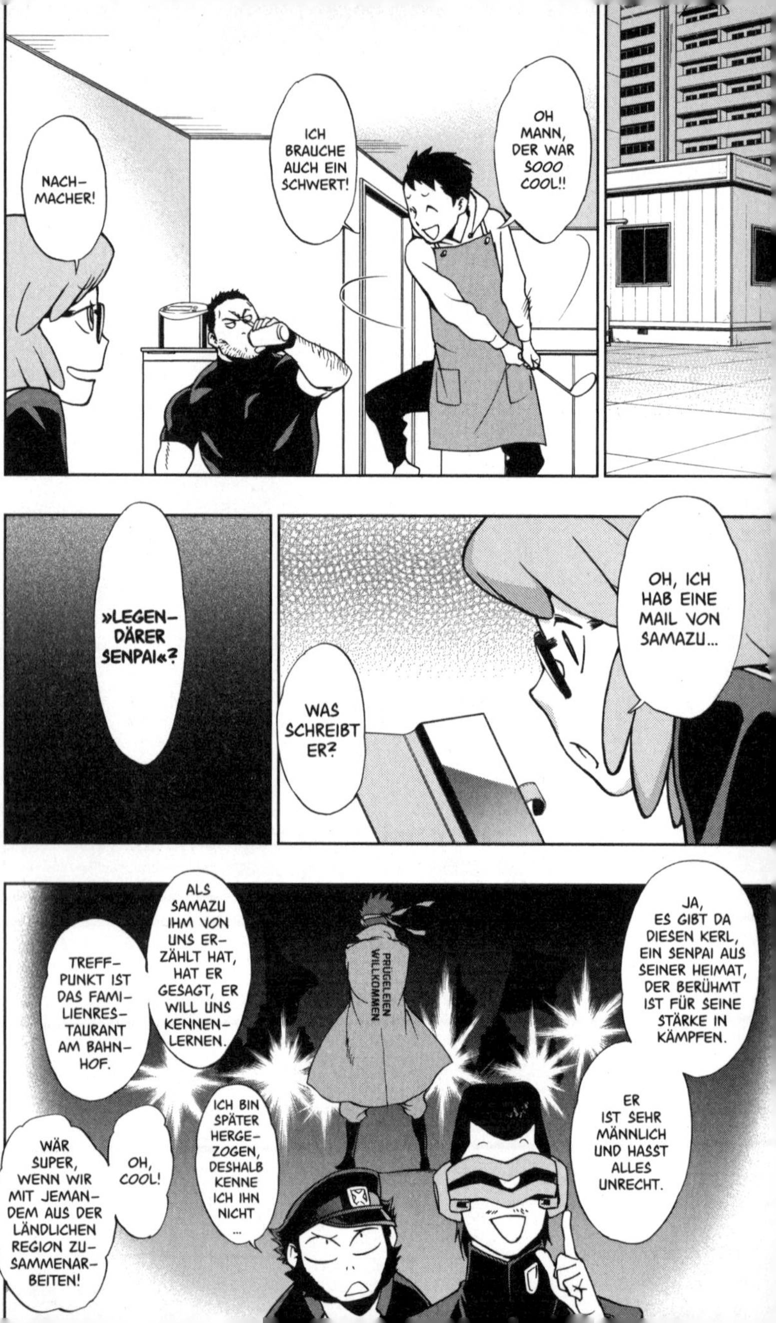

OH MANN, DER WAR SOOO COOL!!
ICH BRAUCHE AUCH EIN SCHWERT!
NACH-MACHER!
OH, ICH HAB EINE MAIL VON SAMAZU ...
WAS SCHREIBT ER?
»LEGEN-DÄRER SENPAI«?
JA, ES GIBT DA DIESEN KERL, EIN SENPAI AUS SEINER HEIMAT, DER BERÜHMT IST FÜR SEINE STÄRKE IN KÄMPFEN.
PRÜGELEIEN WILLKOMMEN
ALS SAMAZU IHM VON UNS ER-ZÄHLT HAT, HAT ER GESAGT, ER WILL UNS KENNEN-LERNEN.
TREFF-PUNKT IST DAS FAMI-LIENRES-TAURANT AM BAHN-HOF.
ER IST SEHR MÄNNLICH UND HASST ALLES UNRECHT.
ICH BIN SPÄTER HERGE-ZOGEN, DESHALB KENNE ICH IHN NICHT ...
OH, COOL!
WÄR SUPER, WENN WIR MIT JEMAN-DEM AUS DER LÄNDLICHEN REGION ZU-SAMMENAR-BEITEN!

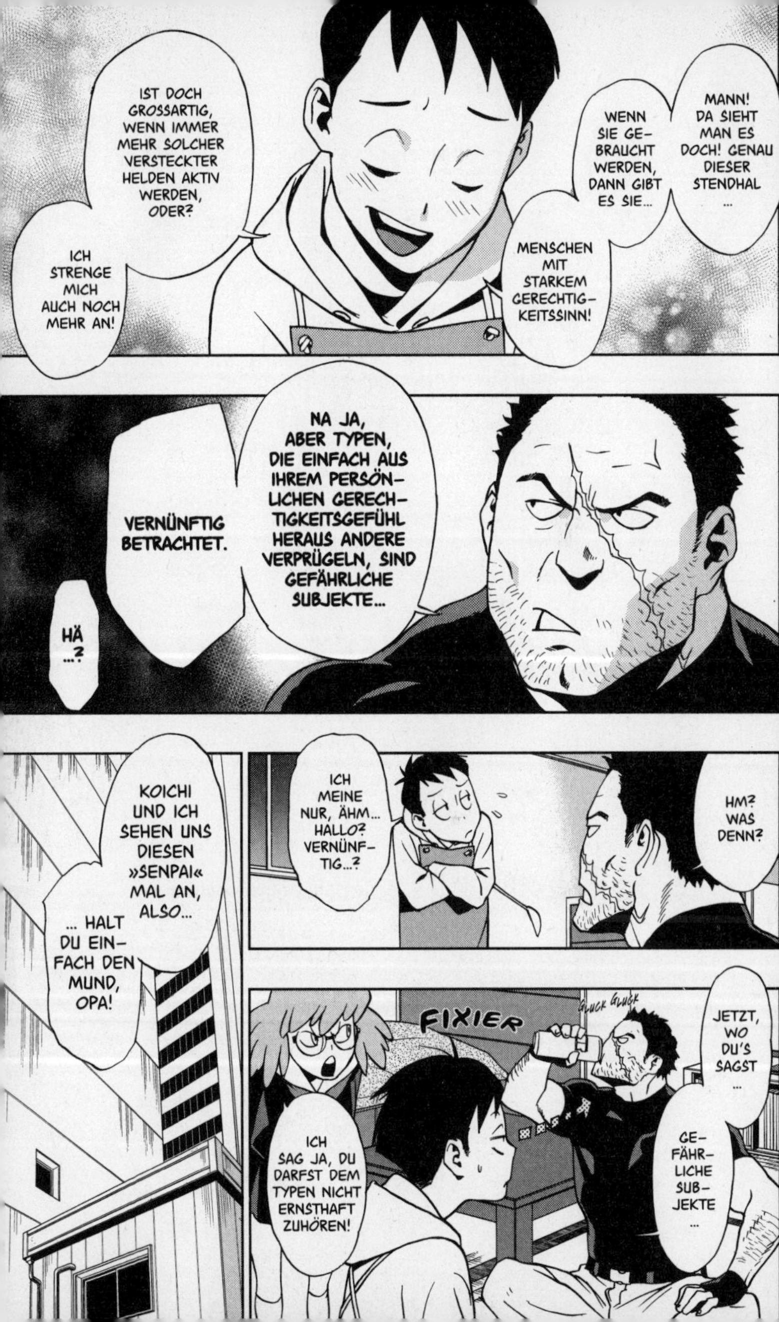
MANN! DA SIEHT MAN ES DOCH! GENAU DIESER STENDHAL ...
WENN SIE GEBRAUCHT WERDEN, DANN GIBT ES SIE...
MENSCHEN MIT STARKEM GERECHTIGKEITSSINN!
IST DOCH GROSSARTIG, WENN IMMER MEHR SOLCHER VERSTECKTER HELDEN AKTIV WERDEN, ODER?
ICH STRENGE MICH AUCH NOCH MEHR AN!
NA JA, ABER TYPEN, DIE EINFACH AUS IHREM PERSÖNLICHEN GERECHTIGKEITSGEFÜHL HERAUS ANDERE VERPRÜGELN, SIND GEFÄHRLICHE SUBJEKTE...
VERNÜNFTIG BETRACHTET.
HÄ ...?
HM? WAS DENN?
ICH MEINE NUR, ÄHM... HALLO? VERNÜNFTIG...?
JETZT, WO DU'S SAGST ...
GEFÄHRLICHE SUBJEKTE ...
GLUCK GLUCK
FIXIER
ICH SAG JA, DU DARFST DEM TYPEN NICHT ERNSTHAFT ZUHÖREN!
KOICHI UND ICH SEHEN UNS DIESEN »SENPAI« MAL AN, ALSO...
... HALT DU EINFACH DEN MUND, OPA!

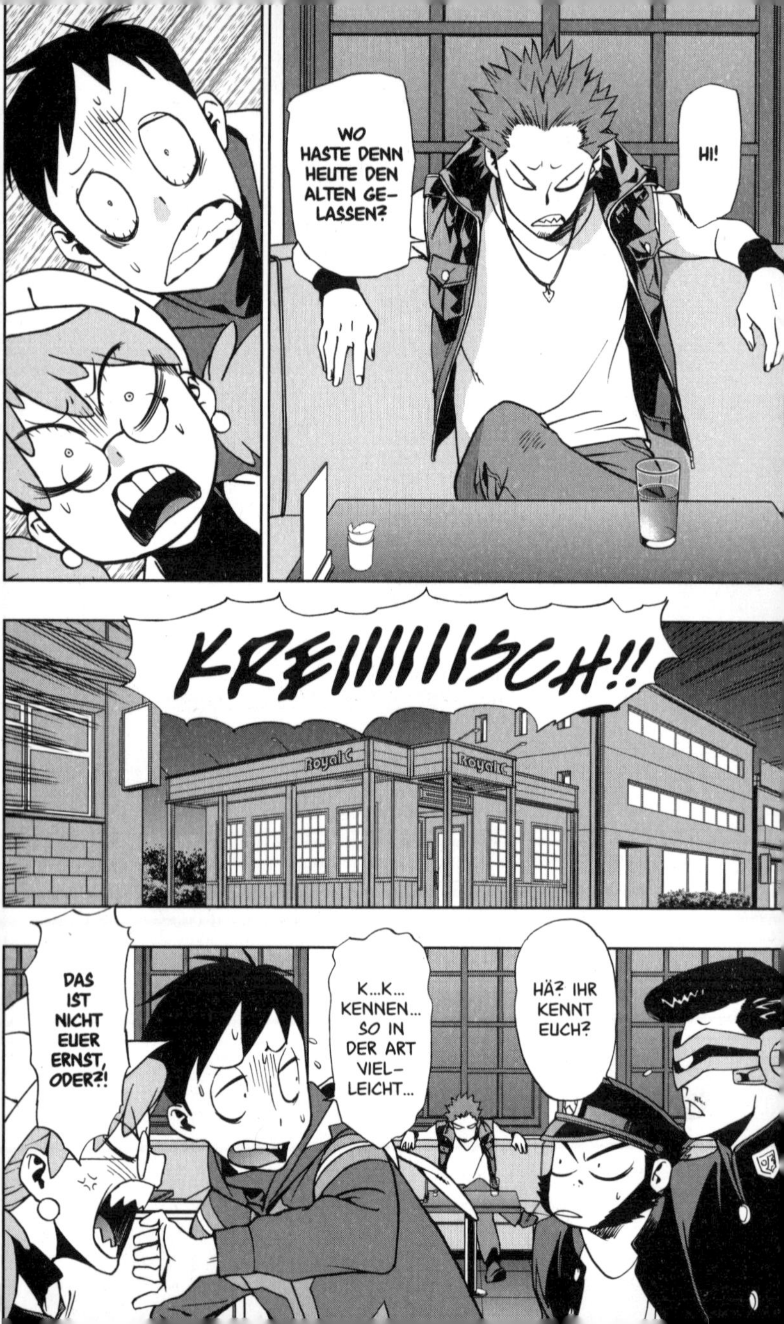
HI!
WO HASTE DENN HEUTE DEN ALTEN GE-LASSEN?
KREIIIIISCH!!
HÄ? IHR KENNT EUCH?
K...K... KENNEN... SO IN DER ART VIEL-LEICHT...
DAS IST NICHT EUER ERNST, ODER?!

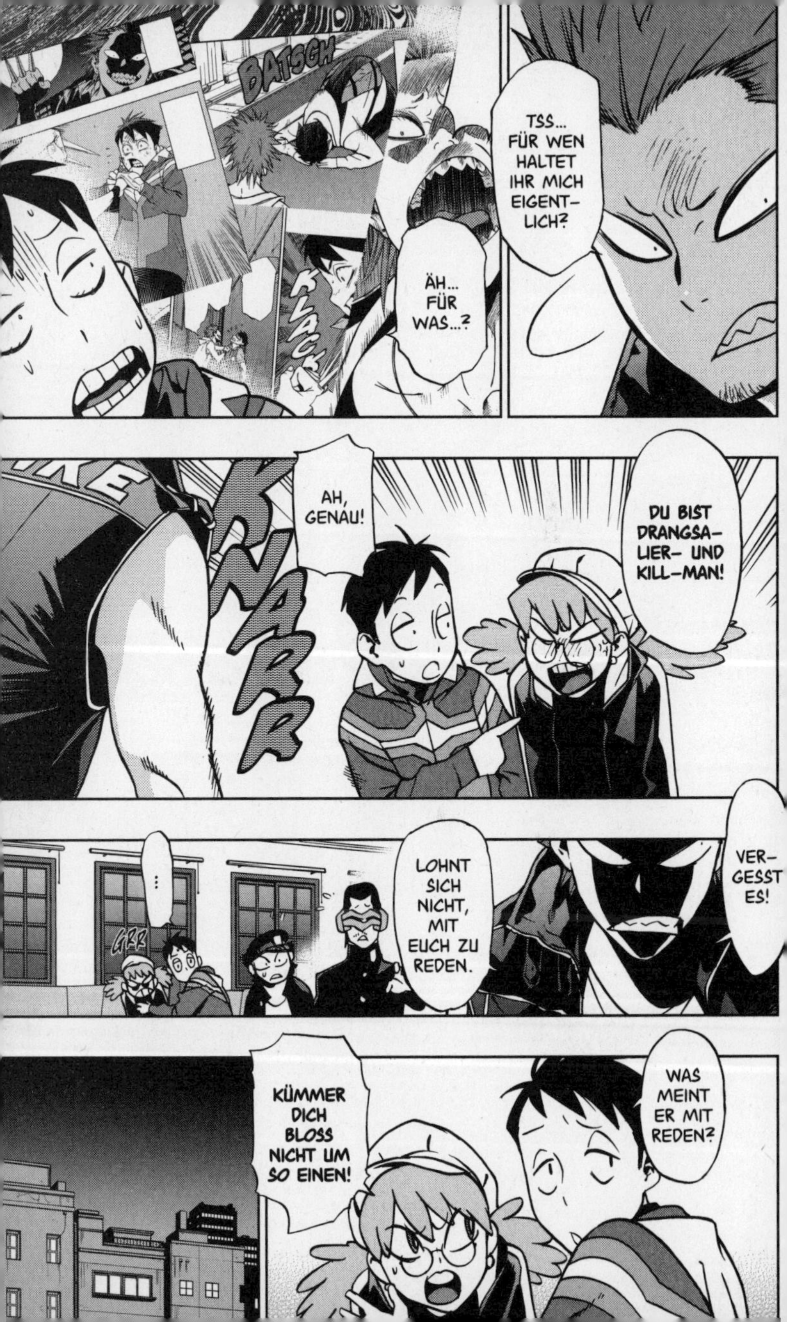
BATSCH
KLACK
TSS... FÜR WEN HALTET IHR MICH EIGENT-LICH?
ÄH... FÜR WAS...?
DU BIST DRANGSA-LIER- UND KILL-MAN!
AH, GENAU!
KNARRR
VER-GESST ES!
LOHNT SICH NICHT, MIT EUCH ZU REDEN.
...
GRR
WAS MEINT ER MIT REDEN?
KÜMMER DICH BLOSS NICHT UM SO EINEN!

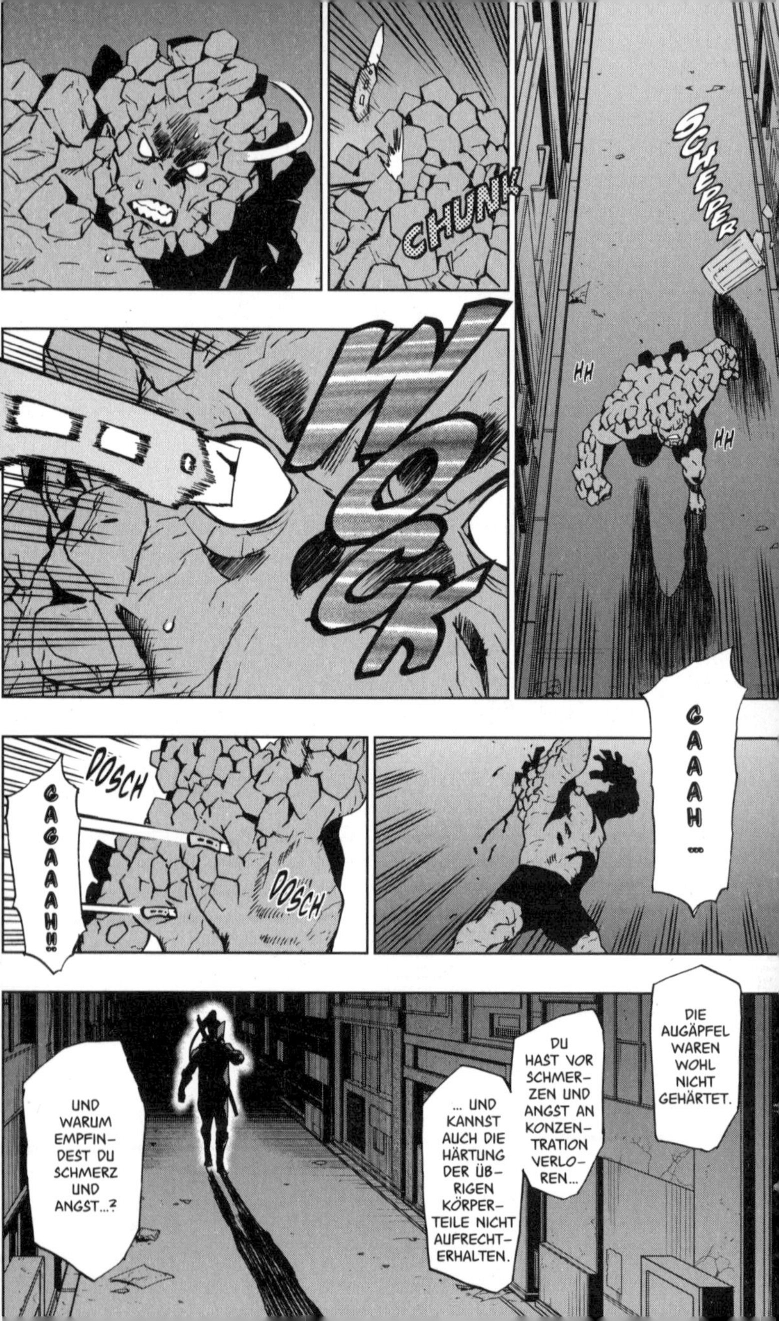

SCHEPPER
HH
HH
CHUNK
GAAAAH ...
DOSCH
GAGAAAAAAH!!
DOSCH
DIE AUGÄPFEL WAREN WOHL NICHT GEHÄRTET.
DU HAST VOR SCHMERZEN UND ANGST AN KONZENTRATION VERLOREN...
... UND KANNST AUCH DIE HÄRTUNG DER ÜBRIGEN KÖRPERTEILE NICHT AUFRECHTERHALTEN.
UND WARUM EMPFINDEST DU SCHMERZ UND ANGST...?

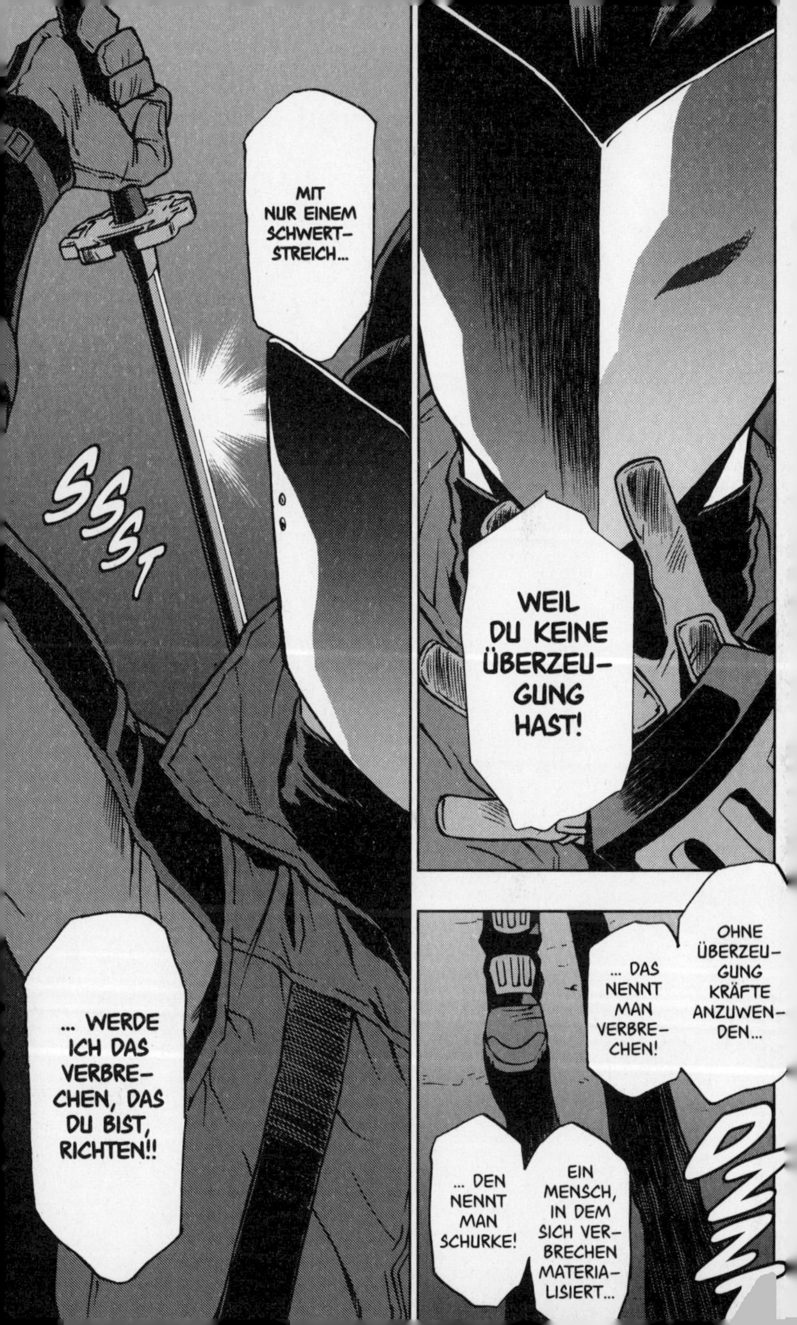
WEIL DU KEINE ÜBERZEUGUNG HAST!
OHNE ÜBERZEUGUNG KRÄFTE ANZUWENDEN...
... DAS NENNT MAN VERBRECHEN!
EIN MENSCH, IN DEM SICH VERBRECHEN MATERIALISIERT...
... DEN NENNT MAN SCHURKE!
MIT NUR EINEM SCHWERTSTREICH...
SSST
... WERDE ICH DAS VERBRECHEN, DAS DU BIST, RICHTEN!!

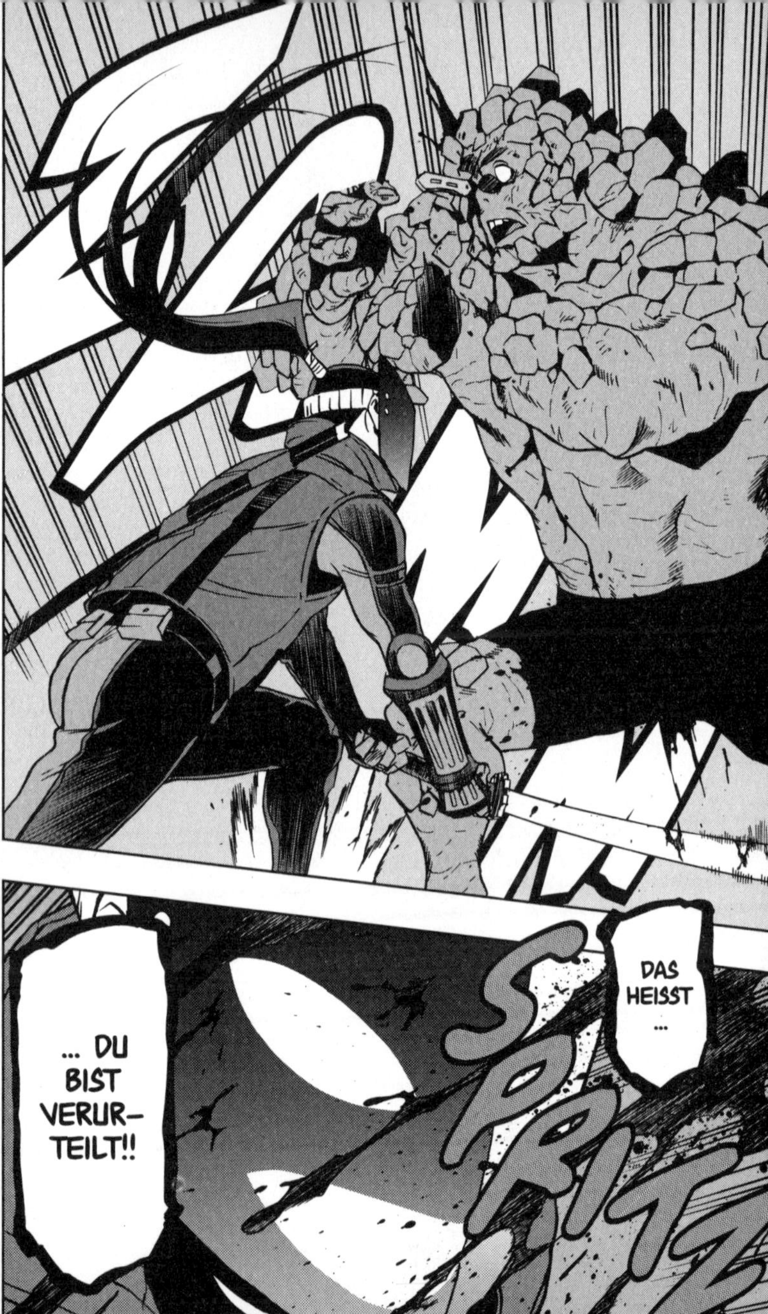
DAS HEISST ...
SPRITZ
... DU BIST VERUR-TEILT!!

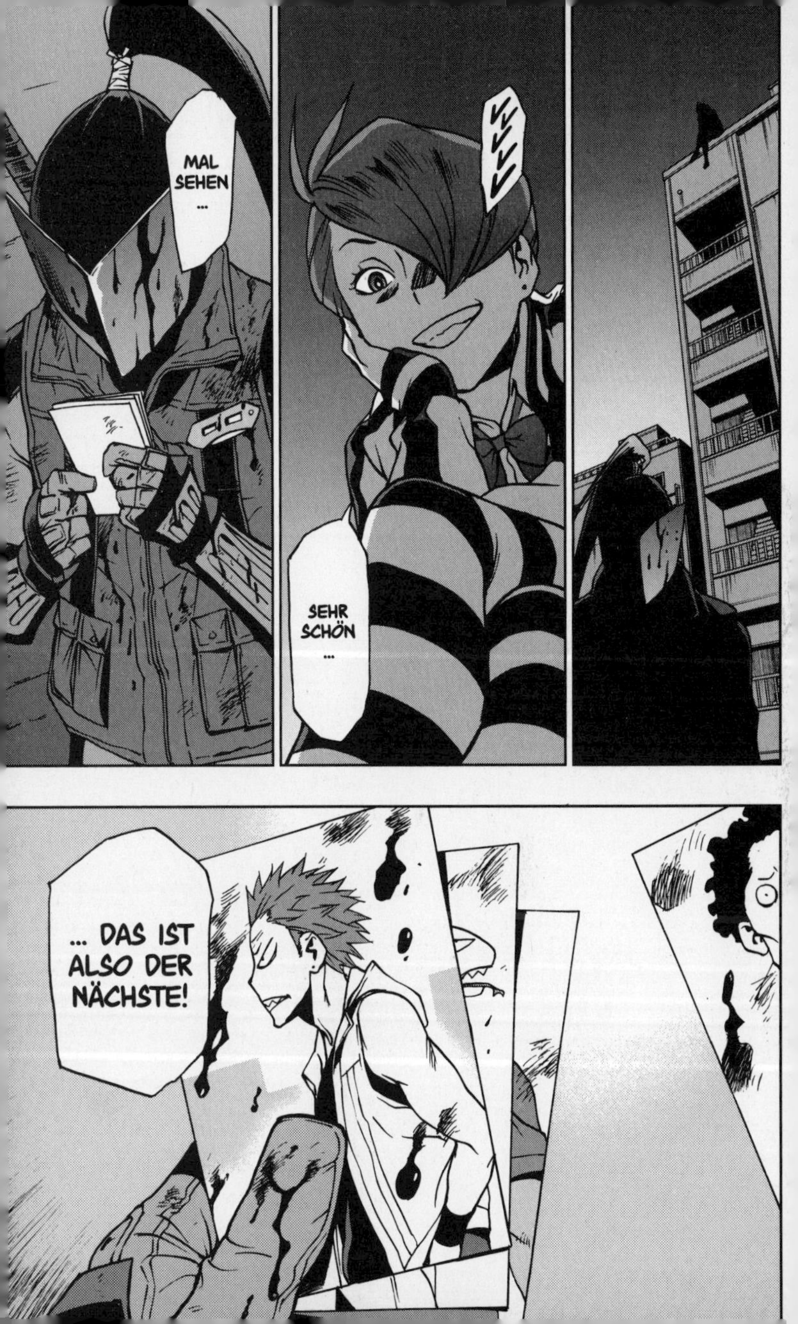
SEHR SCHÖN ...
MAL SEHEN ...
... DAS IST ALSO DER NÄCHSTE!

STEINSCHURKE / AKIRA IWAKO

THE ROUGH DESIGN

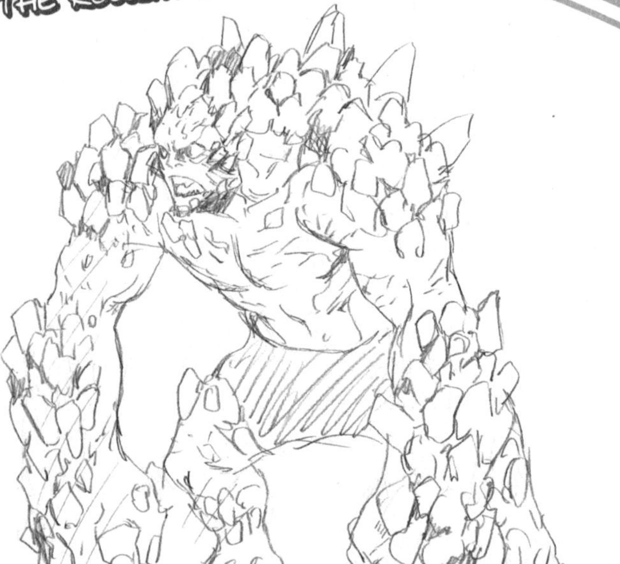

- Bewegungen werden tierähnlicher (Fortbewegung wie ein Gorilla)
- Zunahme der Brocken

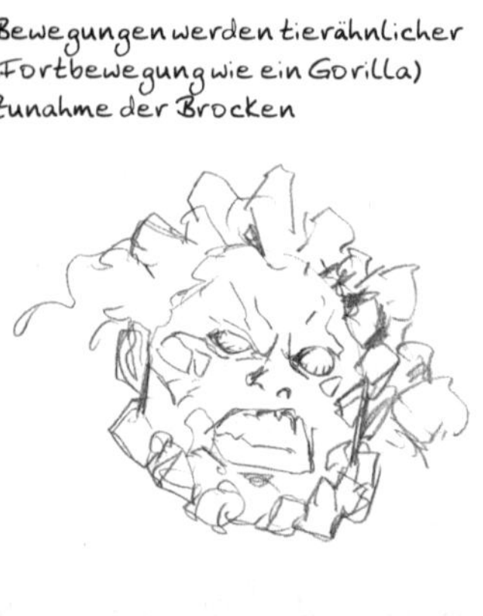

THE HINTERGRUNDINFOS

Ist im vorhergehenden Band in Kapitel drei als typischer Schurke aufgetreten, wie sie den Vigilante begegnen.
Der Verlauf »Wird von einer Organisation für ein Experiment benutzt und stirbt« ist ein typisches Muster.
Das Setting ist, dass er bei seinem erneuten Auftreten noch stärker ist, weil die Daten aus dem Experiment mit dem Junkie-Schurken aus Kapitel sechs verwendet wurden … In der Zusammensetzung von Trigger wurden die Bestandteile, die auf das Gehirn wirken, verstärkt, sodass die Person grausamer wird und ihre Fähigkeiten außer Kontrolle geraten. (Furuhashi)

Ein Charakter, dessen Design bereits in Kapitel drei umständlich war, tritt in aufgemotzter Form erneut auf – und dann auch noch zusammen mit Stendhal. Das war wirklich anstrengend zu zeichnen! Aber er war auch ein bisschen bedauernswert, oder? (Betten)

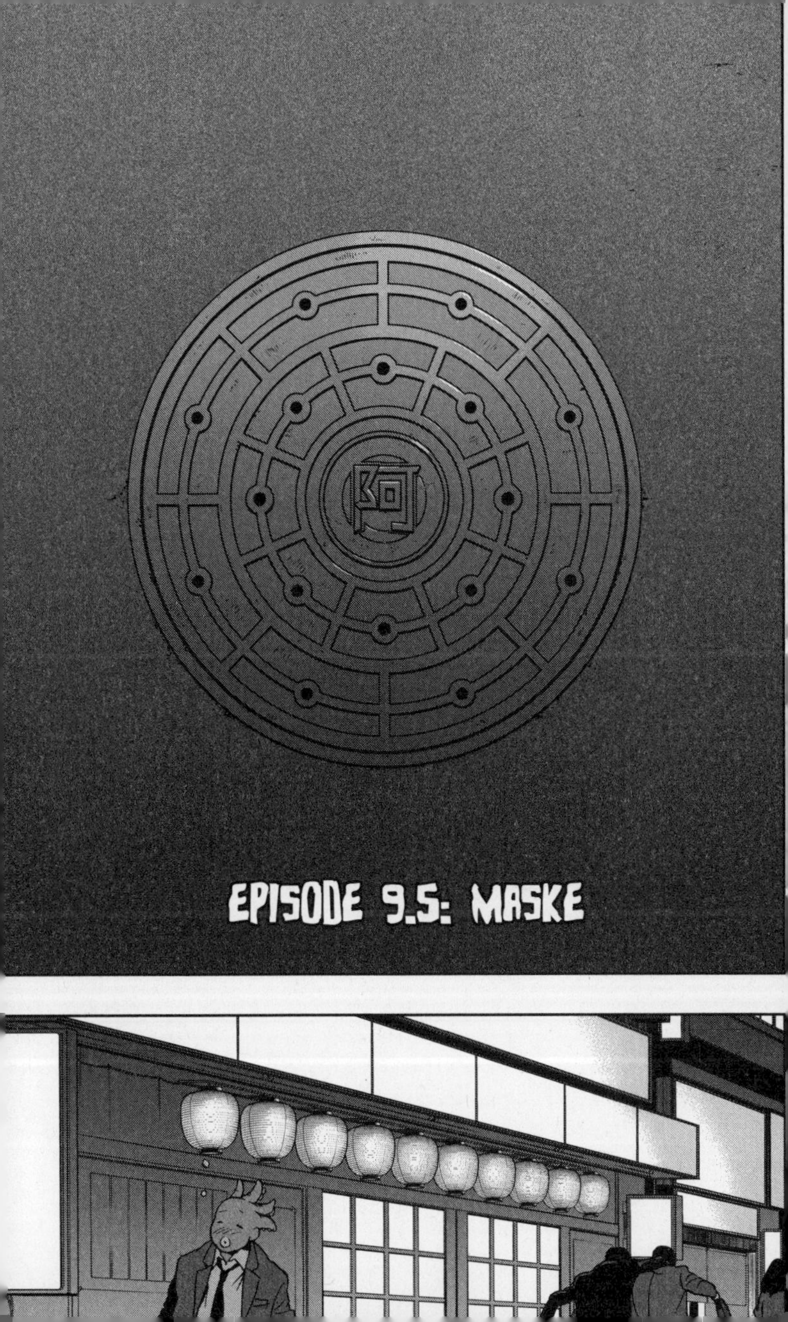
EPISODE 9.5: MASKE

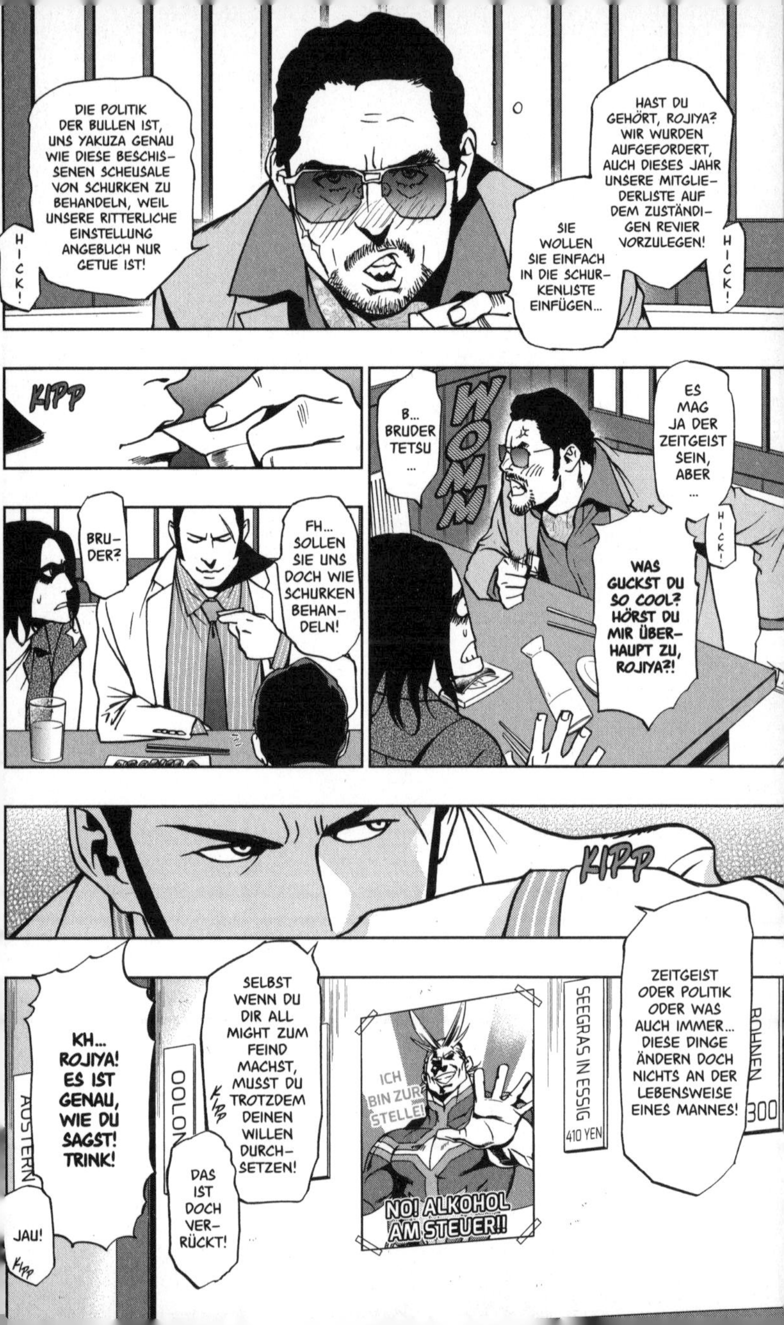
HAST DU GEHÖRT, ROJIYA? WIR WURDEN AUFGEFORDERT, AUCH DIESES JAHR UNSERE MITGLIEDERLISTE AUF DEM ZUSTÄNDIGEN REVIER VORZULEGEN!
HICK!
SIE WOLLEN SIE EINFACH IN DIE SCHURKENLISTE EINFÜGEN...
DIE POLITIK DER BULLEN IST, UNS YAKUZA GENAU WIE DIESE BESCHISSENEN SCHEUSALE VON SCHURKEN ZU BEHANDELN, WEIL UNSERE RITTERLICHE EINSTELLUNG ANGEBLICH NUR GETUE IST!
HICK!
ES MAG JA DER ZEITGEIST SEIN, ABER ...
HICK!
WOMM
B... BRUDER TETSU ...
WAS GUCKST DU SO COOL? HÖRST DU MIR ÜBERHAUPT ZU, ROJIYA?!
KIPP
FH... SOLLEN SIE UNS DOCH WIE SCHURKEN BEHANDELN!
BRUDER?
KIPP
ZEITGEIST ODER POLITIK ODER WAS AUCH IMMER... DIESE DINGE ÄNDERN DOCH NICHTS AN DER LEBENSWEISE EINES MANNES!
BOHNEN
300
SEEGRAS IN ESSIG
410 YEN
ICH BIN ZUR STELLE!
NO! ALKOHOL AM STEUER!!
SELBST WENN DU DIR ALL MIGHT ZUM FEIND MACHST, MUSST DU TROTZDEM DEINEN WILLEN DURCHSETZEN!
DAS IST DOCH VERRÜCKT!
OOLON
KIPP
KH... ROJIYA! ES IST GENAU, WIE DU SAGST! TRINK!
AUSTERN
JAU!
KIPP

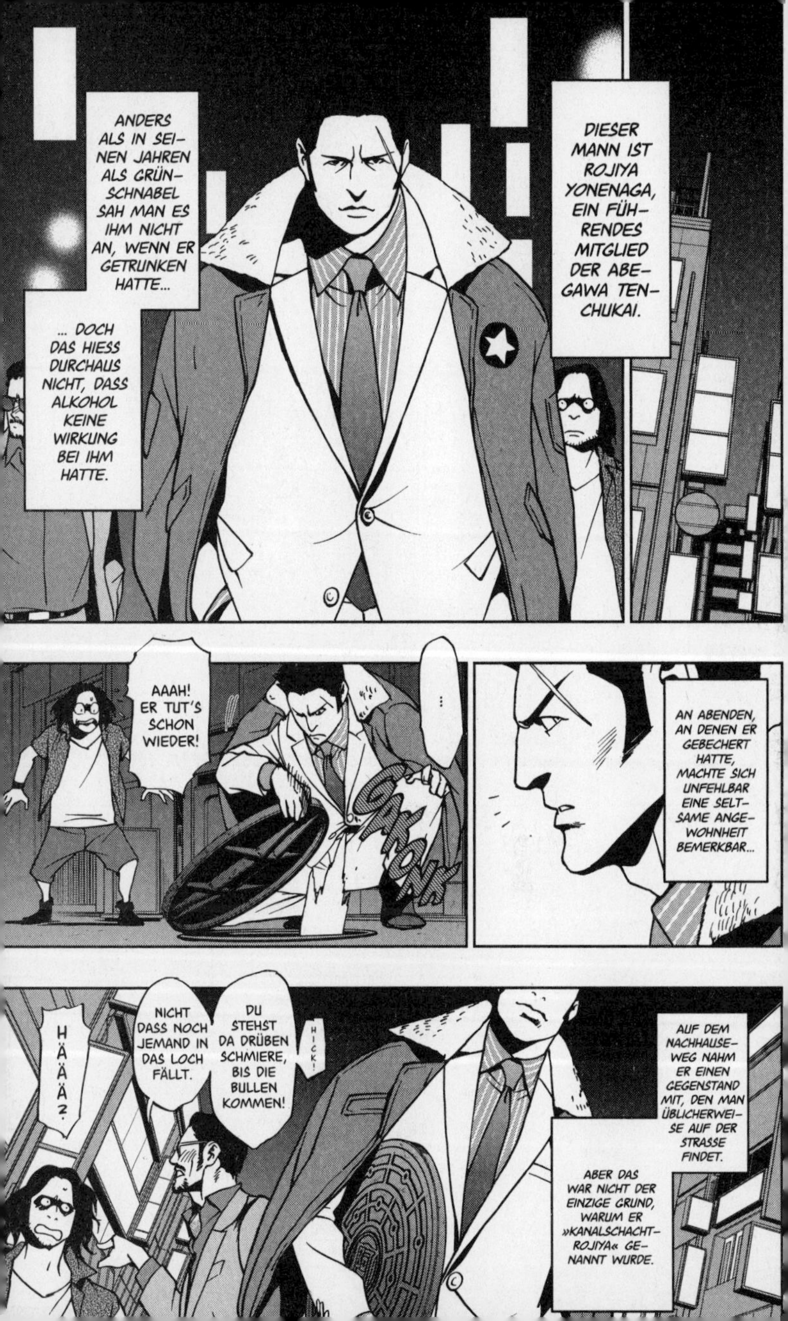
DIESER MANN IST ROJIYA YONENAGA, EIN FÜHRENDES MITGLIED DER ABEGAWA TENCHUKAI.
ANDERS ALS IN SEINEN JAHREN ALS GRÜNSCHNABEL SAH MAN ES IHM NICHT AN, WENN ER GETRUNKEN HATTE...
... DOCH DAS HIESS DURCHAUS NICHT, DASS ALKOHOL KEINE WIRKUNG BEI IHM HATTE.
AN ABENDEN, AN DENEN ER GEBECHERT HATTE, MACHTE SICH UNFEHLBAR EINE SELTSAME ANGEWOHNHEIT BEMERKBAR...
...
AAAH! ER TUT'S SCHON WIEDER!
AUF DEM NACHHAUSEWEG NAHM ER EINEN GEGENSTAND MIT, DEN MAN ÜBLICHERWEISE AUF DER STRASSE FINDET.
ABER DAS WAR NICHT DER EINZIGE GRUND, WARUM ER »KANALSCHACHT-ROJIYA« GENANNT WURDE.
HICK!
DU STEHST DA DRÜBEN SCHMIERE, BIS DIE BULLEN KOMMEN!
NICHT DASS NOCH JEMAND IN DAS LOCH FÄLLT.
HÄÄÄ?

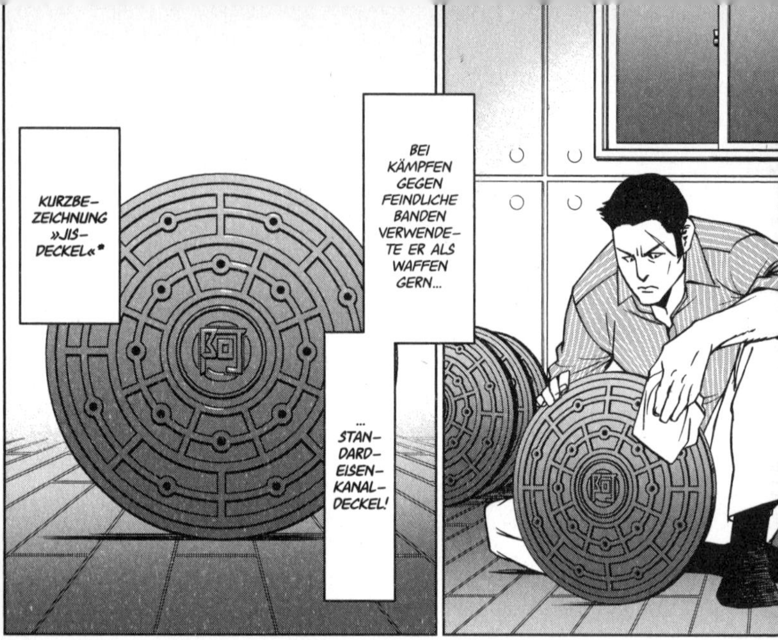

* JAPAN INDUSTRIAL STANDARDS

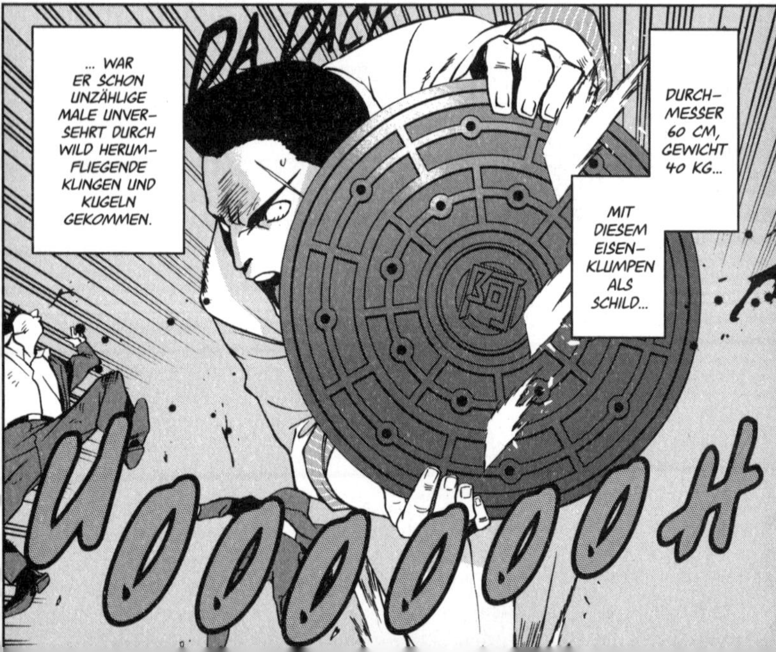

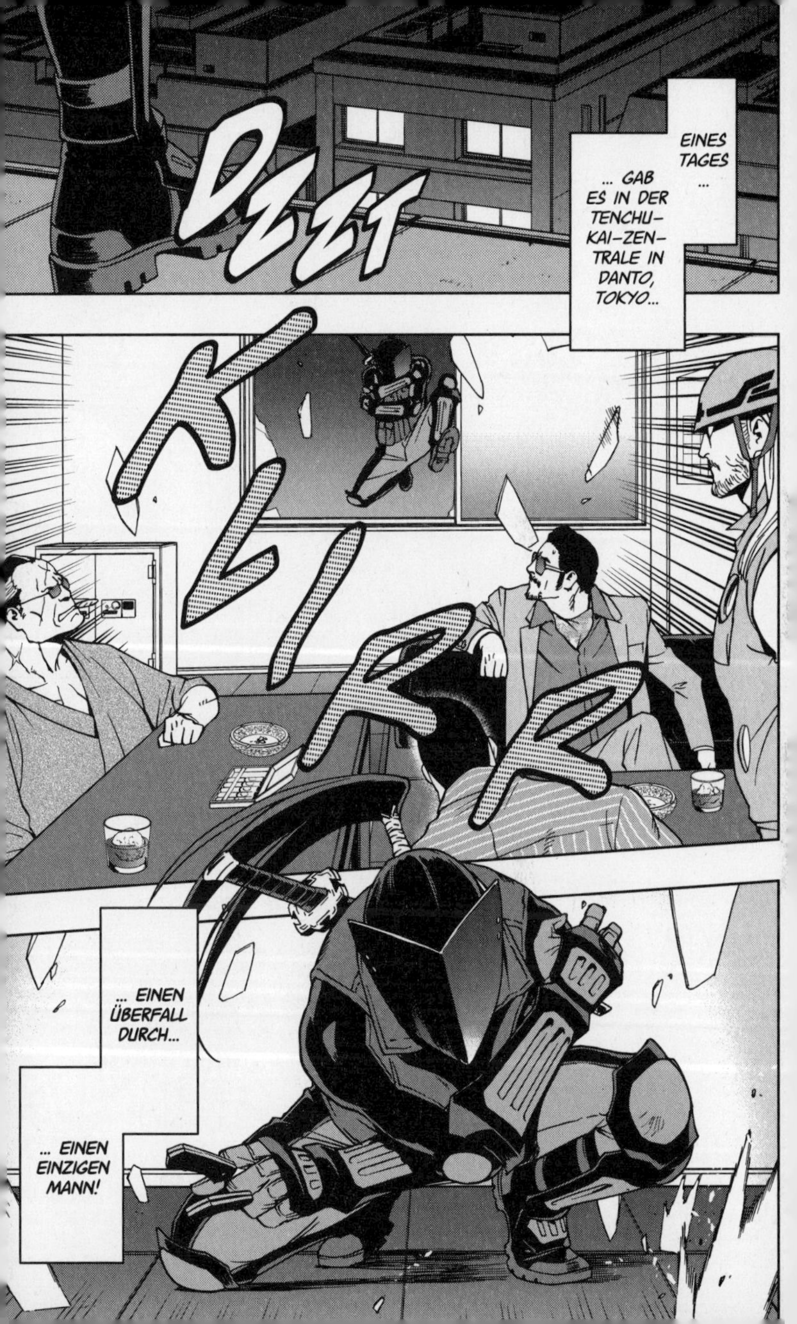
EINES TAGES ...
... GAB ES IN DER TENCHU-KAI-ZENTRALE IN DANTO, TOKYO...
KLIRR
... EINEN ÜBERFALL DURCH...
... EINEN EINZIGEN MANN!

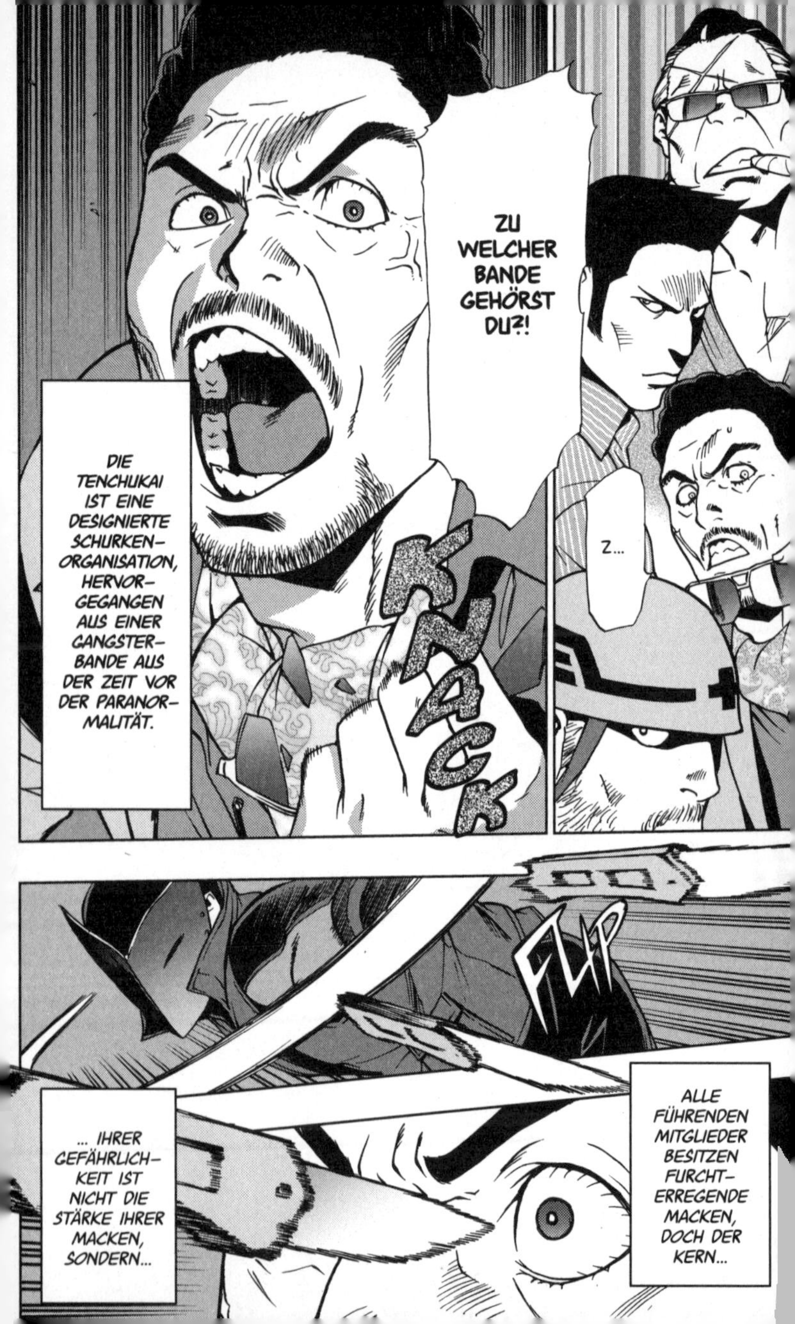
ZU WELCHER BANDE GEHÖRST DU?!
KNACK
Z...
DIE TENCHUKAI IST EINE DESIGNIERTE SCHURKEN-ORGANISATION, HERVORGEGANGEN AUS EINER GANGSTERBANDE AUS DER ZEIT VOR DER PARANORMALITÄT.
FLIP
ALLE FÜHRENDEN MITGLIEDER BESITZEN FURCHTERREGENDE MACKEN, DOCH DER KERN...
... IHRER GEFÄHRLICHKEIT IST NICHT DIE STÄRKE IHRER MACKEN, SONDERN...

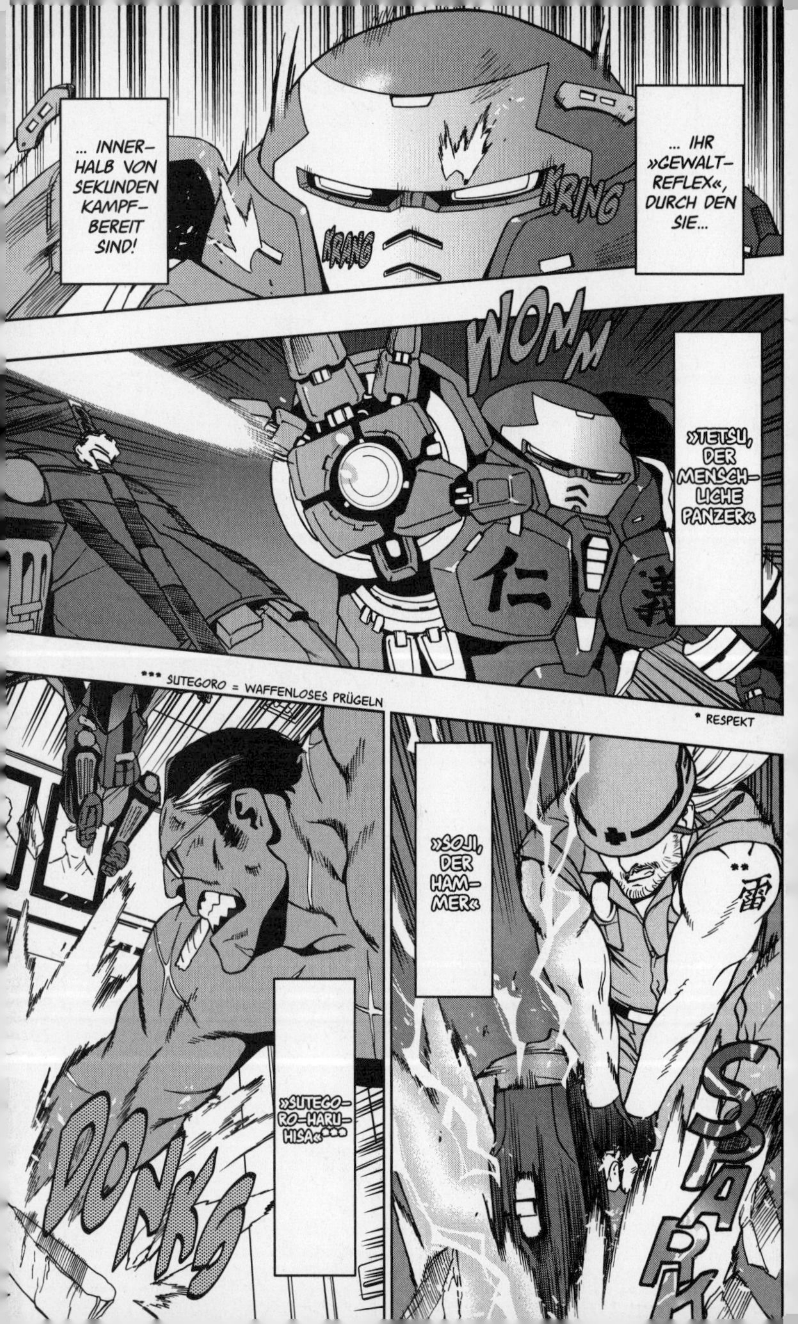

... IHR »GEWALT-REFLEX«, DURCH DEN SIE...
KRING
KRANG
... INNER-HALB VON SEKUNDEN KAMPF-BEREIT SIND!
WOMM
»TETSU, DER MENSCH-LICHE PANZER«
仁
義
* RESPEKT
»SOJI, DER HAM-MER«
**
雷
SPARK
»SUTEGO-RO-HARU-HISA«***
DONKS
*** SUTEGORO = WAFFENLOSES PRÜGELN

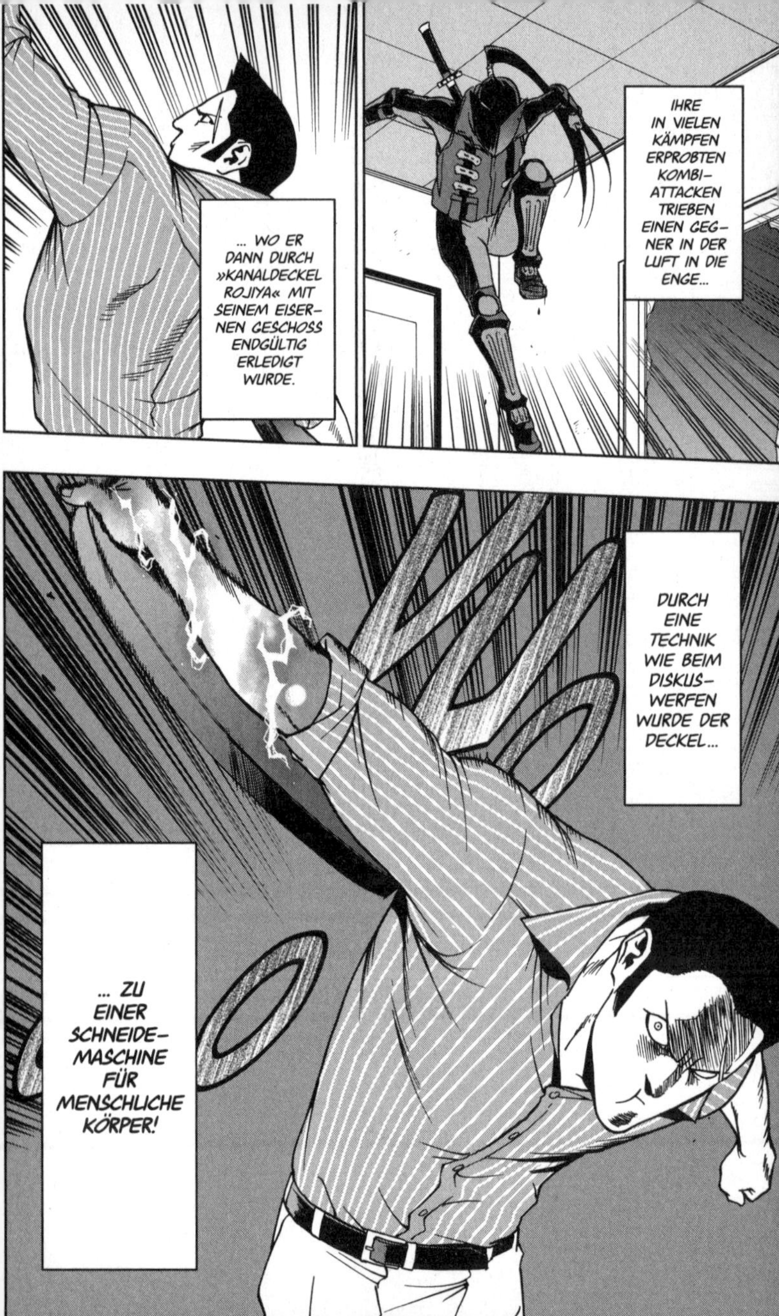
IHRE IN VIELEN KÄMPFEN ERPROBTEN KOMBI-ATTACKEN TRIEBEN EINEN GEG-NER IN DER LUFT IN DIE ENGE...
... WO ER DANN DURCH »KANALDECKEL ROJIYA« MIT SEINEM EISER-NEN GESCHOSS ENDGÜLTIG ERLEDIGT WURDE.
DURCH EINE TECHNIK WIE BEIM DISKUS-WERFEN WURDE DER DECKEL...
... ZU EINER SCHNEIDE-MASCHINE FÜR MENSCHLICHE KÖRPER!

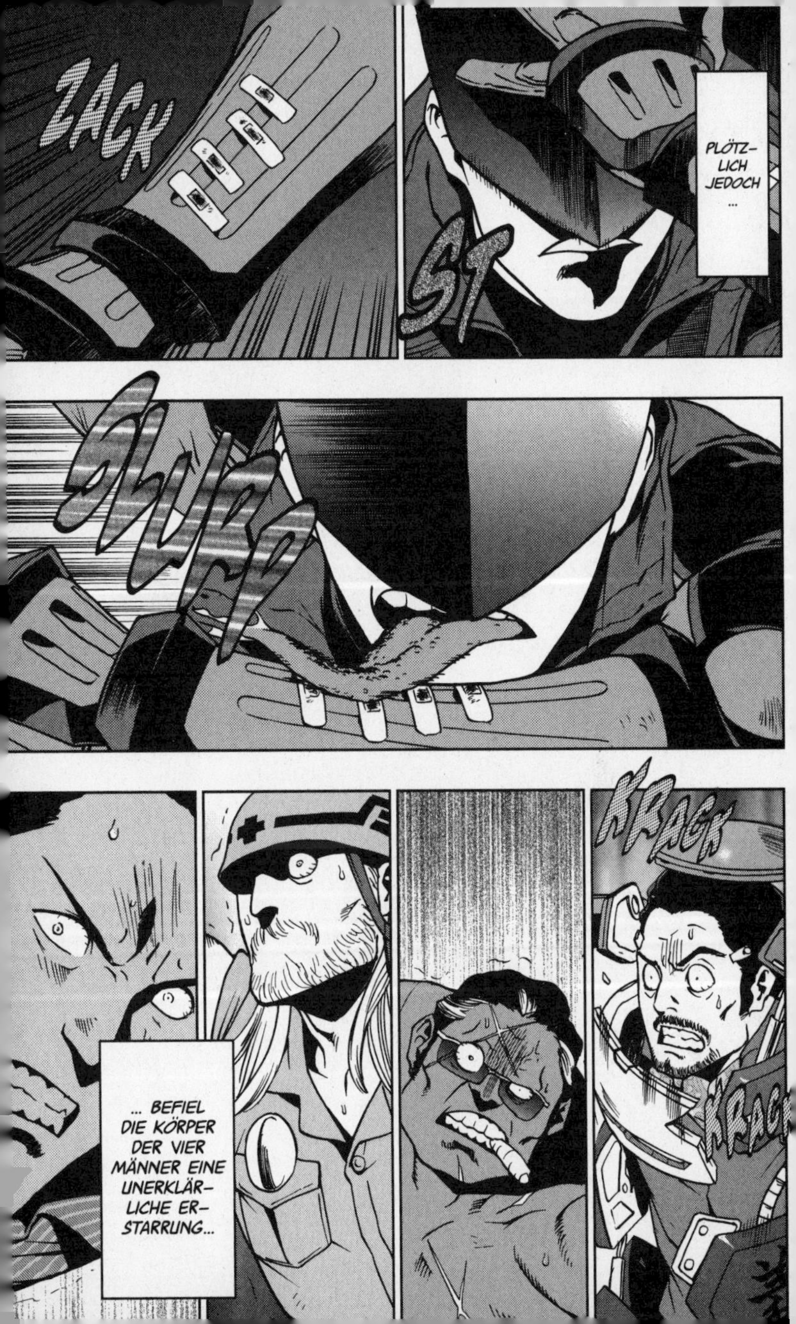
PLÖTZLICH JEDOCH ...
ZACK
ST
SCHLÜRF
... BEFIEL DIE KÖRPER DER VIER MÄNNER EINE UNERKLÄRLICHE ERSTARRUNG...
KRACK
KRACK

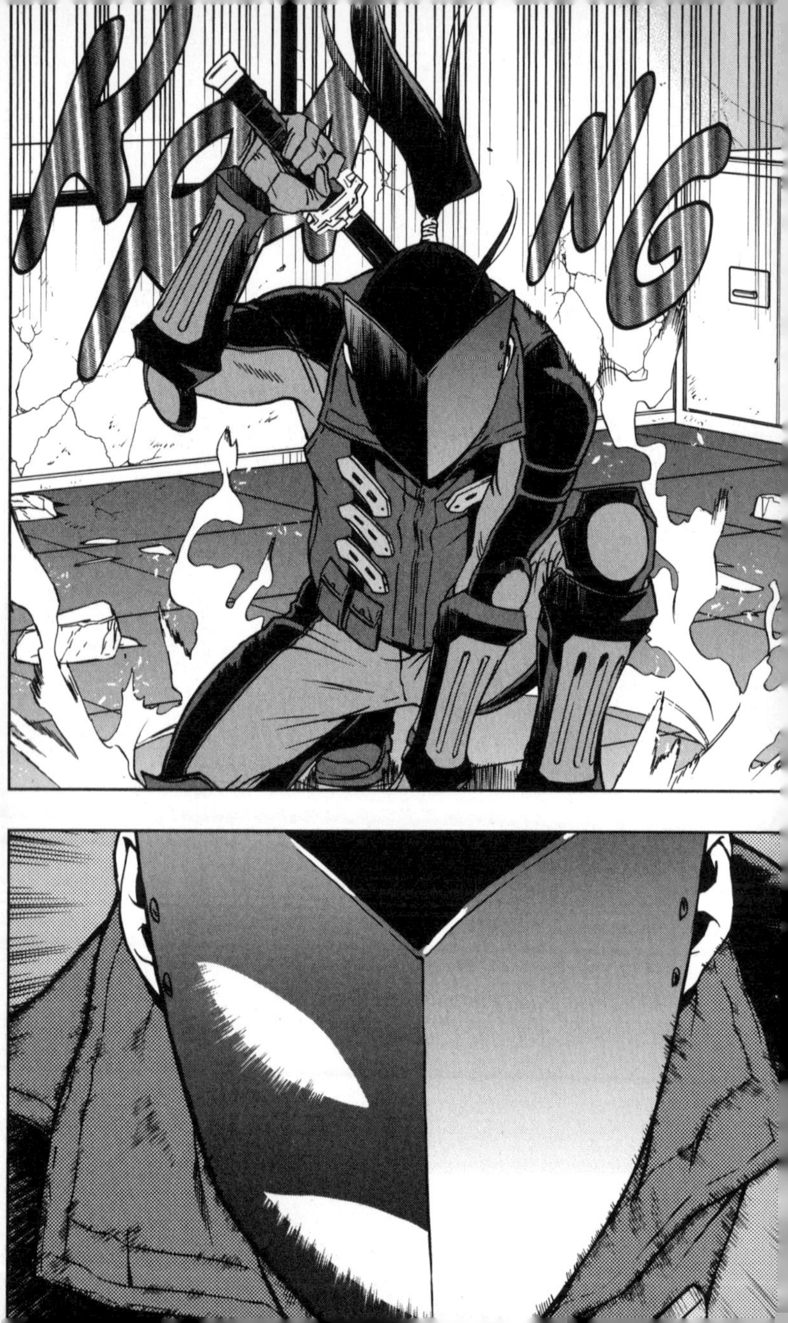
HANG

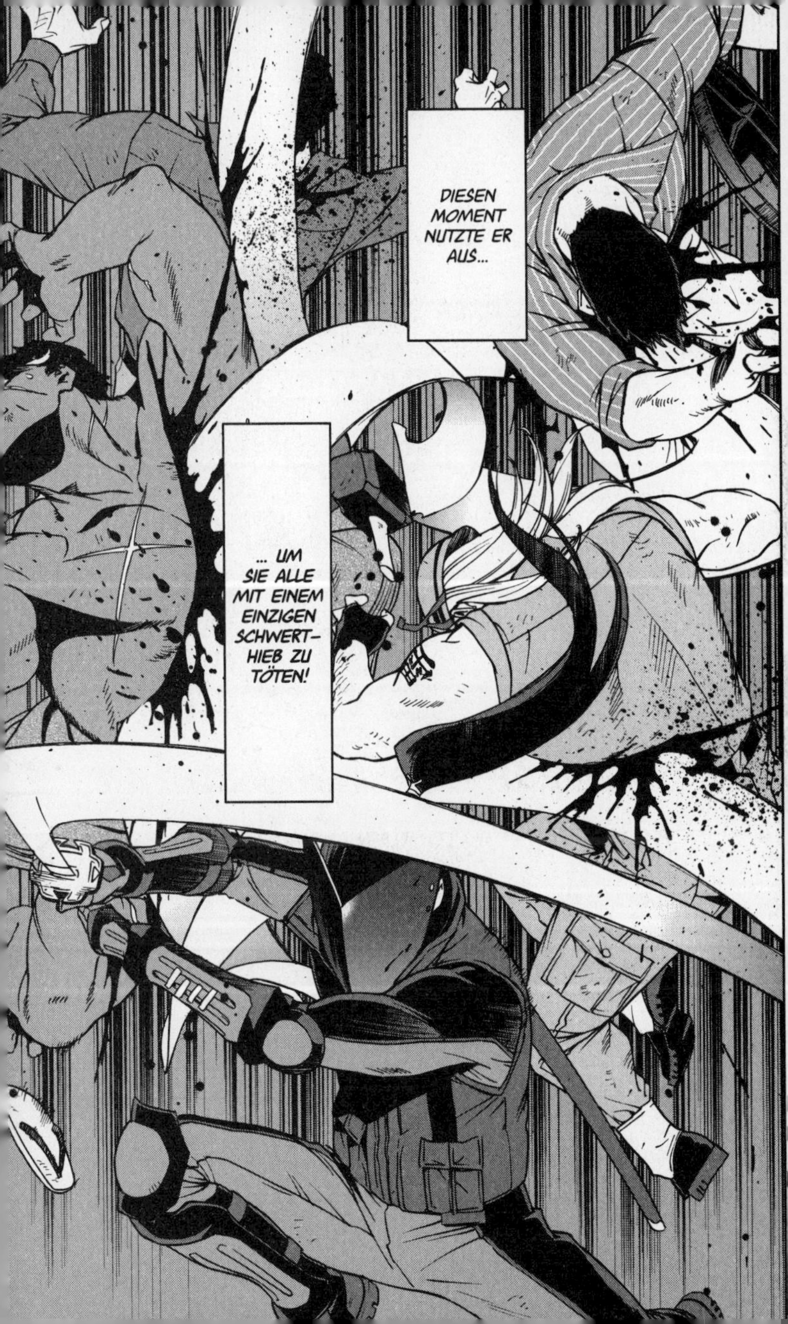
DIESEN MOMENT NUTZTE ER AUS...
... UM SIE ALLE MIT EINEM EINZIGEN SCHWERT-HIEB ZU TÖTEN!

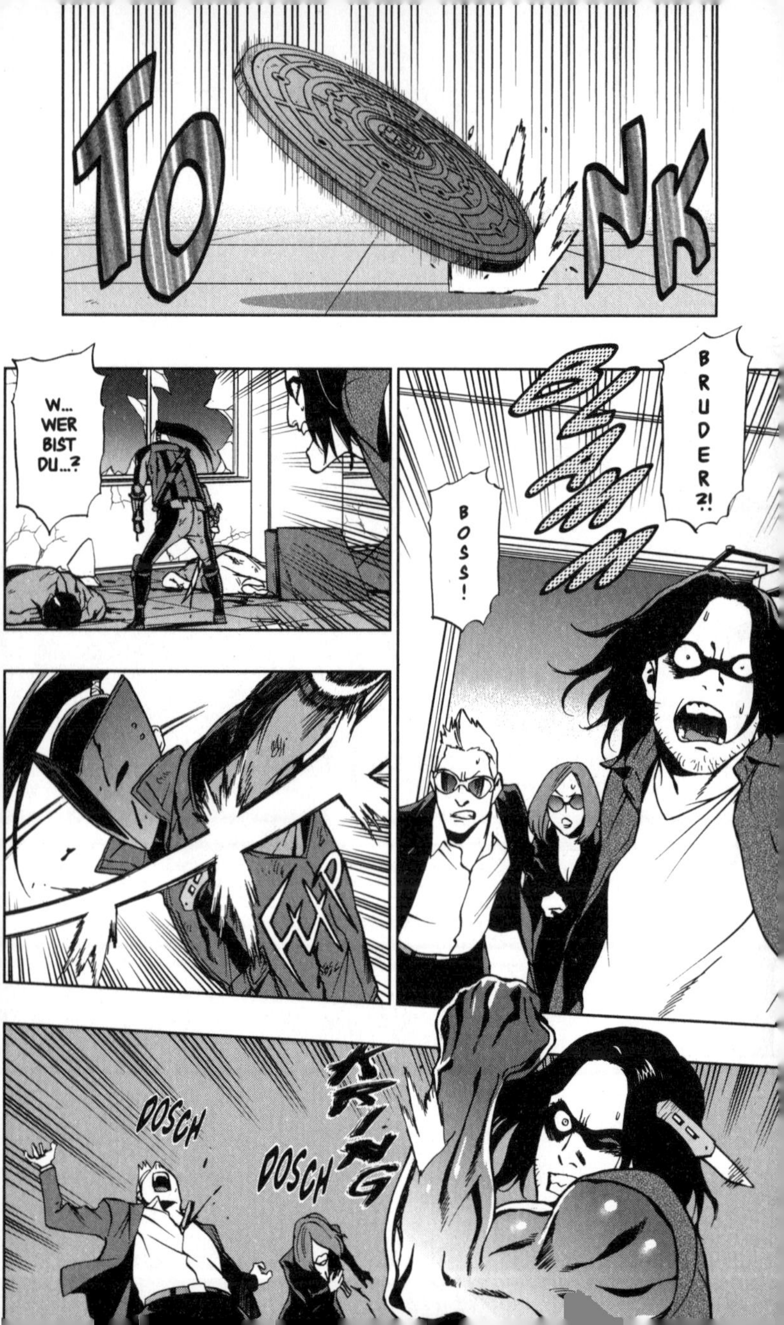

TONK
W... WER BIST DU...?
BRUDER?!
BWAMM
BOSS!
KRING
DOSCH
DOSCH

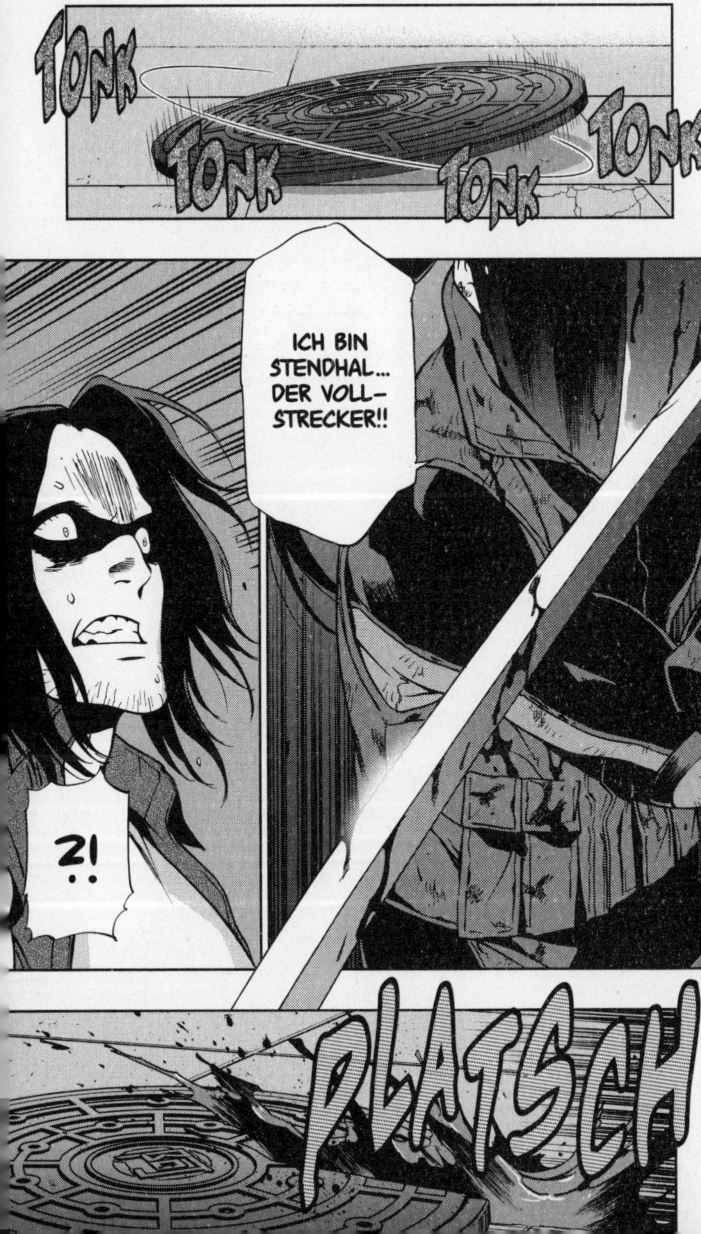
TONK
TONK
TONK
TONK
ICH BIN STENDHAL... DER VOLL-STRECKER!!
?!
PLATSCH

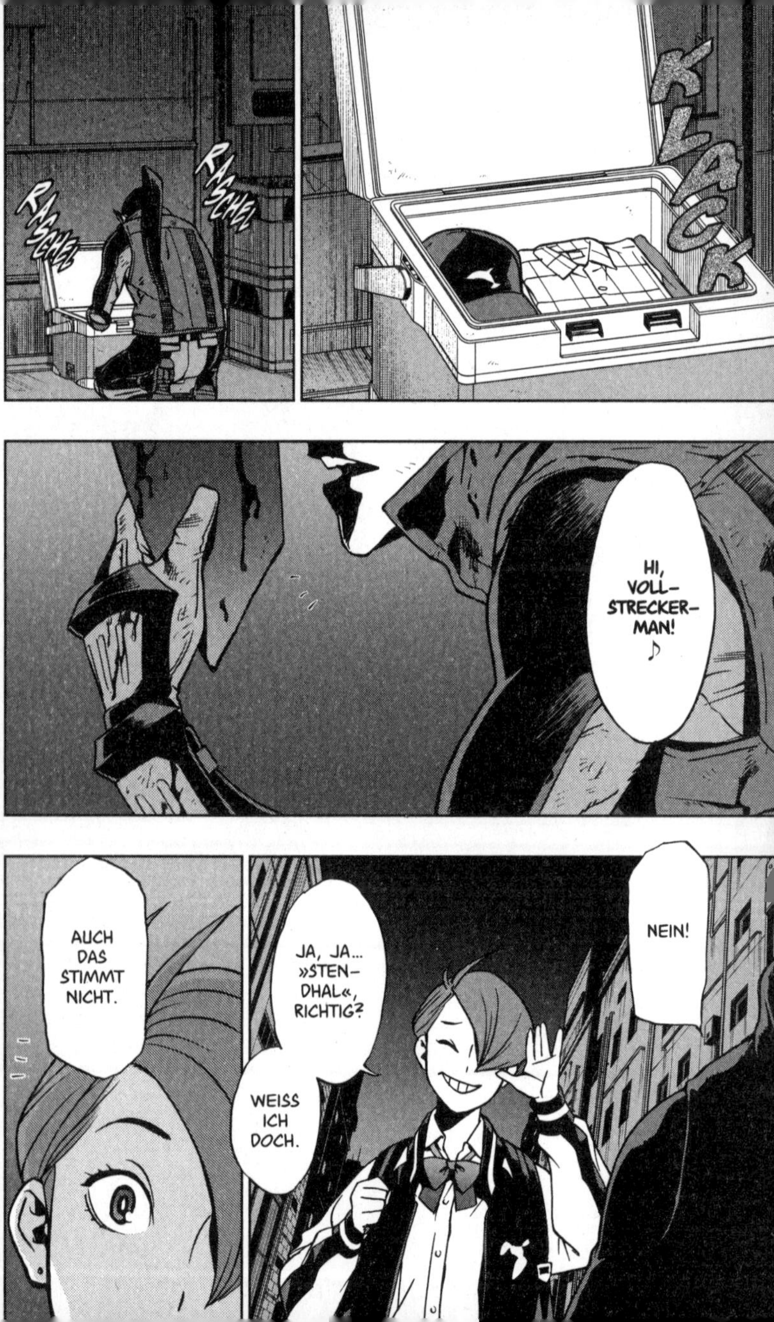
KLACK
RASCHEL
RASCHEL
HI, VOLL-STRECKER-MAN! ♪
NEIN!
JA, JA... »STEN-DHAL«, RICHTIG?
WEISS ICH DOCH.
AUCH DAS STIMMT NICHT.

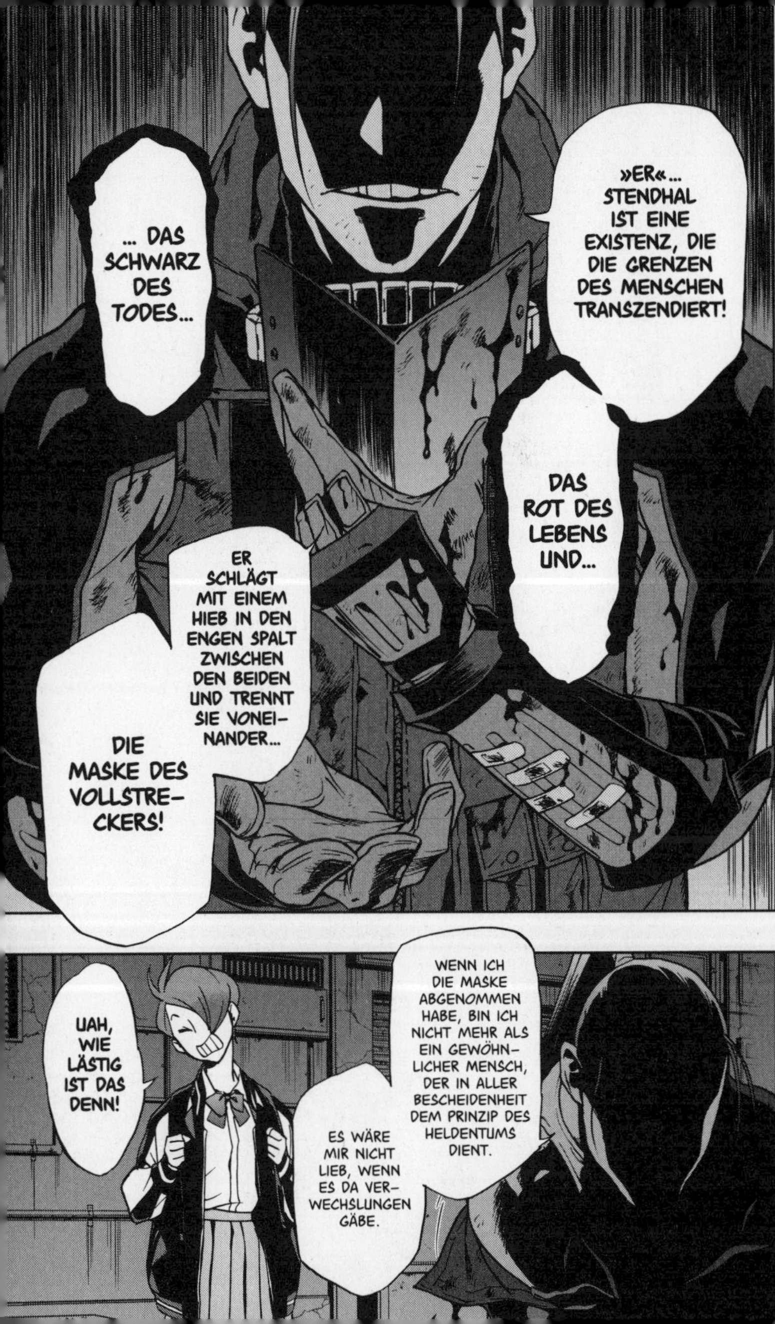
»ER«... STENDHAL IST EINE EXISTENZ, DIE DIE GRENZEN DES MENSCHEN TRANSZENDIERT!
DAS ROT DES LEBENS UND...
... DAS SCHWARZ DES TODES...
ER SCHLÄGT MIT EINEM HIEB IN DEN ENGEN SPALT ZWISCHEN DEN BEIDEN UND TRENNT SIE VONEI-NANDER...
DIE MASKE DES VOLLSTRE-CKERS!
WENN ICH DIE MASKE ABGENOMMEN HABE, BIN ICH NICHT MEHR ALS EIN GEWÖHN-LICHER MENSCH, DER IN ALLER BESCHEIDENHEIT DEM PRINZIP DES HELDENTUMS DIENT.
ES WÄRE MIR NICHT LIEB, WENN ES DA VER-WECHSLUNGEN GÄBE.
UAH, WIE LÄSTIG IST DAS DENN!

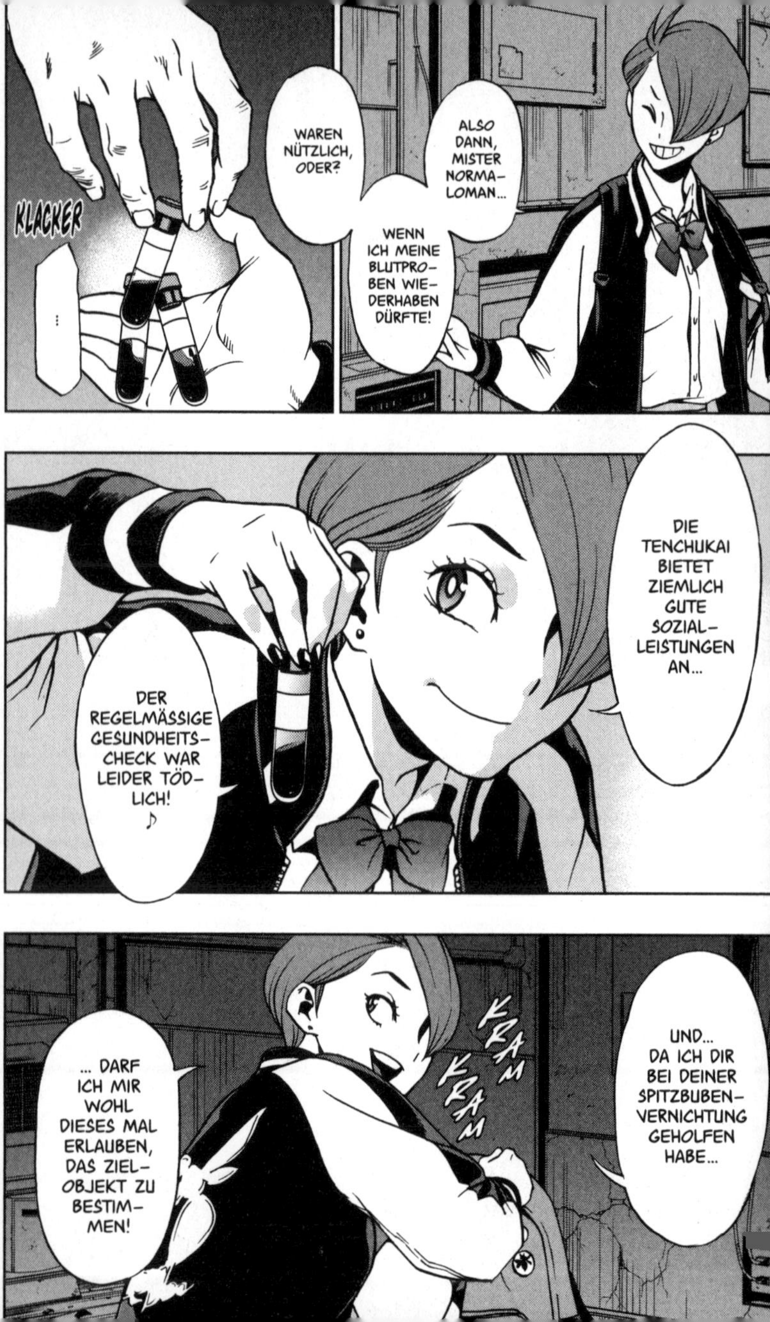
ALSO DANN, MISTER NORMALOMAN...
WENN ICH MEINE BLUTPROBEN WIEDERHABEN DÜRFTE!
WAREN NÜTZLICH, ODER?
KLACKER
...
DIE TENCHUKAI BIETET ZIEMLICH GUTE SOZIALLEISTUNGEN AN...
DER REGELMÄSSIGE GESUNDHEITSCHECK WAR LEIDER TÖDLICH! ♪
UND... DA ICH DIR BEI DEINER SPITZBUBENVERNICHTUNG GEHOLFEN HABE...
KRAM KRAM KRAM
... DARF ICH MIR WOHL DIESES MAL ERLAUBEN, DAS ZIELOBJEKT ZU BESTIMMEN!

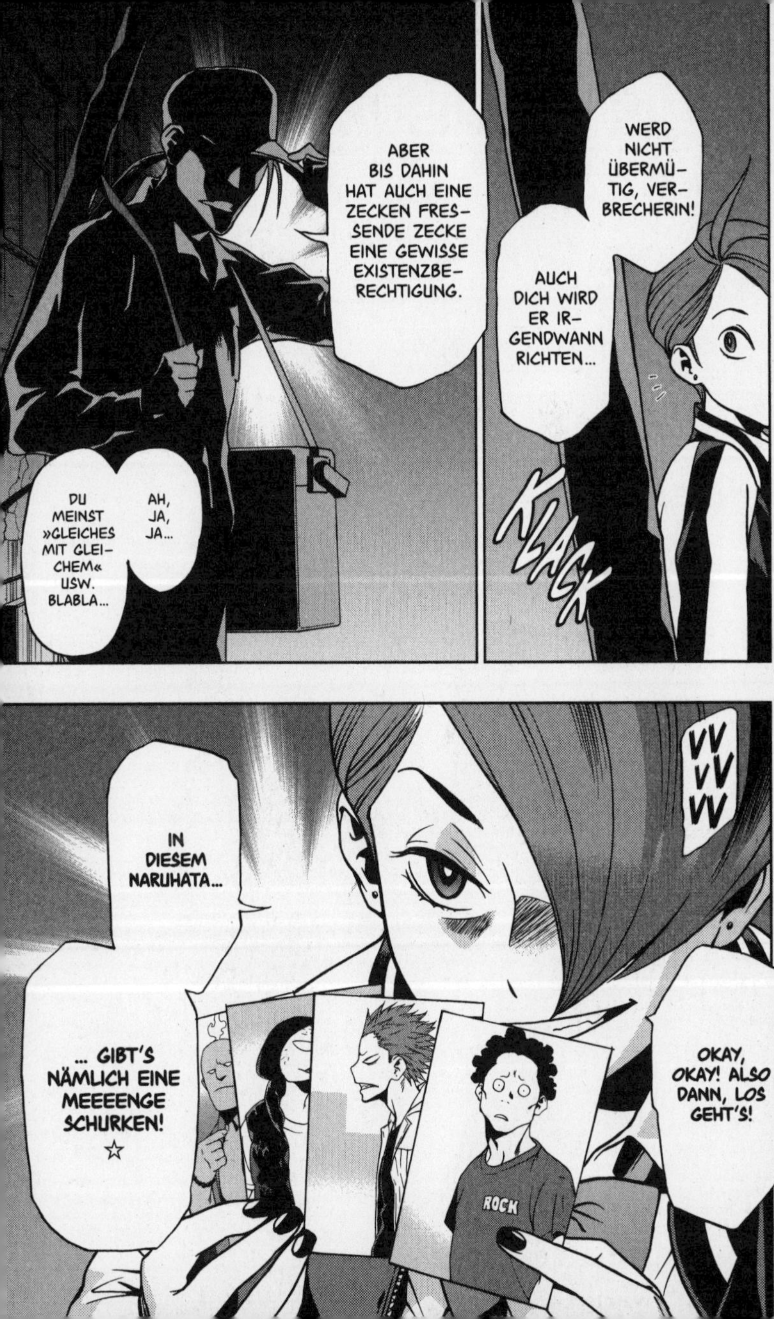
WERD NICHT ÜBERMÜTIG, VERBRECHERIN!
AUCH DICH WIRD ER IRGENDWANN RICHTEN...
KLACK
ABER BIS DAHIN HAT AUCH EINE ZECKEN FRESSENDE ZECKE EINE GEWISSE EXISTENZBERECHTIGUNG.
AH, JA, JA...
DU MEINST »GLEICHES MIT GLEICHEM« USW. BLABLA...
VVVVVV
OKAY, OKAY! ALSO DANN, LOS GEHT'S!
IN DIESEM NARUHATA...
... GIBT'S NÄMLICH EINE MEEEENGE SCHURKEN! ☆
ROCK

KUIN HACHISUKA

THE ROUGH DESIGN

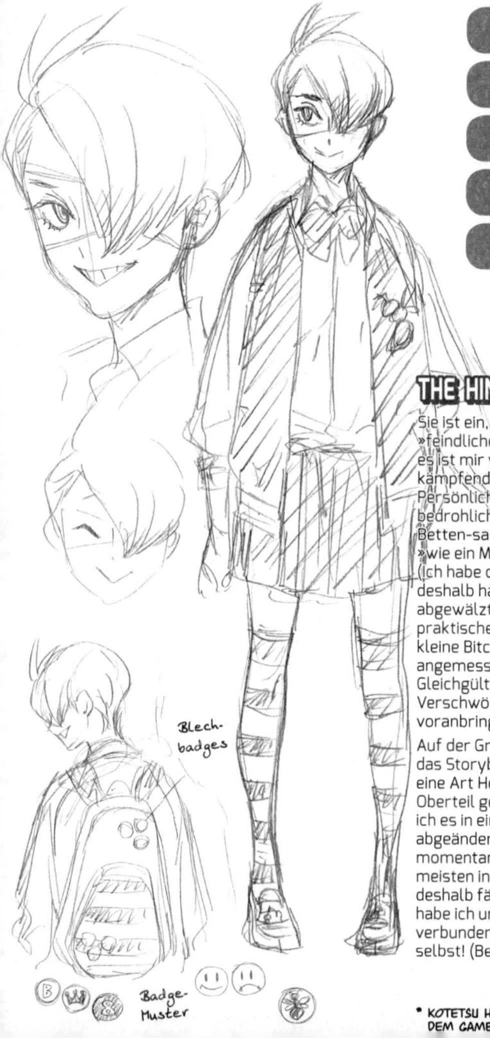

WAHRER NAME: UNBEKANNT

GEBURTSTAG: UNBEKANNT

GRÖSSE: 1,62 M

MAG: TOAST MIT HONIG

MACKE: BIENENKÖNIGIN

THE HINTERGRUNDINFOS

Sie ist ein, wie man zu sagen pflegt, »feindlicher Kommandanten«-Chara. Aber es ist mir wichtig, dass man sie nicht als kämpfende Einheit, sondern aufgrund ihrer Persönlichkeit und ihrer Manöver als bedrohlich empfindet. Gleichzeitig habe ich Betten-san gebeten, sie in visueller Hinsicht »wie ein Mädchen von heute« darzustellen. (Ich habe dafür überhaupt kein Gespür, deshalb hab ich das komplett auf ihn abgewälzt (-_-;)) Dank dessen ist sie ein praktischer Chara geworden, eine hübsche kleine Bitch, die obendrein mit einer angemessenen Portion Kompetenz und Gleichgültigkeit die »feindliche Verschwörung« Schritt für Schritt voranbringt. Extrem tüchtig! (Furuhashi)

Auf der Grobskizze, die Furuhashi-san in das Storyboard gezeichnet hatte, trug sie eine Art Hoodie, aber da es dasselbe Oberteil gewesen wäre wie bei Koichi, habe ich es in eine Satin-Collegejacke abgeändert. Sie ist in diesem Manga momentan der Charakter, den ich am meisten in meinem eigenen Stil zeichne, deshalb fällt es mir sehr leicht. Auch hier habe ich unbewusst Hachisu mit Satinjacke* verbunden… Ich fürchte mich vor mir selbst! (Betten)

* KOTETSU HACHISU IST EIN CHARAKTER AUS DEM GAME/ANIME »TOUKEN RANBU«.

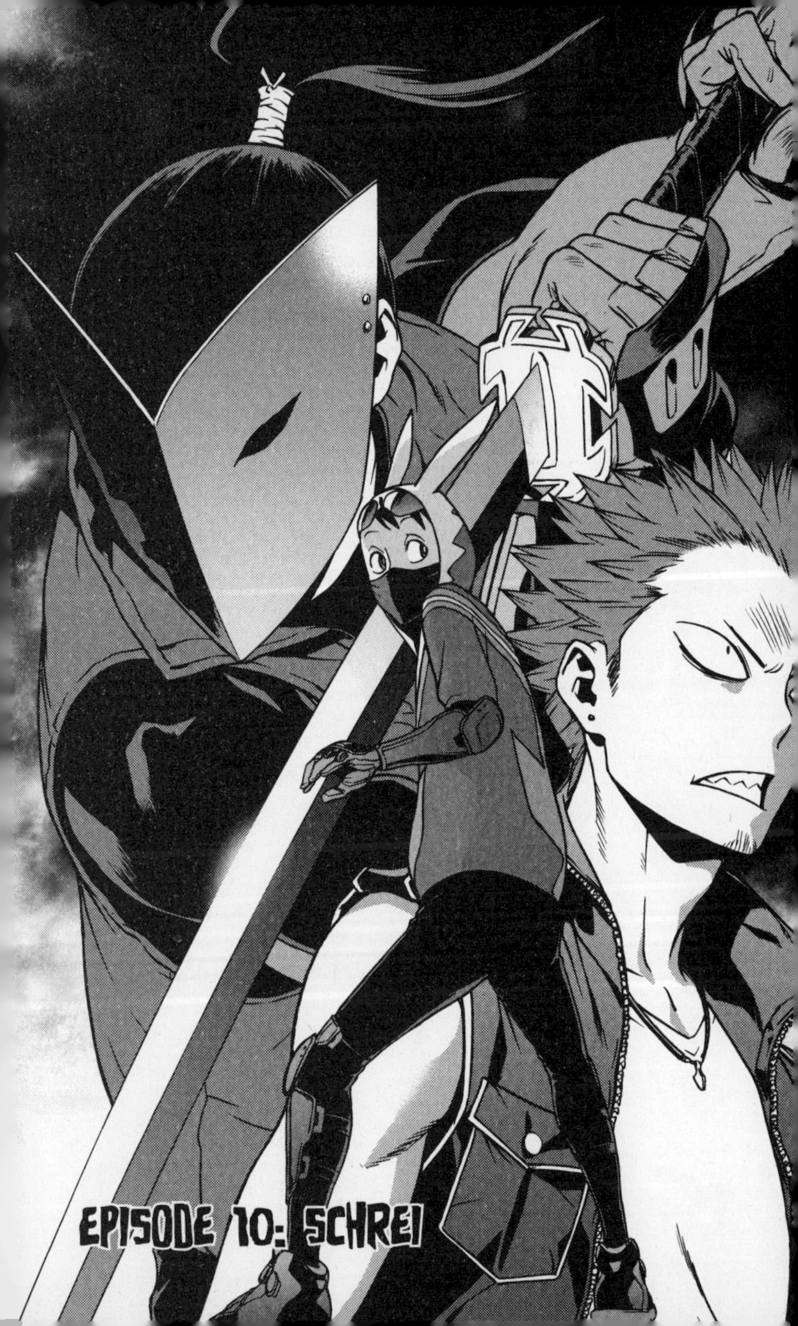
EPISODE 10: SCHREI

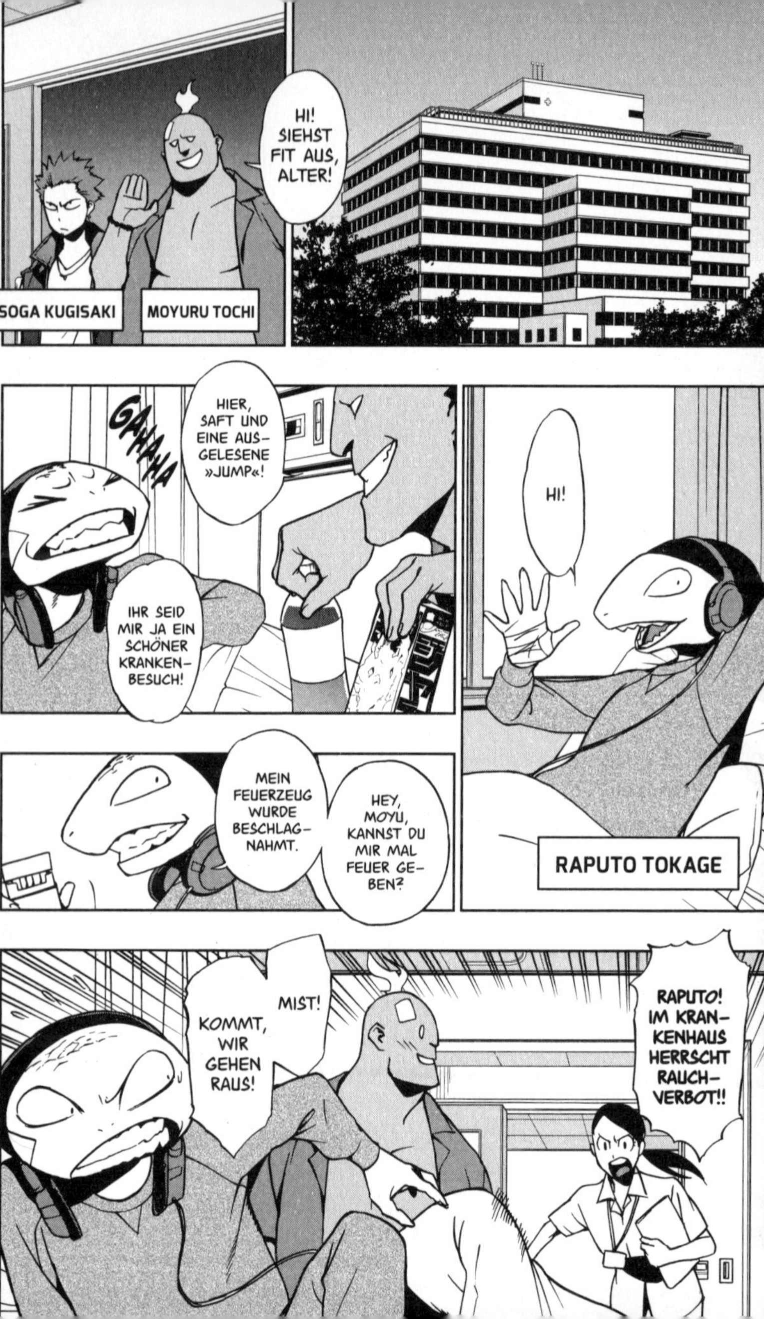
HI! SIEHST FIT AUS, ALTER!
SOGA KUGISAKI
MOYURU TOCHI
HI!
RAPUTO TOKAGE
GAHAHA
HIER, SAFT UND EINE AUS-GELESENE »JUMP«!
IHR SEID MIR JA EIN SCHÖNER KRANKEN-BESUCH!
HEY, MOYU, KANNST DU MIR MAL FEUER GE-BEN?
MEIN FEUERZEUG WURDE BESCHLAG-NAHMT.
RAPUTO! IM KRAN-KENHAUS HERRSCHT RAUCH-VERBOT!!
MIST!
KOMMT, WIR GEHEN RAUS!

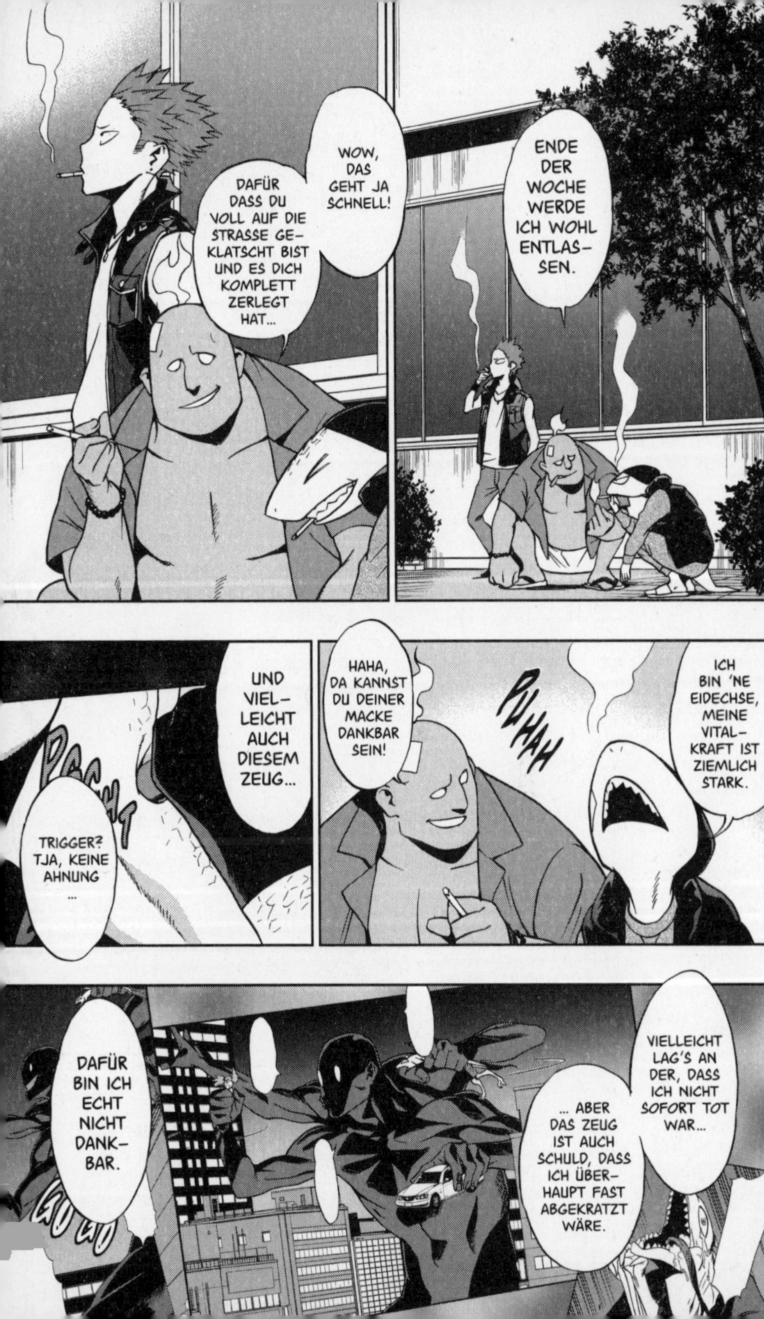
ENDE DER WOCHE WERDE ICH WOHL ENTLASSEN.
WOW, DAS GEHT JA SCHNELL!
DAFÜR DASS DU VOLL AUF DIE STRASSE GEKLATSCHT BIST UND ES DICH KOMPLETT ZERLEGT HAT...
ICH BIN 'NE EIDECHSE, MEINE VITALKRAFT IST ZIEMLICH STARK.
PUHAH
HAHA, DA KANNST DU DEINER MACKE DANKBAR SEIN!
UND VIELLEICHT AUCH DIESEM ZEUG...
TRIGGER? TJA, KEINE AHNUNG ...
VIELLEICHT LAG'S AN DER, DASS ICH NICHT SOFORT TOT WAR...
... ABER DAS ZEUG IST AUCH SCHULD, DASS ICH ÜBERHAUPT FAST ABGEKRATZT WÄRE.
...
...
...
DAFÜR BIN ICH ECHT NICHT DANKBAR.

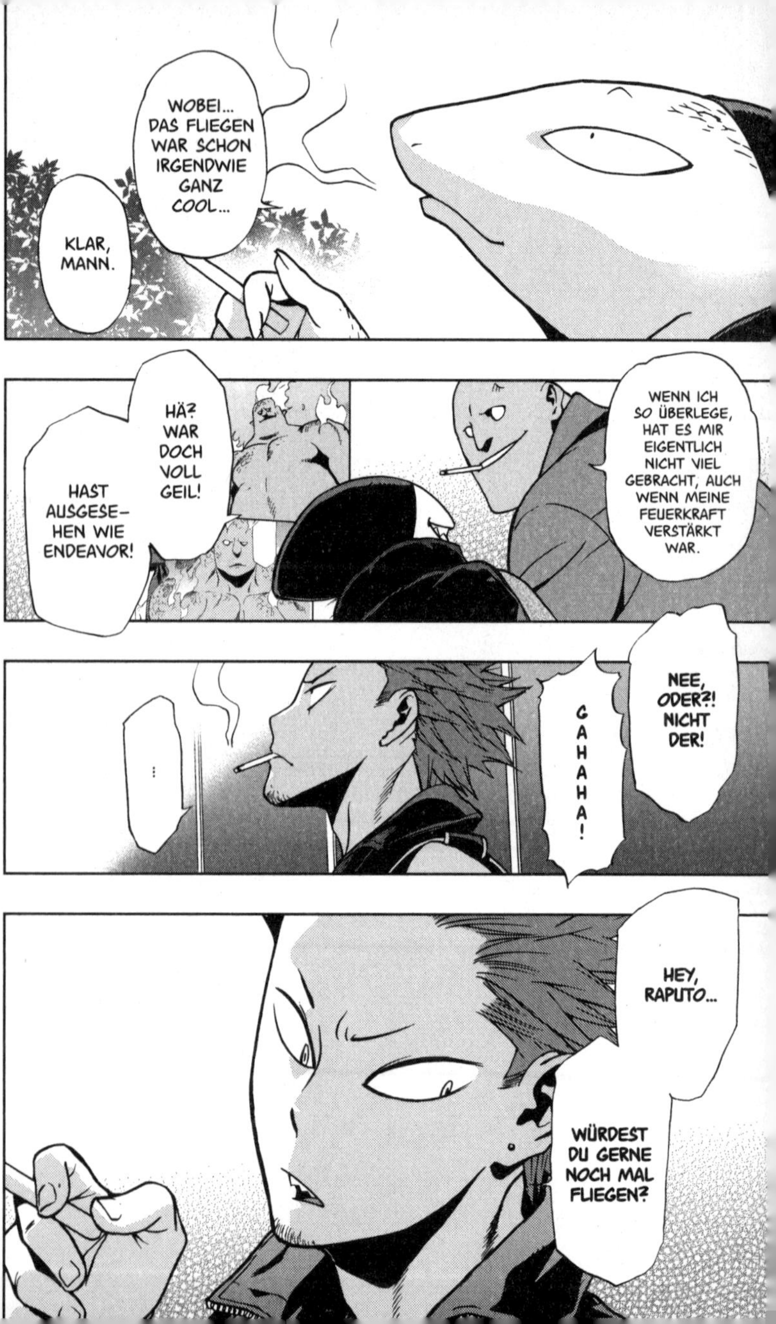
WOBEI... DAS FLIEGEN WAR SCHON IRGENDWIE GANZ COOL...
KLAR, MANN.
WENN ICH SO ÜBERLEGE, HAT ES MIR EIGENTLICH NICHT VIEL GEBRACHT, AUCH WENN MEINE FEUERKRAFT VERSTÄRKT WAR.
HÄ? WAR DOCH VOLL GEIL!
HAST AUSGESEHEN WIE ENDEAVOR!
NEE, ODER?! NICHT DER!
GAHAHA!
...
HEY, RAPUTO...
WÜRDEST DU GERNE NOCH MAL FLIEGEN?

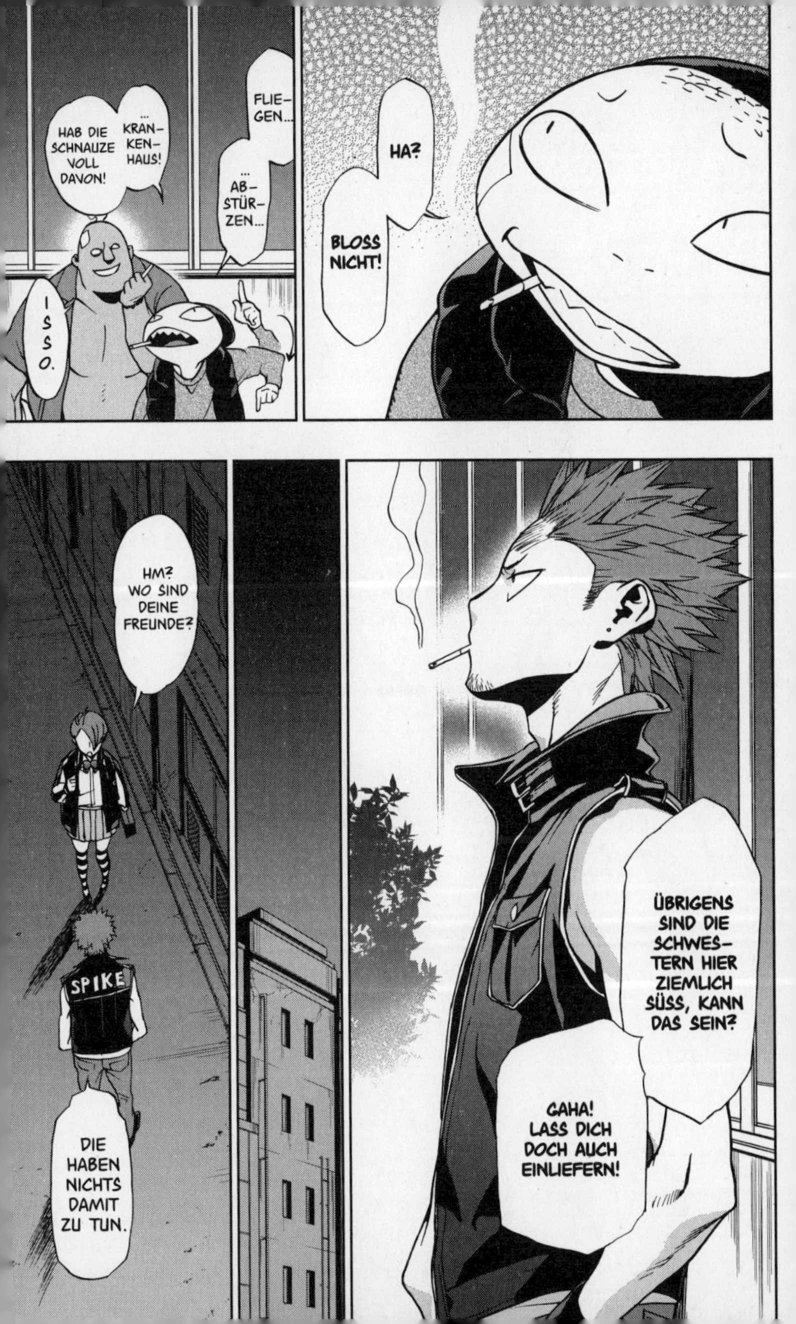
HA?
BLOSS NICHT!
FLIEGEN...
... ABSTÜRZEN...
... KRANKENHAUS!
HAB DIE SCHNAUZE VOLL DAVON!
ISSO.
ÜBRIGENS SIND DIE SCHWESTERN HIER ZIEMLICH SÜSS, KANN DAS SEIN?
GAHA! LASS DICH DOCH AUCH EINLIEFERN!
HM? WO SIND DEINE FREUNDE?
DIE HABEN NICHTS DAMIT ZU TUN.
SPIKE

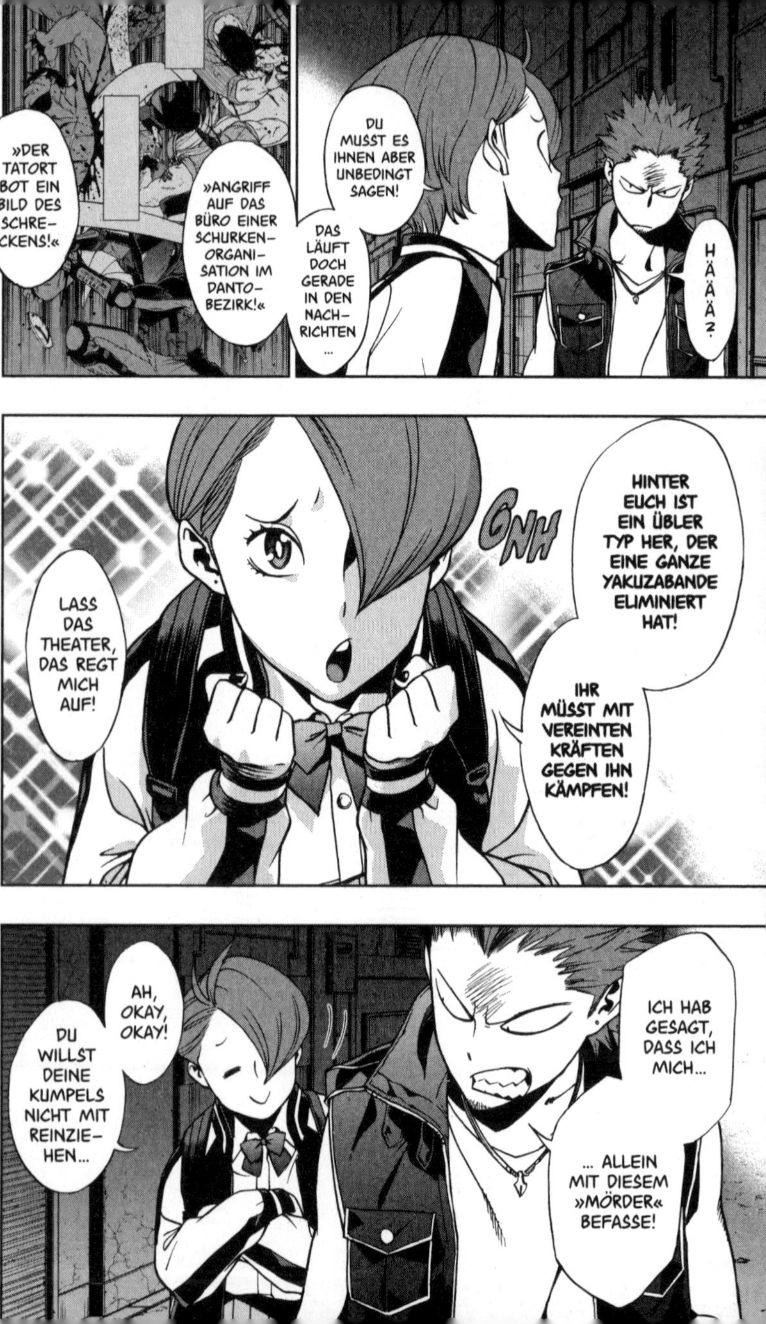
HÄÄÄ?
DU MUSST ES IHNEN ABER UNBEDINGT SAGEN!
DAS LÄUFT DOCH GERADE IN DEN NACHRICHTEN ...
»ANGRIFF AUF DAS BÜRO EINER SCHURKENORGANISATION IM DANTOBEZIRK!«
»DER TATORT BOT EIN BILD DES SCHRECKENS!«
HINTER EUCH IST EIN ÜBLER TYP HER, DER EINE GANZE YAKUZABANDE ELIMINIERT HAT!
IHR MÜSST MIT VEREINTEN KRÄFTEN GEGEN IHN KÄMPFEN!
GNH
LASS DAS THEATER, DAS REGT MICH AUF!
ICH HAB GESAGT, DASS ICH MICH...
... ALLEIN MIT DIESEM »MÖRDER« BEFASSE!
AH, OKAY, OKAY!
DU WILLST DEINE KUMPELS NICHT MIT REINZIEHEN...

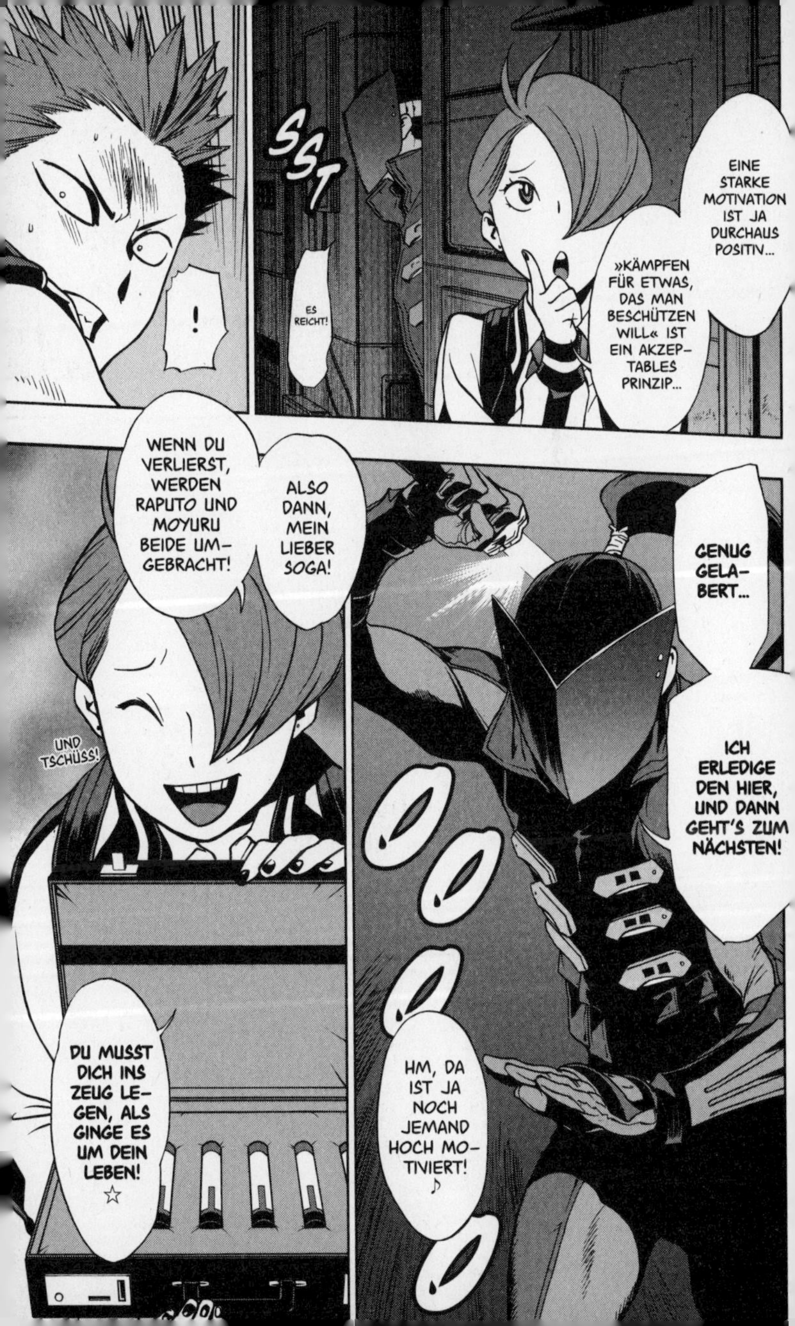
EINE STARKE MOTIVATION IST JA DURCHAUS POSITIV...
»KÄMPFEN FÜR ETWAS, DAS MAN BESCHÜTZEN WILL« IST EIN AKZEPTABLES PRINZIP...
SST
ES REICHT!
!
GENUG GELABERT...
ICH ERLEDIGE DEN HIER, UND DANN GEHT'S ZUM NÄCHSTEN!
HM, DA IST JA NOCH JEMAND HOCH MOTIVIERT! ♪
ALSO DANN, MEIN LIEBER SOGA!
WENN DU VERLIERST, WERDEN RAPUTO UND MOYURU BEIDE UMGEBRACHT!
UND TSCHÜSS!
DU MUSST DICH INS ZEUG LEGEN, ALS GINGE ES UM DEIN LEBEN! ☆

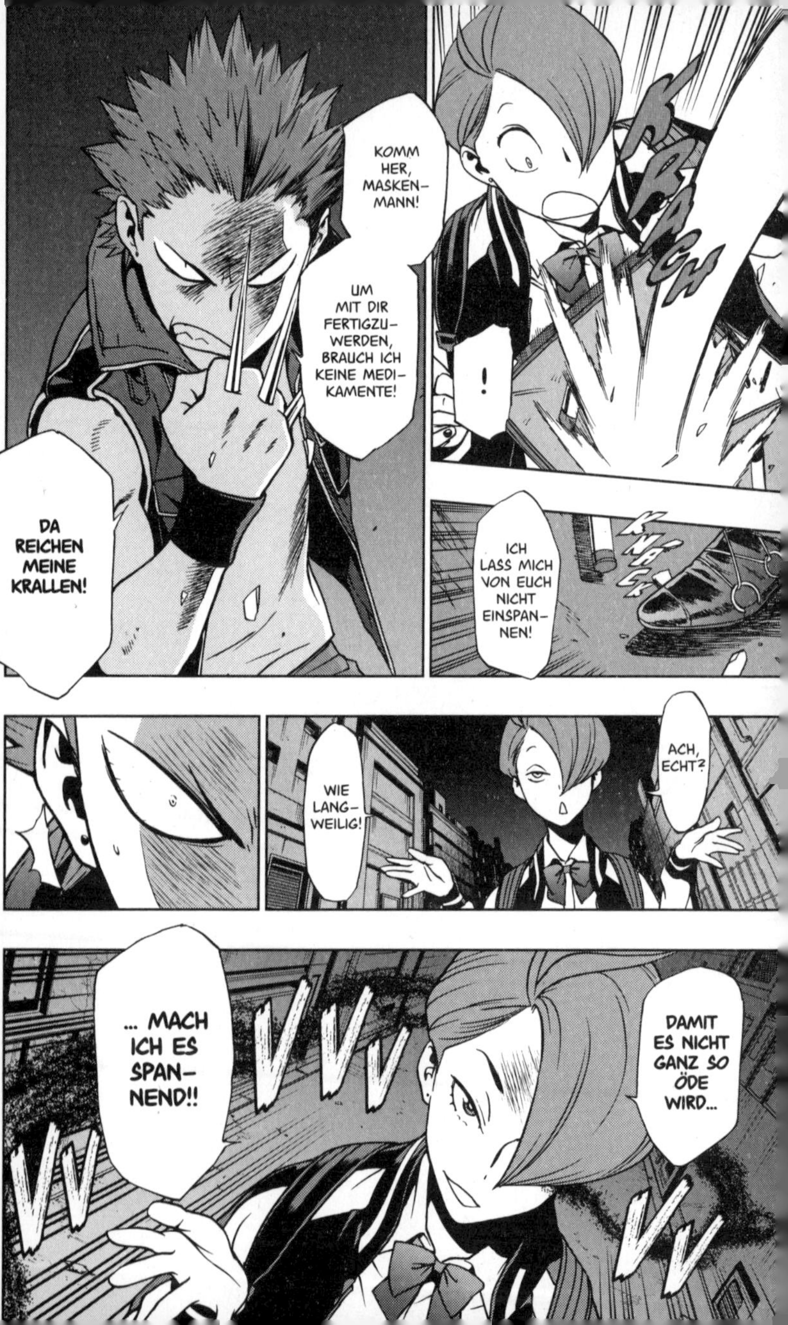
!
KOMM HER, MASKENMANN!
UM MIT DIR FERTIGZUWERDEN, BRAUCH ICH KEINE MEDIKAMENTE!
DA REICHEN MEINE KRALLEN!
ICH LASS MICH VON EUCH NICHT EINSPANNEN!
ACH, ECHT?
WIE LANGWEILIG!
DAMIT ES NICHT GANZ SO ÖDE WIRD...
... MACH ICH ES SPANNEND!!

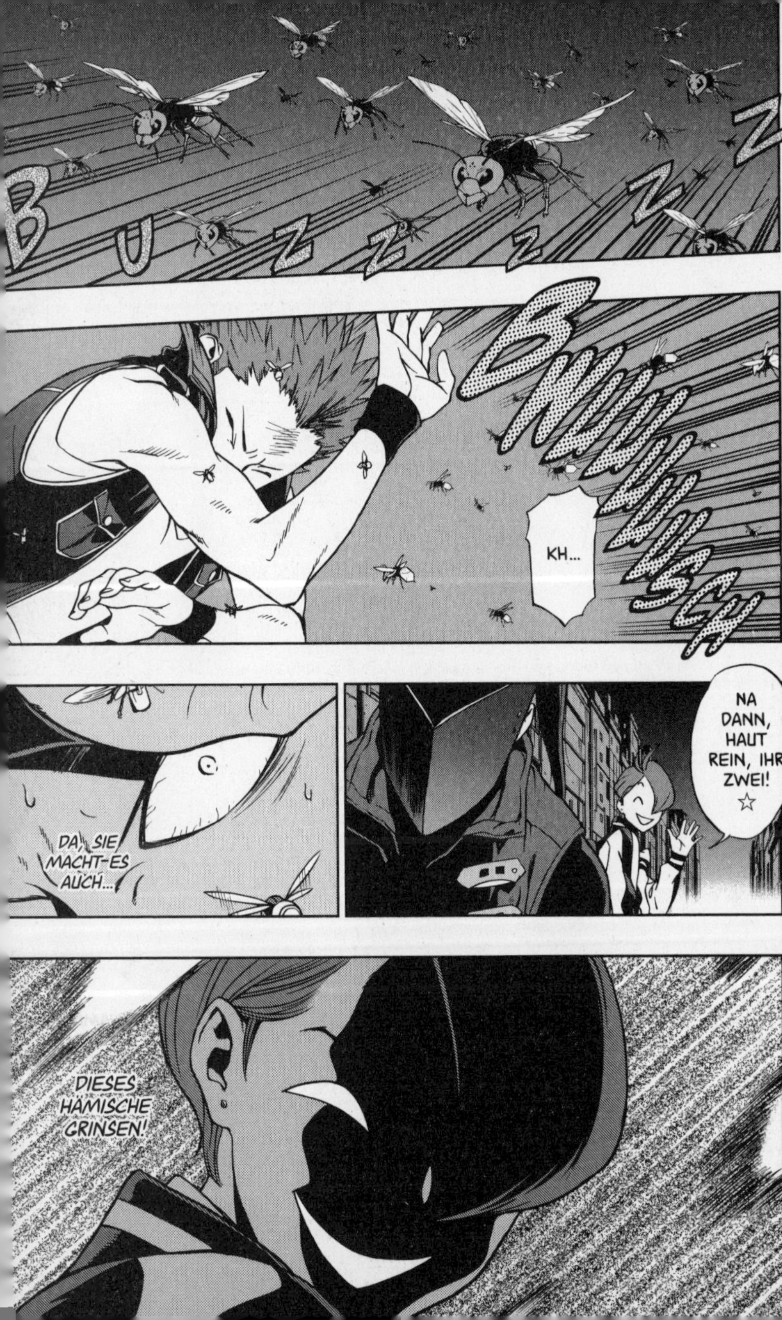
BUZZZZZ
BRUUUUUUSCH
KH...
DA, SIE MACHT ES AUCH...
NA DANN, HAUT REIN, IHR ZWEI! ☆
DIESES HÄMISCHE GRINSEN!

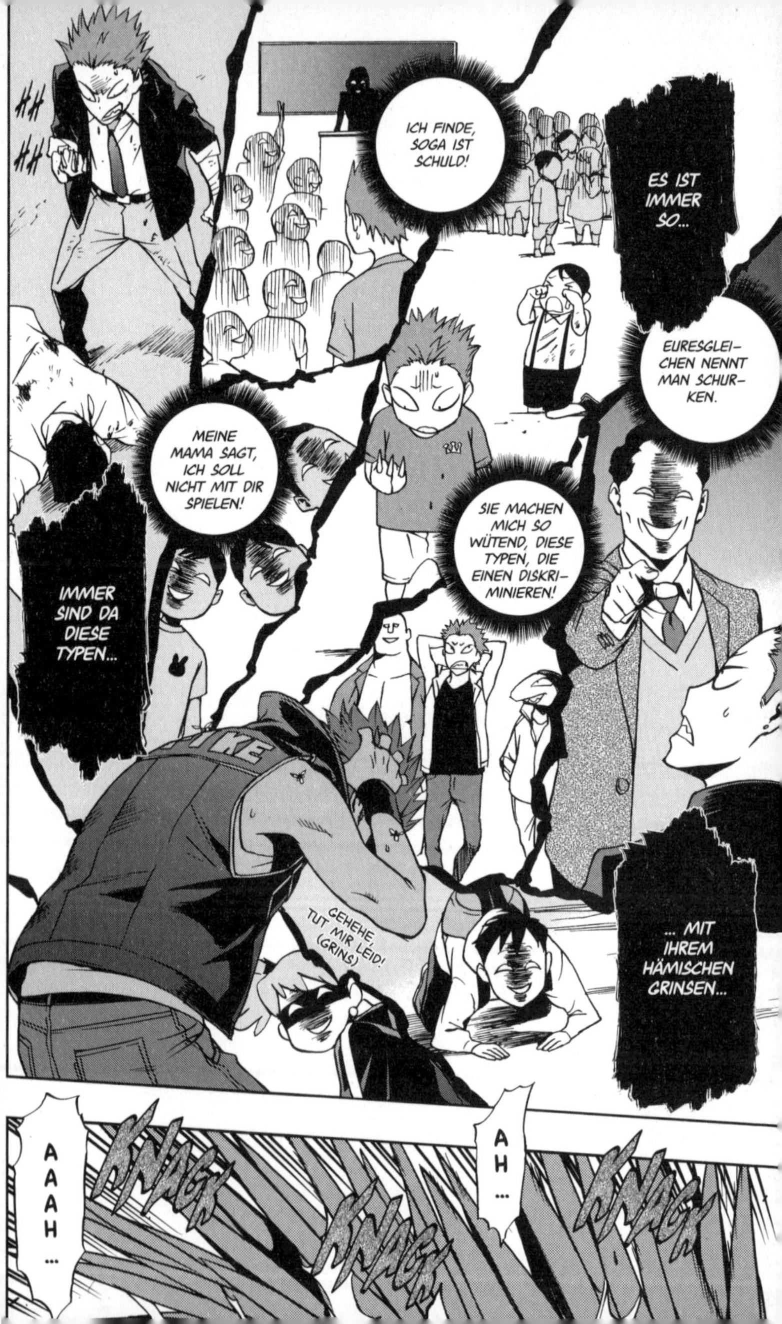
ES IST IMMER SO...
ICH FINDE, SOGA IST SCHULD!
EURESGLEICHEN NENNT MAN SCHURKEN.
SIE MACHEN MICH SO WÜTEND, DIESE TYPEN, DIE EINEN DISKRIMINIEREN!
MEINE MAMA SAGT, ICH SOLL NICHT MIT DIR SPIELEN!
IMMER SIND DA DIESE TYPEN...
... MIT IHREM HÄMISCHEN GRINSEN...
GEHEHE, TUT MIR LEID! (GRINS)
KNACK
AH ...
KNACK
KNACK
AAAAH ...

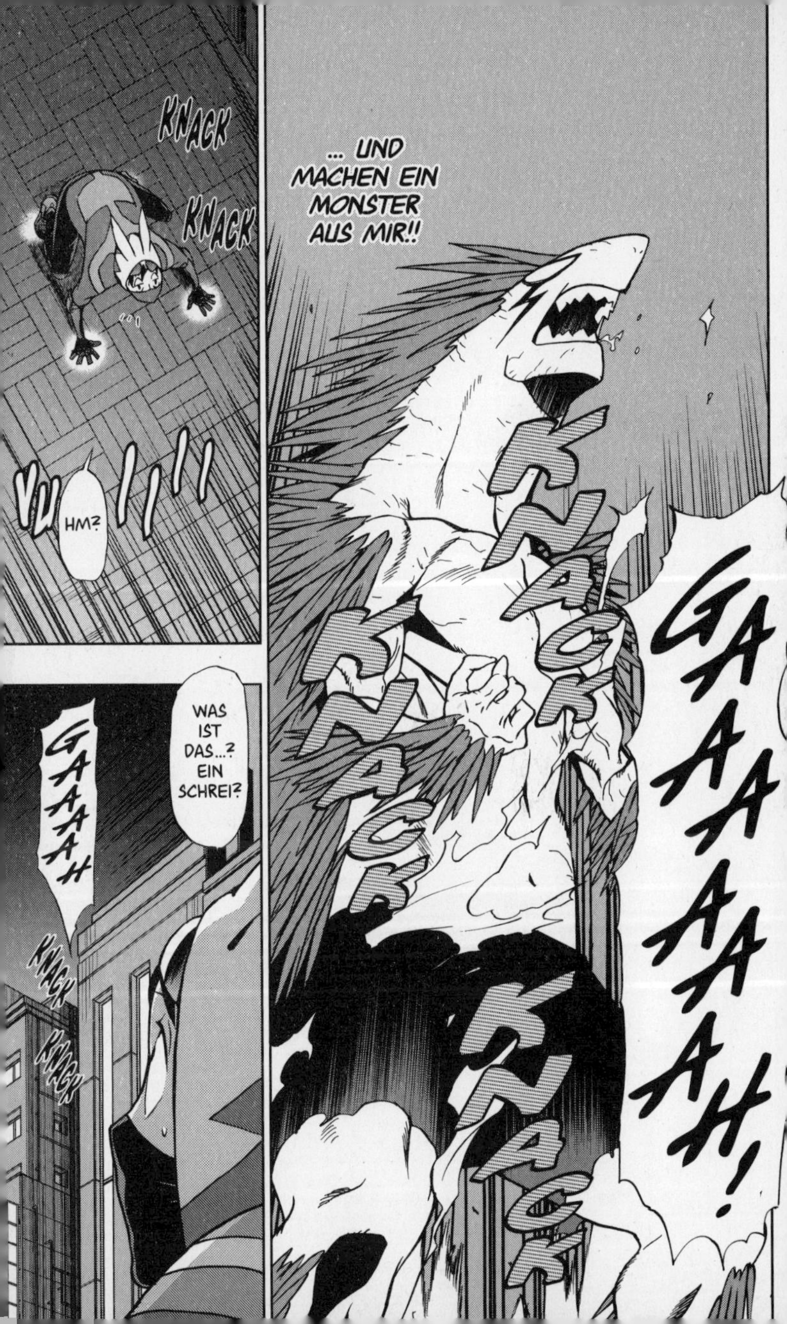
... UND MACHEN EIN MONSTER AUS MIR!!
KNACK
KNACK
GAAAAAAAH!
KNACK
KNACK
HM?
WAS IST DAS...? EIN SCHREI?
GAAAAAH
KNACK
KNACK

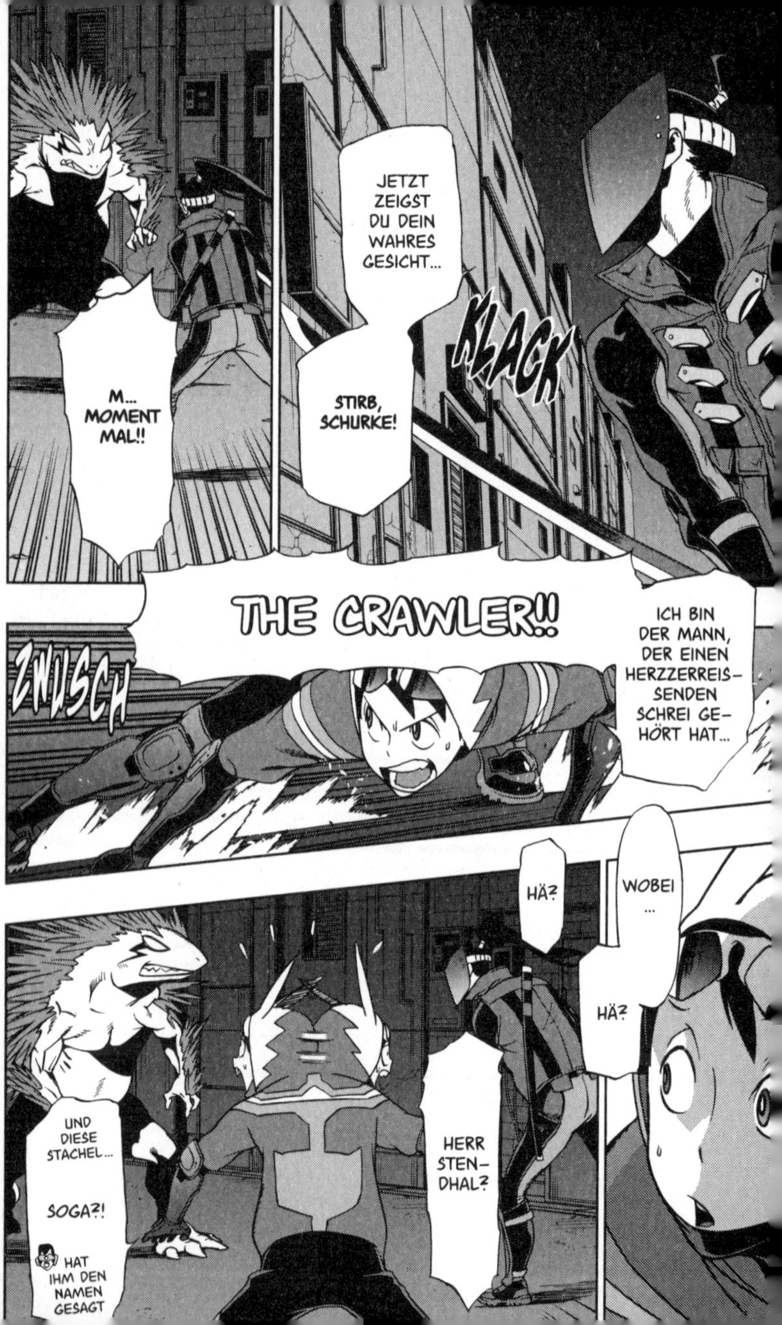

JETZT ZEIGST DU DEIN WAHRES GESICHT...
KLACK
STIRB, SCHURKE!
M... MOMENT MAL!!
ICH BIN DER MANN, DER EINEN HERZZERREIS-SENDEN SCHREI GE-HÖRT HAT...
THE CRAWLER!!
ZWUSCH
WOBEI ...
HÄ?
HÄ?
HERR STEN-DHAL?
UND DIESE STACHEL...
SOGA?!
HAT IHM DEN NAMEN GESAGT

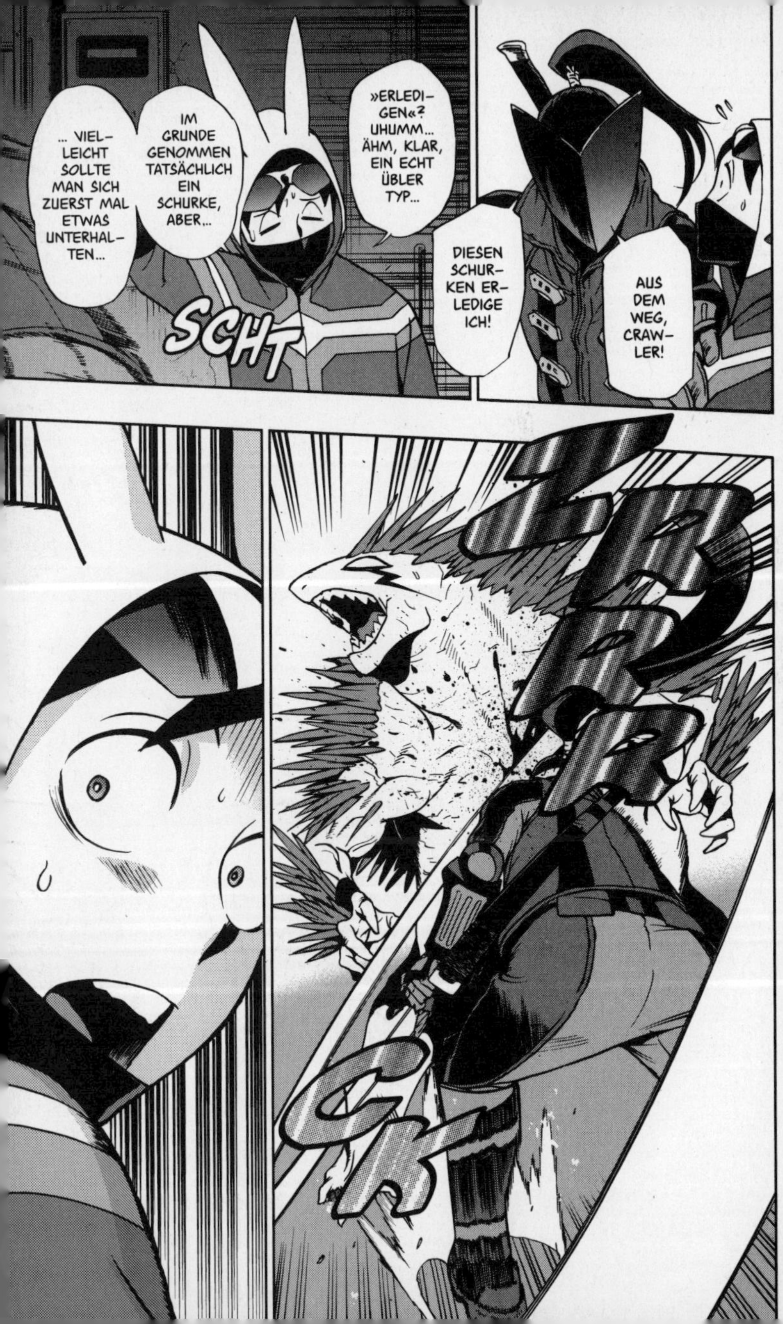
AUS DEM WEG, CRAWLER!
DIESEN SCHURKEN ERLEDIGE ICH!
»ERLEDIGEN«? UHUMM... ÄHM, KLAR, EIN ECHT ÜBLER TYP...
IM GRUNDE GENOMMEN TATSÄCHLICH EIN SCHURKE, ABER...
... VIELLEICHT SOLLTE MAN SICH ZUERST MAL ETWAS UNTERHALTEN...
SCHT

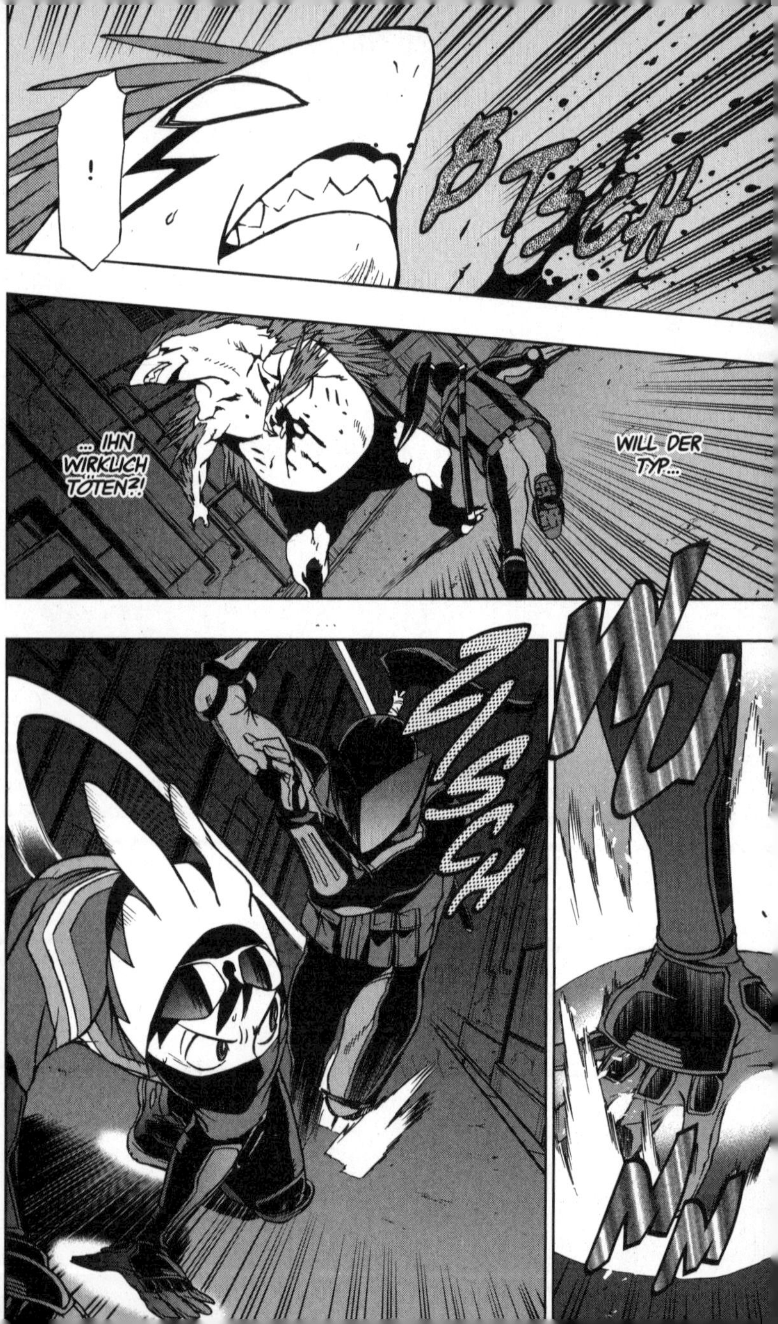
!
BTSCH
WILL DER TYP...
... IHN WIRKLICH TÖTEN?!
...
ZISCH

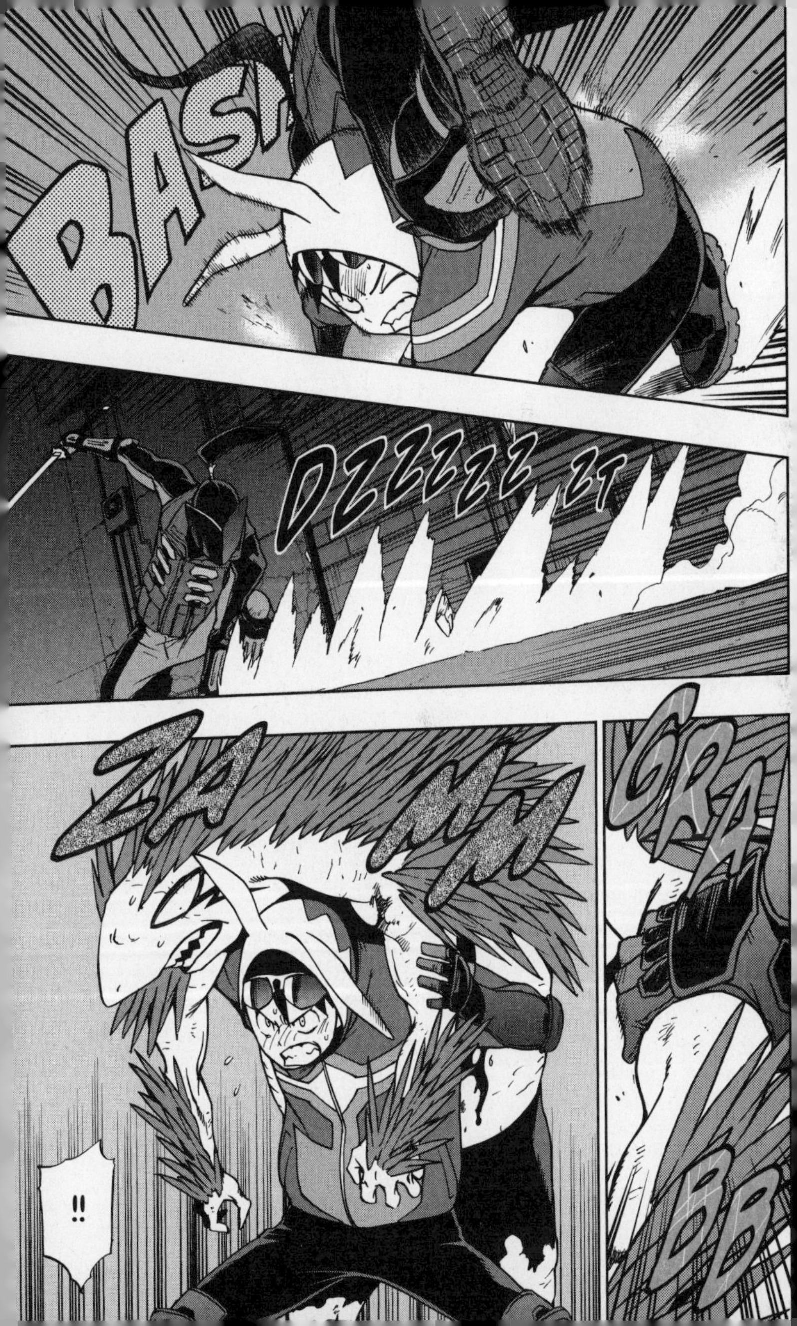
BASH
DZZZZZZ ZT
GRAB
ZAMM
!!

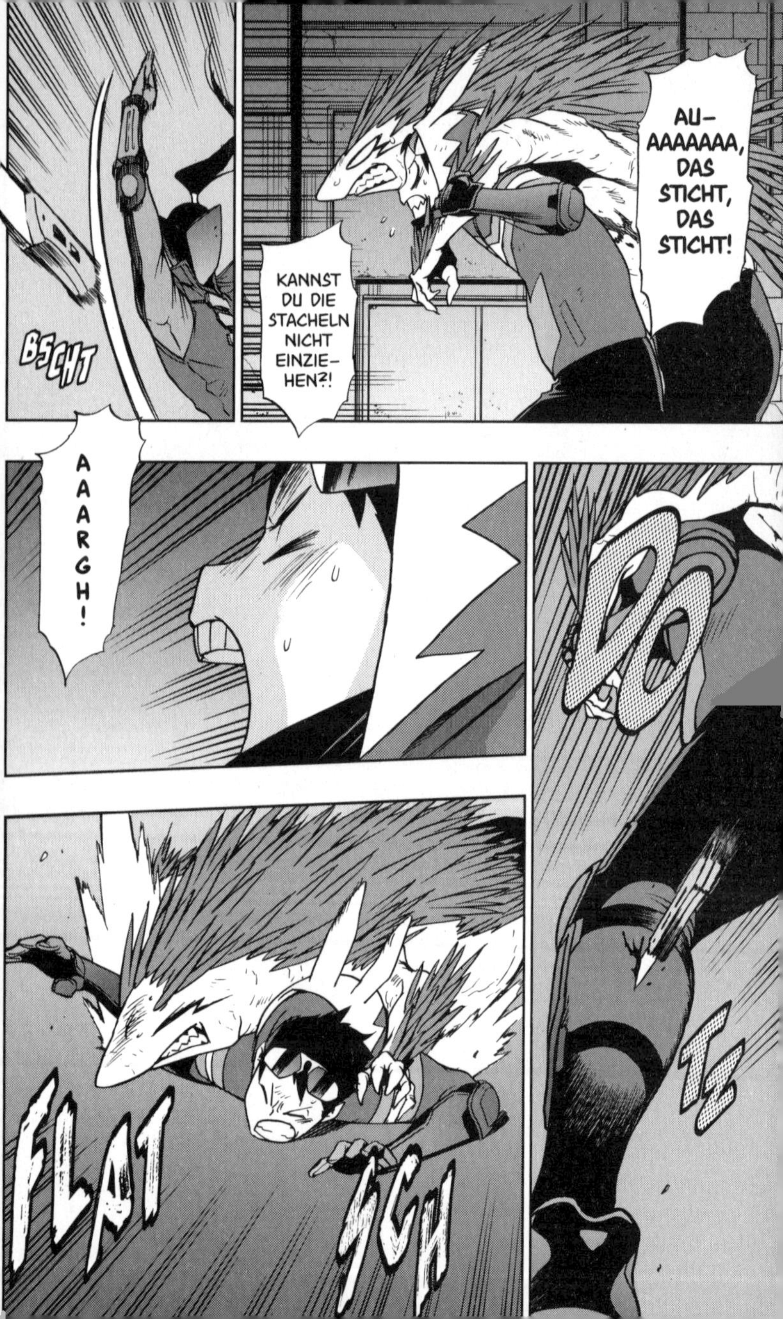
AU-AAAAAAA, DAS STICHT, DAS STICHT!
KANNST DU DIE STACHELN NICHT EINZIEHEN?!
BSCHT
AAAARGH!
TZ
FLATSCH

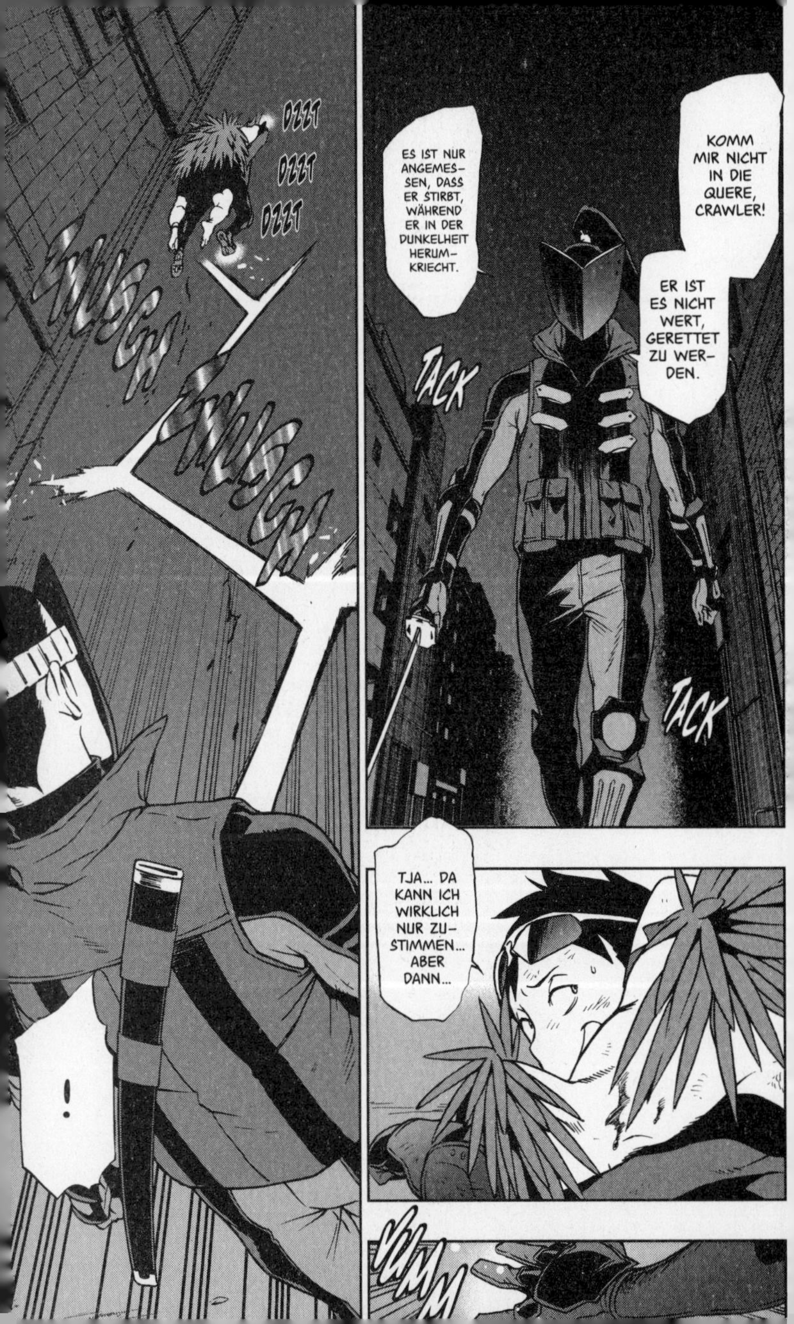
KOMM MIR NICHT IN DIE QUERE, CRAWLER!
ER IST ES NICHT WERT, GERETTET ZU WERDEN.
ES IST NUR ANGEMESSEN, DASS ER STIRBT, WÄHREND ER IN DER DUNKELHEIT HERUMKRIECHT.
TACK
TACK
TJA... DA KANN ICH WIRKLICH NUR ZUSTIMMEN... ABER DANN...
DZZT
DZZT
DZZT
ZWUSCH
ZWUSCH
!

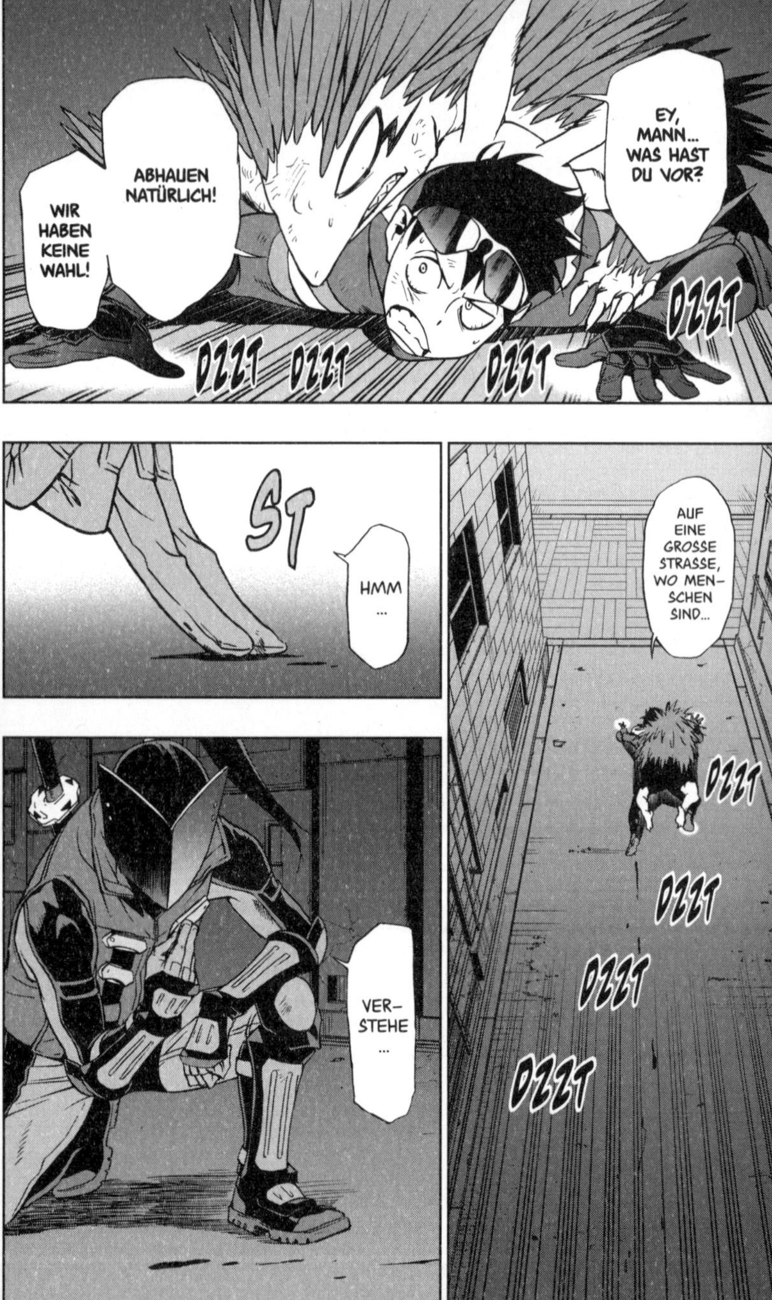
EY, MANN... WAS HAST DU VOR?
ABHAUEN NATÜRLICH!
WIR HABEN KEINE WAHL!
DZZT DZZT DZZT DZZT
AUF EINE GROSSE STRASSE, WO MEN-SCHEN SIND...
DZZT DZZT DZZT DZZT
ST
HMM ...
VER-STEHE ...

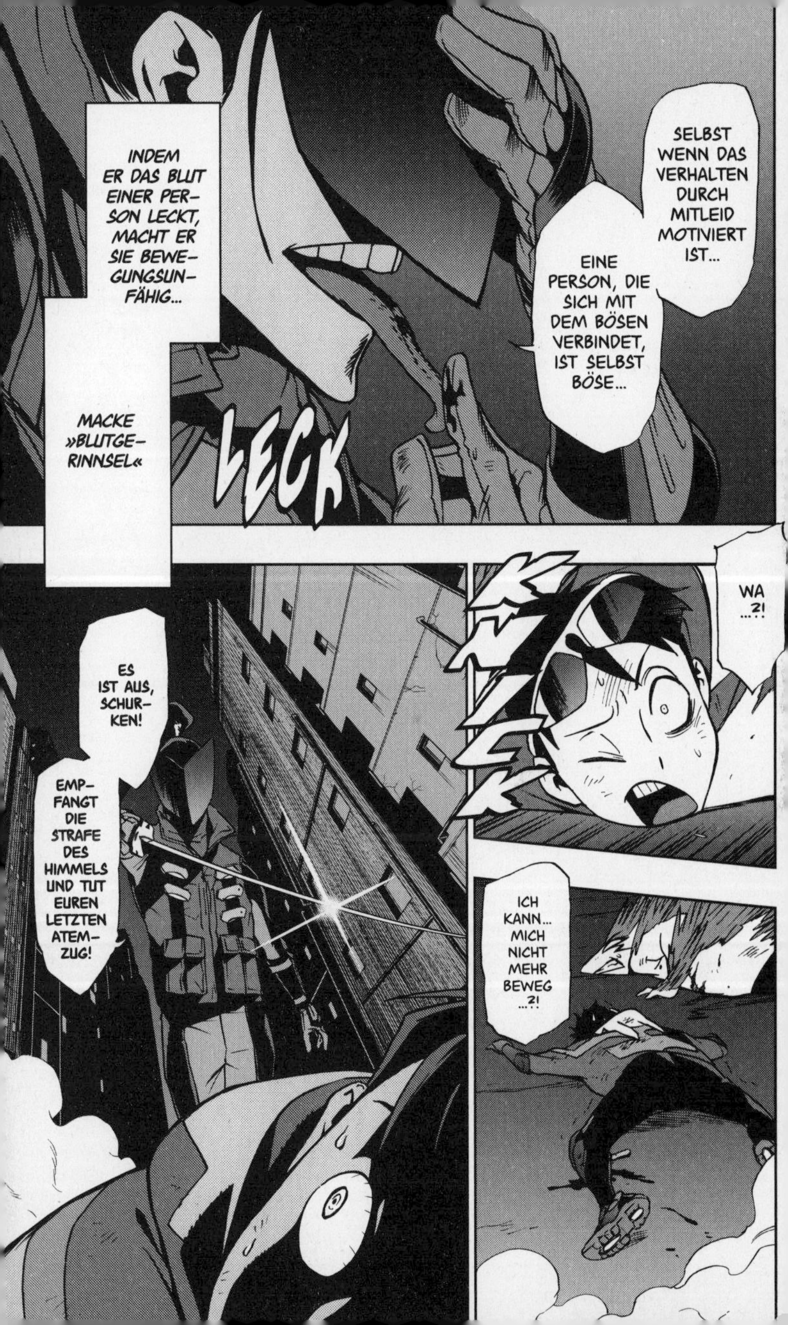
SELBST WENN DAS VERHALTEN DURCH MITLEID MOTIVIERT IST...
EINE PERSON, DIE SICH MIT DEM BÖSEN VERBINDET, IST SELBST BÖSE...
INDEM ER DAS BLUT EINER PERSON LECKT, MACHT ER SIE BEWEGUNGSUNFÄHIG...
LECK
MACKE »BLUTGERINNSEL«
WA ...?!
ICH KANN... MICH NICHT MEHR BEWEG ...?!
ES IST AUS, SCHURKEN!
EMPFANGT DIE STRAFE DES HIMMELS UND TUT EUREN LETZTEN ATEMZUG!

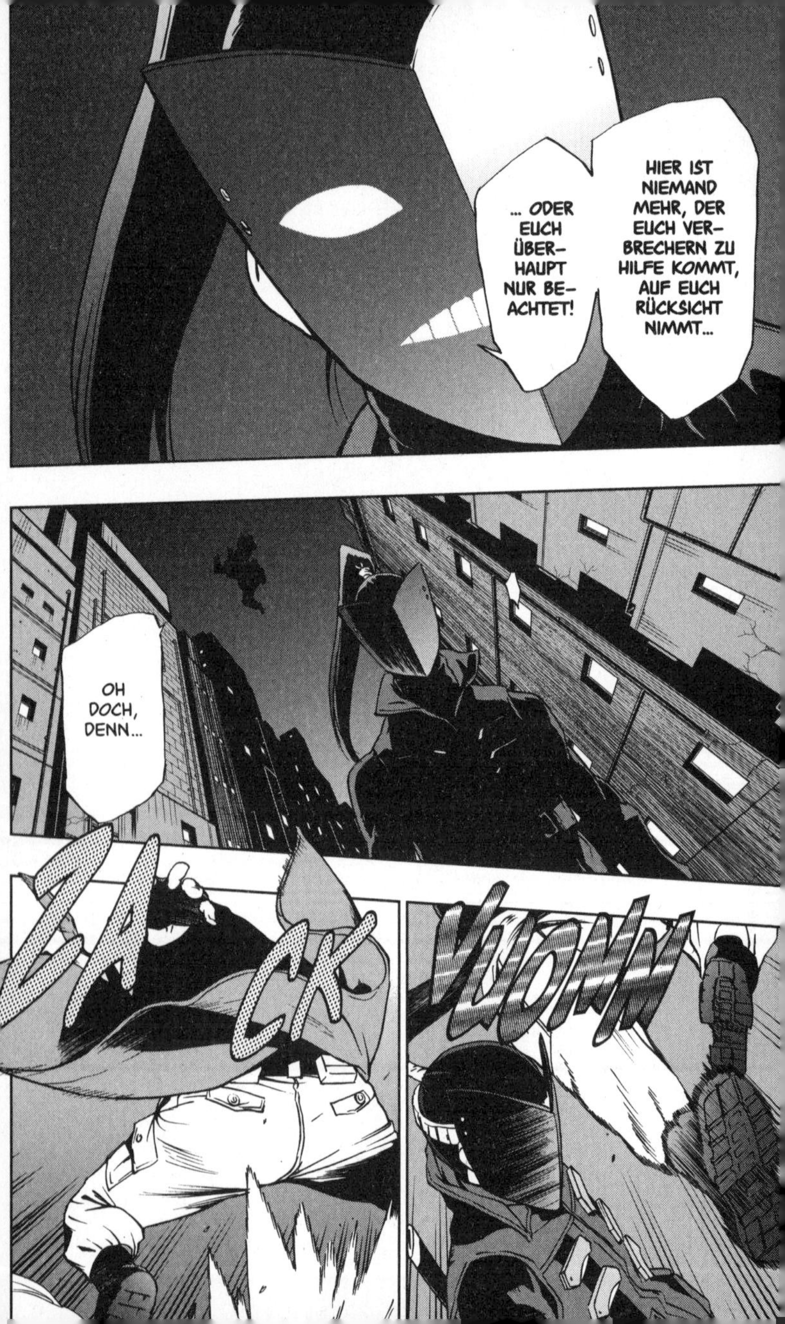
HIER IST NIEMAND MEHR, DER EUCH VER-BRECHERN ZU HILFE KOMMT, AUF EUCH RÜCKSICHT NIMMT...
... ODER EUCH ÜBER-HAUPT NUR BE-ACHTET!
OH DOCH, DENN...
VUOMM
ZACK

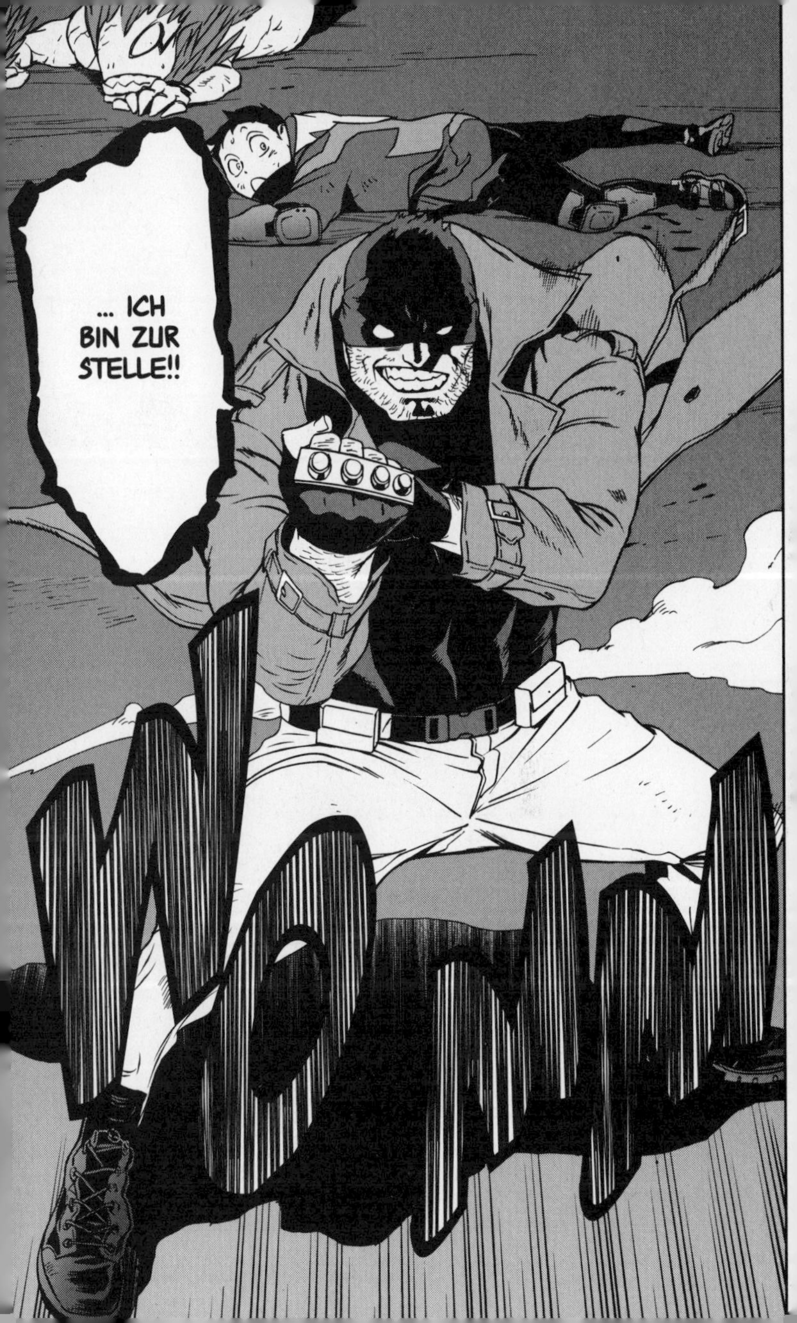
... ICH BIN ZUR STELLE!!

STACHEL-SCHURKE

THE ROUGH DESIGN

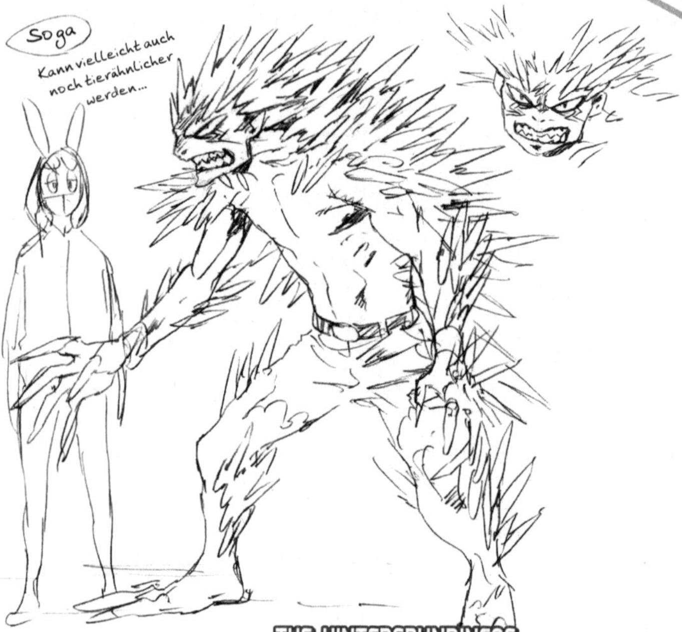

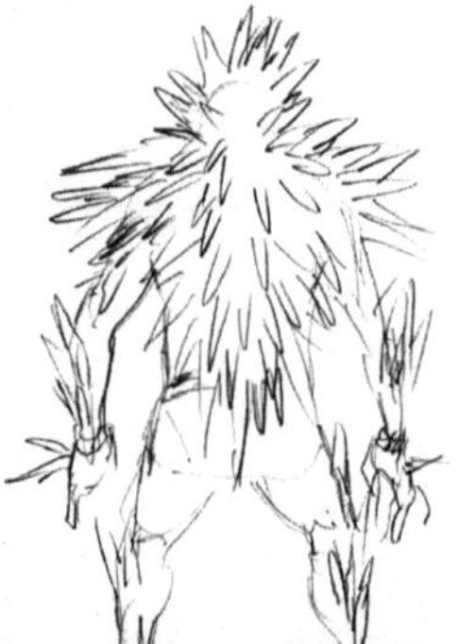

THE HINTERGRUNDINFOS

Die Stacheligkeit dieses Charakters kommt daher, dass er unter dem »Stachelschwein-Dilemma« leidet. In dem Freundestrio ist er eigentlich der Anständigste, aber auch der Komplizierteste und der, der am schnellsten ausrastet ... So eine Persönlichkeit schwebt mir vor. (Furuhashi)

Das Design innerhalb des Mangas ist ziemlich unterschiedlich (haha). Ich vermute, dass ich nach dem Prinzip Versuch und Irrtum gezeichnet habe, weil ich die Stachelschwein-Ähnlichkeit herausarbeiten wollte. Ich mag Soga, aber er ist schwierig für mich, weil ich ihn einfach nicht so hinbekomme, dass ich damit einverstanden bin. (Betten)

★ Hintergrundinfos zum »Halbstarken-Trio« auf Seite 204!

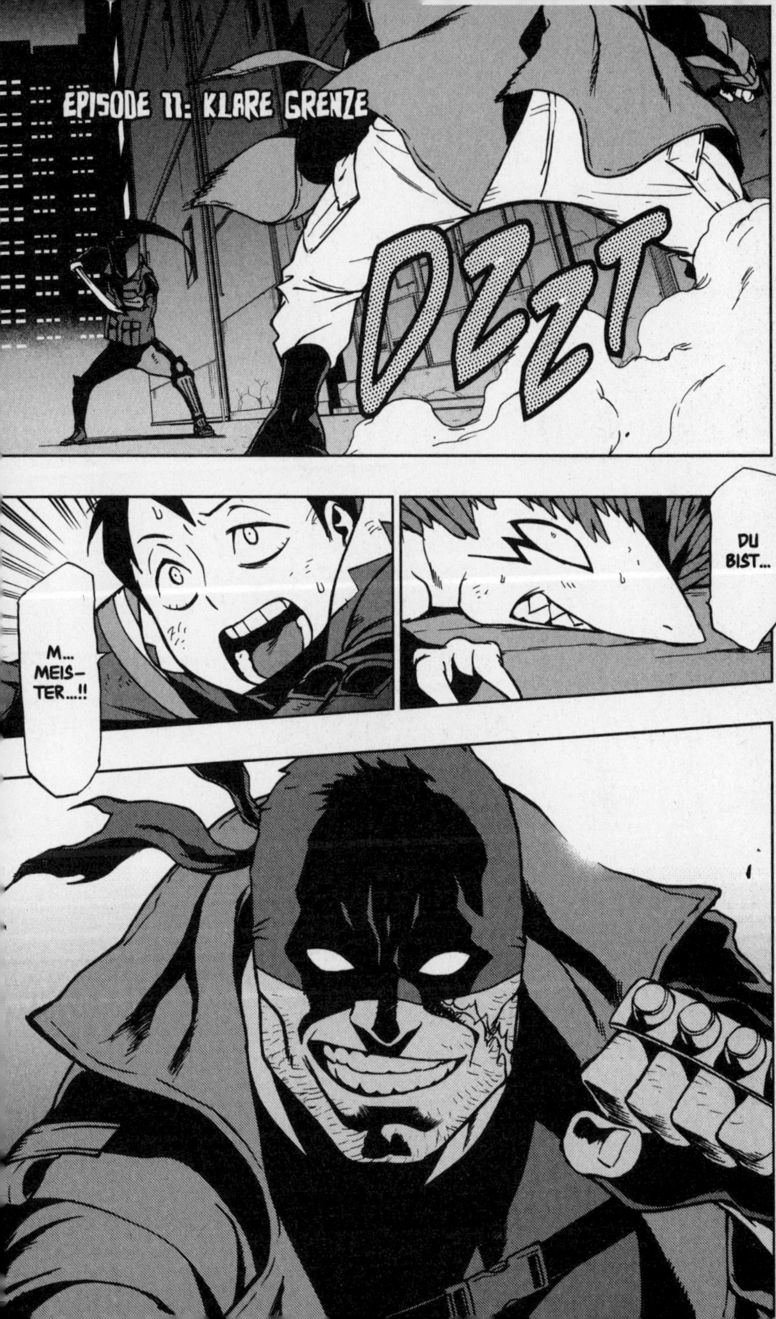
EPISODE 11: KLARE GRENZE
DZZT
DU BIST...
M... MEIS-TER...!!

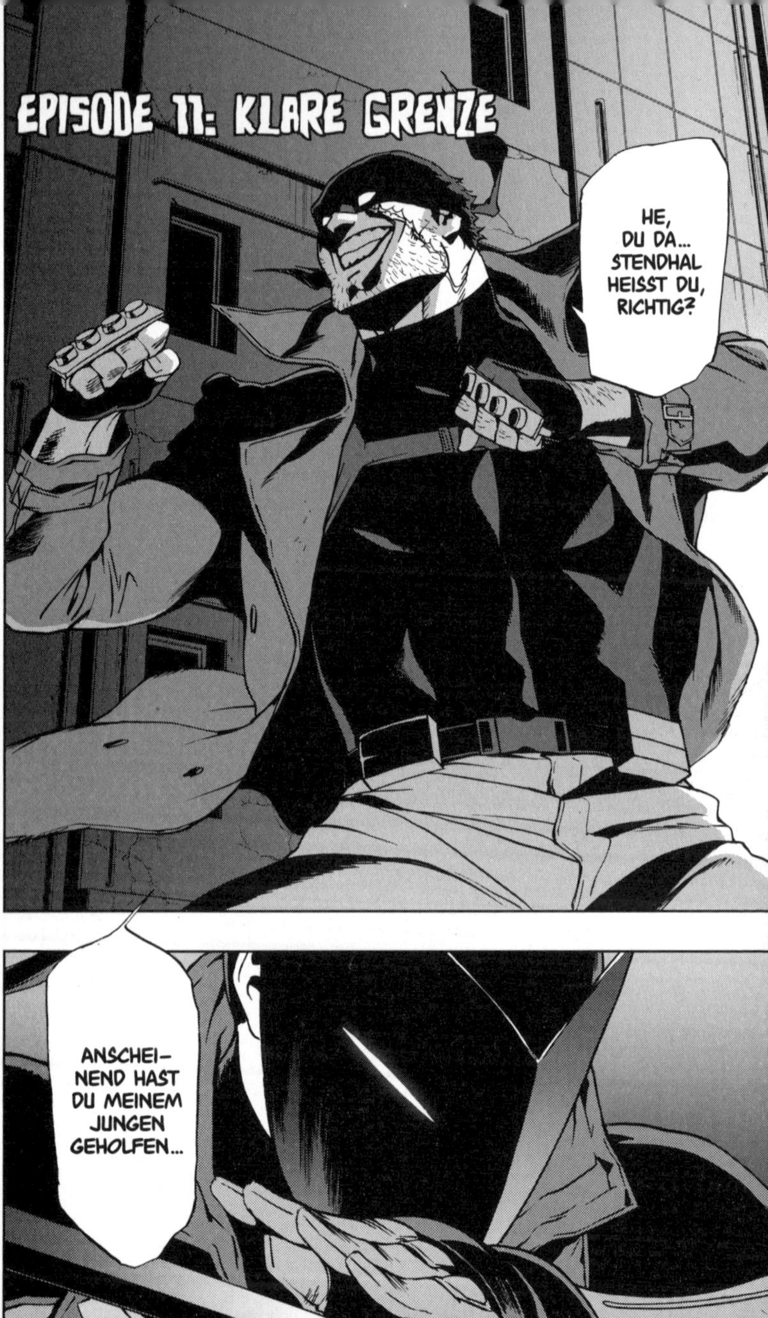
EPISODE 11: KLARE GRENZE
HE, DU DA... STENDHAL HEISST DU, RICHTIG?
ANSCHEI-NEND HAST DU MEINEM JUNGEN GEHOLFEN...

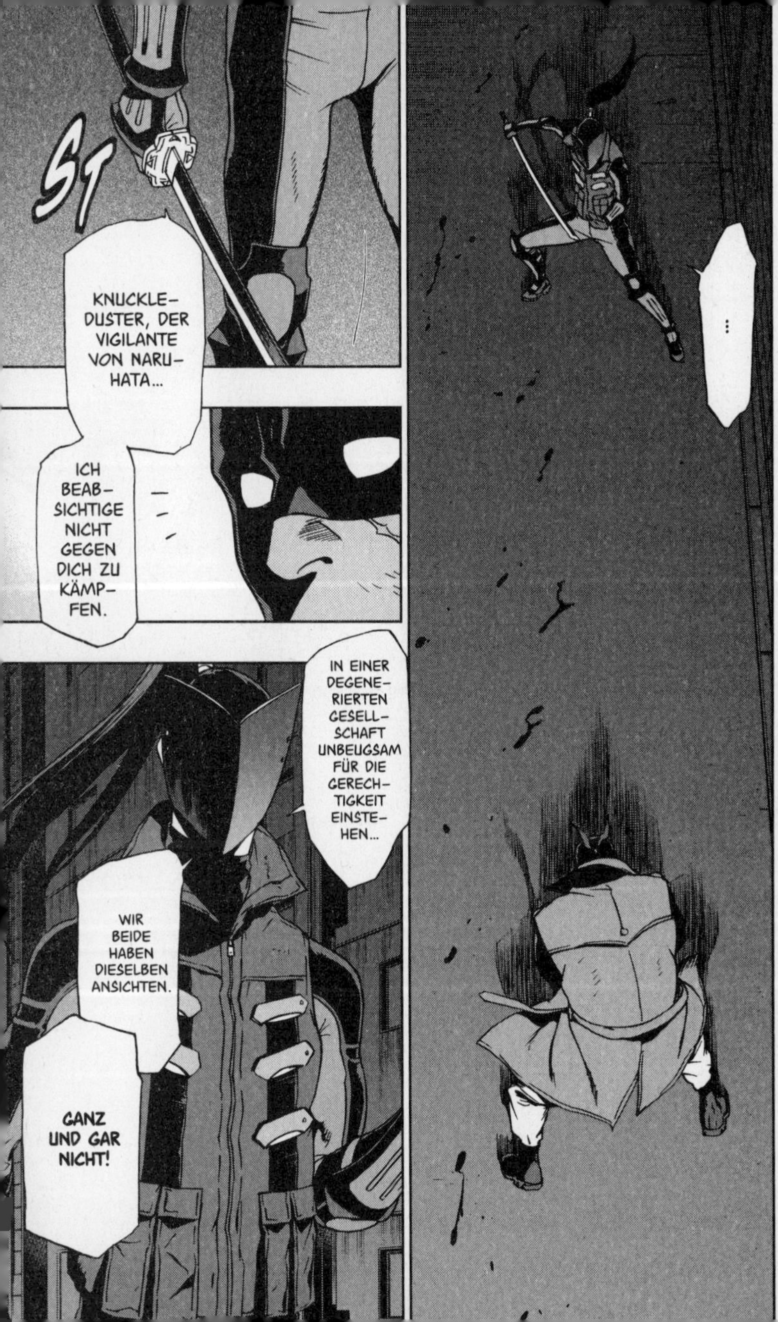
…
ST
KNUCKLE-DUSTER, DER VIGILANTE VON NARUHATA…
ICH BEABSICHTIGE NICHT GEGEN DICH ZU KÄMPFEN.
IN EINER DEGENERIERTEN GESELLSCHAFT UNBEUGSAM FÜR DIE GERECHTIGKEIT EINSTEHEN…
WIR BEIDE HABEN DIESELBEN ANSICHTEN.
GANZ UND GAR NICHT!

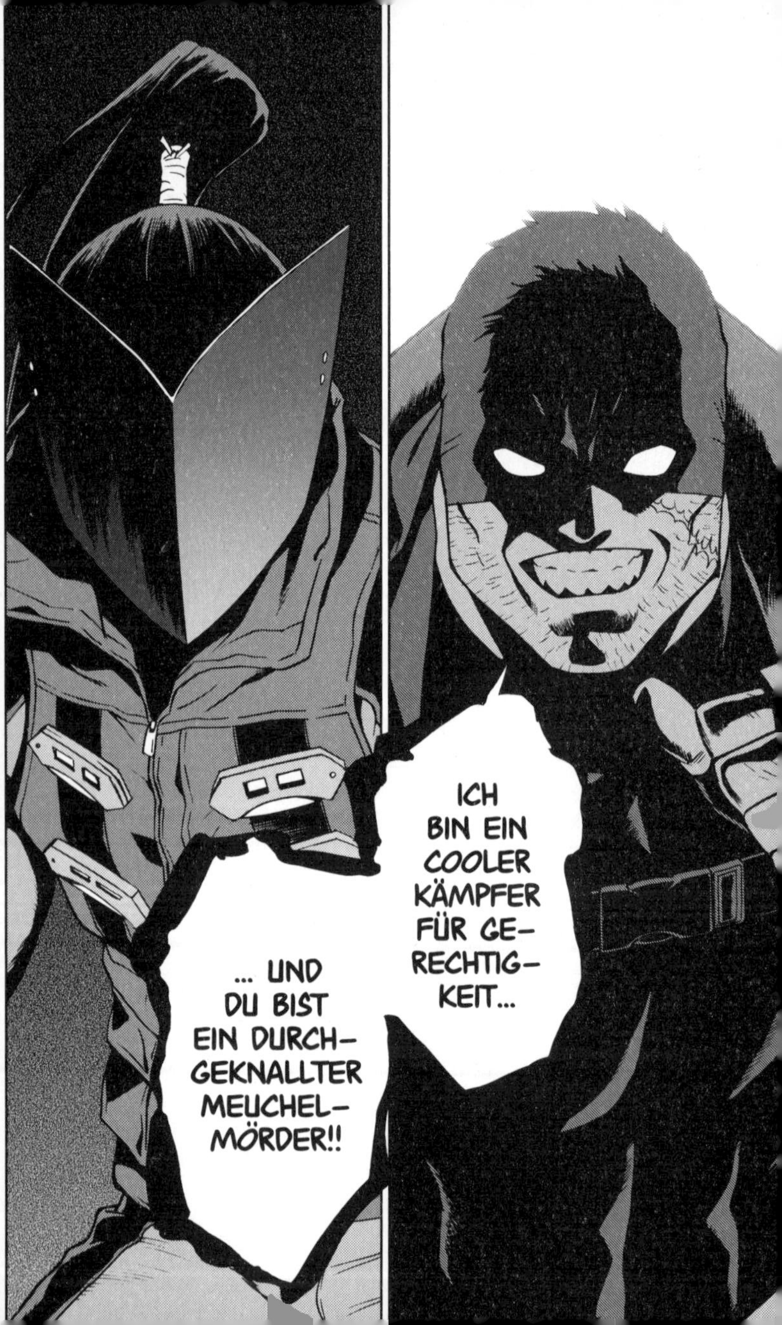
ICH BIN EIN COOLER KÄMPFER FÜR GE-RECHTIG-KEIT...
... UND DU BIST EIN DURCH-GEKNALLTER MEUCHEL-MÖRDER!!

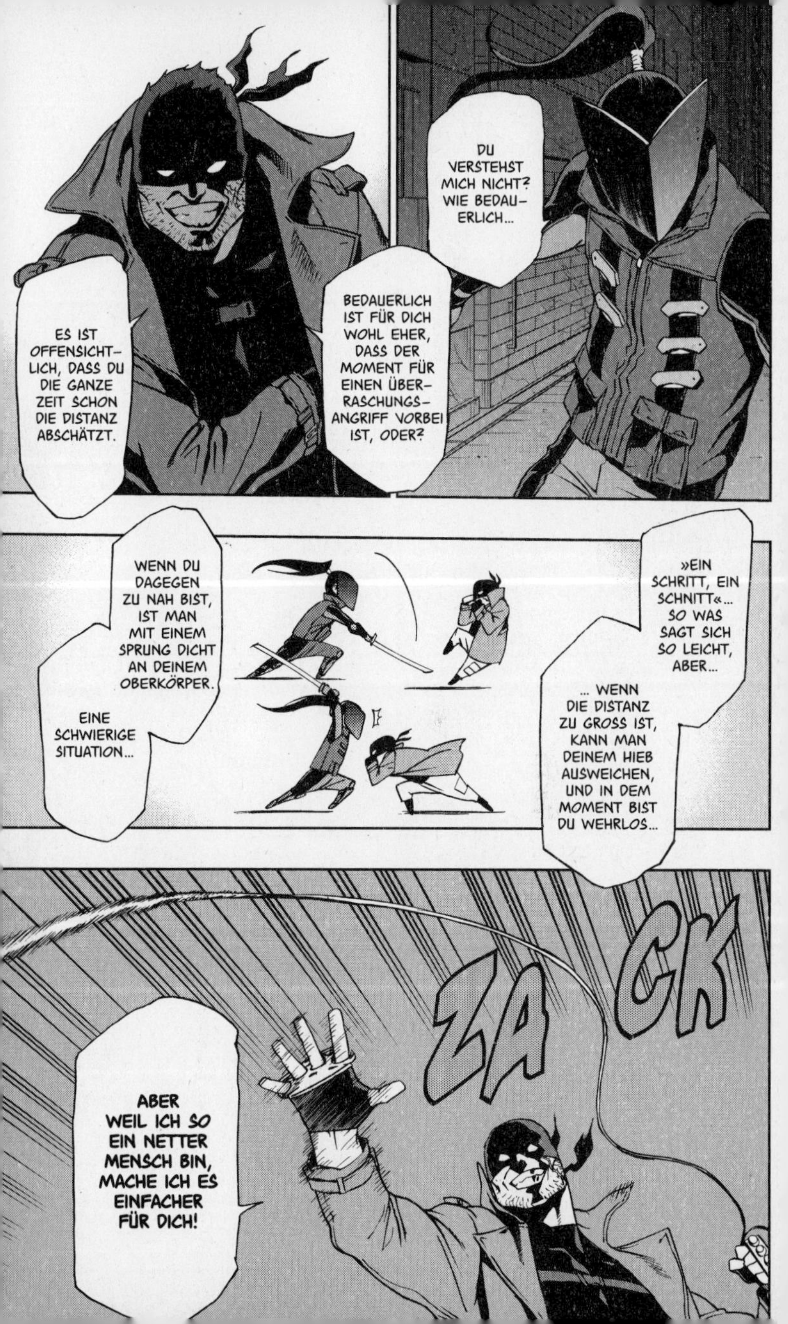
DU VERSTEHST MICH NICHT? WIE BEDAUERLICH...
BEDAUERLICH IST FÜR DICH WOHL EHER, DASS DER MOMENT FÜR EINEN ÜBERRASCHUNGSANGRIFF VORBEI IST, ODER?
ES IST OFFENSICHTLICH, DASS DU DIE GANZE ZEIT SCHON DIE DISTANZ ABSCHÄTZT.
»EIN SCHRITT, EIN SCHNITT«... SO WAS SAGT SICH SO LEICHT, ABER...
... WENN DIE DISTANZ ZU GROSS IST, KANN MAN DEINEM HIEB AUSWEICHEN, UND IN DEM MOMENT BIST DU WEHRLOS...
WENN DU DAGEGEN ZU NAH BIST, IST MAN MIT EINEM SPRUNG DICHT AN DEINEM OBERKÖRPER.
EINE SCHWIERIGE SITUATION...
ZACK
ABER WEIL ICH SO EIN NETTER MENSCH BIN, MACHE ICH ES EINFACHER FÜR DICH!

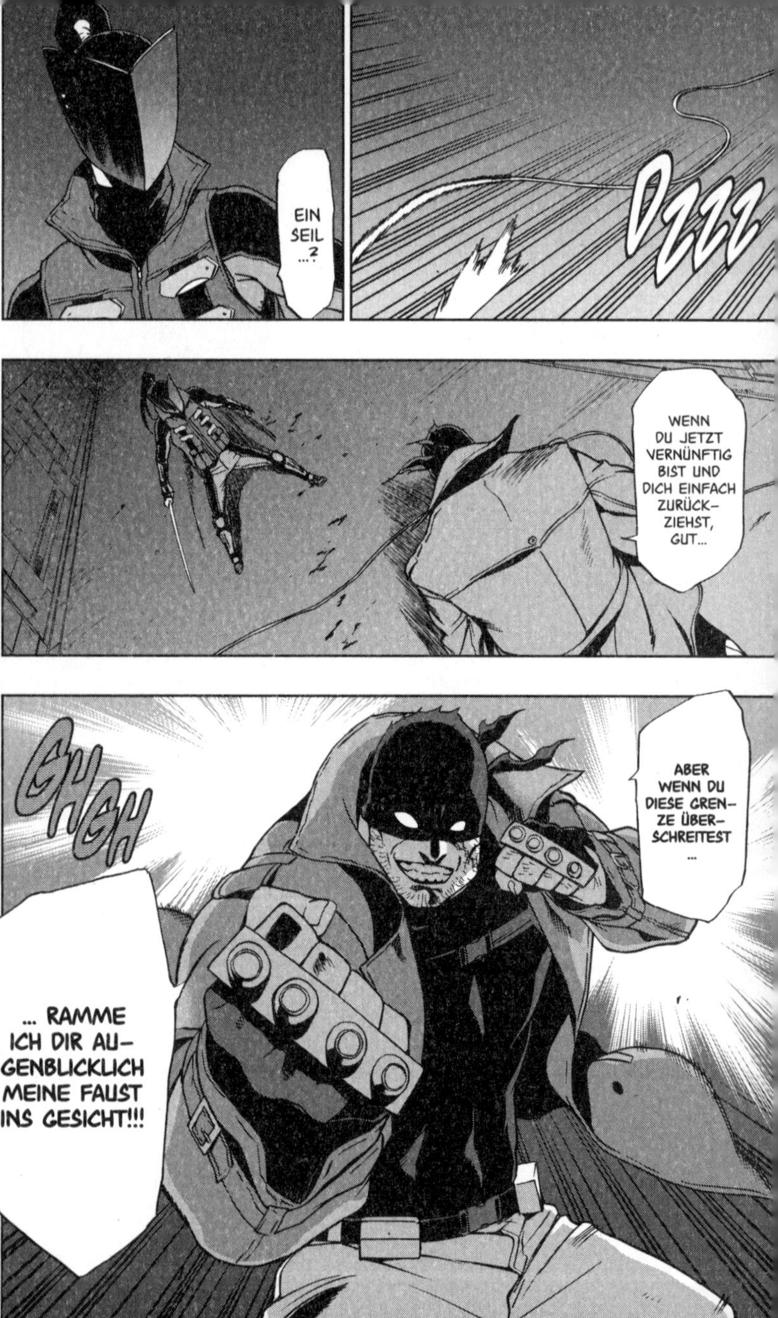

DZZZ
EIN SEIL ...?
WENN DU JETZT VERNÜNFTIG BIST UND DICH EINFACH ZURÜCKZIEHST, GUT...
GHGH
ABER WENN DU DIESE GRENZE ÜBERSCHREITEST ...
... RAMME ICH DIR AUGENBLICKLICH MEINE FAUST INS GESICHT!!!

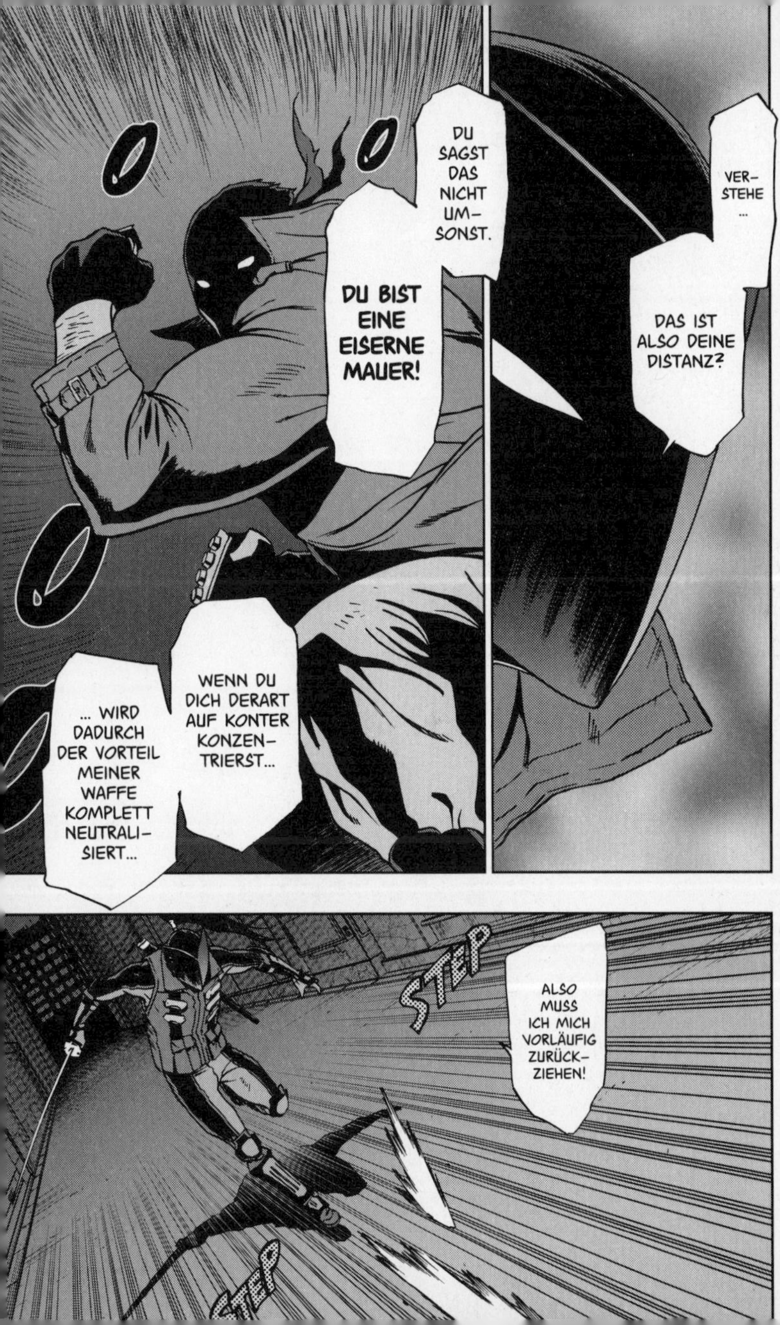
VER-
STEHE
...
DAS IST
ALSO DEINE
DISTANZ?
DU
SAGST
DAS
NICHT
UM-
SONST.
DU BIST
EINE
EISERNE
MAUER!
WENN DU
DICH DERART
AUF KONTER
KONZEN-
TRIERST...
... WIRD
DADURCH
DER VORTEIL
MEINER
WAFFE
KOMPLETT
NEUTRALI-
SIERT...
STEP
ALSO
MUSS
ICH MICH
VORLÄUFIG
ZURÜCK-
ZIEHEN!
STEP

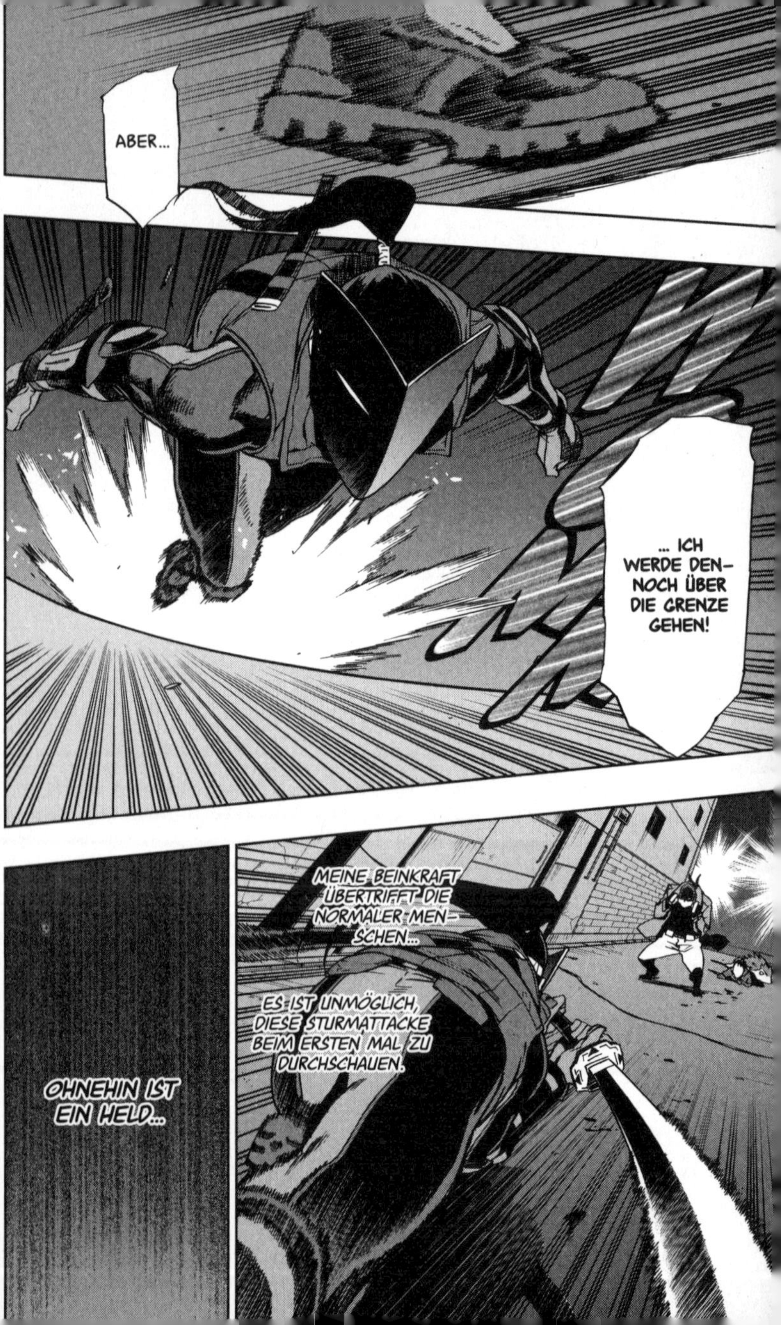

ABER...
... ICH WERDE DENNOCH ÜBER DIE GRENZE GEHEN!
MEINE BEINKRAFT ÜBERTRIFFT DIE NORMALER MENSCHEN...
ES IST UNMÖGLICH, DIESE STURMATTACKE BEIM ERSTEN MAL ZU DURCHSCHAUEN.
OHNEHIN IST EIN HELD...

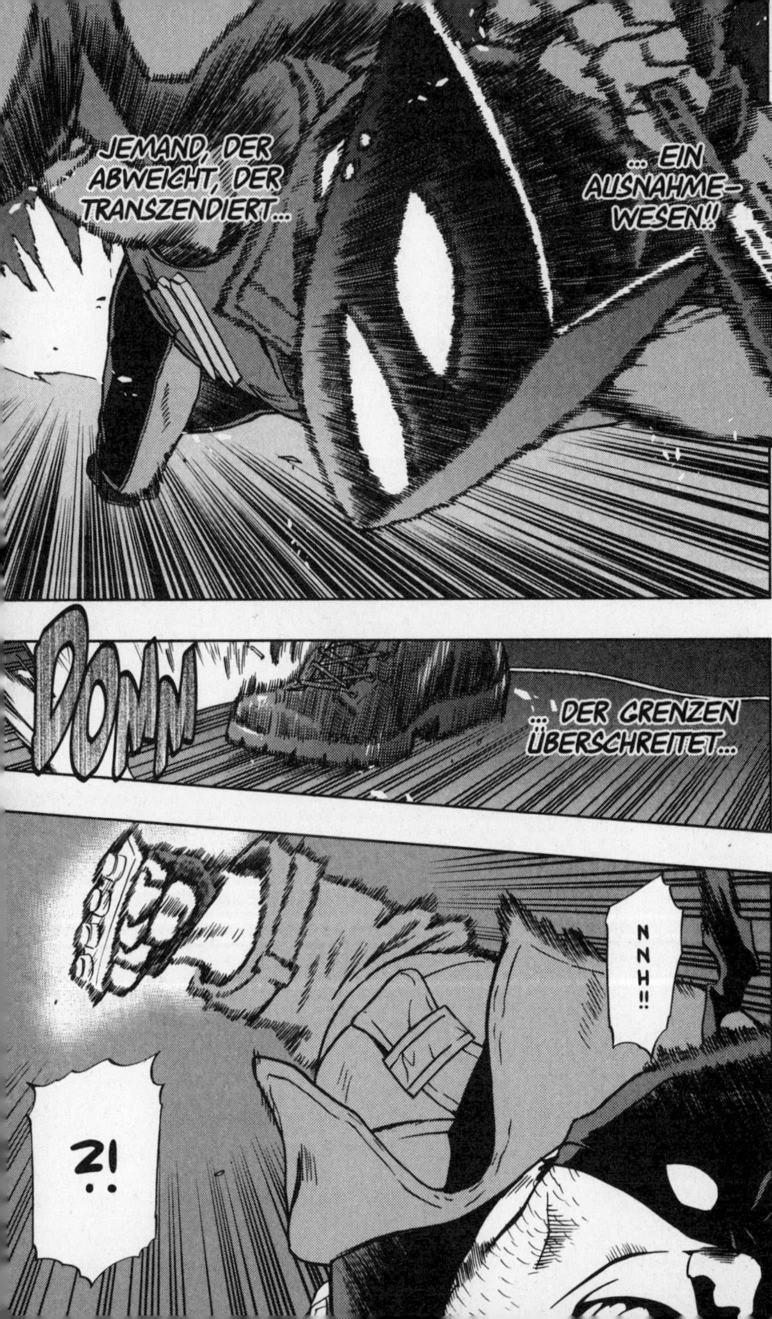
JEMAND, DER ABWEICHT, DER TRANSZENDIERT...
... EIN AUSNAHME-WESEN!!
... DER GRENZEN ÜBERSCHREITET...
DONN
NNH!!
?!

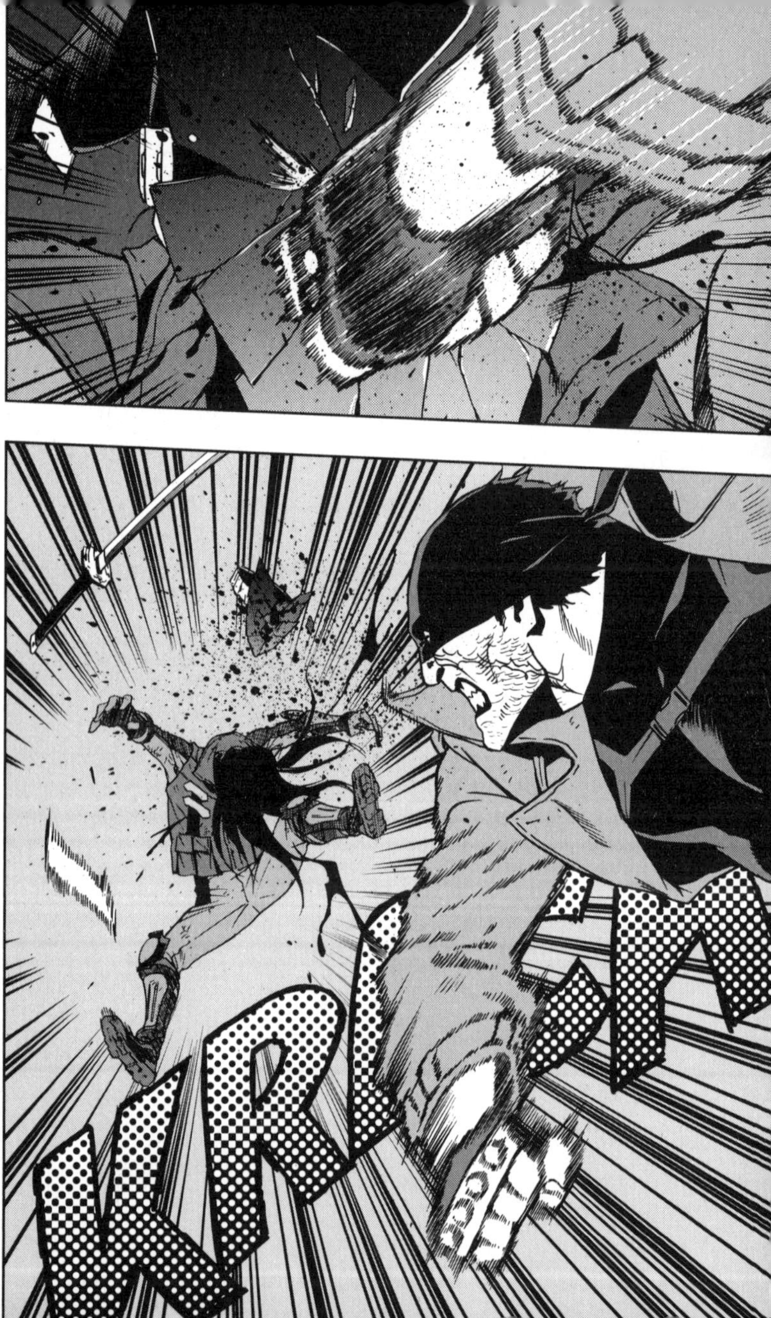

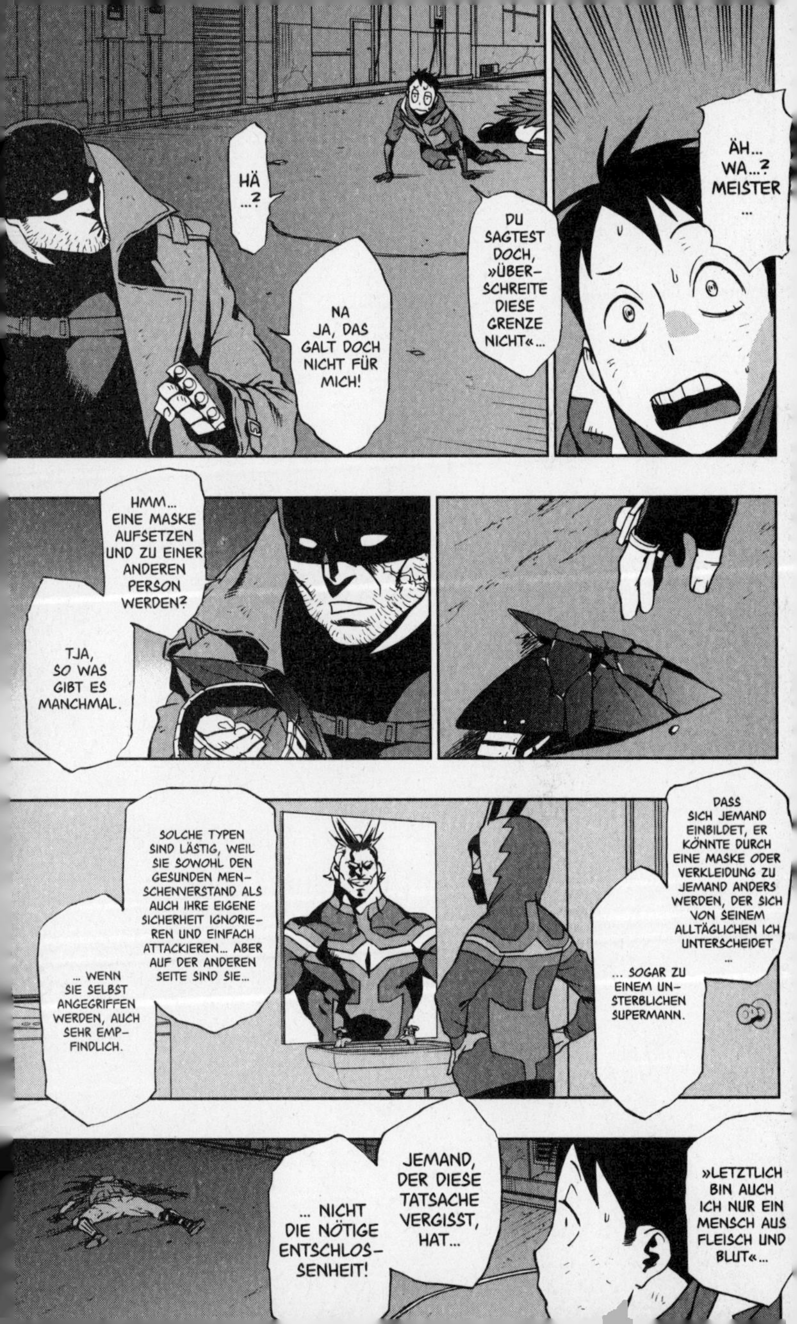
ÄH... WA...? MEISTER ...
DU SAGTEST DOCH, »ÜBERSCHREITE DIESE GRENZE NICHT«...
HÄ ...?
NA JA, DAS GALT DOCH NICHT FÜR MICH!
HMM... EINE MASKE AUFSETZEN UND ZU EINER ANDEREN PERSON WERDEN?
TJA, SO WAS GIBT ES MANCHMAL.
DASS SICH JEMAND EINBILDET, ER KÖNNTE DURCH EINE MASKE ODER VERKLEIDUNG ZU JEMAND ANDERS WERDEN, DER SICH VON SEINEM ALLTÄGLICHEN ICH UNTERSCHEIDET ...
... SOGAR ZU EINEM UNSTERBLICHEN SUPERMANN.
SOLCHE TYPEN SIND LÄSTIG, WEIL SIE SOWOHL DEN GESUNDEN MENSCHENVERSTAND ALS AUCH IHRE EIGENE SICHERHEIT IGNORIEREN UND EINFACH ATTACKIEREN... ABER AUF DER ANDEREN SEITE SIND SIE...
... WENN SIE SELBST ANGEGRIFFEN WERDEN, AUCH SEHR EMPFINDLICH.
»LETZTLICH BIN AUCH ICH NUR EIN MENSCH AUS FLEISCH UND BLUT«...
JEMAND, DER DIESE TATSACHE VERGISST, HAT...
... NICHT DIE NÖTIGE ENTSCHLOSSENHEIT!

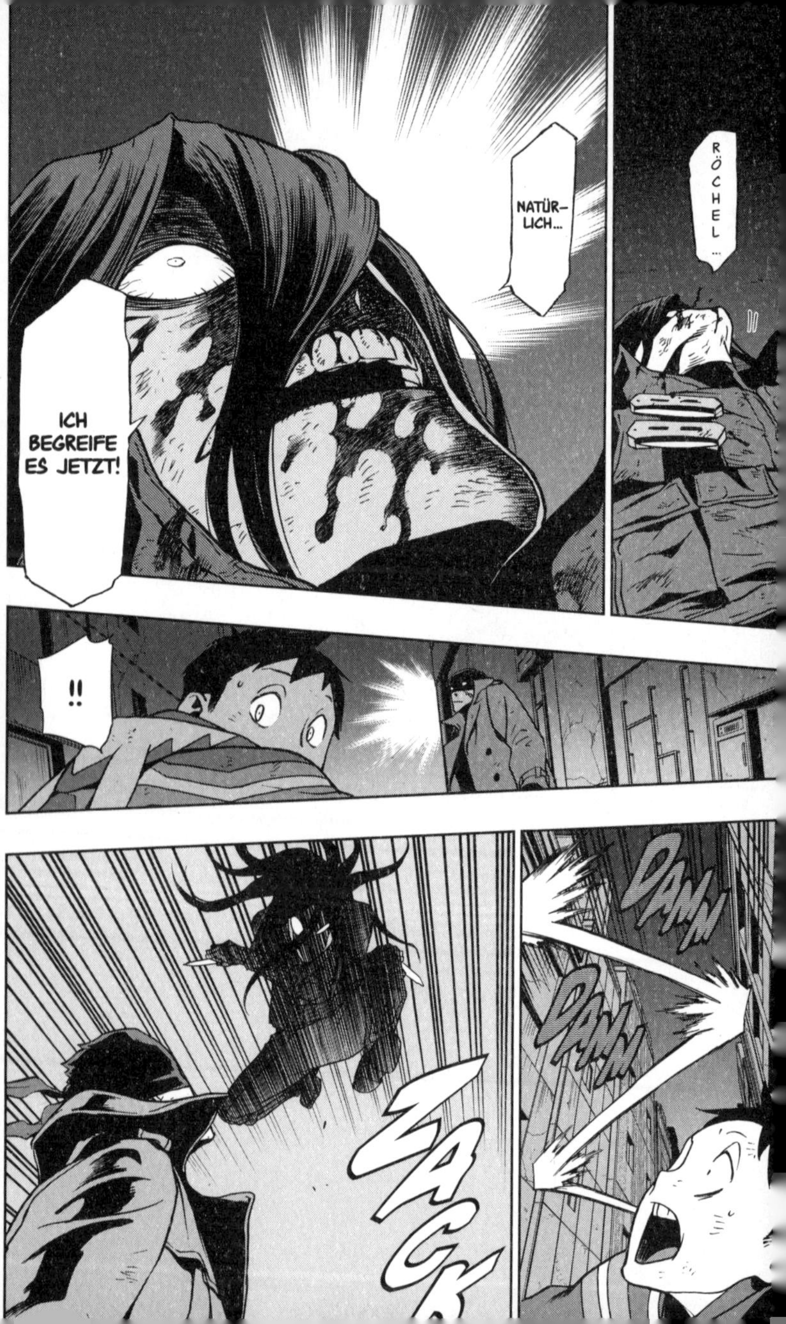
RÖCHEL...
NATÜR-
LICH...
ICH
BEGREIFE
ES JETZT!
!!
DAMM
DAMM
ZACK

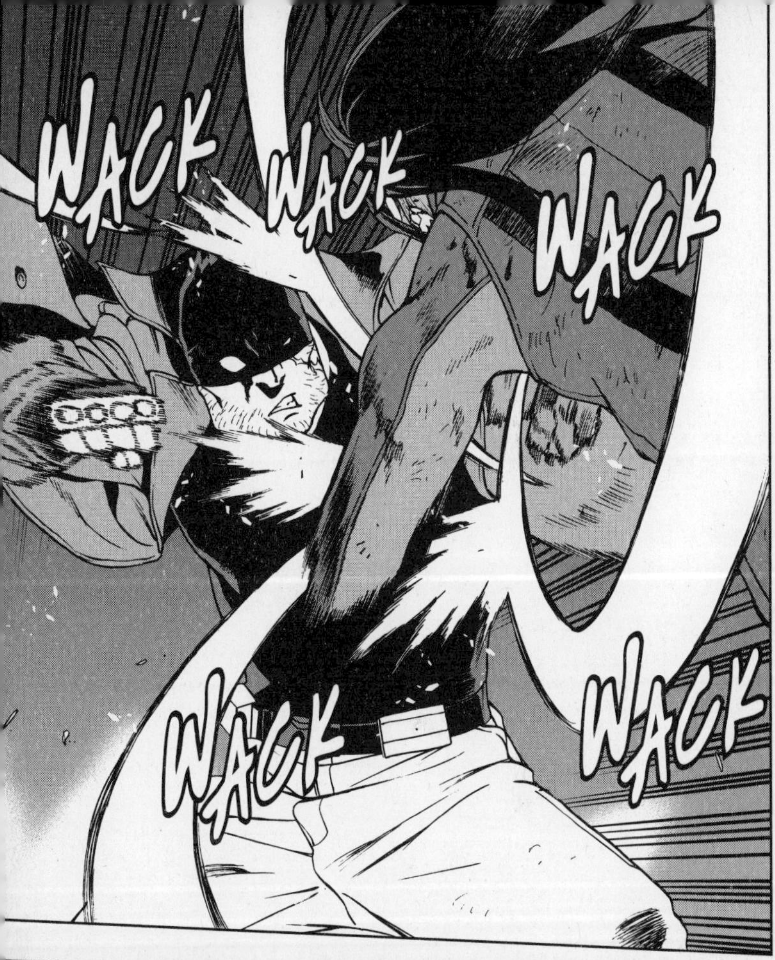
WACK
WACK
WACK
WACK
WACK

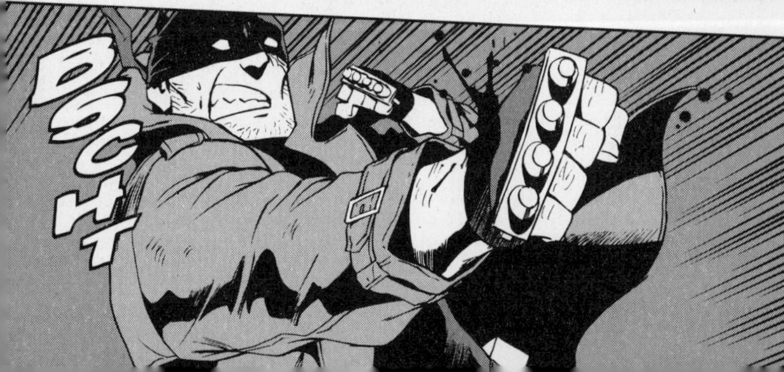
BOSCHT

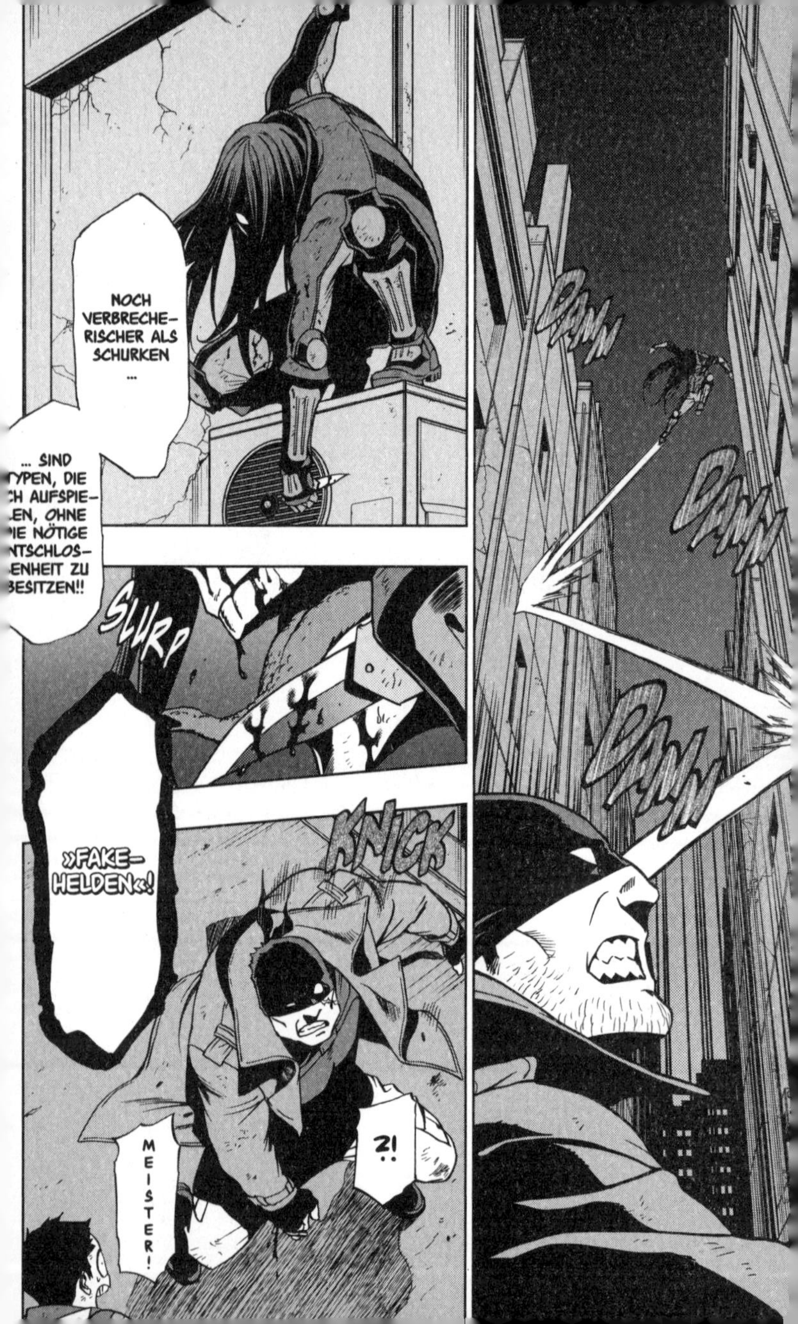
DAWN
DAWN
DAWN
NOCH VERBRECHERISCHER ALS SCHURKEN ...
... SIND TYPEN, DIE ...CH AUFSPIE-LEN, OHNE DIE NÖTIGE ...NTSCHLOS-SENHEIT ZU BESITZEN!!
SLURP
»FAKE-HELDEN«!
KNICK
?!
MEISTER!

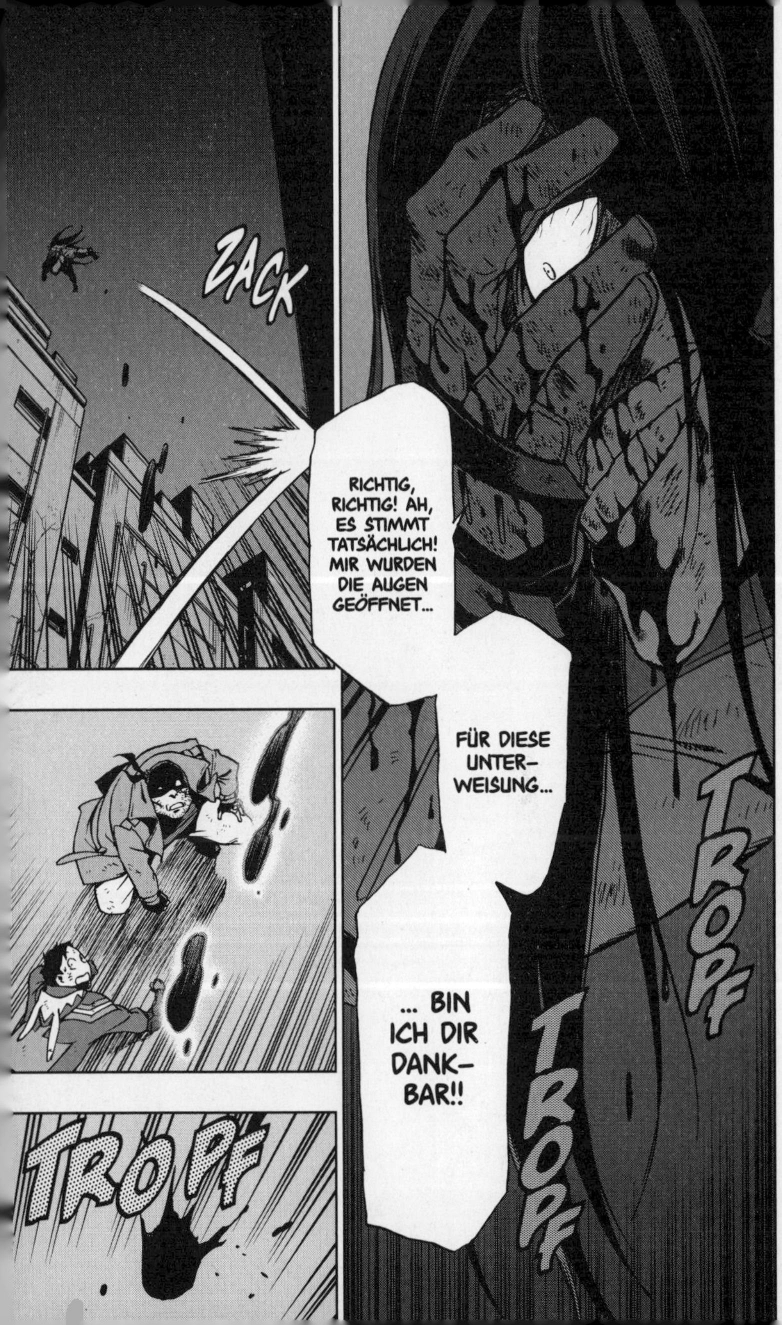
RICHTIG, RICHTIG! AH, ES STIMMT TATSÄCHLICH! MIR WURDEN DIE AUGEN GEÖFFNET...
FÜR DIESE UNTER-WEISUNG...
... BIN ICH DIR DANK-BAR!!
TROPF
TROPF
ZACK
TROPF

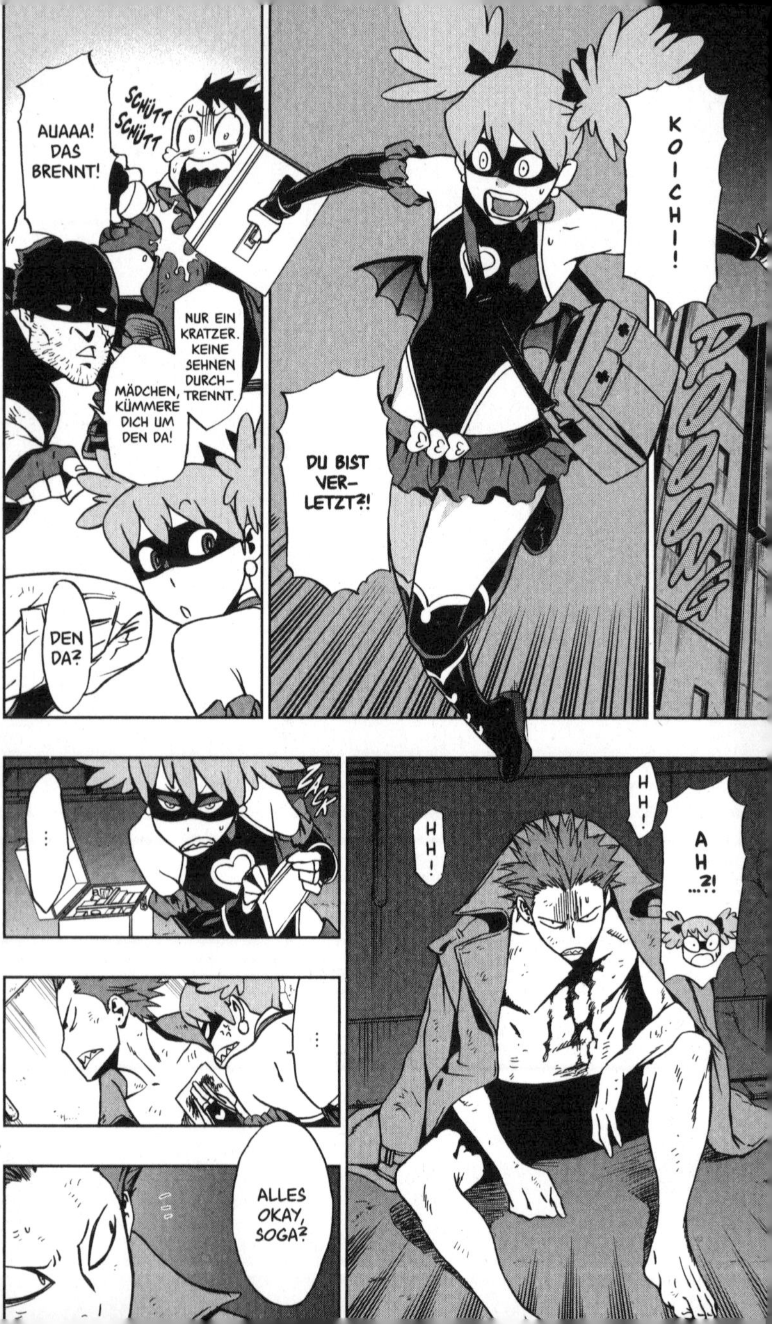
KOICHI!
DU BIST VERLETZT?!
POOOONG
SCHÜTT SCHÜTT
AUAAA! DAS BRENNT!
NUR EIN KRATZER. KEINE SEHNEN DURCHTRENNT.
MÄDCHEN, KÜMMERE DICH UM DEN DA!
DEN DA?
...
ZACK
AH...?!
HH!
HH!
...
ALLES OKAY, SOGA?

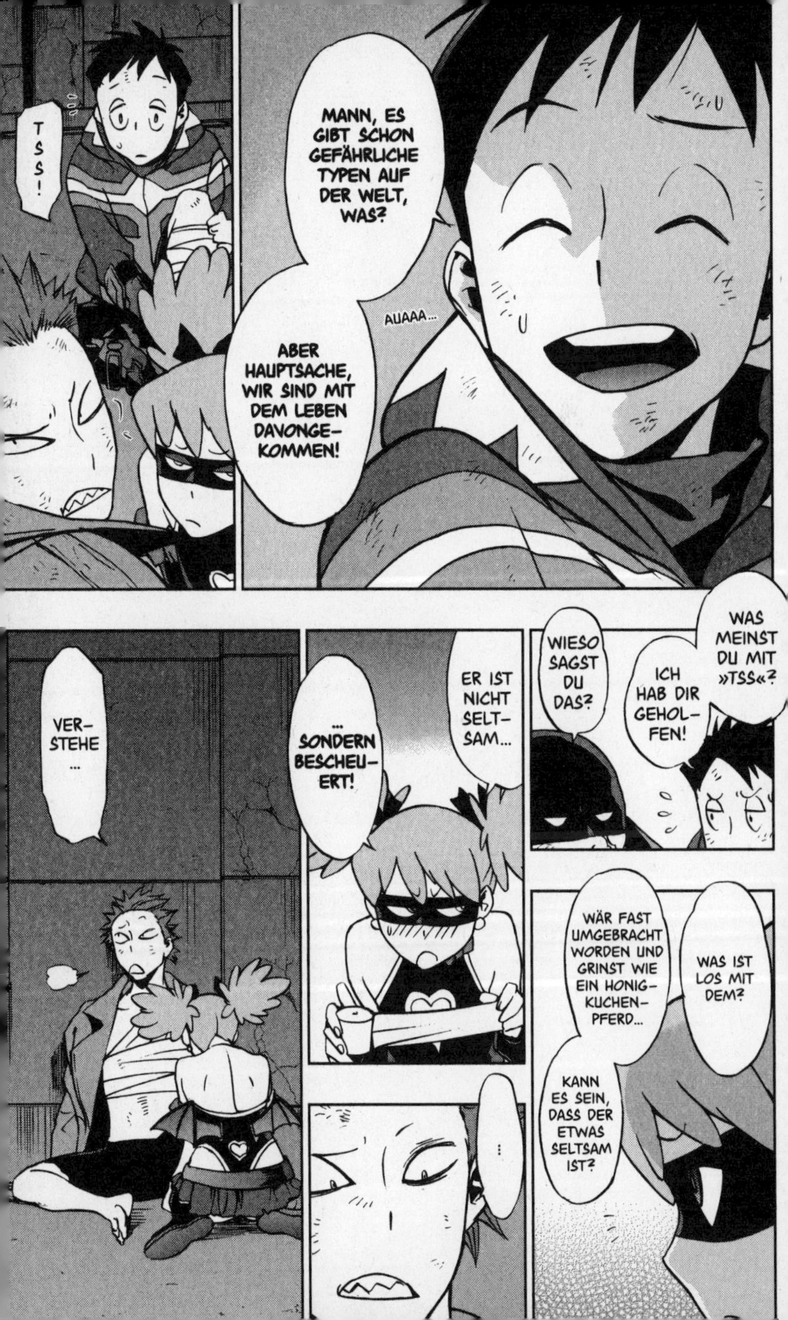
MANN, ES GIBT SCHON GEFÄHRLICHE TYPEN AUF DER WELT, WAS?
AUAAA...
ABER HAUPTSACHE, WIR SIND MIT DEM LEBEN DAVONGE-KOMMEN!
TSS!
WAS MEINST DU MIT »TSS«?
ICH HAB DIR GEHOL-FEN!
WIESO SAGST DU DAS?
WAS IST LOS MIT DEM?
WÄR FAST UMGEBRACHT WORDEN UND GRINST WIE EIN HONIG-KUCHEN-PFERD...
KANN ES SEIN, DASS DER ETWAS SELTSAM IST?
...
ER IST NICHT SELT-SAM...
... SONDERN BESCHEU-ERT!
VER-STEHE ...

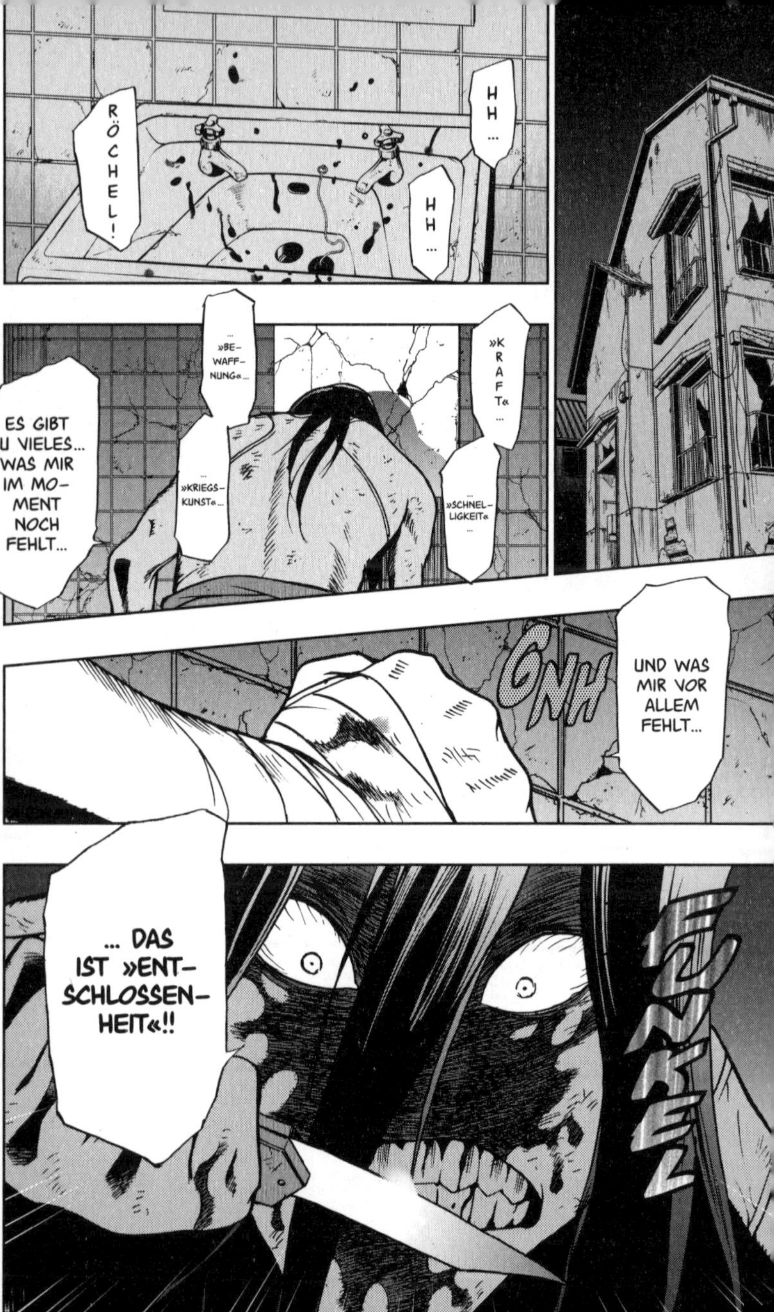
HH...
HH...
RÖCHEL!
»KRAFT«...
...»SCHNELLIGKEIT«...
...»BEWAFFNUNG«...
...»KRIEGSKUNST«...
ES GIBT ZU VIELES... WAS MIR IM MOMENT NOCH FEHLT...
GNH
UND WAS MIR VOR ALLEM FEHLT...
... DAS IST »ENTSCHLOSSENHEIT«!!

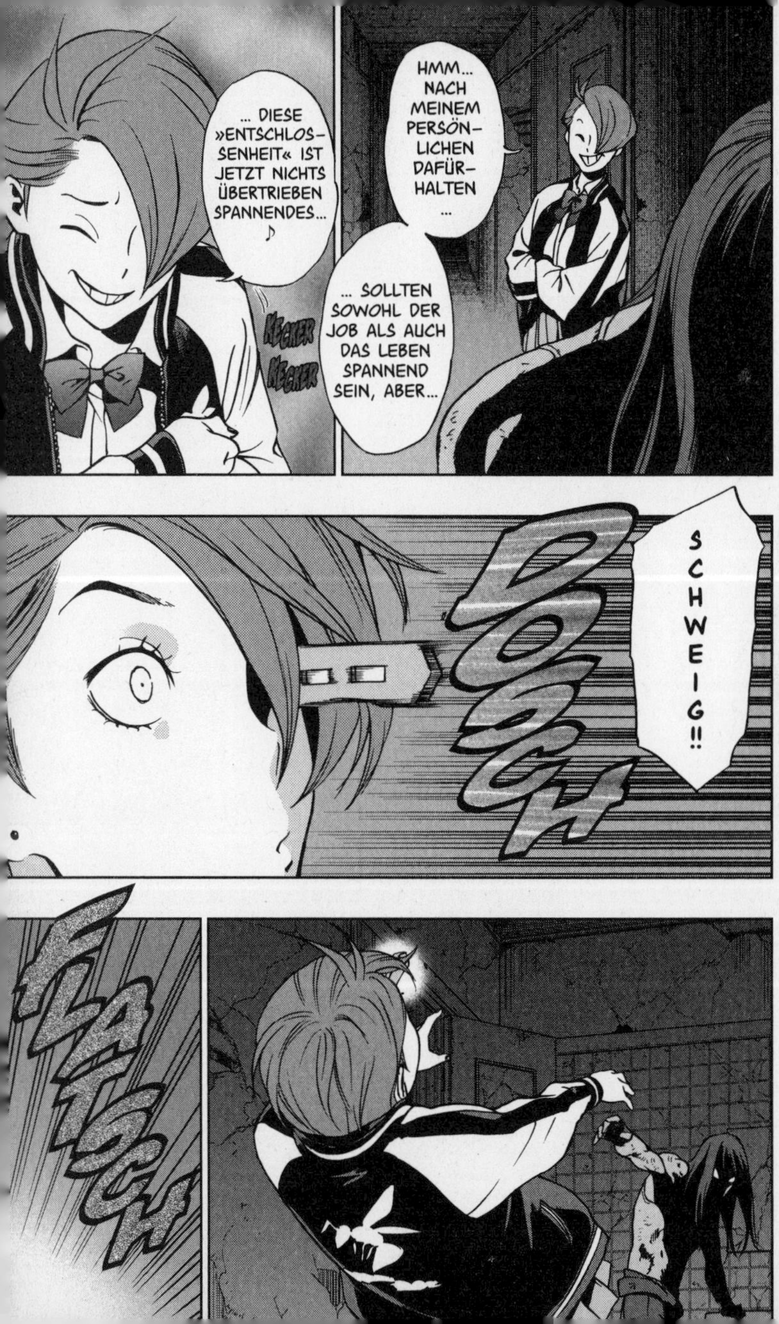
HMM... NACH MEINEM PERSÖNLICHEN DAFÜRHALTEN ...
... SOLLTEN SOWOHL DER JOB ALS AUCH DAS LEBEN SPANNEND SEIN, ABER...
... DIESE »ENTSCHLOSSENHEIT« IST JETZT NICHTS ÜBERTRIEBEN SPANNENDES... ♪
KECKER KECKER
SCHWEIG!!
DOOOGH
FLATSCH

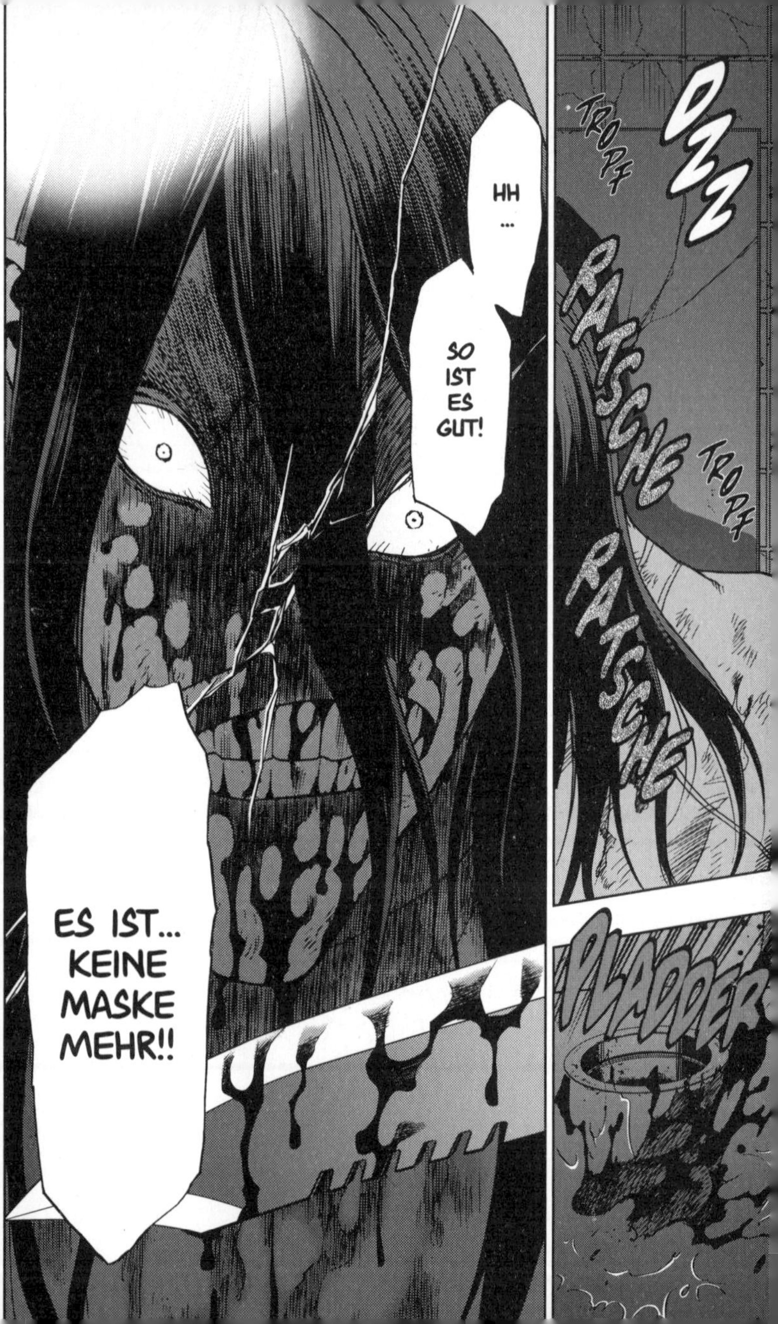
DZZ
TROPF
RATSCHE
TROPF
RATSCHE
HH
...
SO IST ES GUT!
ES IST... KEINE MASKE MEHR!!
PLADDER

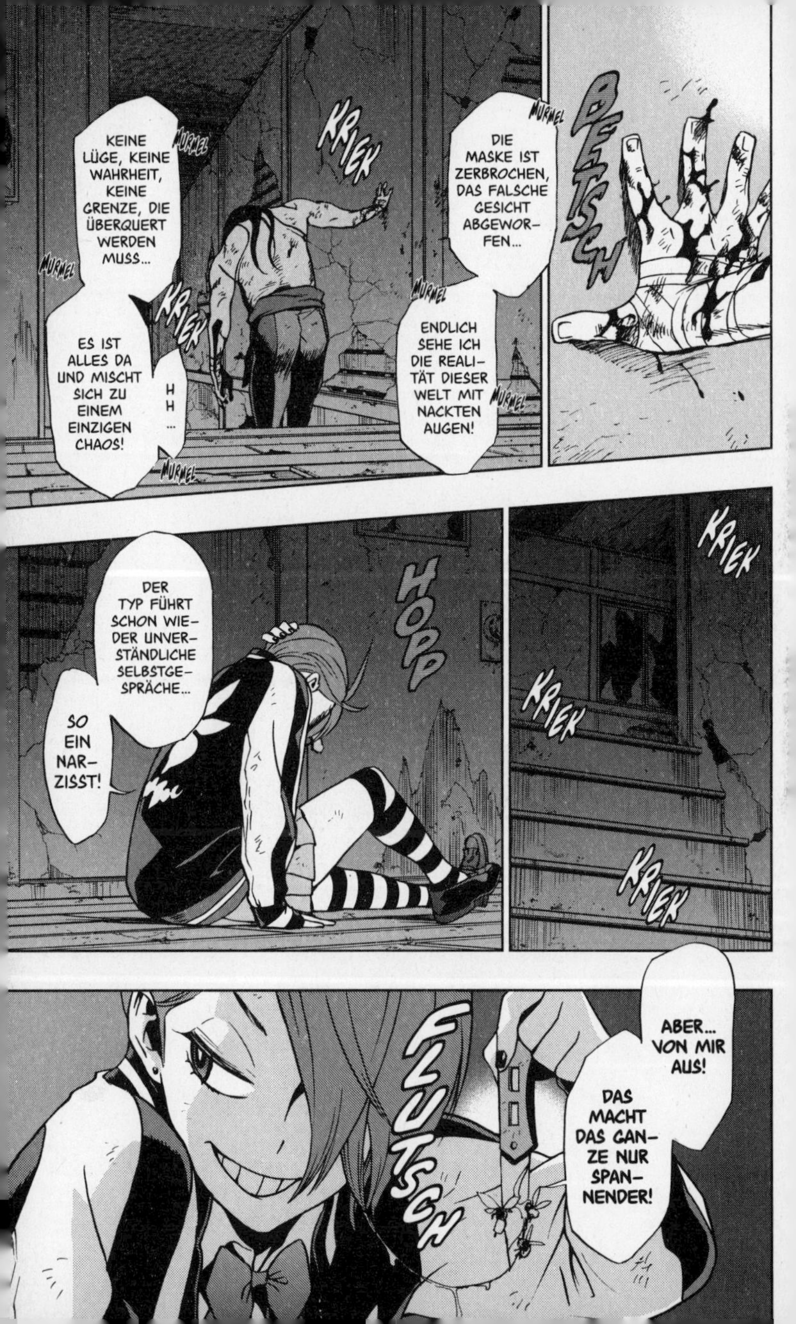
KEINE LÜGE, KEINE WAHRHEIT, KEINE GRENZE, DIE ÜBERQUERT WERDEN MUSS...
MURMEL
MURMEL
ES IST ALLES DA UND MISCHT SICH ZU EINEM EINZIGEN CHAOS!
KRIEK
HH...
MURMEL
KRIEK
DIE MASKE IST ZERBROCHEN, DAS FALSCHE GESICHT ABGEWORFEN...
MURMEL
MURMEL
ENDLICH SEHE ICH DIE REALITÄT DIESER WELT MIT NACKTEN AUGEN!
MURMEL
PETSCH
DER TYP FÜHRT SCHON WIEDER UNVERSTÄNDLICHE SELBSTGESPRÄCHE...
SO EIN NARZISST!
HOPP
KRIEK
KRIEK
KRIEK
FLUTSCH
ABER... VON MIR AUS!
DAS MACHT DAS GANZE NUR SPANNENDER!

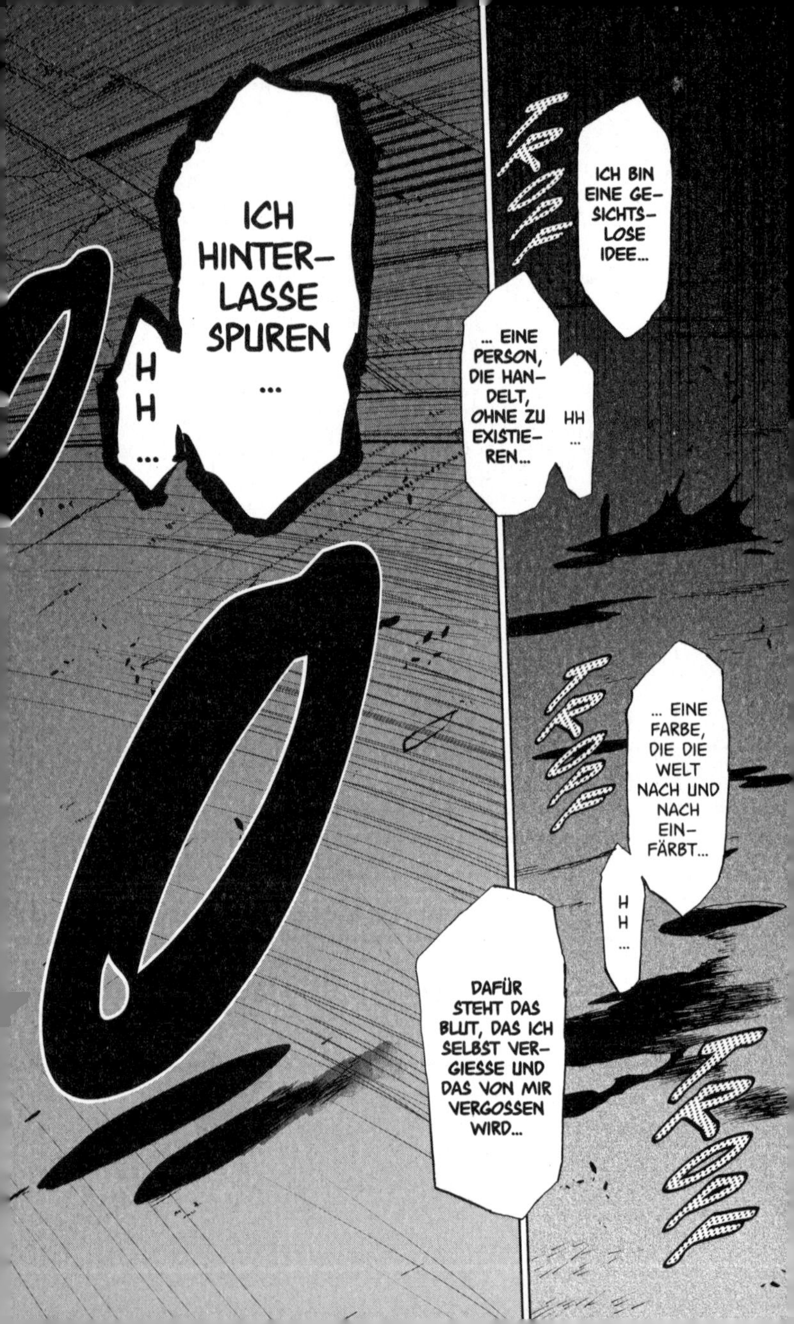

ICH BIN EINE GE- SICHTS- LOSE IDEE...
... EINE PERSON, DIE HAN- DELT, OHNE ZU EXISTIE- REN...
HH ...
... EINE FARBE, DIE DIE WELT NACH UND NACH EIN- FÄRBT...
H H ...
DAFÜR STEHT DAS BLUT, DAS ICH SELBST VER- GIESSE UND DAS VON MIR VERGOSSEN WIRD...
ICH HINTER- LASSE SPUREN ...
H H ...

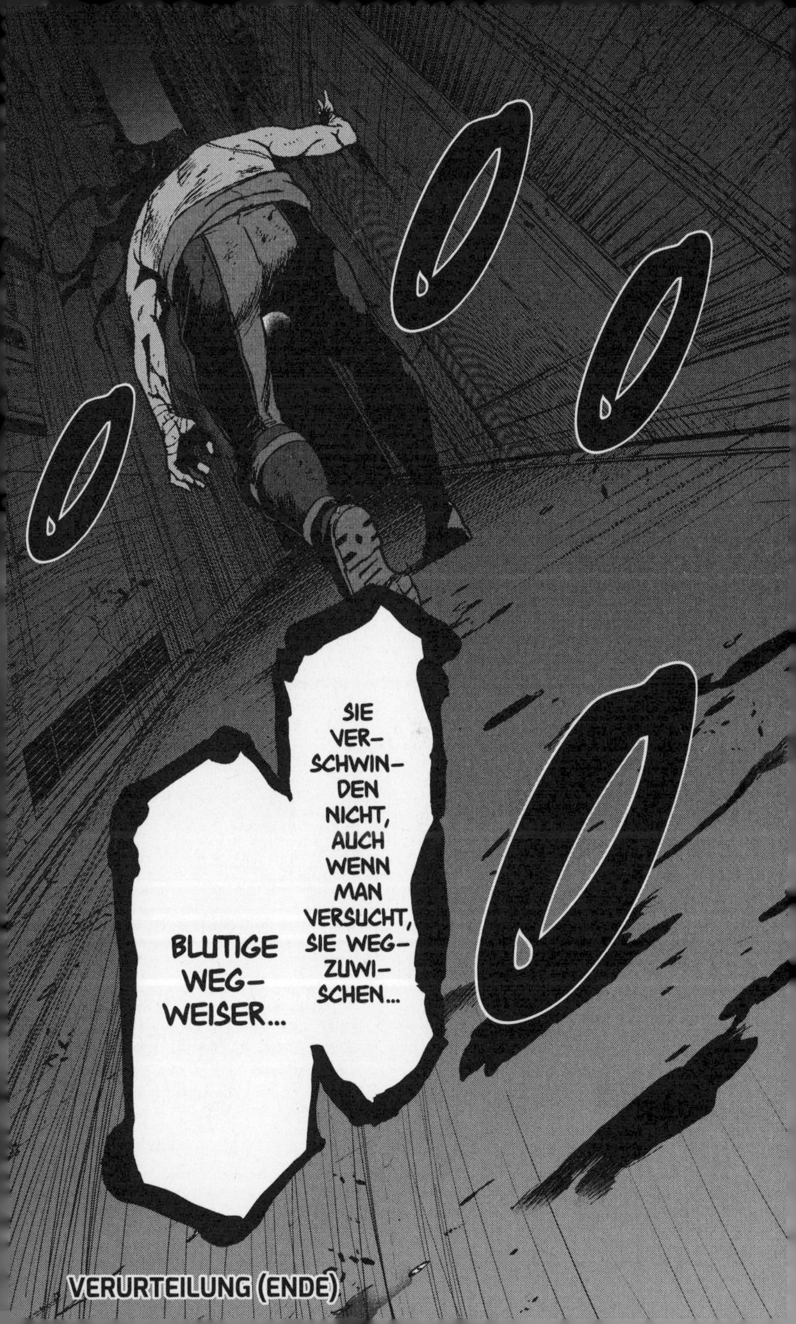
SIE VERSCHWINDEN NICHT, AUCH WENN MAN VERSUCHT, SIE WEGZUWISCHEN...
BLUTIGE WEGWEISER...
VERURTEILUNG (ENDE)

STENDHAL

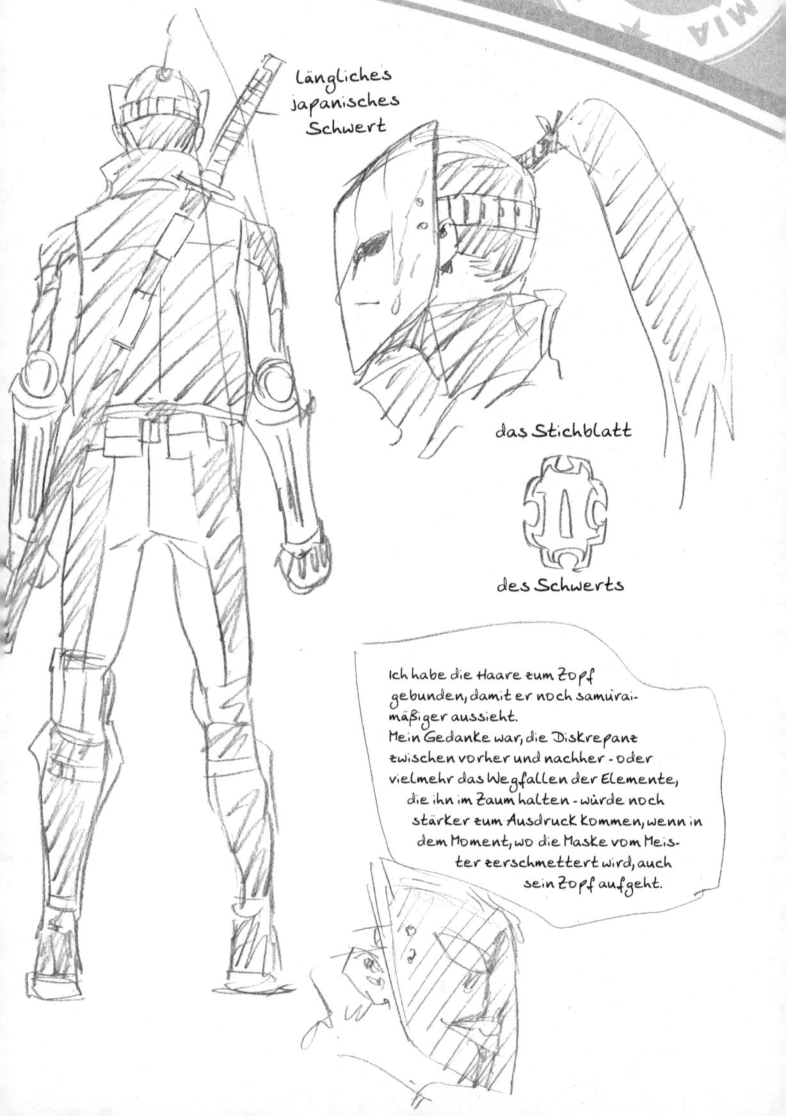
Längliches japanisches Schwert
das Stichblatt des Schwerts
Ich habe die Haare zum Zopf gebunden, damit er noch samurai-mäßiger aussieht.
Mein Gedanke war, die Diskrepanz zwischen vorher und nachher - oder vielmehr das Wegfallen der Elemente, die ihn im Zaum halten - würde noch stärker zum Ausdruck kommen, wenn in dem Moment, wo die Maske vom Meister zerschmettert wird, auch sein Zopf aufgeht.

WAHRER NAME: UNBEKANNT

GEBURTSTAG: UNBEKANNT

GRÖSSE: UNBEKANNT

MAG: UNBEKANNT

MACKE: BLUTGERINNSEL

THE ROUGH DESIGN

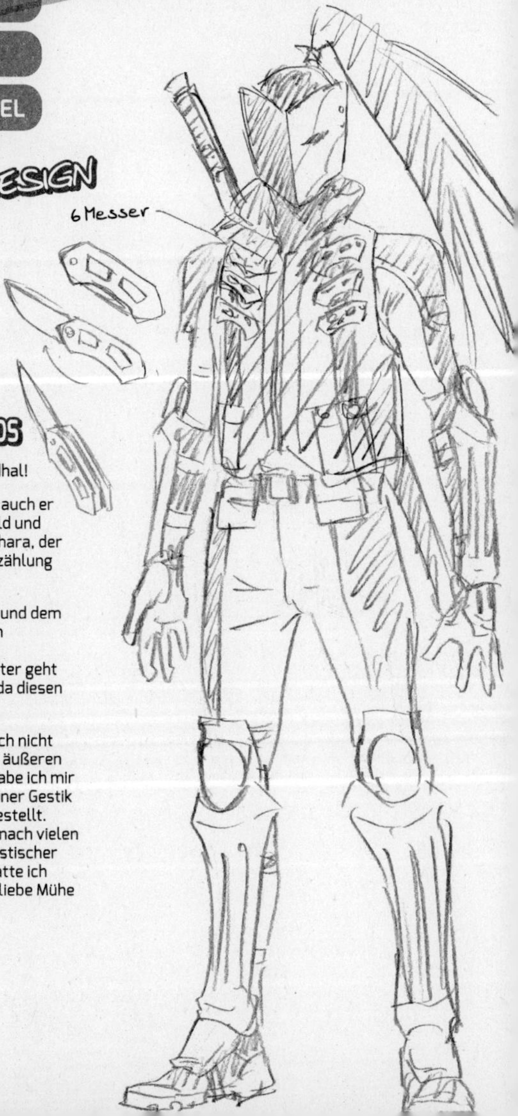

THE HINTERGRUNDINFOS

Da ist er. Sta... nein, nein, Stendhal!

Genau wie unser Heldentrio ist auch er ein »Grenzgänger zwischen Held und Schurke« und als solcher ein Chara, der Recht und Unrecht in dieser Erzählung darstellen muss.

Der Unterschied zwischen ihm und dem Meister ist die Grenze zwischen Gerechtigkeit und Wahnsinn in »Vigilante«. Gut, auch der Meister geht meistens zu weit, aber es gibt da diesen schmalen Grat... (Furuhashi)

Er hat alle möglichen Dinge noch nicht völlig abgeworfen → hängt an äußeren Formen, und in diesem Sinne habe ich mir bei seinen Bewegungen und seiner Gestik einen Samurai oder Ninja vorgestellt. Später ist sein Kampfstil dann nach vielen Versuchen und Irrtümern realistischer geworden, oder? Außerdem hatte ich wegen der vielen Linien meine liebe Mühe mit ihm (haha). (Betten)

INGENIUM

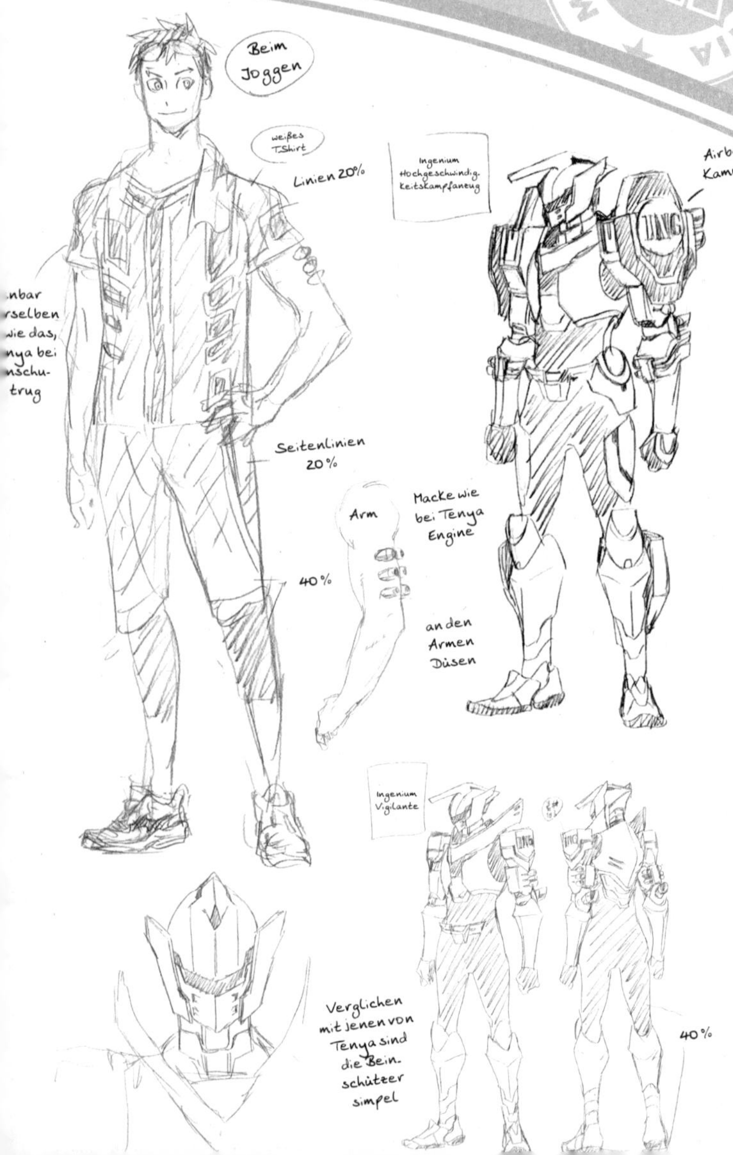

Beim Joggen
weißes T.Shirt
Linien 20%
nbar
rselben
wie das,
nya bei
nschu-
trug
Seitenlinien 20%
Arm
Macke wie bei Tenya Engine
40%
an den Armen Düsen
Ingenium Hochgeschwindig-keitskampfanzug
Airbag-Kammer
Ingenium Vigilante
Verglichen mit jenen von Tenya sind die Bein-schützer simpel
40%

WAHRER NAME: TENSEI IIDA

GEBURTSTAG: 22. JULI

GRÖSSE: 1,83 M

MAG: SPORT ALLGEMEIN, HACHEE-REIS

MACKE: ENGINE

THE ROUGH DESIGN

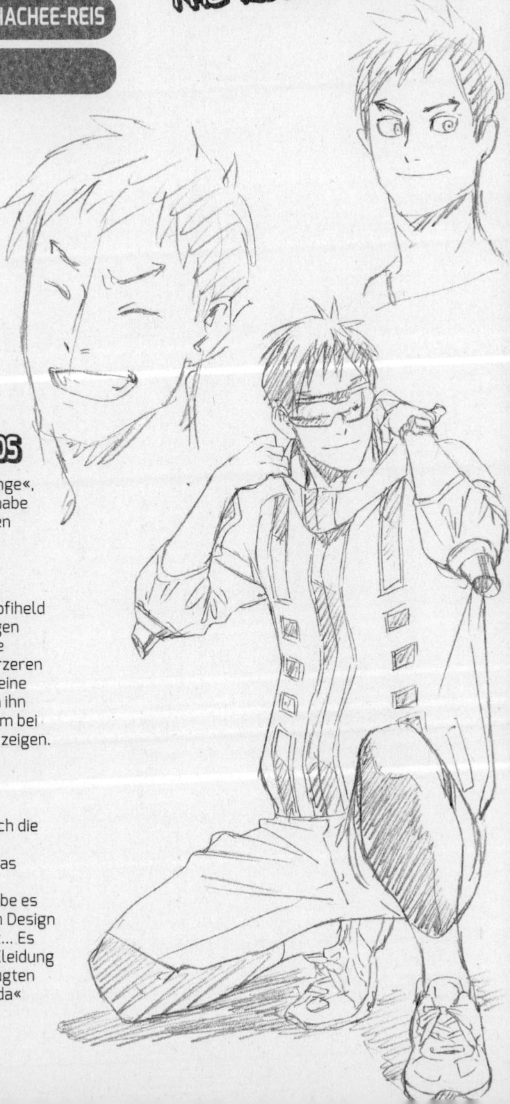

THE HINTERGRUNDINFOS

Der allseits beliebte »Bruder Inge«, alias Ingenium Tensei Iida. Ich habe mir erlaubt, ihn als den »idealen Helden« auftreten zu lassen.

Im Rahmen der Episode zur »Unterscheidung zwischen Profiheld und Vigilante« habe ich ihn gegen einen Schurken, der sich in eine dunkle Gasse flüchtet, den Kürzeren ziehen lassen, aber wenn sich eine Gelegenheit ergibt, möchte ich ihn auch noch mal mit seinem Team bei einer richtigen Frontalattacke zeigen. (Furuhashi)

Zu dem Zeitpunkt, als ich die Grobskizzen anfertigte, habe ich die Darstellung in MHA Band 7 übersehen, deshalb habe ich das Design der Ellbogen falsch interpretiert. Sagen wir, ich habe es zusammen mit dem gesamten Design im Vigilante-Stil umarrangiert… Es hat Spaß gemacht, mir seine Kleidung unter dem Motto »die bevorzugten Sportklamotten der Familie Iida« auszudenken. (Betten)

OGA KUGISAKI / MOYURU TOCHI / RAPUTO TOKAGE

THE ROUGH DESIGN

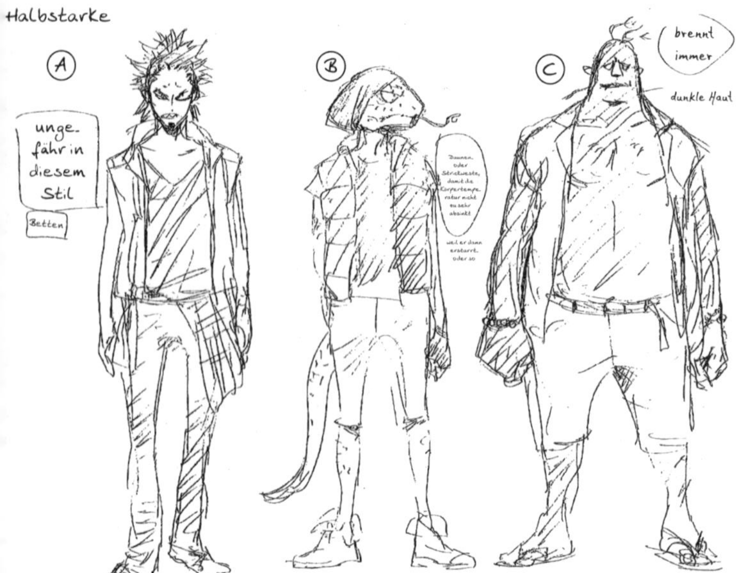

THE HINTERGRUNDINFOS

Gemäß der Regel, dass in einem Battle-Manga Halbstarke, gegen die zuerst gekämpft wurde, später Freunde werden, hatte ich im Vertrauen schon gesagt, dass sie »irgendwann wieder auftauchen werden«, aber da sich bereits das Duo Samazu und Namimaru als Reservespieler etabliert hat, wurde ihr Auftritt nach hinten verschoben.

Im Moment sieht es nicht so aus, als ginge es Richtung »Freunde«, aber ich glaube, dass sie im Hinblick auf das Thema von Vigilante als »Kerle, die so gerade eben nicht zu Schurken wurden« eine wichtige Position einnehmen. (Furuhashi)

Diese drei habe ich bei ihrem erneuten Auftritt auf einen Schlag lieb gewonnen. Ich werde üben, damit es mir gelingt, sie noch ein bisschen cooler zu zeichnen! (Betten)

DIE DREI STURM-UND-DRANG-BRÜDER

THE ROUGH DESIGN

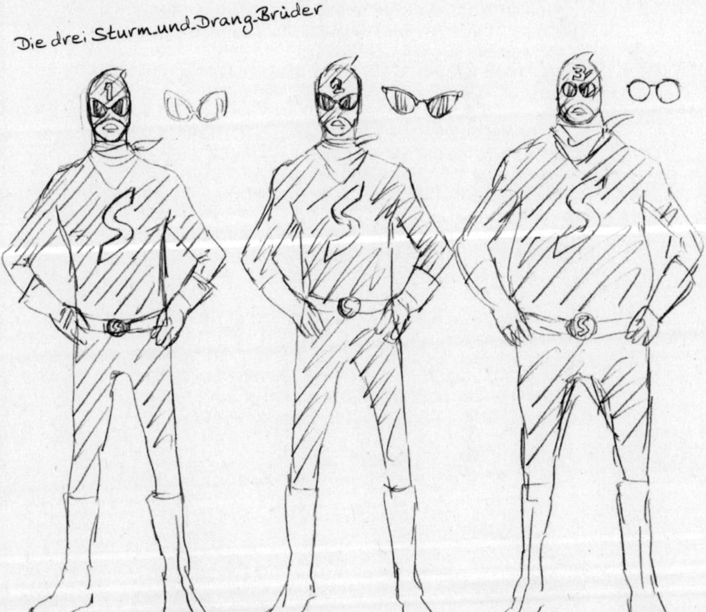

THE HINTERGRUNDINFOS

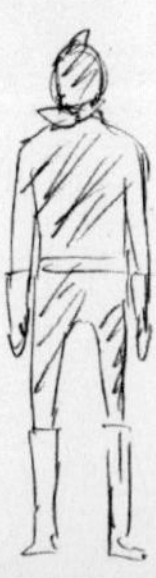

Für das Thema von Vigilante sind Szenen mit »Schurken, die eine eigenwillige Doktrin vertreten« und »Koichi, der ihnen unwillkürlich zuhört« wichtig, deshalb kann ich mir vorstellen, dass sie vielleicht irgendwann noch einmal auftauchen. Ich vermute, dass sie sich eher nicht in Selbstkritik üben werden. (Furuhashi)

In Furuhashi-sans Skizzen im Storyboard waren sie alle gleich gebaut, aber ich habe den dritten ein bisschen fülliger gemacht, weil »noch ekliger, wenn er es anzieht« (haha). Der zweite beherrscht einfach eine krasse Technik, nicht wahr! Deshalb glaube ich, dass jeder von ihnen ein »Herz«, eine »Technik« und einen »Körper« kontrolliert. (Eigenmächtige Vorstellung) (Betten)

Afterword

NACHWORT

HALLO, ICH BIN FURUHASHI UND VERANTWORTLICH FÜR DIE STORY.

VIGILANTE IST IM PRINZIP EIN PROJEKT, DAS DEM ORIGINAL MHA HINTERHERGALOPPIERT, DESHALB LIEGEN DIE FEINHEITEN TYPISCHERWEISE IN FRAGEN WIE: »WIE PASSE ICH DIE STORY DEM ORIGINAL AN?«, UND: »WIE ÄNDERE ICH SIE AB?«

ANFANGS HABE ICH DAHER GROBE RICHTLINIEN AUFGESTELLT, ZUM BEISPIEL »ICH VERMEIDE BESSER EPISODEN, DIE DIE ORIGINALSTORY BEEINFLUSSEN, ODER GEGNERCHARAKTERE, DIE STÄRKER SIND ALS DIE IM ORIGINAL«. DOCH ALS ICH DANN RICHTIG ANFING, WURDE EIGENTLICH KAUM ETWAS ABGELEHNT, SODASS ICH IM GRUNDE MEHR UND MEHR ALLES, WAS MIR SO EINFÄLLT, AUCH UMSETZE (MACHT SEHR VIEL SPASS).

ALSO... WENN ICH AUCH IN ZUKUNFT VOM GRUNDSATZ HER IN ALLER RUHE MEIN DING MACHEN KÖNNTE, INDEM ICH AB UND ZU PLOTS AUS DEM ORIGINAL VERWENDE, MANCHMAL ABER AUCH IN EINE ANDERE RICHTUNG DRIFTE, WO MAN DENKT »HÄ? KANN MAN DAS MACHEN?«, DANN WÜRDE ICH MICH FREUEN.

AUGUST 2017

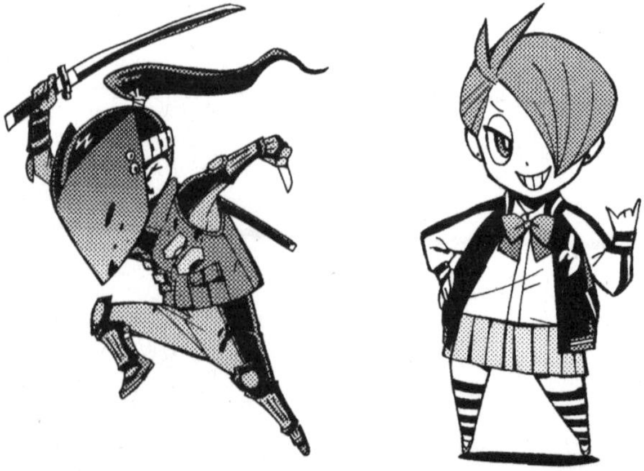

Message from KOHEI HORIKOSHI

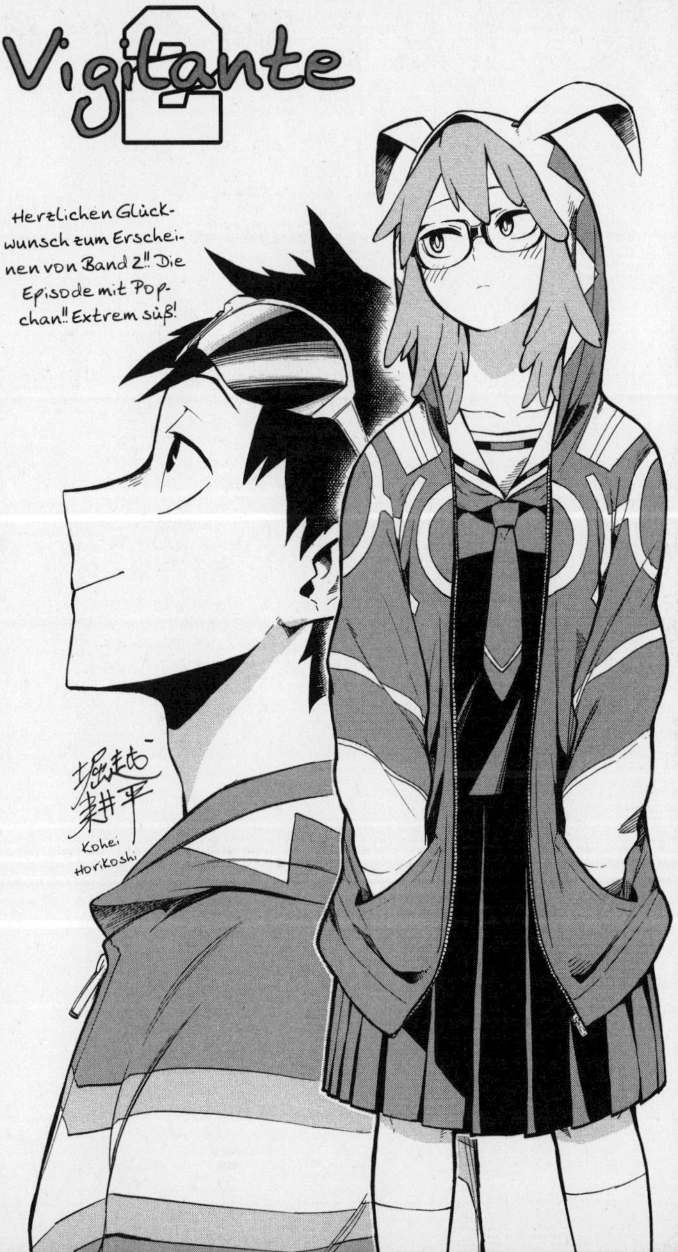

STOP!

VIGILANTE
MY HERO ACADEMIA ILLEGALS

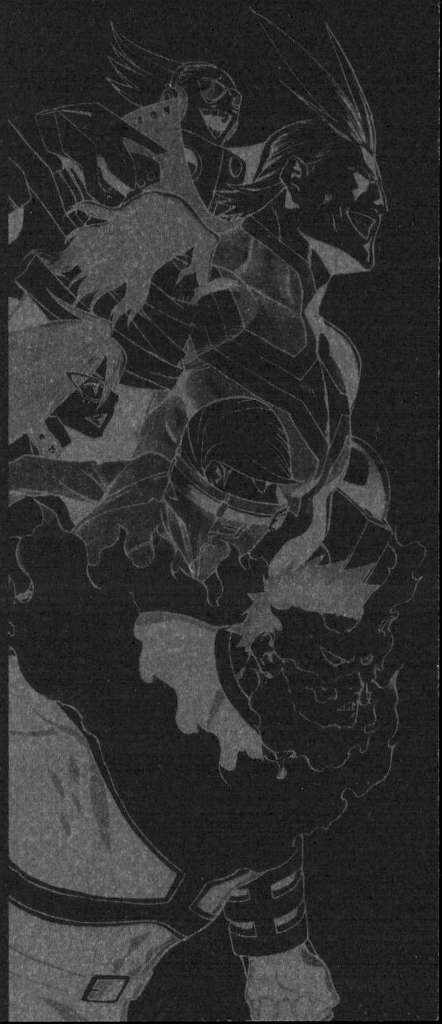

ist eine japanische Serie, die originalgetreu von »hinten« nach »vorne« und von rechts nach links gelesen wird! Schlagt das Taschenbuch also »hinten« auf und blättert Seite für Seite nach »vorne« weiter!

Auch die Bilder und Sprechblasen auf jeder Seite werden von rechts oben nach links unten gelesen, wie es in der Grafik gezeigt wird! Let the battle begin!

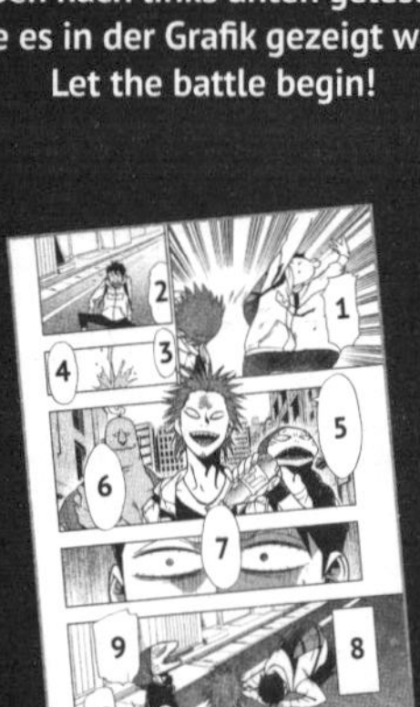